EDUCAÇÃO NA HISTÓRIA MUNDIAL

Dados Internacionais de Catalogação na Publicação (CIP)
(Câmara Brasileira do Livro, SP, Brasil)

Johnson, Mark S.
　　Educação na história mundial / Mark S. Johnson, Peter N. Stearns ; tradução de José Maria Gomes de Souza Neto. – Petrópolis, RJ : Vozes, 2025.

　　Título original: Education in world history
　　ISBN 978-85-326-7059-5

　　1. Educação – História 2. Educação comparada 3. Mudança educacional I. Título.

24-237141   CDD-370.9

Índices para catálogo sistemático:
1. Educação : História   370.9

Cibele Maria Dias – Bibliotecária – CRB-8/9427

EDUCAÇÃO NA HISTÓRIA MUNDIAL

**MARK S. JOHNSON
PETER N. STEARNS**

Tradução de José Maria Gomes de Souza Neto

EDITORA VOZES

Petrópolis

© 2023 Mark S. Johnson and Peter N. Stearns
Tradução autorizada da edição em língua inglesa, publicada pela Routledge, membro da Taylor & Francis Group.

Tradução do original em inglês intitulado *Education in World History*.

Direitos de publicação em língua portuguesa – Brasil:
2025, Editora Vozes Ltda.
Rua Frei Luís, 100
25689-900 Petrópolis, RJ
www.vozes.com.br
Brasil

Todos os direitos reservados. Nenhuma parte desta obra poderá ser reproduzida ou transmitida por qualquer forma e/ou quaisquer meios (eletrônico ou mecânico, incluindo fotocópia e gravação) ou arquivada em qualquer sistema ou banco de dados sem permissão escrita da editora.

Conselho Editorial

Diretor
Volney J. Berkenbrock

Editores
Aline dos Santos Carneiro
Edrian Josué Pasini
Marilac Loraine Oleniki
Welder Lancieri Marchini

Conselheiros
Elói Dionísio Piva
Francisco Morás
Teobaldo Heidemann
Thiago Alexandre Hayakawa

Secretário executivo
Leonardo A.R.T. dos Santos

Produção editorial

Aline L.R. de Barros
Anna Catharina Miranda
Eric Parrot
Jailson Scota
Marcelo Telles
Mirela de Oliveira
Natália França
Priscilla A.F. Alves
Rafael de Oliveira
Samuel Rezende
Verônica M. Guedes

Diagramação: SCALT Soluções Editoriais
Revisão gráfica: Fernando Sergio Olivetti da Rocha
Capa: Larissa Sugahara
Ilustração de capa: Larissa Sugahara

ISBN 978-85-326-7059-5 (Brasil)
ISBN 978-0-415-31814-3 (Reino Unido)

Este livro foi composto e impresso pela Editora Vozes Ltda.

SUMÁRIO

Introdução

CONECTANDO HISTÓRIA MUNDIAL E HISTÓRIA DA EDUCAÇÃO..............11
Fundamentos educacionais: o papel cambiante da história e da filosofia na formação de professores..14
Estrutura do livro...16
Leituras adicionais 19

Parte I

A EDUCAÇÃO NAS PRIMEIRAS SOCIEDADES HUMANAS............................23

1. Educação na Antiguidade e nas primeiras sociedades clássicas – O papel da religião ...25
   Antes da escrita...26
   Ler e escrever como limitação e oportunidade 28
   A educação nas primeiras civilizações (até 1000 a.C.): Mesopotâmia, Egito e o Vale do Indo 30
   A educação na Antiguidade: Fenícia, o Israel Antigo e o Mediterrâneo Oriental..33
   A educação na Grécia Antiga e Clássica e no mundo helenístico.....................36
   Conclusão 43
   Leituras adicionais 44

2. Roma e o mundo cristão primitivo – Construindo o legado clássico 45
   A educação na Roma republicana e imperial...45
   A vexatória questão da alfabetização 49
   A educação cristã inicial: da pregação e do ensino comunais à institucionalização...50
   Conclusão 51
   Leituras adicionais 52

3. Educação no Sul e no Leste asiáticos – Duas outras tradições clássicas............53
   Sul da Ásia, o hinduísmo e a expansão do budismo...................................53
   O pensamento budista inicial e as práticas educacionais e missionárias..........53
   Complexidades da tradição educacional indiana..58
   A educação nas sociedades clássicas: a Ásia do Leste e o confucionismo..........59
   Para além da inspiração confuciana..62
   O desafio comparativo...63
   Leituras adicionais..66

Parte II

SÉCULOS PÓS-CLÁSSICOS..68

4. Fragmentação e reconsolidação nas "religiões do livro"..............................71
   A Era de Ouro do Islã árabe..71
   Bases educacionais: contribuições islâmicas..76
   A educação na Diáspora judaica..78
   O Império Bizantino e a preservação dos legados clássicos..........................80
   A Europa Oriental...85
   Conclusão..85
   Leituras adicionais..86

5. Educação cristã na Europa Ocidental...87
   Após o império: o papel da educação monástica.......................................88
   A Alta Idade Média, entre os séculos XI e XIV..91
   Conclusão..97
   Leituras adicionais..98

6. Educação em sociedades pós-clássicas – Padrões regionais na Ásia,
na África e nas Américas..99
   O sul da Ásia e a influência da educação islâmica.....................................99
   O impacto do Islã..102
   A Ásia Interior e a transformação da educação budista.............................103
   A Ásia Oriental e a expansão da educação confuciana na China, Coreia e Japão..104
   Coreia e Japão..106
   A África Subsaariana..107
   As Américas: padrões indígenas..110
   As conquistas mongólicas: consequências para as sociedades eurasiáticas
e as tradições educacionais..111
   Conclusão..116
   Leituras adicionais...117

Parte III

O PERÍODO MODERNO INICIAL 121

7. Novos impulsos educacionais na Europa Ocidental entre os séculos XVI e XVII 125
   A persistência de estruturas educacionais pré-modernas e as mudanças no ensino superior 127
   A Renascença europeia e a transformação do ensino clássico 129
   A Reforma e os movimentos de institucionalização da educação europeia 133
   Institucionalização e inovação pedagógica na educação católica 137
   A educação feminina na Europa Moderna 138
   Novas teorias educacionais e visões utópicas de universalismo 139
   Conclusão 142
   Leituras adicionais 143

8. Transformações na educação europeia do século XVIII – Novos papéis para a ciência e o Estado 145
   A Revolução Científica e o início do Iluminismo 146
   Transformações graduais na educação superior europeia 148
   Novas ideias sobre a educação e a compreensão humana 150
   A educação e o Estado absolutista inicial 155
   Iluminismo e absolutismo na Europa Central e Oriental 160
   Educação europeia e os inícios do colonialismo 163
   Conclusão 165
   Leituras adicionais 166

9. Educação na Eurásia e na África no início do Período Moderno – Tradição e expansão 169
   A educação moderna inicial na Ásia Oriental: a reconsolidação imperial e o neoconfucionismo 171
   Os impérios islâmicos do Oriente Médio e do sul da Ásia 177
   África 182
   Conclusão 182
   Leituras adicionais 184

Parte V

O LONGO SÉCULO XIX E A EMERGÊNCIA DO MODERNO
REGIME EDUCACIONAL 187

10. A maré revolucionária 193
    O levante revolucionário francês: a visão incompleta
    de um novo sistema nacional 194
    A educação na nova república americana:
    variações regionais e uma visão de identidade nacional 197
    A significância educacional da Revolução Haitiana
    e dos primeiros movimentos anticoloniais 201
    As revoluções nacionais e as independências na América Latina 202
    Ressonâncias mais amplas: demandas pelos direitos
    e pela educação das mulheres 203
    Leituras adicionais 205

11. Mudanças educacionais nas sociedades ocidentais 207
    Mudanças nas necessidades e funções educacionais nas sociedades industriais..208
    A criação do sistema educacional moderno na Europa 211
    Padrões britânicos 212
    Padrões germânicos 215
    Padrões franceses 218
    Padrões gerais 221
    Criando sistemas educacionais modernos nos Estados Unidos 223
    Tendências gerais e educação no longo século XIX 229
    Leituras adicionais 232

12. Padrões educacionais globais no longo século XIX 235
    Expansão e intensificação do colonialismo europeu 238
    Índia: o colonialismo britânico e as respostas nacionais 240
    África 243
    Os movimentos reformadores: modernização defensiva
    e os múltiplos caminhos até a modernidade 246
    A China Imperial Tardia: tratamentos desiguais
    e o Movimento de Autofortalecimento 247
    O Oriente Médio e o norte da África: "capitulações"
    otomanas e movimentos reformistas 249
    O Império Russo: industrialização tardia e expansão educacional 251
    América Latina: legados coloniais e educação nacional 254
    O Japão: um caso especial de modernização defensiva e identidade nacional ...256
    Conclusão 262
    Leituras adicionais 263

Parte V

O PERÍODO CONTEMPORÂNEO 267

13. Transformações na Europa e nos Estados Unidos do século XX 273
    A nova educação nos Estados Unidos: demandas por justiça social
    e variedades do progressismo 274
    O enfrentamento das questões de raça e as inovações durante o Entreguerras .. 275
    A importância da escolarização 279
    O Pós-II Guerra 280
    A Revolução Russa e o modelo soviético do desenvolvimento educacional 281
    Padrões na Europa e em outras sociedades industriais 287
    A educação progressista no Entreguerras 288
    Os movimentos fascistas e as reações autoritárias contra a Escola Nova 290
    Tendências do Pós-guerra: reconstrução, massificação e integração europeia ... 292
    A imigração para a Europa e os debates a respeito das identidades nacionais ... 296
    Conclusão 297
    Leituras adicionais 298

14. A Descolonização e a transformação dos sistemas educacionais nacionais 301
    Ideias novas e inspiradoras: a "nova educação e os diálogos transnacionais 303
    América Latina: a educação entre a modernização e a libertação 307
    O Oriente Médio: a educação entre a modernização e o tradicionalismo 310
    A moderna China: entre o nacionalismo conservador e o comunismo 314
    Educação nas sociedades pós-coloniais: sistema internacional
    e desenvolvimentos nacionais 320
    Índia: educação entre modernização e nacionalismos rivais 324
    África: a educação entre o colonialismo e o desenvolvimento nacional 326
    Distinções regionais e desafios duradouros 330
    Conclusão 333
    Leituras adicionais 334

15. Padrões e tensões recentes 337
    Novas tendências: crescimentos educacionais ulteriores 338
    Novas crises 340
    Novas críticas 340
    Debates sobre o ensino e os currículos 345
    A alienação e o estresse estudantis 348
    Conclusão 350
    Leituras adicionais 350

CONCLUSÃO 351
    Dinâmicas históricas das transformações educacionais:
    entre o poder e a resistência 354
    Oportunidades para pesquisas avançadas e o diálogo transnacional 355
    O futuro e a centralidade da educação em meio à crise global 357
    Leituras adicionais 358

INTRODUÇÃO

Conectando História Mundial e história da educação

Educação é uma função essencial à sociedade humana. Nossa espécie vivencia uma infância prolongada, e todas as culturas preenchem parte desse período com variadas formas de aculturação e treinamento, tais como preparações para as atividades adultas. Ademais, esse período sempre compartilha alguns propósitos relativamente semelhantes: a promoção de habilidades relacionadas ao trabalho; o ensino de modos e hábitos que permitirão ao indivíduo operar em grupo; e a transmissão de uma cultura compartilhada – as crenças e histórias que promovem uma identidade coletiva. A importância da educação e dos seus objetivos faz desses processos um tópico central da história de qualquer sociedade.

Não obstante, a forma mesma dessa educação oscila grandemente de uma sociedade para outra – inclusive até que ponto a educação escolar formal desempenha um papel importante no processo. Essas dessemelhanças incluem a questão da responsabilidade: A educação é assunto primordialmente familiar, função religiosa ou questão de Estado? Os conteúdos também são variáveis, dado que a educação tanto reflete quanto promove os valores básicos de uma tal sociedade: por exemplo, qual a percentagem de temáticas religiosas? Quais os tipos de habilidades laborais? Como o nacionalismo moderno encaixou-se no processo educacional? As disciplinas mudam, e diversas sociedades levantam dúvidas sobre abordagens disciplinatórias tradicionais – incluídas aí as punições físicas. E, talvez o mais essencial de tudo, objetivos e valores são igualmente divergentes.

Este livro busca lidar com os padrões e mudanças básicas na educação ao nível da História Mundial, focando particularmente nas maneiras como diferentes sociedades definiram a natureza e os propósitos do estudo – inclusive as declarações explícitas de filosofias educacionais – mas conferindo a devida atenção a questões outras, tais como a estrutura dos sistemas educacionais e os grupos incluídos nos programas formais.

Do ponto de vista do estudo da História Mundial, a educação é frequentemente tratada como um objeto à parte, e não como parte integral da corrente histórica principal. De fato, não deve surpreender que a educação se enquadre no âmbito das categorias mais estabelecidas da História Mundial: ao refletir culturas regionais e padrões sociopolíticos básicos, ela agrega oportunidades comparativas a qualquer momento histórico. Outrossim, é parte integral das mudanças fundamentais entre períodos, ampliando considerações a respeito do advento das grandes religiões, da passagem de uma sociedade agrícola para uma industrial, ou dos imperialismos e nacionalismos modernos. Assim sendo, conhecer sua evolução básica contribui para a compreensão da História Mundial como um todo e, decerto, aumenta o entendimento de como as pessoas efetivamente viviam – e aprendiam – no passado.

É comum que estudos sobre educação incorporem componentes históricos, mas raramente exibem o tipo de abordagem global a um só tempo possível e desejável à preparação dos professores no mundo em que vivemos. E aqui também o presente livro se dispõe a facilitar uma compreensão mais relevante de como a educação atual emergiu do passado.

Partindo desses dois pontos – a História Mundial e os estudos sobre a educação – o livro busca explicitamente conectar passado e presente, em especial, mas não exclusivamente, por meio do extensivo tratamento dos desdobramentos ocorridos nos últimos séculos, pois a educação permanece sendo uma questão controversa, seja ao discutirmos a permissão total do acesso feminino à educação, ou nos preocuparmos sobre o papel do aprendizado relativamente às identidades nacionais ou à justiça racial. Tais assuntos surgiram no passado, e mesmo uma breve introdução à trajetória global da educação ajuda a explicar sua significância e complexidade.

É inevitável que trabalhar a educação à vista da História Mundial numa investigação sucinta demande considerável seletividade; de fato, pesquisas atuais nesse campo dão conta mais integralmente de certos tópicos do que de outros – e de certas regiões do que de outras, muito embora haja amplo material para o tipo de abordagem transcultural apropriada à nossa sociedade contemporânea.

Como em qualquer outra temática de História Mundial, o texto a seguir se esforça para capturar certos momentos-chave, transformadores, da evolução da educação. Isso inclui a atenção (obviamente mais voltada a períodos mais recentes) à emergência de algo como um "sistema mundial" educacional por meio de redes de trocas pós-coloniais, viagens e comércio.

Temas essenciais que perpassam todo o volume incluem a importância das instituições religiosas e dos movimentos missionários no estímulo às inovações educacionais e às conexões transculturais, especialmente nas sociedades antigas e clássicas, em que correntes e impulsos religiosos tinham, frequentemente, muito mais impacto do que interesses estatais. Claro, essas mesmas correntes religiosas e missionárias prosseguiriam milênios afora e permanecem ativas em pleno século XXI, ainda que mais abertamente contestadas. Outro tema paralelo presente em todo o livro é o modo similar como redes comerciais estimularam profundas mudanças educacionais, mais obviamente em sociedades tardo-antigas e do início da Era Moderna e especificamente em alguns campos mais práticos e aplicados, tais como negócios, contabilidade, comércio, técnicas artesanais e manufatureiras. O "comércio mundial de serviços educacionais", contudo, certamente cresceu e se intensificou nas últimas décadas. Outro dos temas paralelos será as maneiras como a expansão do poder estatal e a consolidação dos impérios moldaram a educação, em particular do início da Era Moderna até o século XIX. Ainda assim, é preciso observar que influências comerciais e estatais que perpassaram a educação grassaram igualmente pela História Mundial. Tais episódios, ou pontos de mutação, não raro orbitam em torno de complexos debates filosóficos e disputas pelo poder relativas a quem merece ser formalmente educado ou excluído das oportunidades educacionais, abordando questões sobre o direito à educação estabelecido com base na origem regional, casta social, etnicidade, gênero e deficiências.

Talvez um tanto provocativamente, o volume busca iluminar como os contatos e encontros transculturais sobre concepções de ensino e aprendizado têm sido mais profundamente transformativos do que o habitualmente reconhecido, dado que a maioria das histórias da educação permanece aprisionada no interior de fronteiras estreitas, essencialistas ou nacionalistas, de cultura e identidade. Tão importante quanto, a maior parte dessas histórias se atém unicamente à educação formal ou da elite, sem dedicar, até recentemente, pouca ou nenhuma atenção às práticas e pedagogias mais informais ou subculturais. Ainda que este volume necessite voltar-se sobretudo à educação escolar, haverá ao menos algumas tentativas ocasionais de tratar de processos educativos mais informais ou não tradicionais.

Olhando para além dos momentos transformadores histórica e culturalmente específicos, o livro como um todo narra uma dramática história da expansão da educação formal ao longo do tempo, das primeiras sociedades (que normalmente a restringiam à autorreprodução das elites), às lutas constantes em prol do acesso à educação e à alfabetização da Era Moderna, os movimentos de "educação para todos" da contemporaneidade e as aspirações globais por uma educação universal e inclusiva. Conquanto imperfeitos em sua aplicação prática, todos esses movimentos representam uma transformação global de escala revolucionária: a convicção de que não somente todas as crianças devem ser educadas, mas que todas elas, bem como os adultos, possuem o direito fundamental ao aprendizado continuado em *todas* as sociedades. Por fim, outro tema presente em todo o volume é a importância das vozes femininas – e das educadoras – ao longo de quase todos os períodos históricos, ainda que muito dessa história tenha sido obscurecida.

Fundamentos educacionais: o papel cambiante da história e da filosofia na formação de professores

Há uma profunda tradição de abordagens "fundacionais" no estudo da educação, e mais especialmente na história da formação dos professores – muito disso explicitamente destinado a inspirar jovens a seguir a carreira do ensino. Um dos objetivos deste livro é aproveitar-se dessa abordagem, encorajar os leitores a se engajar na causa da educação universal – essa noção historicamente revolucionária de que todas as crianças e pessoas não apenas merecem ser educadas, mas que efetivamente *podem* ser educadas de modo aprofundado e significativo, e que os sistemas podem ser expandidos para serem verdadeiramente inclusivos.

No começo do século XX, os cursos sobre "fundamentos da educação" foram originalmente criados para aqueles jovens (em especial moças de classe média) carentes dos benefícios de uma formação "clássica" integral e empurrados ao magistério. Se se mostrassem incapazes de absorver o currículo abrangente das elites tradicionalmente formadas, a História, a Filosofia e as Letras Clássicas, esses futuros professores poderiam ao menos se beneficiar da exposição intensiva à história e à filosofia *da educação*, cujo escopo se ampliou até incorporar uma definição mais ampla de "fundamentos educacionais" que incluía sociologia, economia, política e antropologia da educação, embora ainda retendo o foco central na História e na Filosofia. Ainda assim, e inevitavelmente, no decorrer do século quase todos esses "fundamentos" foram entendidos como originados do Ocidente, e a história da educação foi, até bem recentemente, quase que inteiramente mapeada sobre construções curriculares paralelas à história da civilização ocidental.

Como resultado, mesmo as melhores e mais escrupulosas abordagens dos "fundamentos educacionais" amiúde analisavam tradições não ocidentais somente até o Período Pré-moderno, sugerindo assim que essas estruturas reflexivas eram inertes ou imutáveis. Os desenvolvimentos modernos, por seu turno, eram vistos quase exclusivamente como extensões globais de padrões estabelecidos na Europa Ocidental e nos Estados Unidos. Uma descolonização mais aprofundada dos currículos, práticas institucionais e políticas educacionais permanece sendo uma agenda por concluir – e uma abordagem histórico-mundial da educação pode, ao menos, representar um começo.

O retorno à abordagem dos "fundamentos educacionais" teve lugar durante uma outra época de expansão sistêmica, as décadas de 1960 e 1970, e relacionou-se eventualmente ao conceito paralelo, e não raro politicamente mais radical, dos "estudos educacionais", movimento esse que buscava engajamento com a nova intelectualidade, revisionista, da História e das Ciências Sociais, ou se inspirava nas abordagens e conceituações neomarxistas, baseadas nos estudos críticos da economia política. Tais correntes esforçavam-se para ser interdisciplinares e céticas, ou críticas, em relação aos tradicionais estudos das políticas "de cima para baixo" e à bibliografia prescritivista. Concomitantemente, as narrativas revisionistas da história da educação evidenciavam as dinâmicas político-sociais profundamente exclusivistas e discriminatórias e como o moderno sistema educacional operava como "máquinas de triagem" para interesses de classe e instrumentos de controle social.

Crucialmente mais relevante para nossos objetivos, enquanto ideias e inovações recém-surgidas do campo da História Mundial penetravam aos poucos e começavam a transformar o campo da História da Educação (como demonstraremos mais adiante), a atenção dirigida aos "fundamentos educacionais" (bem como aos "estudos educacionais") parece ter diminuído ou se deslocado para as margens, enquanto a formação dos professores na maioria das nações se ocupava de problemas mais imediatos, como a gestão das salas de aula, o ensino das matérias e a avaliação dos estudantes. A ambição maior da formação de professores é inspirar-se nos estudos de políticas comparativas contemporâneas e desenvolver novas ideias de rigor sistêmico e desenvolvimento profissional. Há, porém, inúmeras razões para reincorporar uma abordagem histórica globalmente centrada, e este livro espera contribuir para esse intento. Da mesma forma, uma história mundial da educação pode ser capaz de reforçar o reconhecimento mais abrangente de que a cooperação transcultural e os empréstimos mútuos têm atuado em diversos momentos do desenvolvimento educacional – inclusive em nosso tempo atual.

A pesquisa e a análise adicionais permanecem vitais para esse vasto campo, e a Conclusão deste volume voltará a mencionar alguns objetivos para o futuro. Mas ainda que haja muito a ser feito, já é possível demonstrar como a abordagem histórica global conecta futuros professores e demais profissionais da educação a desdobramentos essenciais do mundo que os cerca.

Estrutura do livro

A *Parte I* cobre o início da história humana, a formação das sociedades mais complexas, a emergência das escolas formais e as maneiras segundo as quais a educação foi definida e implementada nas grandes civilizações regionais clássicas, no Sul e no Leste asiáticos e no Mediterrâneo.

Iniciamos, muito brevemente, pela natureza da educação nessas primeiras sociedades antes mesmo do surgimento da agricultura, algo que envolveu achados antropológicos relevantes e nossos conhecimentos sobre a transmissão oral do conhecimento, prestando atenção equivalente às religiões animistas e às grandes "tradições sapienciais" do mundo.

Voltamo-nos então para a "formalização" da educação no antigo Oriente Médio e no Sudeste Asiático, com a ascensão ao poder das autoridades religiosas e estatais, momento em que a educação formal começa a se vincular claramente a estratificações sociais e de gênero mais abrangentes.

Tradições regionais específicas incluem o advento das escolas associadas aos sistemas védicos e pós-védicos do hinduísmo e o desenvolvimento do incipiente pensamento educacional budista. A educação clássica chinesa emergiu com a ascensão da burocracia imperial e do pensamento confucionista. A vertente grega abrangeu diversas correntes filosóficas contrastantes, enquanto o pensamento e prática educacionais romanos, em especial a obra de Quintiliano, iriam se provar particularmente influentes. Muito da história subsequente da educação seria erguida sobre essas distintas fundações.

A *Parte II* acompanha essas histórias até o Período Pós-clássico (entre os séculos VI e XV d.C.), com o enfoque contínuo sobre quanto as avaliações das grandes tradições religiosas e imperiais permaneceriam dando forma ao pensamento e à prática educacionais. Ainda que comumente negligenciado pelas histórias da educação, o Império Bizantino exerceu um papel fundamental na manutenção do legado mediterrânico e na mistura deste com o cristianismo, nas escolas como na filosofia educacional. O movimento educacional cristão da Europa Ocidental, que inclui o trabalho dos eruditos monásticos, assentou as bases para inúmeros desenvolvimentos cruciais que marcaram os séculos pós-clássicos e, eventualmente, ensejaram o florescimento de um pensamento educacional e a emergência das primeiras universidades europeias, bem como as obras pioneiras de diversas pensadoras.

O mundo islâmico concebeu um esforço ainda mais ambicioso de integração entre o clássico e o religioso em suas instituições religiosas, que durante a "Era de Ouro" árabe desenvolveram importantes trabalhos nas ciências e na medicina. A Parte II tratará também os sistemas desenvolvidos no Sul e no Leste asiáticos, com extensões para a Coreia e o Japão. Por fim, os sistemas emergentes da África Subsaariana e das Américas requerem atenção. A História Mundial pós-clássica combina a consideração da evolução das tradições mais antigas com a adição de áreas civilizacionais mais recentes, um extenso escopo geográfico essencial para que as questões comparativas e os padrões de contato e influência mútua sejam compreendidos. Embora a ascensão do fugaz Império Mongol não tenha trazido muitas contribuições explícitas à educação, sua dominação exerceu inquestionável influência sobre o pensamento educacional em diversas partes da Eurásia, inclusive a Rússia.

A *Parte III* volta-se para o começo da Era Moderna, entre os séculos XV e XVIII. Como a História Mundial de modo geral, os desenvolvimentos educacionais desse ciclo combinam a atenção ao crescente dinamismo do pensamento e das instituições da Europa Ocidental à reformulação da tradição educacional confucionista na China e no Japão e aos padrões largamente distintos dos grandes impérios islâmicos. A disseminação dos sistemas educacionais de tipo ocidental nas Américas deu-se às custas da destruição substancial das sociedades indígenas desses continentes. Esse período apresenta a primeira oportunidade para avaliar as interações entre o

Ocidente e demais padrões educacionais regionais, que reconheceram as inovações ocidentais sem, contudo, excluir os demais desenvolvimentos.

O dinamismo e a autoconfiança europeus, combinados a inovações vitais na prática educacional, construíram ideias e sistemas que, ao fim e ao cabo, exerceriam influência verdadeiramente global – seja por causa de sua atratividade, ou pela força com que os europeus se impuseram a outras partes do mundo. Mas tratou-se igualmente de momento crucial para o debate educacional *dentro* da Europa, à medida que a Reforma Protestante e o advento de novas descobertas científicas abriam novos conflitos e oportunidades. Logo, a Parte III inclui também as inovações do pensamento educacional referentes ao Iluminismo e às correntes relacionadas em outras partes do mundo – sementeira da ideia revolucionária da *educação universal*, mais diretamente na Europa, mas também no Japão e em outros lugares.

A *Parte IV* se concentra no século XIX, na emergência dos sistemas nacionais de educação na Europa e América do Norte, no impacto educacional do imperialismo em outras partes do mundo e nos diversos movimentos reformistas regionais que conferiram destaque explícito à mudança educacional – como ocorrido no Japão. O crescimento da educação formal mais extensiva na América Latina e em outras regiões envolveu interações complexas com tradições indígenas. Ademais, nesse período e pela primeira vez, a educação feminina assumiu o palco principal nas mais diversas regiões. Acima de tudo, esse é o momento que incorpora a fascinante tensão entre a necessidade educacional de acomodar os avanços científicos e tecnológicos e a questão crescentemente urgente da inclusão educacional.

A *Parte V*, dedicada ao século XX, dá seguimento ao exame dos esforços em prol da universalização da educação e o surgimento de novas formas de pensamento pedagógico capazes de acomodar a democratização educacional e a inclusão racial. Foi também o momento da emergência das primeiras sociedades socialistas pós-Revolução Russa de 1917, que se tornou mais uma fonte para o pensamento educacional e um estímulo verdadeiro para a adoção da educação universal, cuja influência ecoaria para muito além da União Soviética.

A *Parte V* lida também com as amargas divisões a respeito da educação advindas do crescimento dos sistemas educacionais fascistas, bem como as constantes discussões sobre a educação progressista em outros lugares, que cada vez mais expandiram-se em debates abertos entre pensadores nacionalistas e anti-imperialistas a respeito dos sistemas educacionais mais apropriados às regiões colonizadas na iminência de suas independências.

Em fins do século XX, algo semelhante a um sistema educacional compartilhado havia se desenvolvido no mundo inteiro, centrado em salas de aula etariamente segregadas e currículos com disciplinas. Mas ainda que muito desse modelo tenha sido voluntariamente adotado, foi também fortemente promovido pelas organizações internacionais e, concomitantemente, destacou como os recursos estatais disponíveis divergiam conforme os níveis de desenvolvimento econômico. De fato, o sistema conseguiu produzir níveis crescentes de conquistas educacionais e, em quase toda parte, o estreitamento ou até mesmo a eliminação das diferenças significativas de gênero. E também exigiu renovada atenção para o papel das agências internacionais de educação na articulação de metas globais e na mensuração dos níveis educacionais.

Por fim, a *Conclusão* do livro avalia o estado da arte, a resultante de muitos séculos de história educacional. Temos agora uma convergência jamais vista dos sistemas educativos globais combinada a esforços regionais crescentes que reafirmam tradições educacionais específicas, frequentemente associados a movimentos de revitalização religiosa e a identidades culturais mais antigas. Ao passo que a demanda por "educação para todos" se solidifica ao redor do mundo e continua a crescer para além das séries primárias, junto a currículos mais robustos e métodos instrucionais engajados, a questão do comprometimento político e econômico assume o papel central para a efetivação da visão transformativa da educação inclusiva e emancipadora.

Leituras adicionais

Para um dos textos mais influentes sobre essa temática, cf. os três volumes de James Bowen, *A history of Western education* (St. Martin's, 1972-1981). Para relatos úteis e ainda relevantes sobre o que ocorre no âmago do paradigma da "civilização ocidental", cf., por exemplo, os trabalhos de Gerald Gutek, tais como *A history of the Western educational experience* (Waveland Press, 1995), e a coletânea *Historical and philosophical foundations of education: Selected readings* (Merrill Prentice Hall). As tradições não ocidentais são trabalhadas por Timothy Reagan em *Non-Western educational traditions: Alternative approaches to educational thought and practice* (Lawrence Erlbaum Associates, 1996).

PARTE

I

A educação nas primeiras sociedades humanas

Historiadores da História Mundial normalmente dividem a experiência humana inicial em: o longo período caracterizado pelos pequenos bandos dependentes da economia de caça e coleta; o advento da agricultura; a emergência de estruturas mais complexas no âmbito das sociedades agrícolas; e as características civilizações regionais incipientes, estendendo-se até aquilo comumente conhecido como Período Clássico, quando certos aspectos culturais e políticos bastante duradouros desenvolveram-se em partes importantes da Afro-Eurásia.

Esse esquema cronológico funciona relativamente bem para o início da evolução da educação. O advento da agricultura representa um corte não tão nítido para essa temática, mas o desenvolvimento de sociedades mais complexas (incluindo a introdução da escrita) é crucial. Desnecessário dizer que a educação tanto refletiu quanto encorajou as tradições regionais estabelecidas durante o Período Clássico.

Diversos grandes centros emergiram em muitos pontos após 3500 a.C. Essas primeiras civilizações, surgidas em torno dos rios, como a calha do Tigre e do Eufrates na Ásia e o Vale do Nilo na África, foram pioneiras em muitas das novas características das sociedades humanas. Embora majoritariamente agrícolas – é fundamental reconhecer que a vasta maioria das pessoas até bem recentemente vivia no campo – elas possuíam cidades bem elaboradas e governos formais, providos de pequenas burocracias que operavam as cortes de justiça e desempenhavam outras funções básicas. Também tinham escrita, o que contribuiu para a administração, as redes comerciais e produziu novos meios de armazenamento do conhecimento.

Depois de 800 a.C., a ênfase nas civilizações dos vales dos rios cedeu espaço para as civilizações maiores e mais elaboradas do Período Clássico. Na China, na Índia e no mundo mediterrânico, essas entidades expandidas desenvolveram estruturas políticas mais elaboradas, sistemas comerciais internos mais extensos e, talvez o mais importante, padrões culturais específicos, centrados em grandes religiões (como o hinduísmo indiano e o cristianismo no Império Romano Tardio) ou filosofias (como o confucionismo chinês). Não por acaso, esses padrões regionais incluíram abordagens educativas específicas, criando assim novas oportunidades comparativas. As sociedades clássicas – China, Índia e o mundo greco-romano – perduraram por muitos séculos, até que uma variedade de novos desafios começou a subjugar seus grandes impérios (entre 200 e 600 d.C.), mas mesmo após esse declínio seus legados conservaram-se e influenciaram períodos posteriores – inclusive as tradições educacionais que haviam sido estabelecidas.

O capítulo 1 aborda no detalhe as transições básicas que envolveram a ascensão da escolarização formal e os padrões educacionais surgidos no Oriente Médio e no mundo mediterrânico durante o surgimento das primeiras civilizações e, também, da ascensão das cidades-Estado, padrões esses posteriormente elaborados no Império Romano e no cristianismo inicial (capítulo 2). O capítulo 3 aborda o desenvolvimento de duas outras grandes tradições educacionais durante o Período Clássico, no Sul e no Leste asiáticos, que também contribuiriam para os desenvolvimentos educacionais subsequentes.

1

Educação na Antiguidade e nas primeiras sociedades clássicas
O papel da religião

Evidências da escolarização incipiente, embora dispersas, apresentam uma série de elementos ainda familiares ao mundo contemporâneo. O classicista francês Henri Marrou, em sua grande obra *História da educação na Antiguidade* (1956), descreveu achados arqueológicos da antiga Mesopotâmia (atual norte do Iraque) de pelo menos 4.000 anos atrás: uma escola com "carteiras" enfileiradas e utensílios de escrita, tabuinhas e material de ensino, um arranjo que, a rigor, poderia ainda ser encontrado em salas de aula atuais (apesar do espaço não conter papéis ou livros). A ênfase na memorização mecânica e no rigor disciplinar que acompanhava os métodos instrucionais tradicionais dessa natureza também nos acompanharam durante muito tempo. A premissa largamente interpretativa de Marrou é bem clara: a "História da educação na Antiguidade não pode deixar indiferente nossa cultura moderna: ela retraça as origens diretas da nossa própria tradição pedagógica" (p. 4). Obviamente, elementos fundamentais passaram por profundas mudanças – desde quem é digno, ou não, de receber educação às diversas convicções a respeito das técnicas pedagógicas mais indicadas, da necessidade da punição física disciplinar, e dos propósitos do letramento e da leitura –, mas é vital observar as continuidades e os meios pelos quais os legados antigos e clássicos persistiram nas eras Pós-Clássica e Pré-Moderna. No texto que se segue, o foco repousa em tratar a distante história da educação inicial de forma acessível e em seus próprios termos, tentando, ao mesmo tempo, salientar o que há de relevante nessa história para as nossas próprias preocupações contemporâneas.

Um elemento crucial à compreensão dessa era foi a relação entre a educação e a religião – é efetivamente possível afirmar que nas sociedades antigas e clássicas elas eram duas instâncias inseparáveis, muito embora a China possa representar uma importante exceção. Na Índia, no Mediterrâneo e no Oriente Médio, muito daquilo que consideramos hoje como escolarização formal (o aprendizado da escrita, inclusive) foi promovido por organizações religiosas. Havia, claro, treinamentos técnicos (artes manuais, agricultura, administração), mas apesar disso boa parte desse aprendizado era permeado pelo que podemos considerar como propósitos e visões de mundo religiosos, algo perceptível no pensamento e nas práticas educacionais egípcias, israelitas, greco-romanas, hindus, budistas e do cristianismo inicial. O desafio interpretativo reside em saber o que havia de peculiar sobre como educação e religião entrelaçavam-se em cada um desses primeiros casos, e também como temas e propósitos menos religiosos puderam ser inseridos.

Antes da escrita

Obviamente, a educação existiu ao longo de toda história da humanidade antes da invenção da escrita. As histórias da educação tradicionais habitualmente minimizavam as realizações das sociedades ditas "primitivas", cujas práticas educacionais inevitavelmente sucumbiam ante o "gênio" das civilizações clássicas e modernas, do mesmo modo como as crenças "pagãs" cederiam perante a expansão do cristianismo. Tais conceitos permearam basicamente todas as narrativas eruditas até meados do século XX, e serão mais bem abordados à medida que avançamos. Por ora, observemos que para visualizarmos sociedades pré-históricas precisamos confiar nas evidências fornecidas pelos modernos estudos antropológicos e religiosos, especialmente as tentativas de compreensão realizadas junto a sociedades que continuam a praticar a economia caçadora e coletora, como os aborígenes australianos e outros povos de regiões isoladas. De certa maneira, do mesmo jeito que a "religião", ou o sentido do sagrado, pareceu permear todos os aspectos dessas culturas, amiúde em suas formas animistas ou teístas, também a "educação" pode ser descrita como onipresente nessas sociedades, pois o papel dos jovens era observar seus anciãos, emulá-los e eventualmente aprender com eles tudo o que havia a saber sobre todas as áreas do conhecimento. Há que se tomar cuidado para não acreditarmos que as culturas orais eram necessariamente menos ricas ou profundas do que as culturas escritas que se lhe seguiram. É possível afirmar que a perda, parcial que seja, da riqueza e das nuances e ressonâncias distintas das sociedades ágrafas constitui uma das maiores tragédias da Era Moderna.

Com efeito, estudos recentes sobre os padrões pretéritos da infância, particularmente em sociedades caçadoras-coletoras, apontam quanto tempo livre era conferido às crianças, para que se agrupassem e explorassem suas imaginações antes que qualquer forma de treinamento formal fosse iniciada. Esse espaço foi tolhido pela ênfase mais atual na importância da instrução organizada. Brincar efetivamente significava imitar os adultos de alguma forma, e por volta do começo da adolescência as crianças começavam a acompanhá-los, e, ao ajudá-los, aprendiam, mas o equilíbrio era francamente diverso daquilo que viria posteriormente.

Há ainda mais alguns elementos que merecem ser mencionados. Embora o treinamento fosse genderizado, no sentido de que homens e mulheres tinham papéis diferentes, as distinções de gênero eram bem menos pronunciadas do que se veria quando a educação formal foi introduzida, e a ênfase acentuada na preparação para a guerra, inexistente. As sociedades orais confiavam intensamente na narração para transmitir ideais culturais e religiosos, e essas experiências eram parte indissolúvel dos agrupamentos como um todo, e não voltadas exclusivamente para as crianças.

O advento da agricultura, começando por volta de 9000 a.C. e gradual e seguramente se espalhando para diversas partes do mundo, não transformou de pronto a natureza da educação, a não ser pelo fato de que as crianças pequenas frequentemente receberam mais tarefas. Com o passar do tempo, contudo, as sociedades agrícolas tornaram-se mais complexas e o crescimento da educação formal as acompanhou. Houve duas causas centrais para que isso ocorresse: primeira, as habilidades sociais e o treinamento associado a elas tornaram-se mais especializados (aptidões e técnicas artesanais, em oposição ao trabalho agrícola não especializado; o cuidado dos canais e sistemas de irrigação; a criação dos animais e os saberes que a acompanham, como a veterinária). Além disso, algumas dessas especialidades poderiam requerer também algum conhecimento matemático formal. Segunda, grupos mais amplos (mais numerosos do que os pequenos bandos de caçadores-coletores) necessitavam de mecanismos mais formais para transmitir a cultura compartilhada. Em seu influente livro *Sapiens – Uma breve história da humanidade* (2015), Yuval Harari descreve essa "revolução cognitiva" contínua – a criação de mitos, lendas, deuses e valores compartilhados – como a chave que permitiu à humanidade cooperar em grupos maiores, acelerando assim o rápido processo da "revolução cultural", em oposição ao necessariamente lento processo da evolução biológica. Foi, contudo, a introdução da escrita na Mesopotâmia por volta de 3500 a.C. que, obviamente, impeliu o estabelecimento das escolas como as conhecemos, um marco fundamental na história da educação – para o bem ou para o mal.

Ler e escrever como limitação e oportunidade

A escrita criou inúmeras vantagens para as sociedades tecnologicamente mais complexas surgidas em diferentes regiões após 3500 a.C.: auxiliou no armazenamento de saberes; possibilitou a comunicação a longas distâncias, facilitando assim tanto os negócios quanto os governos; e deu àqueles que a dominavam imensos benefícios profissionais. Não é de surpreender que os templos religiosos mesopotâmicos rapidamente montaram estruturas para o treinamento de escribas, e padrões similares seriam reproduzidos em diversos lugares. Mas a escrita – especialmente os primeiros sistemas da Mesopotâmia, Egito e outros lugares – também trouxe consigo uma série de complicações que, durante muito tempo, afetaria a maneira como a educação foi organizada.

Antes de mais nada, a formação era custosa. No alvorecer do sistema de escrita mesopotâmico havia mais de 1.000 caracteres e demorava mais de doze anos para se alcançar algum tipo de domínio desse conteúdo. A maioria das pessoas era incapaz de bancar os gastos desse aprendizado, de modo que nas sociedades agrícolas a escolarização formal seria, por muito tempo, limitada à minoria abastada. Dada a trivialidade das presunções de superioridade masculina nessas sociedades, as oportunidades para a educação formal foram reservadas quase que inteiramente para os meninos.

Em segundo lugar, a natureza dos sistemas de escrita valorizava a cópia e a memorização, algo que invadiria outros aspectos da educação muito tempo após os primeiros séculos da escolarização formal. A disciplina era severa, e alunos rebeldes eram frequentemente agredidos ou humilhados – há relatos no antigo Egito de estudantes retardatários sendo expostos em gaiolas para que os passantes os ridicularizassem.

Por fim, muitos séculos antes da invenção do papel ou da impressão, aquelas escolas possuíam poucos materiais pedagógicos. As tabuinhas de argila estavam disponíveis para os exercícios de escrita (mesmo o humilde quadro-negro não seria inventado até o começo do século XIX), mas inexistia material de leitura variado, significando que qualquer lição que fosse além dos conhecimentos mais básicos normalmente envolvia inúmeras aulas expositivas e infinita memorização mecânica.

Esses aspectos básicos das escolas iniciais permaneceram afetando a educação mesmo quando os sistemas de escrita foram simplificados e uma gama mais ampla de materiais tornou-se disponível – não seria errado dizer que ainda hoje representam um desafio.

Uma outra complexidade dessa educação incipiente merece atenção: a tensão entre o tipo de formação envolvida na introdução à leitura e à escrita e o treinamento necessário às habilidades militares, fundamentais às classes superiores à medida que mais governos organizados se desenvolviam. Eram, portanto, dois setores distintos, ambos predominantemente masculinos e vitais às sociedades mais complexas, que alimentavam expectativas bem distintas quanto ao perfil da educação.

Henri Marrou, dentre outros, descreveu a lacuna essencial que separava os grupos dos "nobres guerreiros" e dos "escribas" – cada um tomando para si uma parte da elite dominante, treinando-a e educando-a para que desenvolvesse suas competências, sua reivindicação ao *status* e reprodução sociais e o próprio controle sobre as esferas vitais que dominavam. Boa parte da educação aristocrática dizia respeito às habilidades militares, à destreza física, à liderança e às habilidades para empenhar-se na vida cívica e política. A formação dos escribas, por sua vez, centrava-se exclusivamente no domínio das técnicas de literacia, na manutenção de registros (que incluíam os importantíssimos documentos legais) e na coleta e administração de informações, algo que, com o tempo, cresceria até se transformar em controle sobre textos religiosos e históricos, dentre outros. Embora os guerreiros da aristocracia detivessem imenso poder, havia vantagem na aliança com o campo dos escribas – os quais controlavam tanto o fluxo dos registros oficiais quanto as nervuras da gestão pública e igualmente serviam como guias para as verdades éticas e religiosas. Descobrir como diferentes sociedades proveram essas duas formas de educação, ou como conseguiram combiná-las, foi uma chave de compreensão essencial para a história da educação até tempos bem recentes.

A educação nas primeiras civilizações (até 1000 a.C.): Mesopotâmia, Egito e o Vale do Indo

Existe ampla evidência histórica e arqueológica a respeito da importância da educação nas antigas sociedades mesopotâmicas (Suméria, Acádia, Babilônia, Assíria, entre outras), incluindo: a centralidade dos templos e de suas escolas; a participação das elites educadas na produção de calendários agrícolas e hidrológicos; o papel dos escribas nos ritos e sacrifícios religiosos e das escolas de escribas e na manutenção e reprodução de registros escritos de todo tipo. Tudo isso era supostamente derivado do deus-escriba Nabu, que havia criado a escrita (cuneiforme, ou pictográfica). Os registros escritos mais antigos parecem ter sido inteiramente comerciais e administrativos, refletindo assim o crescimento do poder da elite urbana, dos códigos legais, do comércio inter-regional e da resolução de disputas fundiárias e fiscais. Muito disso foi preservado pela "alta" linguagem e cultura sumerianas e transmitida para as civilizações subsequentes, alimentando assim, segundo diversos autores, um certo conservadorismo intelectual e a tendência a venerar o passado, a qual, por sua vez, reforçava a ênfase na memorização mecânica e na compilação de crenças e textos antigos. Além da disposição das salas de aula e da disciplina severa que as caracterizava, é bem possível que a ênfase escolar no papel conservador de uma cultura imutável ou essencial (donde as diversas formas de pedagogias "essencialistas" ou "perenialistas") e a fixação dos papéis de gênero e das carreiras acadêmicas tenham surgido já na aurora da escolarização formal. O ponto, contudo, não deveria ser se tais elementos são atemporais ou inalteráveis, mas sim que qualquer coisa historicamente construída pode ser social e culturalmente *reconstruída* em eras futuras e contextos socioculturais diversos.

Na época do Código de Hamurábi (Babilônia, c. 1700 a.C.), a sociedade mesopotâmica já estava claramente consolidada em castas de homens livres, libertos e escravos, e somente os membros da elite tinham acesso à educação formal. Há que se reenfatizar que tal formação só estava acessível a um grupo notavelmente reduzido – algo que se conservaria até o início da Era Moderna. O período foi igualmente caracterizado por uma certa dinâmica de secularização, à medida que a demanda por escribas administrativos, mercantis, dentre outros, pareceu ultrapassar a de funcionários dos templos. O treinamento passou a envolver duas fases: a primeira (malcomparando, nossa escola primária) centrada nos conhecimentos básicos de escrita (incluindo ortografia e caligrafia) e aritmética. A segunda (malcomparando, nosso ensino médio ou o profissionalizante) voltada para áreas suplementares de treinamento, tais como religião, educação, direito, medicina, comércio ou artes da guerra. Se o primeiro nível aparenta ter enfatizado a memorização e a reprodução (além da disciplina estrita), as fontes sugerem que ao menos o segundo parece ter incluído um aprendizado mais ativo, maior orientação professoral e aquilo que poderíamos chamar de estágios nas áreas especializadas.

Chegaram até nós muitos relatos sobre as pressões disciplinadoras do primeiro nível de escolarização, onde meninos entre os 6 e os 8 anos iniciavam seu treinamento. "Eu fui e me sentei, e meu professor leu minha tabuinha. Ele disse: 'tem algo faltando!' E me bateu com uma vara. Um dos responsáveis falou: 'Por que você abriu a boca sem minha autorização?' E me bateu com uma vara. O responsável pelo regulamento disse: 'Por que você se levantou sem minha permissão?' E me bateu com uma vara. Meu professor me disse: 'sua caligrafia está horrível!' E me bateu com uma vara". Já se disse que a língua sumeriana antiga, própria da alta cultura e da formação educacional, parece corporificar o conservadorismo e a reverência pelo passado; mais adiante, porém, com novos idiomas sendo introduzidos por invasores externos, é possível que a educação e a vida intelectual tenham se aberto um pouco mais.

A educação no Egito antigo parece ter seguido um caminho semelhante ao da Mesopotâmia – e os achados arqueológicos são insuficientes para determinar em qual das duas culturas a inovação ocorreu primeiro, ou como as descobertas no campo da literacia e da educação fluíram mutuamente entre ambas. Mesmo à luz do registro arqueológico sobre essas antigas civilizações (que nos chegaram dramaticamente incompletos), ainda é possível apreciarmos a importância da educação no antigo Egito (que floresceu por quase 2.500 anos, entre 3000 a.C. e 500 a.C.). Autores como Marrou, Bowen, dentre outros, mencionam relatos sobre escribas egípcios, exaltam suas práticas educacionais e profissionais e observam enfaticamente que buscar o aprendizado da escrita e a formação técnica permitia aos homens livrar-se dos pesados trabalhos manuais realizados nos campos e nos grandes projetos estatais. Na *Sátira das profissões* (ou *Os ensinamentos de Kheti*), um "texto sapiencial" comum no Período Imperial, lê-se: "Eis que vi aquele sendo espancado: você deve colocar seu coração nos livros. Contemplei o que foi libertado do trabalho forçado: nada supera os livros". Ou ainda: "orienta teu coração a se tornar um escriba, para que sejas capaz de governar a terra inteira". Após uma fase inicial de aparente desenvolvimento autônomo, a alta cultura egípcia claramente interagiu com a Mesopotâmia e o leste do Oriente Médio por meio da linguagem comercial e diplomática acadiana, e esses contatos transculturais exerceram indiscutível influência sobre a educação egípcia.

As escolas situadas nos templos egípcios parecem ter evoluído para uma segmentação em dois níveis. A maior parte dos autores reconhece essas mudanças como similares às da Mesopotâmia, posto que enfatizavam a memorização, recitação e cópia dos textos sagrados e rituais, e ainda que tal reverência pelo passado tenha criado certa continuidade cultural e uma clara identidade, tendeu também a inibir o pensamento especulativo e a criatividade cultural. Primeiramente, havia as instituições voltadas ao treinamento da escrita e da aritmética básicas (as "casas dos livros"), formando escribas que exerceriam as diversas funções religiosas, civis e administrativas de todo o império. Vinha então o sistema mais avançado (situado, ao menos em parte, nas "casas da vida", igualmente voltadas para o embalsamamento e a vivissecção), destinado à formação de professores, médicos, astrônomos/astrólogos e estudiosos dos calendários, atividades que, em sua maioria, ocorriam em complexos de templos-escolas crescentemente vastos e poderosos. Tais instituições, contudo, eram supostamente caracterizadas por um certo conservadorismo ou estagnação curricular e instrucional, que atribuía pouca ênfase à investigação empírica e à inovação pedagógica.

Está bastante claro que essa educação formal se desenvolveu também numa outra civilização contemporânea, a do Vale do Indo (mais comumente conhecida como Civilização Harapense, com seus dois maiores centros urbanos, Harappa e Mohenjo Daro, além de 1.500 ou mais assentamentos relacionados, que podem ter sido até maiores do que os do Egito e da Mesopotâmia). A relativa carência de evidências arqueológicas, no entanto, tolhe nossa compreensão sobre essa cultura, além do fato de que os estudiosos ainda não conseguiram decifrar sua escrita (que consistia de cerca de 4.000 pictogramas). A menção a essa civilização visa complexificar a tradicional narrativa eurocêntrica da história da educação (na qual a Grécia irrompe a partir de suas origens médio-orientais), mas é igualmente importante salientar seu papel de precursora da antiga Índia. Sabe-se muito bem que o Vale do Indo floresceu concomitantemente ao Egito e à Mesopotâmia (entre 3000 e 1500 a.C.), e que existiram ao menos algumas tênues redes comerciais e trocas mútuas de escribas e estudiosos entre essas três culturas distintas. Os legados da Antiguidade devem estar claros: as origens da educação formal; conceituações tradicionais de currículo e instrução baseadas na memorização e na reprodução; um sistema em dois níveis integrado a um rígido regime de castas ou a uma hierarquia social estratificada – tudo isso interligado a valores crescentemente patriarcais e ao poder estatal religioso-imperial, bem como às necessidades práticas dos interesses comerciais.

A educação na Antiguidade: Fenícia, o Israel Antigo e o Mediterrâneo Oriental

De fato, foi na encruzilhada entre os impérios da Mesopotâmia e do Egito que notáveis inovações ocorreram, seja nas práticas da literacia, nas crenças e valores religiosos, ou nas origens da filosofia especulativa e de uma visão de mundo materialista. A parte do Levante que veio a ser conhecida como Fenícia (Canaã, para seus próprios habitantes) testemunhou a emergência de importantes fenômenos, mais notavelmente o advento da primeira escrita alfabética, motivado primordialmente pelos interesses comerciais e que ajudou a disseminar mais rapidamente a leitura. Essa forma simplificada de linguagem escrita (com aproximadamente 22 caracteres, em oposição às centenas ou mais de egípcios ou mesopotâmicos) desembocou em diversas correntes: o aramaico (que por sua vez levou a escritas clássicas como o hebraico, o siríaco, o nabateu, o árabe, dentre outras) e o fenício (que geraria as escritas grega, etrusca, a latina clássica e quase todas as formas de escritura europeias posteriores). Amplamente estimulados por impulsos comerciais, os fenícios difundiram suas inovações ao longo de todo o Mediterrâneo. Já deve estar evidente que um sistema simplificado e mais flexível poderia servir a complexas necessidades sociais e se espalhar rapidamente, mas também se fragmentar em múltiplas linguagens escritas e identidades localizadas. Mais importante para os nossos propósitos, é preciso explicitar como um sistema escrito simplificado foi capaz de instigar a demanda pela educação tanto formal quanto informal – tornando-a social e culturalmente mais acessível, livre do domínio exclusivo das escolas formais de escribas ou das castas fechadas, com suas exigências herméticas e aprendizados que duravam anos. Essa inovação alimentaria muito do dinamismo social das sociedades antigas clássicas e tardias, difundindo, ainda que por meio das conquistas militares, movimentos mercantis e religiosos. Muito embora, mesmo nesse ponto, somente uma pequena minoria da população masculina frequentasse as escolas, tornou-se mais difícil determinar quão pequena seria tal minoria.

Os antigos hebreus emergiram como um povo pastoral ou nômade oriundo da Mesopotâmia, algo que por sua vez levou à dominação israelita de partes de Canaã após o século XIII a.C. Como detalharam Huston Smith e diversos outros autores, há aqui uma anomalia histórica: Como um povo e um Estado tão pequenos e relativamente insignificantes do ponto de vista geopolítico exerceram um papel desproporcionalmente tão notável nos desenvolvimentos religiosos e culturais subsequentes, em especial sobre o cristianismo e o Islã? Smith aponta diversos fatores, dentre os quais a importância que o monoteísmo judaico conferiu à vida e à educação religiosas, mas também uma persistente "paixão pelo sentido" manifesta em diversas dimensões. Diferentemente das divindades egípcias, mesopotâmicas, gregas ou romanas (que poderiam ser prosaicas, amorais, caprichosas ou malignas), o deus hebreu Iavé (ou Jeová) era todo-poderoso, justo e, após o dilúvio e a Aliança, benevolente para com a raça humana. Consequentemente, suas grandes obras, como a natureza e a humanidade, deveriam ser igualmente santificadas e exaltadas em todas as suas particularidades. Iavé poderia ser duro, julgador, quando preciso, mas era fundamentalmente benigno em relação àqueles que aceitavam sua dominância e honravam suas leis morais, os mandamentos. Houve, pois, um "empurrão" à história e à vida humana que inspirava e reforçava a obrigação dos indivíduos e dos povos em obedecer a lei, portar-se corretamente e honrar o profundo sentido do divino, seja na criação de Deus ou na existência humana. Como Smith observou, "eles jamais perderam a esperança na vida em si. O sentido estava sempre à mão, pronto para ser conquistado. A oportunidade para responder criativamente nunca esteve ausente". As pessoas tinham o livre-arbítrio para escolher o caminho da retidão ou do pecado e da preguiça, o que também impactou um certo dinamismo na vida social – e mais uma vez na educação, que ajudaria a alinhar crianças e jovens à lei e à retidão. Houve também um "sentido de moralidade", corporificado nos Dez Mandamentos e, com o tempo, nas escrituras formais da Torá (a "Bíblia Hebraica") e nos 613 mandamentos da lei rabínica.

Tudo isso passou por uma guinada decisiva durante a tradição profética judaica (entre 900 e 600 a.C.), quando uma série de profetas (Elias, Natã, seguidos de Amós, Oseias, Isaías, Jeremias, dentre outros) ousou dizer a verdade ao poder, exigiu que as elites e o povo guardassem a lei divina e afirmou serem todos moralmente responsáveis não apenas pela sua própria conduta, mas também pela sociedade como um todo. Quando a ordem social era injusta, quando os ricos exploravam os pobres, ou quando os imigrantes e estrangeiros eram constrangidos ou humilhados, Iavé punia o povo usando desastres naturais ou conquistas estrangeiras, tribulações essas cujo propósito não era pôr em dúvida a fé, mas sim destruir falhas morais e relembrar à gente sobre a necessidade de manter tanto sua moral particular quanto o sentido mais amplo de justiça social – o que levou, por sua vez, ao "sentido do sofrimento", surgido durante o tempo de dominação estrangeira e exílio, quando os judeus foram dispersados, sendo levados para Babilônia e outros lugares. Essa "paixão pela liberdade e pela justiça" sobreviveria às derrotas, à deportação e serviria como modelo ou lição para toda a humanidade, transmitida por meio de suas variantes cristã e islâmica, que também honraram essas tradições proféticas precedentes. A lição que os desastres ensinam não é abandonar a fé, mas sim redobrar a devoção à lei de Deus e a busca pelo sentido e pela justiça, mesmo nos tempos mais sombrios. Existe, portanto, um propósito mais profundo, um arco para toda a história que se curva em direção à justiça e à correção. Por fim, houve também, um "sentido no messianismo", um desejo intenso e uma visão esperançosa do futuro, na qual Deus redimiria a humanidade com a promessa de um enviado que selaria as promessas redentoras da fé do único deus. Num aspecto mais prosaico, a tradição profética gradualmente produziu um corpo literário complexo, cujo estudo poderia ser o objetivo mais importante da vida dos homens judeus.

Voltando à nossa temática, durante o exílio (quando os judeus não tinham poder de Estado tampouco capacidade para praticar seus rituais formalmente nos templos), a educação tornou-se fundamental, e as escolas o lócus da identidade social e da direção religiosa. Esse "zelo educativo" voltava seu olhar tanto para o passado quanto para o futuro: no primeiro caso porque a história era o registro das ações e promessas de Iavé; no segundo porque a lei e os rituais apropriados só poderiam ser mantidos por meio da educação, até que a redenção final chegasse. Essa confiança na educação como forma de preservar a lei e a identidade do povo ocorreu repetidas vezes na história do povo judeu: após a conquista de Israel pela Assíria (723 a.C.); quando da destruição de Jerusalém pelos babilônicos e o exílio (586-538 a.C.); e com a queda final do Templo em 70 d.C., durante a fracassada revolta judaica contra os romanos. Cada um desses desastres provocou mudanças de ênfase (do Estado e do templo não mais existentes para as escolas e sinagogas), um correspondente declínio no papel dos sacerdotes e autoridades formais e a ascensão dos rabinos (literalmente, *professores*), que levariam vidas inteiras dedicadas ao estudo da Torá (posteriormente complementada pelo Talmud e pelos Midrashim, tradições legais e analíticas subsequentes elaboradas a partir da Torá). Foram criadas a "casa do livro" (*bet ha-sefer*) e a "casa da instrução" (*bet hamidrash*), mais avançada, ambas exclusivamente masculinas. Essas instituições geraram a demanda por um "livro de instrução" comum, baseado nos elementos-chave da Bíblia hebraica (especialmente aqueles destinados a ser explicitamente utilizados como livros-texto, como Provérbios ou Eclesiastes) e, com o tempo, a necessidade social mais ampla da alfabetização universal no hebraico – ao menos entre os homens. À medida que a Diáspora judaica se espalhava pelo mundo antigo, esse corpo de reflexão e prática educacional preservou a lei e a fé, contribuindo profundamente para diversos movimentos sociais e religiosos que se lhe seguiram.

A educação na Grécia Antiga e Clássica e no mundo helenístico

Nos séculos seguintes ao IX a.C., ao mesmo tempo em que o profetismo judaico se estabelecia, os povos da antiga Grécia trabalhavam para forjar linguagem e identidade comuns, primordialmente à volta dos trabalhos de Homero e Hesíodo, que capturaram a tradição do nobre guerreiro (e seu *ethos* da *areté*, a excelência em qualquer campo, habilidade militar e fortaleza moral) em grandes poemas épicos marciais como a *Ilíada* e descreveram o panteão dos deuses gregos e sua teologia. A maior parte dos autores concorda que as grandes inovações da cultura helênica (as origens da filosofia especulativa, da matemática e do pensamento científico) emergiram originalmente nas cidades gregas da Ásia Menor, fortemente influenciadas pela vida intelectual da Mesopotâmia e da Pérsia. A introdução da escrita alfabética nos séculos IX e VIII a.C. impulsionou a desopressão e a expansão da vida intelectual e literária, ainda que de início tivessem sido propelidas por razões práticas e comerciais. Tudo isso levou a uma nova ênfase no materialismo e na filosofia (literalmente, o "amor pelo conhecimento"), a inovações nos campos da astronomia, navegação e cosmologia e à busca por explicações físicas, não míticas, para a natureza e o corpo humano. Em circunstâncias de relativa liberdade social e competição entre as *poleis* (cidades-Estado) gregas, tanto na Ásia Menor quanto nos Bálcãs, tudo isso acabou levando a impressionantes transformações que viriam a confluir durante a "Era de Ouro" da Grécia. A maior parte das histórias da educação mais tradicionais centra sua atenção nessas inovações como sendo resultantes de alguma genialidade inerente ou natural (posteriormente legada para o "Ocidente"); não obstante, a presente narrativa quer deixar bem claro que tais criações foram, em verdade, produto de profundos diálogos e correntes transculturais, cuja influência chegou até muito além do Ocidente.

Devemos, portanto, ser cuidadosos ao reconhecer a excepcionalidade da sociedade grega clássica (indubitavelmente seminal para muito do que se lhe seguiu, no Ocidente como em outras civilizações) sem, contudo, fetichizar ou superinterpretar sua originalidade ou significância. A Grécia Clássica, parte de um próspero mundo em expansão que se estendia do Egito e da Ásia Menor até a Mesopotâmia e a Pérsia, foi clara e profundamente influenciada pelas práticas e reflexões educacionais de outros povos. Outras transformações apareceram quando as cidades-Estado amadureceram econômica e socialmente, significando relativa opulência bem como um senso de dedicação ou patriotismo coletivo à *pólis*. Historiadores estabeleceram uma clara distinção entre os caminhos escolhidos pelas diferentes cidades, de modo que Esparta (dominante entre os séculos VIII e VII a.C.) abraçou uma forma rígida de militarismo em sua educação, marcada por severa segregação sexual e uma forma de governo oligárquica ou aristocrática que a todos subordinava às expressões atléticas ou militares do seu poder (e à suprema necessidade de manter sua população servil sob controle). Em contraste, o rumo escolhido por Atenas (dominante nos séculos VI e V a.C.) e outras póleis mais democráticas ateve-se mais à filosofia especulativa, à criatividade artística (em especial na música e no teatro) e à exploração matemático-científica, muito embora certamente também existisse interesse no treinamento físico. Para os atenienses, a educação era moldada por uma cultura urbana mais voltada para o comércio e a expansão do que para a simples conquista militar, além de estar infundida de um espírito mais democrático, apesar e a despeito de jamais ter deixado de ser uma sociedade escravocrata e com hierarquias sociais e de gênero determinadas. Ainda assim, os avanços eram perceptíveis: o uso de uma nova e dinâmica expressão vernacular e da escrita alfabética; o rápido crescimento de diversas formas de educação privada (ainda que existissem robustas normas públicas e expectativas civis para a formação dos jovens da elite, a oferta de escolas permaneceu quase que inteiramente privada); e o advento de criativos trabalhos intelectuais e científicos nos mais diversos campos, um *corpus* sapiencial de artes, ciências e filosofia que seria influente séculos – ou mesmo milênios – afora.

Há que se ressaltar também as contribuições poéticas de Safo (630-570 a.C.), uma das poucas personalidades artísticas femininas que atingiram a proeminência em sua era – é bem possível que tenha havido outras, mas poucas figuram nos registros que chegaram até nós. Safo se destaca como exemplo de poeta e liricista de renome e por seu singular e declarado homoerotismo.

O conflito com o ascendente Império Persa nos séculos VI e V a.C. provocou a consolidação da cultura grega na Península Balcânica e acentuou o entendimento daquilo que era tão especificamente "europeu" em sua cultura (em oposição ao "asiático"), distinção essa posteriormente trabalhada por Heródoto. A educação era destinada aos meninos e rapazes livres (que compunham cerca de 20% da população em idade militar) e incluída escrita, aritmética, música e esportes, seguidos por dois anos de serviço público e militar obrigatório antes de serem alçados à condição de cidadãos, por volta dos 20 anos. Alguns autores descrevem o modo como esse *milieu* ganhou corpo por meio da noção de *Paideia*, combinação da instrução formal com a formação cultural e moral, no sentido de que os propósitos da vida pública e da educação são cultivar as virtudes do que é bom e verdadeiro, e que a função da educação não se resume à literacia técnica ou ao adestramento nas habilidades elementares, mas sim a algo mais sublime. Houve frequentes e intensas disputas políticas sobre débitos, desigualdades e acesso à vida cidadã – sobre quem exatamente tinha, ou não, voz e presença na democracia ateniense e nas demais –, e vale repetir que, a despeito de todas as suas inovações, essa sociedade permaneceu patriarcal e repleta de escravos. Não obstante, existiu uma esfera pública em que personagens variados enfrentavam-se vigorosamente: as correntes mais democráticas, aristocráticas ou oligárquicas; as diversas cidades-Estado entre si; e, num aspecto particularmente interessante ao nosso propósito, os sofistas e seus rivais.

Os sofistas surgiram como um grupo de professores organizados em uma guilda com fins lucrativos, voltada ao cultivo das habilidades retóricas e à sua utilização nas cortes judiciais e na vida pública – ou seja, a "arte da política". Eles ficaram conhecidos por enfatizar toda sorte de relativismo moral, ceticismo e um utilitarismo bruto, uma reputação que talvez esteja excessivamente contaminada pelas opiniões dos seus críticos. Henri Marrou (1956) avaliou positivamente sua influência e os considerou o primeiro grupo profissional de educadores de nível avançado. Seja como for, a eles se opuseram duas grandes correntes alternativas: uma a de Sócrates (469-399 a.C.), seu discípulo Platão (428-348/7 a.C.), e demais socráticos; a outra liderada por Isócrates (436-338 a.C.).

Sócrates defendia uma filosofia radicalmente lógica, em que diálogos indutivos seriam empregados para amputar falsidades e sofismas até chegar à verdade mais profunda. Ele propunha o debate ativo entre professor e aluno no sentido de desenvolver uma compreensão crítica da verdade, e não a memorização mecânica – um elemento essencial do "método socrático" que ocuparia lugar de destaque nos mais diversos debates educacionais até os tempos modernos, um processo cujo instrumento primeiro seria a dialética (a argumentação verbal por meio do diálogo). Platão desenvolveu mais completamente essa filosofia idealista, focando nas Formas, ou ideais, eternas de verdade, justiça e beleza que supostamente subjaziam à passagem efêmera do dia a dia, o "mundo dos sentidos". Mais importante para os nossos objetivos, ele estabeleceu uma abrangente teoria e filosofia da educação em seu texto *A república* (cerca de 380 a.C.), possivelmente uma das primeiras teorias pedagógicas completas da história da educação. Muitos historiadores propõem que o modelo platônico para a formação da elite de reis-filósofos, ou guardiães, era também algum tipo de analogia para a educação do indivíduo. Vale a pena mencionar também que ele permitiu o avanço da educação feminina, contanto que elas comprovadamente possuíssem as "habilidades naturais requeridas" para pensar racionalmente. É possível apreciar esse trabalho sem, contudo, endossar suas conclusões: Platão advogava um amplo sistema educativo sob controle estatal, mas que fosse estritamente segregado conforme diversas classes ou categorias sociais. Treinamento básico em manufaturas e ofícios para aqueles capazes de buscar exclusivamente os próprios apetites (almas de bronze); leitura avançada e formação mais especializada para os capazes de "coragem e espírito" (almas de prata); e a educação avançada em todas as áreas, culminando com a dialética filosófica, reservada para as elites, os verdadeiramente capazes da razão e que se tornariam os "guardiães" da sociedade (almas de ouro). É claramente possível observar as influências dessa abordagem nos séculos que se seguiram: o homem só possui sentido ou identidade no âmbito de um Estado político; existem castas ou segmentos supostamente "naturais" na sociedade, e a educação há que ser estruturada em conformidade para reforçar ou reproduzir essa ordem "natural" de coisas; a matemática (e os estudos relacionados da harmonia e da música) deve estar no centro do currículo. Curiosamente, ele sugeriu algum tipo de mecanismo para "abrir" o ingresso a esses segmentos, mas ainda assim pareceu reconhecer que a mobilidade vertical, de uma categoria para outra, era improvável e possivelmente ausente da ordem natural das coisas. Platão também afirmou que o propósito da educação não era inculcar numa criança verdades ou crenças específicas, mas sim ajudá-la a recolher ou relembrar crenças ou verdades inatas já existentes – mais uma vez, especialmente por intermédio da matemática e da música.

Isócrates criou sua própria escola retórica, rival dos sofistas, cujos métodos supostamente inferiores e mercenários criticava, bem como a natureza de muitos dos textos e materiais escritos empregados na educação das elites. O ponto central é que as tensões entre as cidades-Estado, a competição incessante que engendraram e a relativa liberdade daqueles que participavam da cultura cívica mais democrática, levaram à efervescência do pensamento científico e criativo, inclusive no que tange aos propósitos e práticas educativos. Muito dessa realidade desenvolveu-se na escola, ou *didaskealeion* ("local da instrução"), com o termo *schole* (lugar para o lazer e a reflexão intelectual) sendo utilizado a partir de então. A educação significava uma série de tutores privados, e posteriormente alguns dos seus esforços foram combinados no *gymnasion* (que incluía disciplinas intelectuais e treinamento físico). Entre as matérias centrais à maior parte desses centros estavam a poética, a ética, a música, a ciência, a matemática, a astronomia e várias formas de filosofia. A educação superior ocorria nas academias (a de Platão, por exemplo) ou nos liceus (como o de Aristóteles, no Período Helenístico). É preciso lembrar que muitos desses professores e tutores gregos e seus alunos costumavam circular pelo mundo mais amplo do Mediterrâneo, inclusive pelas cidades (helênicas ou não) da Ásia Menor, da Magna Grécia (sul da Itália e Sicília), sul da Europa e norte da África; e que boa parte dessas experiências era socialmente limitada – tratava-se fundamentalmente de uma educação das elites, inacessível à maioria da população e particularmente negada a quase todas as garotas e mulheres.

Essas abordagens educativas continuariam a florescer durante o Período Helenístico que se seguiu, quando as póleis sucumbiram às invasões do norte ao mesmo tempo que sua cultura se espalhava por todo o mundo helenístico, chegando até a república romana. Uma figura-chave que faz a ligação entre essas duas eras foi Aristóteles (384-322 a.C.), um aluno de Platão que posteriormente tornou-se tutor de um jovem rei macedônico, Alexandre (mais adiante cognominado "o Grande"). Marrou apontou a ironia de que o enfoque platônico na formação dos conselheiros de Estado e dos guardiães (por mais que tenha parecido pernóstico ou arcaico no contexto da Atenas democrática) pode muito bem ter antecipado o tipo de monarquias autocráticas ou centralizadas surgidas após as campanhas de Alexandre. Novamente, um mito comum pode se mostrar enganador – que a Era Helenística represente necessariamente uma certa degradação ou decadência da "Era de Ouro" grega, quando, em verdade, pode ter significado justamente seu maior esplendor, um fluxo que reuniu a Grécia a elementos culturais egípcios, persas, mesopotâmicos, do Sudoeste Asiático e da Bacia do Mediterrâneo. Muitos historiadores concordam que esse momento testemunhou a conformação "definitiva" ou "final" do modelo educacional grego, que continuaria a florescer, em que pese os inúmeros reveses políticos, pelos próximos quinhentos anos, até o século III d.C. Esse sistema de *enkýklios paideía* (ou o período de escolarização, *enkýklios*, oferecido à criança, *paidós*), posteriormente legado a Bizâncio, relacionou-se ao declínio dos elementos militaristas e aristocráticos da formação grega original e elevou a literatura e a vida filosófica ou intelectual ao patamar de verdadeira educação, meio de cultivo das verdadeiras maneiras e da ética. Significou também uma notável "revolução escolástica" e a publicação de um conjunto de textos e materiais didáticos que exerceria forte influência na vida intelectual e educacional subsequente (seus legados romanos, bizantinos, dentre outros). A dispersão desse ideal se deu porque os conquistadores helenísticos levaram consigo escolas e academias de tipo grego e encorajaram a fusão entre as elites imperiais, gregas e não gregas, algo que, por sua vez, levou a um notável sincretismo transcultural e a uma vida intelectual e educacional multicultural, inspirada em diversas tradições médio-orientais.

Escolas gregas apareceram especialmente na rede de cidades imperiais fundadas por Alexandre e seus sucessores, onde interessados ricos, os "benfeitores", foram chamados a contribuir para a fundação da complexa mistura de escolas públicas e privadas. Essas grandes urbanidades do mundo helenístico incluíam Pérgamo, na Ásia Menor; Antioquia e Jerusalém na Síria e na Palestina; Alexandria, no Egito e, claro, Atenas, que permaneceu um centro dos altos estudos e aprendizados avançados. Certamente alguns campos, digamos, mais práticos também se expandiram (como a medicina e a astronomia), do mesmo modo que a retórica e a filosofia, só que agora com uma ênfase mais voltada ao materialismo e ao empirismo. Tudo isso levou ao desenvolvimento de sofisticadas abordagens relativas à pedagogia, à cópia e à autenticação de textos e a elaborados sistemas de tradução e reprodução de publicações.

Muitos desses ideais foram claramente articulados por Aristóteles, que considerava a educação como algo de suma importância, tanto que defendia escolas controladas pelo Estado, nas quais o cultivo da virtude e da cidadania fossem os objetivos mais importantes. A supervisão estatal seria fundamental para garantir a qualidade geral e a integridade sistêmica. Até os 7 anos, essas instituições se dedicariam aos exercícios físicos e aos esportes; depois, e até o começo da puberdade, por volta dos 14 anos, aos fundamentos da música, leitura, escrita, matemática e educação física. Daí até os 18 incorporaria conhecimentos mais empíricos e precisos, como geografia, literatura e história; dos 18 aos 20 anos os jovens ingressariam no serviço da *efebia*, originalmente a formação da elite militar, mas que progressivamente perdeu esse caráter formal de treinamento marcial. Somente alguns poucos chegavam à educação superior, cujo enfoque residia nas ciências naturais e físicas, nas artes cívicas, nas ciências políticas, ética e filosofia. Esse currículo foi corporificado no Liceu de Aristóteles, que refletia essa abordagem mais experimental, empírica e científica do conhecimento. Ainda que o sistema aristotélico não chegasse a ser inteiramente aplicado nesse período – congregações de tutores particulares permaneceram necessárias –, enquanto protótipo, representou uma grande teoria e filosofia da educação que influenciaria Bizâncio, o Islã e muito da Europa Ocidental. Sua visão formatou-se nas sete artes liberais (aritmética, geometria, astronomia, harmonia [física], lógica e gramática, dialética [filosofia] e retórica), cerne curricular do mundo mediterrânico. Claro, ressalvadas algumas notáveis exceções, esse sistema excluía a população escravizada e as mulheres, voltando-se largamente aos homens mais ricos. Isso dito, os reinos helenísticos tentaram deliberadamente fundir as elites gregas e locais, estimulando matrimônios entre comunidades diversas e defendendo um multiculturalismo tolerante, ainda que a cultura e a educação gregas fossem consideradas superiores às demais em diversos desses estados.

Duas instituições, ambas tão emblemáticas quanto profundamente influentes, destacaram-se nesse período e cujos legados chegaram até o nosso presente. A primeira foi a *Casa das Musas* (*Mouseion*) de Alexandria, combinação de repositório e escola de estudos avançados ou pesquisas, uma espécie de colégio superior em que pesquisadores e cientistas (oriundos de todo mundo helenístico e patrocinados pela coroa ptolomaica), viviam e produziam notáveis conhecimentos nas áreas da filosofia, astronomia, geografia, medicina, botânica, biologia, filologia e numerosos outros campos. A segunda foi a mundialmente famosa *Biblioteca de Alexandria*, vinculada ao Mouseion, fundada no século IV a.C., e cujo explendor durou até o início de sua destruição, em 47 a.C., durante a guerra civil romana. Foi reconstruída diversas vezes até a conquista árabe e sua destruição definitiva, em 643 d.C. Conforme seu mito fundacional, a primeira biblioteca abrigava a coleção particular de Aristóteles, e buscou acumular cópias de manuscritos em grego, siríaco, aramaico, hebraico e demais línguas conhecidas. Continha vastíssimo número de manuscritos e livros, e a necessidade de contar e autenticar todos esses volumes ensejou o desenvolvimento da crítica textual e dos estudos filológicos e tradutórios. Possuía também estruturas destinadas à cópia e à catalogação, produzindo edições definitivas de Homero, da Bíblia hebraica e dos filósofos gregos. Juntos, o Mouseion e a Biblioteca estimularam a abordagem empírica e indutiva aristotélica, abrindo as portas a pesquisas crescentemente sofisticadas nos ramos das ciências físicas e naturais. A rivalidade com outras cidades e suas respectivas bibliotecas gerou uma competição dinâmica pela busca de manuscritos e estudos eruditos, promovendo abundantes discussões pedagógicas e filosóficas. Com o tempo, a biblioteca apoiaria e divulgaria o neoplatonismo, os vários cultos de mistérios e os primeiros pais da Igreja. Mais uma vez, é preciso que dois pontos centrais estejam bem claros: o poder germinativo da cultura grega foi produto de um mundo mais amplo, intensamente multicultural; seu dinamismo não se esgotou no V século a.C., e sim seguiu caminhos cada vez mais complexos, ao longo do Período Clássico e de todo o Período Helenístico, mesmo quando o poder romano ascendeu no Ocidente.

Conclusão

É fundamental ter em mente que as primeiras civilizações do Mediterrâneo e da Ásia Ocidental, da Mesopotâmia e Egito aos reinos helenísticos, não inventaram a educação. As sociedades humanas já haviam produzido ricas tradições formativas baseadas unicamente na oralidade. Mas o surgimento de sociedades tecnologicamente mais complexas, e muito especialmente o crescimento de elites baseadas na escrita, gerou inovações profundas, que ao fim e ao cabo incluíram não somente as próprias práticas escolares (a disciplina severa, por exemplo), mas também robustos debates a respeito do significado do educar e de como deveria ser organizado. Alguns desses debates (sobre a importância da investigação racional e do aprendizado ativo, por exemplo) provocaram importantes tensões nas práticas educativas mais comuns. Muitas dessas teorias permaneceram relativamente abstratas (Estado algum chegou a instituir algum tipo de sistema de varredura, como sugerido pelos autores gregos e helenísticos), mas nem por isso se mostraram incapazes de estimular esforços posteriores. As educações e teorias tradicionais geradas na bacia mediterrânica produziram um legado dinâmico, o qual, junto a diversas outras práticas efetivas de escolarização e ensino, contribuiu grandemente para o desenvolvimento da educação muito depois desse momento formativo.

Leituras adicionais

Sobre as origens das "tradições sapienciais" do mundo, cf. o ainda vital *As religiões do mundo – Nossas grandes tradições de sabedoria* (Cultrix, 2001), de Huston Smith. Cf. também *A history of Western education – Vol. I: The ancient world: Orient and Mediterranean, 2000 BC-AD 1054* (Methuen, 1972), de James Bowen e a *História da educação na Antiguidade* (Epu, 1990), de Henri Marrou. Sobre a questão central do gênero, nesse período e nos subsequentes, cf. *A criação do patriarcado* (Cultrix, 2023), de Gerda Lerner, e *História das relações de gênero* (Contexto, 2007), de Peter N. Stearns. Cf. ainda *A grande transformação – O mundo na época de Buda, Confúcio e Jeremias* (Companhia das Letras, 2008), de Karen Armstrong. Sobre o antigo Israel, cf. *Religions and education in Antiquity* (Brill, 2019), organizado por Alex Damm, e *Education in ancient Israel: Across the deadening silence* (Doubleday, 1998), de James Crenshaw. Sobre a Grécia Clássica e Helenística, além de Bowen e Marrou, cf. *Education in Greek and Roman Antiquity* (Brill, 2001), organizado por Yun Lee Too, e *The Library of Alexandria: Centre of learning in the ancient world* (I.B. Tauris, 2004), organizado por Roy MacLeod.

2

Roma e o mundo cristão primitivo
Construindo o legado clássico

Poderosas correntes intelectuais e educacionais fluíram desde a Grécia e os mundos helenísticos até os primeiros séculos da cultura romana, e em paralelo ao crescimento do poder latino espalharam-se pelo Oriente Médio, a Europa e o norte da África. Eventualmente combinadas ao cristianismo incipiente, elas moldariam um legado particularmente influente no leste e no oeste europeus, mas com implicações ainda mais abrangentes. Este capítulo se dedica à elaboração da tradição educacional mediterrânica e sua fusão parcial com uma das maiores religiões mundiais.

A educação na Roma republicana e imperial

Roma emergiu como um poder geopolítico maiúsculo por meio de conquistas militares na Península Itálica, crescimento continuado por meio de uma expansão imparável contra o Império de Cartago, cidade do norte da África, e posteriormente com a dominação da Grécia e de todo Mediterrâneo Oriental. A cultura romana primitiva era possivelmente mais tradicionalista e rural do que a grega, urbana, sofisticada, e gravitava em torno do direito (corporificado nas "*Leis das Doze Tábuas*"), da veneração à família e aos ancestrais e da autoridade paterna. A educação desse período, como seria de se esperar, focava na educação familiar e na transmissão dos valores tradicionais tanto para os cidadãos camponeses quanto para os grandes terratenentes. Os relatos mais importantes sugerem que tais práticas educacionais, intensamente pragmáticas, voltavam-se à administração dos recursos e da propriedade, ao cultivo do lar e do patrimônio e à reprodução das práticas religiosas contumazes, que incluíam a adoração das divindades tradicionais (adaptadas do panteão grego). Os valores essenciais eram "a *pietas* (o cumprimento zeloso das obrigações para com familiares, deuses e benfeitores), a *gravitas* (dignidade), a lealdade e, para os meninos, a *virtus* (masculinidade)" e a destreza guerreira. Diferentemente dos gregos, não veneravam as proezas atléticas em si mesmas, preferindo a preparação militar e o conhecimento de seu lugar na família e na ordem social, de modo que os genitores desempenhavam um papel crítico na educação das crianças; mais tarde, o pai e seus pares serviam de modelo e mentores para os rapazes logo quando estes ingressavam no serviço público e militar, em geral por volta dos 16 anos. Tudo isso provocava também o efeito de estabelecer intensas relações entre patronos e clientes e de alimentar os ideais do indivíduo poderoso, líder das guerras e da política que deveria ser venerado e emulado pelos jovens.

Após a conquista da Macedônia, da Grécia e da Ásia Menor no II século a.C., a república romana passou a adotar elementos fundamentais dos sistemas de pensamento e prática pedagógicas gregos e helenísticos. Pois como proclamou o escritor Horácio, "a Grécia subjugada subjugou o seu feroz vencedor e introduziu as artes no agreste Lácio". Dentre as influências gregas estavam a educação privada, o emprego intenso de tutores particulares e o mais total bilinguismo – esperava-se da elite romana que fosse fluente tanto em latim quanto em grego, e frequentemente as famílias contratavam escravos ou servos gregos educados para que exercessem o papel de professores. Como no mundo helenístico, o sistema se organizou em quatro níveis: o elementar (leitura básica); o secundário (habilidades literárias e gramaticais); e o serviço público, militar, ao qual se seguia o aprendizado avançado. Como descreveu Marco Túlio Cícero (106-43 a.C.), a escola ideal deveria incluir:

> Na música ritmos, sons e escalas; na geometria, linhas, figuras, dimensões e magnitudes; em astronomia, a revolução do céu, o alvorecer, o entardecer e os movimentos dos corpos celestes; na literatura, o estudo dos poetas, o aprendizado das histórias, a explicação das palavras e a entonação apropriada ao falá-las [...] a teoria da oratória, invenção, estilo, organização, memória e dicção.

Os romanos adotaram o grego tanto pelo seu valor na administração imperial (crucial que era na dominação das populações das partes orientais do império que se constituía) como pelo quanto poderia contribuir para a oratória política e a filosofia. No devido tempo, Roma produziu suas próprias realizações, primeiramente nos campos do direito, engenharia, arquitetura e engenharia militar, e depois na poesia, teatro e literatura (esta última não antes dos séculos I e II d.C.). Tudo isso acabou estimulando a elite de jovens romanos a buscar estudos superiores ou formações avançadas na própria Atenas ou em qualquer um dos demais centros da cultura helenística, como Rodes ou Alexandria. A educação primária era ministrada pelo *grammaticus Latinus*, equivalente ao *grammatikos* grego, e ocorria por meio da combinação de tutores privados, da provisão de serviços educacionais localmente custeados e de professores particulares e viagens de aprendizado. Com o tempo, os temas mais importantes das escolas primárias e secundárias incluíram os clássicos gregos, bem como as obras de autores latinos como Virgílio, Terêncio, Salústio, Sêneca e Cícero. Quando a república sucumbiu à guerra civil e às lutas políticas intestinas, no século I a.C., o sistema educacional evoluiu lentamente e consolidou certas práticas que durariam séculos e que também moldariam a educação cristã inicial.

Os mais famosos pedagogos, ou educadores, romanos foram possivelmente Cícero e Marco Fábio Quintiliano (c. 35-100 d.C.), influentes no começo do Período Imperial. O primeiro adotou o ideal educacional da *humanitas*, uma versão latinizada da *enkýklios paideía* que incorporava as linhas gerais do ensino grego e buscava elevar os padrões da oratória e da filosofia em Roma e harmonizar os princípios helênicos aos valores republicanos latinos. Influenciado por Isócrates, Cícero acreditava que a vida pública exigia tanto erudição quanto oratória ou retórica éticas, e que nesse espírito de humanidade poderia ser encontrada a essência de uma verdadeira Paideia. Mais de um século depois, Quintiliano inaugurou uma escola retórica em Roma e estabeleceu uma abrangente teoria e filosofia do ensino da oratória e da retórica, que utilizou como instrumento para articular uma sutil compreensão dos estágios de desenvolvimento infantis, bem como técnicas educacionais indicadas para cada uma dessas fases sucessivas. Num sentido muito realista, representou uma teoria e filosofia da educação original, provavelmente a mais importante do período romano. Todas essas ideias foram reunidas nos *Institutos de Oratória* (*Institutio Oratoria*, publicados por volta de 95 d.C.), uma obra de muitos volumes na qual buscava estabelecer as definições dos modos pelos quais a moral e a conduta corretas poderiam conduzir ao crescimento e à boa oratória, às habilidades de ensino e explanação públicas. Da mesma forma, havia outros elementos delicados, nuançados, do seu pensamento que puderam ser aproveitados por muitos educadores subsequentes: o sentido de que o processo de aprendizado ocorre em estágios psicológicos, e que a instrução deve ser modificada com base na disponibilidade do aluno para aprender; que o enfoque educativo deve ser, portanto, voltado para as necessidades das crianças, e não somente para as vontades dos professores; e que o caráter desses mestres era algo vital, o que, por sua vez, levantou a questão das relações éticas e pessoais entre eles e seus pupilos. Seu minucioso e sofisticado modelo educacional foi influente durante séculos e especialmente celebrado na Europa pós-clássica e no começo da Renascença como padrão para os estudos avançados de oratória.

A maioria dos historiadores defende que, no geral, em Roma os estudos avançados e a erudição simplesmente seguiram modelos gregos ou helenísticos, algo particularmente verdadeiro no que tange às artes e à filosofia. Não obstante, claramente houve desenvolvimentos próprios, escolas de oratória e retórica política (que transitaram do debate público, no período republicano, para os panegíricos e a sátira durante o império), e também um sistema particularmente robusto de educação legal, que com o tempo desenvolveu seus próprios currículos, práticas profissionais e materiais escritos, tudo para construir as carreiras voltadas ao direito e à política. Havia centros de estudo especialmente destacados, como Alexandria, Jerusalém, Antioquia, Beirute, Rodes e, posteriormente, Constantinopla, sistema esse que, *a posteriori*, espalhou-se para as atuais Inglaterra, Espanha e França, os Bálcãs e o sudeste europeu.

Durante os últimos anos do Império Romano, a formação-padrão da capital imperial foi desafiada em diversos sentidos: pelo advento de inúmeros cultos dos mistérios e pelas religiões alternativas; pela ascensão das primeiras comunidades cristãs e suas "escolas" clandestinas; pela persistência, mesmo após a queda do Templo em 70 d.C., das diversas formas de educação judaica; e pela manutenção de tradições helenísticas específicas nas regiões orientais do império, que haveriam de se tornar o Império Bizantino. De fato, enquanto o idioma grego persistia nessas províncias, declinava no Ocidente, onde a educação e a vida literária tornavam-se crescentemente centradas no latim. Num aspecto mais negativo, o império tardio testemunhou também ondas de repressão e censura voltadas contra "traições literárias" e supostas ideias republicanas; os críticos do poder imperial e aqueles cujas fés se recusavam a reconhecer a divindade dos imperadores e dos deuses romanos; e as filosofias ditas perigosas. Num tom mais positivo, observou-se que os últimos séculos do império marcaram a consolidação de uma espécie de currículo mínimo em latim, que chegou a se disseminar nas línguas vernáculas (particularmente no Mediterrâneo e na Europa ocidentais), quando os autores romanos "clássicos" como Virgílio, Cícero e Quintiliano tornaram-se conhecidos. Esse período foi igualmente caracterizado pela prática da compilação de manuais e *compendia* de materiais educativos, muito embora alguns historiadores vejam nisso sinal de vulgarização e tendência a amontoar e memorizar conteúdos a despeito de seus objetivos pedagógicos ou instrucionais. O dado concreto é que o sistema romano de práticas e reflexões educacionais (por mais que estivesse imiscuído dos modelos grego e helenístico) deu forma ao mundo mediterrânico durante mais de seis séculos e expandiria sua influência sobre todos os sistemas educacionais dessa região e mais além.

A vexatória questão da alfabetização

A importância da educação efetiva e dos debates educacionais romanos, como também no mundo helenístico que o precedeu, deve ser combinada à contínua constatação dos seus limites sistêmicos. As discussões sobre quantas pessoas tinham acesso à educação em todo o Império Romano têm sido tremendas, e embora números exatos sejam impossíveis de se conseguir, estimativas mais conservadoras sugerem que entre 5% e 10% da população sabia ler, enquanto um percentual ainda menor também podia escrever. É possível que esses números tenham sido relativamente mais altos em centros específicos.

É sabido que grande número de rascunhos foi preservado em diversas paredes e edifícios, alguns dos quais claramente feitos por rapazes adolescentes (frequentemente meio tarados); não obstante, mais de 80% da população vivia longe das cidades, e muitas dessas inscrições urbanas sugerem, na melhor das hipóteses, um domínio rudimentar da escrita.

O fato é: Roma não desenvolveu um sistema educacional lá muito sistemático. Boa parte dele dependia de as famílias bancarem tutores, algo que variava muito de caso para caso, muito embora se esperasse que boas famílias da classe alta envidassem tais esforços. Escolas mais organizadas efetivamente surgiram em finais da república e começos do império (e a elas Quintiliano dirigiu muitos dos seus conselhos), mas não houve nem sinal de um sistema estatal nem quaisquer exigências educacionais claras.

A educação cristã inicial: da pregação e do ensino comunais à institucionalização

Ao considerarmos a dinâmica da educação cristã inicial, desenvolvida no âmbito do Império Romano, é importante distinguir a radicalidade dos próprios ensinamentos de Jesus (suas atividades revolucionárias como profeta pregador ou professor itinerante) e a fusão entre ensino e pregação existente nas comunidades cristãs iniciais dos processos posteriores de institucionalização e formalização ocorridos nessa educação. Quase todos os relatos sobre a história da educação focam nesses últimos, talvez por causa das suas óbvias continuidades: a influência direta dos modelos helenístico e romano na educação cristã formal já no II século d.C. e muito especialmente após a conversão de boa parte do império ao cristianismo pós-312. Tal abordagem, contudo, não consegue apreender a radicalidade do cristianismo primitivo, o modo bombástico como se disseminou pelo mundo greco-romano. Muitos especialistas nos recordam do poder da "carreira de ensino e cura" de Jesus de Nazaré (cerca de 4 a.C.-30 d.C.) como um profeta judeu, um mediador "repleto do espírito", cujos seguidores acreditavam que detinha o poder de conectar a raça humana com Iavé e o divino. A radicalidade dessa mensagem transcendeu o turbilhão de movimentos político-religiosos judaicos de onde emergira e enfatizou: a necessidade radical de incluir a humanidade inteira nessa via redentora por meio da fé no deus único; a importância de abandonar todas as possessões e riquezas mundanas na busca da humildade e do serviço aos pobres; e o apelo à resistência militante, mas não violenta, a todas as formas do mal. Dizia-se que essa visão inclusiva do amor de Deus pela humanidade arrasaria tudo à sua frente, energizando seus seguidores e transformando aqueles que a abraçavam por meio de um espírito de amor universal, uma mensagem radical disseminada pelos ensinamentos dos seus discípulos e compilada nos evangelhos cristãos, a "boa-nova". Novamente, para nossos objetivos específicos, salientamos seu explosivo potencial educacional – uma tal expressão de universalidade e inclusão seria capaz de espalhar-se rapidamente sem carecer da ajuda de um aparato elaborado de escolas institucionais ou instrução formal. Em outras palavras, o cristianismo ofereceu uma razão adicional à educação e um claro incentivo para a ampliação do seu alcance. A mensagem de esperança na benevolência divina e no poder do amor cristão em transformar a humanidade infundiram as comunidades cristãs originais de uma radical energia, apta a inspirar o ensino e o aprendizado. Tais observações não invalidam a subsequente institucionalização das escolas cristãs e a formalização de sua educação, e sim meramente complexificam nossa compreensão a respeito do tema.

Esses processos de institucionalização e formalização tiveram início já por volta do segundo século d.C., e as várias figuras a eles associadas são conhecidas como os "Pais da Igreja" (e o *corpus* literário que produziram, a filosofia patrística). Esses teólogos buscavam, entre outras coisas, integrar o pensamento cristão às formas intelectuais helenísticas e romanas, incluindo compromissos com a educação formal. Premidas entre as muitas crenças que competiam entre si por novos conversos e as repressões periódicas conduzidas pelo Estado romano, as comunidades cristãs iniciais conseguiram se manter por meio de suas assembleias (*ecclesia*) e escolas informais (eventualmente fundindo-se com ou emergindo de escolas e sinagogas previamente existentes). É possível imaginar como a oferta educacional informal e privada do sistema helenístico consideraria a difusão de movimentos religiosos clandestinos ou informais que sequer contavam com igrejas. Após a destruição final de Jerusalém, durante a revolta fracassada de 133-134, o centro da vida religiosa (e, portanto, intelectual) do Leste orientou-se para Alexandria e Antioquia, cidades essas nas quais os primeiros Pais da Igreja, como Clemente de Alexandria, Orígenes e Jerônimo, buscaram conciliar o idealismo platônico com a doutrina cristã – e nesse processo teve início a elaboração da teologia cristã formal e a institucionalização de sua educação. A história subsequente desses dois processos (o substancial desenvolvimento da educação e da intelectualidade patrísticas nos séculos IV e V d.C.) será vista mais detalhadamente no capítulo 4, como parte da análise das correntes dos mundos clássico tardio e pós-clássico.

Conclusão

As contribuições romanas para a educação podem ter sido menos impressionantes do que as dos educadores gregos e helenísticos, mas foram muito além da mera tradução, especialmente no que tange à tônica na importância da formação retórica voltada para a vida pública e no desenvolvimento de um curso específico dirigido à formação legal. É igualmente possível que a escolarização efetiva tenha se disseminado mais amplamente, ainda que a educação formal continuasse sendo um predicado da minoria. O cristianismo primitivo agregou novos elementos à temática educacional – os evangelhos e demais livros do Novo Testamento, bem como os escritos dos Pais da Igreja – e contribuiu com uma interessante nova tensão: o argumento que essa nova fé oferecia uma verdade vital que precisava ser difundida para a maior audiência possível.

Leituras adicionais

Há excelentes capítulos voltados à educação cristã inicial nos volumes recentemente editados e citados no fim do primeiro capítulo; cf. também *The New Testament: A translation*, de David Bentley Hart (Yale University Press, 2017). Sobre o debate a respeito do letramento, cf. *Ancient literacy*, de W. V. Harris (Harvard University Press, 1989) e *Ancient literacies: The culture of reading in Greece and Rome*, dos autores W. A. Johnson e H. S. Parker (Oxford University Press, 2009). Cf. também *Educação na Roma antiga*, de Stanley Bonner (Herder, 1984).

3

Educação no Sul e no Leste asiáticos
Duas outras tradições clássicas

As histórias da educação mais tradicionais concentram sua atenção na Ásia Ocidental e, mais especificamente, no Mediterrâneo, insinuando assim que os desenvolvimentos de insuspeita relevância dessas regiões constituem historicamente os únicos blocos construtivos dignos de atenção. Em verdade, contudo, dois outros centros de civilizações clássicas, a Índia e a China, produziram tradições igualmente vigorosas, reflexos de suas culturas distintas e padrões políticos específicos. Esses precedentes permanecem influenciando a educação em diversas partes da Ásia, com impactos que, ao fim e ao cabo, expandiram-se para muito além dos seus centros originários. Não deve surpreender que os sistemas educacionais indianos e chineses tenham não só desenvolvido uma série de elementos familiares (dentre os quais a exigência da disciplina rígida para o aprendizado dos conteúdos e a insistência na importância da memorização), mas também produzido algumas inovações peculiares. O resultado se coloca como um interessante desafio às análises comparativas, relevante tanto para o entendimento do Período Clássico em si quanto para a compreensão de seus duradouros legados.

Sul da Ásia, o hinduísmo e a expansão do budismo

Em última instância, a educação no subcontinente indiano refletiu uma inspiração religiosa mais persistente que a da Bacia do Mediterrâneo (à parte o judaísmo e o cristianismo) e incluiu esforços organizados de treinamento espiritual. Pronunciadas divisões sociais refletiram obrigações específicas para cada grupo social, dentre as quais a formação militar para a casta guerreira e habilidades mais mercantis para a dos mercadores.

Após a queda da civilização do Vale do Indo, ocorreu um período de fragmentação no subcontinente, seguido por uma grande leva de migrações indo-europeias (1500-1200 a.C.), que conquistaram a região e se misturaram às populações locais, dentre as quais os drávidas, algo que terminou por gerar boa parte da complexidade e do sincretismo religioso que se seguiu. O cerne religioso fundamental de onde, com o tempo, surgiria o hinduísmo moldou também o pensamento e as práticas educacionais, seja no passado mais remoto ou na contemporaneidade. Como observou Harmut Scharfe, um "estudo da educação indiana [...] captará a pulsação da vida da cultura indiana. A educação é, pois, a mãe que dá à luz e nutre todos os outros ramos da cultura".

O hinduísmo distinguiu quatro caminhos para a vida, os dois primeiros referentes ao "caminho do desejo": a busca do prazer como um objetivo legítimo, desde que moderada e inteligentemente. O mesmo se dava com o caminho do sucesso mundano, contanto, mais uma vez, que os limites de tal propósito fossem reconhecidos. Os terceiro e quarto caminhos, juntos, constituíam o "caminho da renúncia": o compromisso com a comunidade e o serviço por meio da via do dever. De todos, o mais elevado envolvia a busca do infinito, o desejo da libertação (*moksha*) dos outros caminhos, profanos, e a união com a Suprema Divindade (*Brahman*), a alma universal, o último e maior dos passos (objetivo de todos os demais caminhos da vida), que significava a "libertação no ser infinito, na compreensão infinita, na bênção infinita". Uma crença hindu fundamental é que todos os seres humanos já se encontram ligados à força vital (*atman*), ou ao menos têm em si uma centelha dessa alma oculta, e que o destino da vida (e, portanto, da educação) é ajudar a limpar os caminhos anteriores, finitos, para se conectar àquela força vital. Há múltiplas rotas, formações ou métodos educacionais, até esse objetivo, a depender da situação pessoal. Os historiadores têm proposto que essas crenças religiosas (e a estrutura social à qual estão entretecidas) produziram notáveis continuidade e estabilidade à sociedade indiana, por todo o Período Clássico até o Pós-clássico.

A meta de buscar a suprema libertação das preocupações terrenas era, a rigor, mais abrangente do que qualquer outra desenvolvida na educação ou na cultura grega ou helenística, e potencialmente envolvia a vida humana por inteiro. Há que se notar, claro, que esse impulso educacional estava restrito à classe mais alta, pois só a elite poderia custear o tipo de educação formal estendida preconizada. O primeiro estágio envolvia um curso de estudos que, para os meninos, começava por volta dos 8 anos e tinha duração de doze anos, durante os quais o jovem basicamente tornava-se aprendiz de um mestre ou tutor, o *guru*, em um retiro, o *ashram*, onde recebia instrução e treinamento em troca de serviços. O segundo ocorria no lar, o casamento, no qual era legítima a busca pelo prazer, sucesso material e o serviço social, muito embora com o tempo todos chegassem até o limite, ou o excesso, disso tudo. Começava, então, o terceiro estágio, em que a busca pelos bens e prazeres mundanos era abandonada, um retiro literal da sociedade, voltado à contemplação e à meditação, para se reconectar com a centelha divina. Por fim, atingia-se o estágio da verdadeira renúncia, em que o indivíduo dedica sua vida ao objetivo da fusão com o divino e à realização da libertação dos caminhos terrenos mais primitivos.

Mais especificamente em termos educacionais, durante os períodos formativo e clássico todo o ensino elementar (ofertado no idioma sânscrito, religioso e erudito, e nas línguas locais) e o letramento básico eram conduzidos nas famílias, em casa, e centrava-se na memorização dos *Vedas* sagrados, os hinos védicos, posteriormente suplementados pelos Upanishads, compilados entre 800 e 400 a.C. Esses percursos educacionais eram determinados pela casta social (*varna*) do jovem, a começar pela mais elevada, os sacerdotes e videntes (*brâmanes*), que se tornavam líderes religiosos e intelectuais. Somente as três castas superiores – os brâmanes mais os guerreiros/administradores (*xátrias*) e os mercadores (*vaixás*) – tinham direito à educação formal, com os primeiros afirmando sua prerrogativa à dominância da vida intelectual. Em diversos estágios, jovens de altas castas passavam pela cerimônia da linha sagrada (*Upanayana*) na qual deixavam seus lares e iam morar com um professor ou mentor para quem realizavam trabalhos domésticos em troca de estudar os Vedas e os Upanishads, usualmente via memorização e recitação – algo que provavelmente envolvia leituras e ouvir a literatura ser entoada, mas que também incluía o estudo de "serviços auxiliares", tais como fonética, regras sacrificiais, gramática, astronomia, poesia e linguística. O conteúdo preciso desses estudos variava conforme as castas, com os xátrias e vaixás recebendo mais formações práticas relevantes para suas respectivas vocações, enquanto as castas mais baixas, obviamente, não tinham qualquer tipo de educação formal. Uns poucos jovens poderiam dar seguimento aos seus estudos avançados em diversas instituições e academias informais.

O hinduísmo desenvolveu quatro caminhos, ou métodos, distintos para expressar a devoção e buscar educação, novamente aceitando que, conforme os momentos por que passavam na vida, as pessoas considerariam um ou mesmo vários deles mais satisfatórios ou gratificantes. Alguns eram ensinados no sistema educacional formal, enquanto outros apenas pelos homens santos e os videntes, que dirigiam escolas informais ou espaços para a prática de ioga. O primeiro desses métodos, o *Jnana-ioga,* era destinado aos mais reflexivos, espirituais, para que atingissem a unicidade com Deus por meio do conhecimento. O segundo, o *Bhakti-ioga,* para os mais emotivos, para que chegassem à unicidade pela via devocional (a adoração do divino em quaisquer de suas muitas imagens ou mitos). O terceiro, *Karma-ioga,* voltava-se para aqueles mais ativos, energéticos, que atingiriam a unicidade por intermédio de atividades (idealmente separadas de toda e qualquer ilusão de ganho material ou riqueza pessoal). Por fim, o *Raja-ioga,* "caminho real (*raj*) para a reintegração", destinado aos capazes de realizar meditações avançadas e "exercícios psicofísicos". Uma pessoa poderia seguir qualquer um desses métodos, ou mesmo todos eles, em diferentes etapas da vida ou diferentes fases cármicas, mas para os nossos propósitos é bastante dizer que o pensamento e a práxis educacionais são necessários ao desenvolvimento mais completo, modulado segundo as necessidades de cada grupo social ou indivíduo.

O hinduísmo deixa claro que o objetivo da educação é situar os indivíduos em suas respectivas etapas de vida, mas também abrir caminhos e técnicas mais espirituais para aqueles dispostos a abraçá-los. Posteriormente, do Período Clássico em diante, ocorreu um grande renascimento da religião popular, não raro estimulado pelos governantes, como os imperadores Guptas. Essas formas menos doutrinárias e mais acessíveis do hinduísmo provaram-se intensamente apreciáveis nos séculos que se seguiram, em especial quando impulsionadas pelo patronato régio e pela educação de elite.

O pensamento budista inicial e as práticas educacionais e missionárias

Muito antes do renascimento hindu, por volta do século VI a.C., surgiu no subcontinente a segunda das grandes abordagens educativo-religiosas, proveniente de uma profunda reação contra os limites impostos pelo tradicional sistema védico e, muito especialmente, a dominação dos brâmanes. Em certo sentido, ao menos em sua encarnação histórica inicial, o budismo era menos uma religião e mais um vasto movimento educacional, um esforço para defenestrar a "tirania" dos Vedas e sua elite sacerdotal. Seu fundador, Sidarta Gautama (563-483 a.C.) vinha da linhagem real, mas renunciou aos prazeres terrenos e buscou a libertação dos sofrimentos da vida, a iluminação, vindo, por fim, a exortar um compromisso espiritual semelhante ao Raja-ioga hindu.

Após a "Grande Iluminação" ocorrida por volta dos 30 anos, o Buda se comprometeu a uma vida de prece e ensino, enquanto supervisionava um monastério e reservava tempo para a meditação pessoal. Seus ensinamentos inspiravam-se na infinita compaixão e na verdade universal, preconizando que o caminho até a realização humana estava aberto a qualquer um, não importando sua casta ou gênero – numa de suas decisões mais ousadas, incluiu as mulheres em suas pregações, oferecendo-lhes oportunidades para oração e estudo similares às dos mosteiros masculinos. Ao menos em seus inícios, o budismo não possuía autoridade central, tinha poucos rituais, teorização filosófico-teológica mínima, centrava-se na autoeducação e, essencialmente, na busca pessoal pela libertação espiritual. Nas palavras do Buda, "não sigam aquilo que lhes foi entregue, nem a autoridade dos ensinamentos tradicionais. Quando souberem por vós mesmos se 'esses ensinamentos são bons ou não', só então aceitem-os ou rejeitem-os". Tão vital quanto, ele transcendeu o uso exclusivo do sânscrito e ensinou em línguas vernáculas, como o páli, o chinês e o tibetano. O propósito de toda educação budista era ajudar a guiar os indivíduos ao longo das etapas fundamentais de sua busca espiritual, algo que ocorria mais notoriamente à volta dos mosteiros (*viharas*), onde jovens eram preparados para o sacerdócio, transmitiam-se conhecimentos e guiavam-se os seguidores nas meditações. Redes desses monastérios e suas escolas espalharam-se não somente pela Índia, mas, na esteira do sucesso missionário budista, por todo Sul e Sudeste asiáticos, criando assim importantes opções educacionais em todos esses lugares. Em alguns casos, esses complexos receberam suporte ativo dos estados ou impérios, mas em todo canto dependeram também da caridade das famílias abastadas, de indivíduos ansiosos por aperfeiçoar suas credenciais espirituais a despeito do seu engajamento na vida política ou econômica.

Complexidades da tradição educacional indiana

Os vínculos estreitos entre a religião e a educação refletiram alguns dos impulsos mais profundos da cultura clássica indiana, criando arranjos e conteúdos educacionais bem diversos daqueles desenvolvidos, naquele mesmo tempo, no Mediterrâneo e no Oriente Médio. Tal orientação, contudo, não deve obscurecer a complexidade dos padrões educacionais: claro está que grupos de guerreiros, administradores e comerciantes recebiam formações relativamente diferentes, mais voltadas às questões práticas, mesmo quando ministradas por tutores privados. A Índia Clássica foi também o berço de um novo e revolucionário sistema numérico (hoje literalmente utilizado no mundo inteiro, e muitas vezes erroneamente conhecido por "numerais arábicos"[1]) que facilitaram em muito o ensino da matemática fundamental, uma inovação equivalente àquilo que os alfabetos fenícios e mediterrânicos que se lhe seguiram fizeram para o ensino da escrita e da leitura.

Além disso, por incrível que pareça, mesmo essas agências religiosas podiam patrocinar opções educacionais diversas, algo bastante óbvio no monastério budista instalado de Nalanda, situado numa das grandes rotas comerciais do subcontinente indiano. Por volta do VI século d.C., essa instituição recebia considerável apoio do imperador Gupta (a despeito de sua devoção primária ao hinduísmo), posteriormente continuado pelos governantes regionais. Dava-se ênfase à organização cuidadosa de rituais diários e ao estudo das obras centrais da literatura budista, mas também havia oportunidades para trabalhos avançados em lógica, direito, astronomia e planejamento urbano, além de contar com uma gigantesca biblioteca que atendia a especialidades tão diversas. Muitos consideram que Nalanda durante seu apogeu, e junto com um punhado de outros centros monásticos budistas, tenha sido a primeira universidade do mundo, capaz de atrair estudantes não somente do sul da Ásia, mas também da China e até de mais longe, além de poder ser considerada como mais um dos primeiros exemplos daquilo que chamamos hoje de educação intercultural. Houve lá uma clara indicação de como a erudição e a educação indianas foram capazes de abrir oportunidades para que um pequeno grupo de homens ultrapassasse a formação oferecida a outros setores e combinasse a religião com interesses os mais diversos.

---

1. Em português chamados de "algarismos indo-arábicos" [N.T.].

A educação nas sociedades clássicas: a Ásia do Leste e o confucionismo

A educação desempenhou um papel central na China Clássica: uma abordagem diversa da de outros centros contemporâneos, capaz de produzir conteúdos e arranjos institucionais que deixaram a formação educacional invulgarmente próxima das necessidades e funções do Estado imperial. Nesse processo, os chineses patrocinaram uma série de inovações que inspirariam, ainda que muito tempo depois, organizações de outras partes do mundo, de modo que alguns traços robustos dessa grande tradição da Ásia Oriental até hoje são perceptíveis nas escolas da região.

Os registros escritos da civilização chinesa inicial surgiram pouco depois do ocorrido no Oriente Médio ou no sul da Ásia, mas referências à escolarização apareceram quase de imediato. Antes de 1200 a.C., os chineses escreviam observações breves em ossos oraculares que eram, em seguida, atirados ao fogo, onde as questões seriam presumivelmente respondidas. Algumas diziam respeito a problemas sérios como "será auspicioso enviar meu filho à escola?", mas havia assuntos mais triviais ("vai chover antes que meu filho volte da escola?"). Ainda que esses dados sugiram grande interesse nos assuntos educacionais e no letramento fundamental, não há indicação de para que serviam essas escolas.

Na época da Dinastia Zhou (1046-256 a.C.), o governo imperial começou a abrir escolas capazes de treinar burocratas estatais, inaugurando assim a longa tradição de os governos chineses exercerem um papel ativo na educação com o intuito, sobretudo, de formar seus próprios quadros. Essas primeiras instituições centravam-se no tiro com arco e nas habilidades militares, mas a gama de disciplinas gradualmente se expandiu até incluir a escrita e a leitura, com grande ênfase na caligrafia, há muito considerada como índice de boa educação pessoal. Curiosamente, a Dinastia Qin, surgida após os Zhou, buscou banir todas as escolas privadas, estabelecendo assim um monopólio estatal na formação que acabaria por excluir ideais políticos considerados subversivos: é possível que esse tenha sido o primeiro exemplo desse tipo de intervenção em toda a história humana, mas definitivamente não foi o último.

A religião era algo importante nessa fase inicial da civilização chinesa, mas sua influência na educação parece ter sido limitada. Crenças religiosas e superstições populares não dependiam de letramento ou doutrinas, e a religião mais importante, o taoismo, destacava a importância do desenvolvimento espiritual individual, dissociado da educação formal. Seu fundador, Laozi, teria afirmado: "quanto menos souber, mais entenderá". Livros eram considerados contraproducentes, e os mestres taoistas preferiam educar pelo exemplo ao invés de investir na formação educacional, uma filosofia que deixou o campo da educação aberto a outros propósitos.

A grande inspiração da educação chinesa veio do filósofo-educador Confúcio (551-479 a.C.), ativo em meados da Dinastia Zhou e que via a educação formal como meio de instilar a sabedoria moral nos responsáveis pelo bem-estar do império: as classes superiores. A leitura profunda dos clássicos da literatura e da filosofia chinesas, que incluiriam as obras do próprio Confúcio e dos seus seguidores, ofereceria a orientação necessária para ações políticas e sociais responsáveis e para o autocontrole pessoal, de modo que "a educação gera confiança; confiança gera esperança; esperança gera paz", qualidades essas que, por sua vez, eram essenciais a um Estado próspero e estável, um dos objetivos fundamentais do pensamento confuciano.

Como um historiador colocou, Confúcio foi um personagem fundacional, um "fracasso como político, mas indubitavelmente um dos maiores professores do mundo". O objetivo de seu projeto educacional era a revitalização da sociedade chinesa, sua reunificação e estabilização em torno de princípios éticos deliberados e autoconscientes, metas que buscou alcançar por meio da reunião meticulosa de materiais de ensino e de uma compreensiva doutrina educacional. Confúcio compilou o *Livro dos Cânticos*, o *Livro da História* e o *Livro dos Ritos*, clássicos do Período Zhou (ao qual considerava a "Era da Grande Harmonia"), criando assim uma forma de currículo "clássico" que resistiria, de um jeito ou de outro, no sistema de concursos públicos chinês até o começo do século XX. Esses materiais foram posteriormente codificados pelos seus estudantes e seguidores como os *Analectos*. Trata-se de um esforço deliberado para a edificação de novas tradições e para inculcar valores por intermédio de mensagens mutuamente reforçáveis, a serem emitidas nos templos, teatros, lares, escolas, festivais e pela ideologia oficial. Todos esses ideais orbitavam à volta da noção do indivíduo consciente e benevolente, que preservaria os valores da empatia (*jen*, ou a sensibilidade humana); da maturidade e da generosidade (*chun tzu*); da propriedade e da moralidade pessoal exemplar (*li*); do exercício benevolente do poder e da autoridade (*te*); e do cultivo das artes da paz (*wen*) sobre as artes da guerra. Ler filosofia e literatura poderia combinar-se a devoção à música para formar o programa educacional necessário. Visto como um todo, é possível dizer que o confucionismo constituía um código de conduta ética válido para qualquer sociedade humana e que se provou capaz de sobreviver a períodos de intenso tumulto político. Como seus valores essenciais fossem decididamente conservadores, a começar pela ênfase no aprendizado das fontes tradicionais, é possível compreender seu apelo junto a uma sociedade que atribuía grande valor à ordem social.

O confucionismo não se impôs de pronto. O Imperador Qin Shi Huang Di tentou mesmo abolir o movimento, queimando seus livros e favorecendo o legalismo, uma filosofia do poder político mais linha-dura (embora também se esforçasse para padronizar a escrita chinesa, contribuindo favoravelmente para o processo educativo). Seus sucessores, contudo, reviveram as teses confucianas, percebendo-as como instrumentos cruciais para gerar lealdade ao regime, bem como fundamento para a formação dos burocratas estatais. Confúcio havia antecipado esse tipo de vinculação quando escreveu sobre as delícias do aprendizado e suas recompensas práticas: "aquele que se destaca no estudo pode seguir uma carreira de Estado". O confucionismo se tornou doutrina oficial durante a Dinastia Han (cerca de 130 a.C.), quando foi incorporado às escolas todas e às instituições de estudos avançados; por volta de 59 d.C., ordenou-se que santuários dedicados a Confúcio fossem colocados em todas as escolas. Sua filosofia, particularmente difundida por seguidores, como Mêncio (372-289 d.C.) e Xunzi (298-238 d.C.), estabeleceu-se como cerne inquestionável do sistema social e educacional chinês, modelo que se provou notavelmente duradouro e cuja abordagem seria consolidada por movimentos neoconfucionistas posteriores. Foi precisamente Mêncio quem conseguiu capturar um dos elementos-chave da abordagem confuciana, e que se tornou a base da ação estatal: "aqueles que trabalham com suas mentes governam os demais, e aqueles que trabalham com sua força são governados pelos outros".

A Dinastia Han fez bem mais do que simplesmente apoiar o confucionismo enquanto princípio: estabeleceu uma série de faculdades e academias imperiais para estudo dos clássicos confucianos, provendo alojamento e alimentação gratuitos para estudantes qualificados. Em seu ápice, havia 30.000 jovens matriculados na academia da capital imperial, sem sombra de dúvida a maior aglomeração educacional de qualquer parte da Terra naquele momento, e uma recordação de como a formação educacional era essencial aos relativamente extensos quadros burocráticos oficiais. Além disso, os Han testaram a possibilidade de usar concursos (igualmente centrados nos clássicos confucianos) como critério para indicar jovens diretamente aos serviços administrativos. Foi uma imensa inovação, uma forma óbvia de salientar a centralidade da formação no sucesso profissional e que se manteria muito além do Período Clássico. Como a maioria das indicações para os cargos públicos era feita com base em recomendações pessoais (e de classes altas), as provas serviram de canal de ingresso para uma pequena minoria talentosa, mas desapadrinhada.

Para além da inspiração confuciana

Nossa compreensão sobre a notável tradição educacional chinesa precisa necessariamente atentar para certos elementos básicos existentes sob o manto da doutrina oficial e das instituições no topo da pirâmide.

As escolas imperiais e os grandes centros do ensino confuciano pressupunham uma preparação educacional prévia, e a informação que temos sobre essa estrutura é, na melhor das hipóteses, limitada. Parece claro que, como em outras sociedades clássicas, muitas famílias abastadas educavam sua prole com professores particulares, mas também existiam escolas locais. É provável que o prestígio da educação, e as vantagens práticas advindas do sucesso nesse campo, estimulassem maior cuidado com a formação básica do que existia em outras classes, embora não seja possível afirmar com certeza.

Alguns aspectos do letramento foram mais disseminados na China do que em outros lugares. Historiadores especulam que um bom número de pessoas, ao menos nos centros urbanos, conhecesse entre duzentos e trezentos caracteres, o bastante para os negócios locais. O letramento funcional, contudo, exigia anos de treinamento e investimento, e o conhecimento de muitos milhares de caracteres – um dos primeiros concursos públicos imperiais exigia a habilidade em identificar nove mil deles, um número verdadeiramente extremo. A tradição clássica chinesa conseguia reconhecer alguns garotos excepcionalmente talentosos oriundos das classes baixas e cuja formação inicial deve ter sido custeada por um nobre local. No mais das vezes, porém, a educação completa na China, como nas demais sociedades clássicas, era um monopólio das classes altas.

Não havia lugar para as mulheres nas escolas imperiais ou na burocracia, mas é possível que pais tenham respondido às aptidões de filhas queridas contratando tutores. Sabemos que, durante a Dinastia Han, uma mulher de alta classe chamada Ban Zhao (45-116 d.C.) possuía formação clássica suficiente para servir como conselheira informal dos imperadores, e que também escreveu um manual sobre gênero amplamente utilizado (e reeditado até o século XIX) no qual, ainda que reconhecendo o papel inferior das mulheres, defendia que elas mereciam receber educação apropriada para lidar com as atribuições da vida.

A disciplina para os jovens estudantes, não importando a classe de onde viessem, era indiscutivelmente rígida. Punições físicas eram comuns, e a cultura chinesa atribuía grande ênfase à importância e eficácia da humilhação aos alunos malcomportados. Contavam-se histórias sobre os perigos da indisciplina, e esperava-se que os professores fossem muito severos – os pais exigiam que eles mantivessem seus filhos na linha. Tal atenção à disciplinação era frequentemente combinada à importância conferida à memorização (do aprendizado do sistema de escrita até a recitação dos clássicos confucianos) no momento de premiar alunos dóceis.

Os valores confucionistas e o patrocínio imperial certamente conferiam prestígio ao magistério: um garoto que tivesse um professor por um único dia teria um pai para o resto da vida, dizia um ditado. O prestígio do próprio Confúcio como o mestre dos mestres deu à profissão um claro destaque, comparável, quando não superior, à posição de que os professores desfrutavam em outras sociedades clássicas.

Um último ponto sobre a educação na China Clássica diz respeito ao uso do papel. Algumas formas desse material foram desenvolvidas bem antes da Dinastia Han, mas a sua produção indubitavelmente melhorou por volta de 100 d.C. em diante, uma das muitas inovações tecnológicas fundamentais da China Clássica. Imediatamente apreciado pela burocracia imperial e pelos mercadores, facilitou em muito o ensino da escrita, mas só temos clareza da amplitude de sua utilização nas escolas ao final do Período Clássico, quando serviu também para facilitar a expansão do sistema de concursos. Mais uma vez, embora diversas questões a respeito do caráter singular do aparato educacional chinês sejam colocadas, ainda não temos como respondê-las em definitivo.

O desafio comparativo

Em *A grande transformação: O mundo na época de Buda, Confúcio e Jeremias*, Karen Armstrong observa que a emergência concomitante das grandes tradições religiosas e ético-fundacionais do mundo, e o fato de todas inspirarem importantes e duradouras instituições e filosofias educacionais, não se tratou de mera coincidência. Elas foram o produto de diversos fenômenos sociais interconectados, dentre os quais o crescimento da prosperidade urbana, as influências transculturais e a abertura de novas perspectivas éticas que puseram em xeque modos e sistemas de crenças tradicionais. Todas elas (o confucionismo na China, o hinduísmo popular e o budismo na Índia, o monoteísmo em Israel e o racionalismo filosófico na Grécia) se esforçaram, cada qual a seu jeito, para reformar o modo como se deve viver em sociedade e estabelecer novos códigos éticos. No âmbito de nossa temática, a importância desses movimentos reside na abertura de novas e radicais possibilidades educacionais.

Muitos aspectos das abordagens educacionais surgidas durante o Período Clássico podem nos parecer familiares ou mesmo antecipar debates e controvérsias com os quais ainda temos que lidar atualmente. Cada exemplo histórico levanta questionamentos fundamentais: Qual a fonte do conhecimento e da sabedoria? Seria humana, divina ou uma combinação de ambas? Como é produzido o conhecimento, e quais dos seus elementos podem ser reproduzidos (ou mesmo expandidos) nos processos educacionais formais? Como os processos educacionais formais e informais misturam-se ou se influenciam mutuamente? (Dois dos grandes movimentos de massa, o budismo e o cristianismo inicial, destacam-se por seus processos informais). O que se ganhou e o que se perdeu quando movimentos sociais como o confucionismo e o budismo se institucionalizaram? Em cada região, em cada caso histórico, quem precisamente teve acesso à educação, e quem não teve? Em outras palavras, qual foi a dinâmica social da inclusão e da exclusão educacionais? As formas do saber, e as práticas educacionais correlatas, eram fixas ou absolutas (canônicas, ou "essencialistas"), com ênfase na entrega de uma sabedoria estática e apreendida como ocorria no Egito Antigo, na Mesopotâmia e, até certo ponto, no Confucionismo e nas grandes religiões? Quais os pontos fortes e as limitações dessas abordagens canônicas ou tradicionalistas, e como elas moldaram as práticas institucionais? Ou por outra, não seriam essas venerandas formas do saber, e as práticas educacionais a elas ligadas, mais abertas às mudanças e aos debates (como na Grécia Clássica e no mundo helenístico)?

Ainda que os objetivos das instituições educacionais nas sociedades clássicas diferissem a depender das bases culturais de onde surgiam, todas contribuíram para a reprodução de classes superiores reconhecidas e ensinaram certas habilidades comuns. O interesse confucionista em usar a educação para formar burocratas governamentais não era de todo diferente das crenças greco-romanas na importância da educação para a vida pública, muito embora as metas específicas e os aparatos institucionais fossem, obviamente, diversos.

Sociedades que viam na educação uma missão divina ou espiritual claramente optaram por um outro caminho, mesmo que, por exemplo, a religião judaica não fosse igual ao hinduísmo ou ao budismo. Nenhum dos sistemas clássicos reservou aos estados uma missão educacional claramente definida, exceto, talvez, na China, mas todas levantaram questões sobre o equilíbrio entre as responsabilidades familiares, as instituições religiosas e algumas iniciativas governamentais. Por fim, ainda que nenhuma delas tenha destacado claramente a ciência, a maioria findou por desenvolver ao menos algumas oportunidades para estudos fora dos campos político e teológico, mais uma variável que merece atenção.

Da mesma forma, todas as sociedades clássicas questionaram-se a respeito da relação entre o pensamento educativo mais avançado e a efetiva experiência educacional acessível à minoria capaz de custeá-la. Seguir a abordagem básica de Sócrates, Quintiliano, Confúcio ou Buda é estimulante e relativamente factível dada a existência de escritos formais, sem contar que suas abordagens foram e continuaram sendo importantes, tanto em seus próprios tempos quanto para além destes. Mas é igualmente vital lembrar-se da experiência educacional efetiva, dos garotos tendo que lidar com escolas pequenas, esforçando-se para responder aos frequentemente árduos desafios de aprender a escrever e calcular, não raro sob a batuta de instrutores mal pagos e impacientes. Mesmo os fabulosos gurus da tradição indiana poderiam ser excessivamente exigentes, e mais interessados nos serviços domésticos prestados por seus alunos do que no avanço de sua missão educacional. À parte tudo isso, a maioria da população não recebia qualquer educação formal, dado que nenhuma das sociedades clássicas considerou necessário criar algum tipo de sistema educacional estruturado semelhante ao que temos hoje (uma sequência que vai desde o fundamental até os níveis avançados) simplesmente porque as famílias abastadas organizavam, elas mesmas, ao menos as etapas iniciais da educação, enquanto as pobres não tinham nem os meios nem o interesse para tanto.

O papel da educação nas sociedades antigas e clássicas foi diversificado e complexo, e talvez por isso mesmo tenha prenunciado os debates que ainda permanecem entre nós. Quem merece ser educado e, inversamente, quem é excluído? Quais tipos de movimentos sociais ou religiosos inauguraram as demandas em prol do acesso à sabedoria e à iluminação? Quais formas curriculares ou de conteúdo são valorizadas, quais não são e por quê? Como e por que a natureza da relação entre professores e alunos evoluiu, e quais os efeitos duradouros advindos desse processo? Qual o papel da memorização? Por que certos métodos instrucionais foram favorecidos e outros não, e quais as repercussões a longo prazo desse favorecimento? Embora verdadeiramente reconheçamos o passado como uma realidade em si mesma, é igualmente importante buscar nessa experiência elementos que nos auxiliem a explorar as questões educacionais contemporâneas. Os capítulos seguintes tentarão abordar esses e outros assuntos relacionados, e à medida que prosseguirmos se tornará mais claro o quanto daquilo que se seguiu no mundo Pós-clássico (e mais além) foi erguido sobre o legado das sociedades antigas e clássicas.

Leituras adicionais

Para uma abordagem horizontal dos padrões educacionais asiáticos, cf. Timothy Reagan, *Non-western educational traditions* (Lawrence Erlbaum Associates, 1996) e *A grande transformação – O mundo na época de Buda, Confúcio e Jeremias* (Companhia das Letras, 2008), de Karen Armstrong. Para relatos mais detalhados sobre o sul da Ásia, *Education in ancient India* (Brill, 2002), de Harmut Scharfe, e *Education and school in ancient and medieval India, 1500 BC-1757 AD* (Peter Lang, 2002), de Suresh C. Ghosh. Sobre os textos fundacionais do budismo, cf. *In the Buddha's words: An anthology of discourses from the Pali Canon* (Wisdom, 2005), de Bhikkhu Bodhi (org.), e *History and development of libraries in India* (Mittai, 1995), de Rakesh Bhatt. Sobre a China, *Writing and the ancient State: Early China in comparative perspective* (Cambridge University Press, 2014), de Haicheng Wong, e *Education in traditional China: A history* (Brill, 2000), de Thomas H. C. Lee.

PARTE II

Séculos pós-clássicos

Os séculos pós-clássicos, que se seguiram ao colapso do Império Romano no Ocidente e da Dinastia Han no Oriente, foram definidos por uma combinação complexa de continuidade e mudança. Elementos fundamentais do Império Romano e da civilização mediterrânica clássica foram levados adiante pelos bizantinos, enquanto a tradição imperial-confuciana foi robustamente revivida na China e o hinduísmo consolidou seu poder na Índia. Para além disso, missionários das maiores religiões expandiram seus territórios e conquistaram influência significativa em diversas sociedades – incluída aí a nova religião islâmica, fundada pouco depois de 600 d.C. O comércio se expandiu, novas rotas mercantis conectaram partes da Ásia, Europa e África e novos centros civilizacionais emergiram no norte europeu, na África Ocidental, no Japão e nas Américas.

O desenvolvimento educacional ocorrido nesses séculos pós-queda dos grandes estados imperiais, entre 500 e 1450, refletem uma combinação similar de fatores estabelecidos e grandes inovações. À medida que algumas sociedades se recuperavam do grande colapso, seus líderes usualmente buscaram restaurar os sistemas escolares que haviam funcionado tão bem no passado, algo mais claramente óbvio na China, mas também aplicável ao Império Bizantino e à Índia. Essas restaurações comumente expandiam, de novas e solidamente embasadas maneiras, as realizações clássicas de que é exemplo a formalização dos concursos chineses.

Todavia, os séculos pós-clássicos introduziram também três significativas mudanças que alteraram grandemente os modelos da era clássica e afetaram diretamente a educação. Em primeiro lugar, o papel da religião organizada na escolarização avançou novamente (ainda que na Índia e no judaísmo isso tenha ocorrido no âmbito de tradições previamente estabelecidas). A nova fé islâmica, surgida por volta de 600 e expandindo-se velozmente, contribuiu de modo particular para o desenvolvimento educacional, mas as escolas cristãs também ganharam importância. Da mesma forma, a disseminação do budismo afetou bastante a educação, em especial no Leste Asiático. Em diversas regiões, a religião estimulou notável surgimento de instituições educacionais avançadas: educação e religião compartilhavam, claro, um passado antigo, dada a necessidade de preparar autoridades clericais (como no hinduísmo), mas agora as motivações religiosas haviam se expandido, para preencher, sim, as crescentes fileiras de sacerdotes e imãs[2], mas também para satisfazer as necessidades de muitos estudantes interessados em expandir seu conhecimento.

Em segundo lugar, ainda que as maiores sociedades permanecessem baseadas na agricultura, a atividade comercial acelerou-se graças ao crescimento das trocas inter-regionais. O impacto educacional desse crescimento é um tanto mais obscuro do que o da religião, mas está claro que houve demanda por necessidades específicas (habilidades aritméticas e de escrita, por exemplo), e em certas sociedades novos recursos econômicos ajudaram a sustentar o crescimento da educação, nos níveis fundamentais como nos avançados.

Por fim, à medida que a capacidade de construção de novas sociedades complexas espalhava-se para novas regiões, como a África Ocidental, o norte europeu, o Japão e áreas fundamentais nas Américas, o envolvimento com o processo educativo tornou-se inevitável. A formação escolar era um aspecto essencial do desenvolvimento societário, e em certos casos esses novatos importaram ideias diretamente do estrangeiro, caso da relação dos japoneses com a China, mas novas tradições foram igualmente estabelecidas e adicionadas aos precedentes já conhecidos na História Mundial.

A seguir, o capítulo 4 centra-se nos desenvolvimentos educacionais ocorridos nas regiões dominadas pelos bizantinos e pelo Islã, ambas habitadas por importantes minorias judaicas e onde as necessidades educacionais de religiões fortemente lastreadas em materiais escritos (as "três religiões do livro") estimularam grandes desdobramentos. Entre outras coisas, o simples crescimento dessas fés produziu uma mancheia de novos postos que demandavam letramento, enquanto a elaboração do pensamento e do direito religiosos também promoveram mais formações avançadas. Esses temas são continuados no capítulo 5, que lida com a expansão educacional na Europa Ocidental – lenta de início, em que pese o legado romano, mas posteriormente acelerada.

O capítulo 6 dedica-se ao Sul e ao Leste asiáticos, à África Subsaariana e às Américas, onde a expansão dos missionários religiosos desempenhou (com exceção das Américas) importantes papéis, ainda que em ambientes bastante diferentes. Na Ásia Oriental ocorreu a adição de um novo componente à usual função do Estado como organizador educacional.

---

2. Líderes litúrgicos muçulmanos. Cf. Landrry, J.-M. (2019). Ética. *Debates do NER*, Porto Alegre, ano 19, n. 36, p. 185-190.

4

Fragmentação e reconsolidação nas "religiões do livro"

O presente capítulo se atém aos impactos educacionais nas "religiões do livro", três fés aparentadas, não raro mutualmente hostis, e dependentes de um documento escrito central, a Torá, a Bíblia ou o Corão, ao qual atribuíam inspiração divina. Nelas, e muito especialmente nas regiões efetivamente controladas pelo cristianismo ou pelo Islã, novos níveis de inspiração e orientação religiosa da educação foram particularmente proeminentes. A ênfase em um livro sagrado gerou, quase que inevitavelmente, demandas renovadas por eruditos letrados, enquanto a franca expansão dos estabelecimentos religiosos produzia lideranças em vários níveis. Durante o próprio Período Pós-clássico, o Islã desenvolveu o aparato educacional mais sofisticado, mas os desdobramentos vistos em partes fundamentais da Europa cristã foram igualmente importantes, ao mesmo tempo que o pensamento educacional judaico também avançava.

A Era de Ouro do Islã árabe

A ascensão do Islã, mais nova e dentre as mais dinâmicas das grandes religiões mundiais, acarretou grandes implicações para a educação, pois seus líderes promoveram uma ampla escolarização e estabeleceram rapidamente escolas para formar juristas, autoridades religiosas e administrativas. O próprio Profeta Muhammad enfatizou a importância do estudo, chegando a estimular seus seguidores a aprender com outras sociedades, algo que um outro erudito islâmico colocou da seguinte maneira: "o mais perfeito dos presentes divinos é uma vida baseada no conhecimento". Mas o interesse em fornecer alguma educação para o povo comum foi igualmente atuante. Os historiadores divergem sobre o *status* da literacia árabe antes de Muhammad (que pessoalmente tinha aprendido a ler e escrever), mas não há dúvida de que, ao final, a religião estimulou uma iniciativa muito mais abrangente. Ainda que a precisão seja inalcançável, diversos historiadores acreditam que, ao final do Período Pós-clássico, a literacia estava mais disseminada no mundo islâmico do que em qualquer outra parte do planeta.

O movimento de unificação das tribos árabes à volta do Profeta Muhammad (c. 570-632) teve início no começo do século VII e espalhou-se pelas vastidões afro-eurasiáticas nas centúrias seguintes. Diz-se que a escritura sagrada do Islã, o Corão, foi revelada ao profeta numa série de epifanias ocorridas nas últimas décadas de sua vida, uma óbvia síntese de diversas crenças cristãs, zoroastrianas, judaicas e árabes. Seu sistema de crença estritamente monoteísta apresentou proibições relativas aos falsos deuses e à idolatria, bem como ressoantes condenações à ganância, desigualdade e violência desenfreada. Após a Hégira, grande migração de Meca até Medina em 622, Muhammad foi proclamado "o selo dos profetas", a culminação de uma longa linhagem de profetas judeus, cristãos e de outras origens que haviam pregado a unicidade de Deus e o *ethos* da justiça social e da moralidade. Após a sua morte, os domínios árabes e muçulmanos avançaram sobre a Pérsia e partes do oriente bizantino, chegando até o norte da África e a Índia. O mundo islâmico unia-se em torno de alguns conceitos: a importância dos valores compartilhados e dos costumes legais corporificados na *sharia*, a lei islâmica; a *umma*, a comunidade dos crentes, e a necessidade relacionada de empreender a *jihad*, esforço para suplantar seus próprios pecados e fraquezas e confrontar as injustiças e impiedades sociais. Aos primeiros sucessores de Muhammad, que reinaram como califas, sucedeu a Dinastia Omíada (661-750), apesar da ocorrência de conflitos sucessórios que levaram à divisão permanente entre as seitas sunita e xiita (esta última acreditava numa linha sucessória alternativa, oriunda do próprio Muhammad, que prevaleceu ao norte e ao leste, a Pérsia, permanecendo como minoria nas demais regiões). Os omíadas governavam desde Damasco, Síria, e seu reino foi dominado pelas tribos árabes e pelas elites mercantis e militares.

Acusados de corrupção e de oprimirem os interesses não árabes, os omíadas foram derrubados e em seu lugar adveio a Dinastia Abássida (750-1258), cuja sede ficava na capital imperial de Bagdá e que favoreceu uma cultura islâmica mais cosmopolita e multiétnica, marcada por significativas influências das práticas administrativas e intelectuais persas. Os abássidas lograram novas vitórias sobre Bizâncio e conquistas na Ásia Central, um avanço que só foi detido pelos chineses em 751. Juntas, as velozes conquistas militares e as práticas administrativas avançadas estabeleceram uma enorme zona econômica, diplomática e comercial, marcada por progressos significativos na agricultura, horticultura e manufaturas. O Islã importou tecnologias asiáticas, como a produção do papel, e desenvolveu estruturas bancárias e financeiras crescentemente sofisticadas, ainda que temperadas pelas noções islâmicas da caridade e da restrição à usura. Estudiosos foram enviados à Índia para conhecer os avanços na matemática e retornaram trazendo o sistema numérico hindu, uma outra conquista diretamente relevante para a educação básica. A prosperidade islâmica expandiu-se por meio do comércio e dos esforços missionários na África Ocidental e Oriental, no Sul e Sudeste asiáticos. A sociedade islâmica terminou por desenvolver funções e proteções avançadas para as mulheres, que tinham direito à herança, a requerer o divórcio e a administrar seus próprios dotes, mesmo que tais ações acabassem sendo desviadas pelos valores estritamente patriarcais expressos no Corão e nas demais práticas islâmicas, como as codificadas nos *Hadiths* (a compilação dos ditados e tradições de Muhammad).

As crenças e práticas educacionais islâmicas giravam em torno do livro sagrado, o Corão. Após receber o texto íntegro e completo por meio das revelações de Muhammad, o domínio mais amplo da leitura fez-se necessário para lê-lo e recitá-lo em seu árabe original, gerando então um profundo estímulo à educação em todo mundo islâmico. A beleza e a complexidade da natureza foram abraçadas como milagres da criação divina, e todas as criaturas estavam imbuídas da unicidade, onipotência e onisciência de Alá, algo que também se mostrou capaz de inspirar o estudo do mundo físico, da mesma forma que a razão humana e as tradições filosóficas do passado poderiam ser empregadas para explorar os meandros e complexidades tanto da fé quanto da criação.

A emergência, no Oriente Médio e no norte da África, de instituições educacionais e práticas especificamente islâmicas ocorreu sobre as fundações escolares e acadêmicas gregas, romanas, bizantinas, judaicas e persas, gradualmente reorganizadas até se tornarem as conhecidas *maktabs* (ou *kuttabas*) islâmicas, escolas comuns normalmente associadas a mesquitas, e as *madraças* instituições educacionais avançadas e usualmente vinculadas a templos ou santuários. Seu currículo foi estruturado com base nos saberes islâmicos: ciências, teologia, filosofia e ciências naturais (com fortes influências clássicas), e artes literárias. Com o tempo, essas entidades professadamente islâmicas produziram inovações importantes nos campos da matemática e em quase todas as ciências físicas e naturais. Surgiram grandes centros educacionais, como a Academia de Gondeshapur (atual Irã), amiúde descrita como uma das primeiras "universidades" do mundo e que atraía intelectuais cristãos e judeus, além de muçulmanos. Contava também com uma escola médica e um hospital, e, segundo alguns especialistas, em seu auge era a maior instituição educativa do mundo. Mais tarde, em especial após a ascensão de Bagdá, outros centros apareceram, e junto com eles o comércio de livros mais próspero do planeta. Como acontece com as grandes universidades da atualidade, estudantes ansiosos das mais diversas regiões, inclusive de fora do Islã, procuravam estudar nessas instituições.

Essas academias, voltadas à pesquisa, à intelectualidade, às traduções e aos estudos avançados, evoluíram em fases. Inicialmente, foram custeadas por mecenas privados e patrocinadores religiosos, mas entre os séculos XI e XII o financiamento estatal ganhou força e expandiu o leque de madraças mais caras, dedicadas à educação superior e às pesquisas avançadas. No século XIII, porém, ao passo que o Califado Abássida declinava e terminaria sendo destruído pelos mongóis, essa rede educacional reduziu-se, sendo substituída por uma atmosfera intelectual crescentemente tradicionalista e insular, parcialmente moldada pela emergência das elites turcas seldjúcidas, culturalmente mais conservadoras. Importantes intelectuais muçulmanos começaram a denunciar os questionamentos excessivamente independentes e a infusão de componentes seculares na educação e defender um foco mais estrito nos textos islâmicos.

Em seu apogeu, porém, e em parte graças aos movimentos rivais inerentes ao próprio Islã, as elites competiam para abrir novas escolas e academias e apoiar seus conceitos teológicos e jurisprudenciais; instituições educacionais expandiram a formação de líderes religiosos, juristas, especialistas médicos, cientistas, matemáticos e demais técnicos especializados. Tais patrocínios e financiamentos cresceram até o ponto de cobrir os custos de edificação, salários dos professores e, eventualmente, bolsas e acomodações para estudantes. Os currículos e o ensino se expandiram em muito, ultrapassando a memorização e a recitação e incluindo leitura, escrita, poesia, aritmética, ética ou boas maneiras, e as ciências; as concepções de desenvolvimento infantil e psicologia que as guiavam sofisticaram-se cada vez mais. Os estudantes poderiam escolher dentre várias madraças, a depender da tradição legal específica à qual sua família pertencia, e muitos pais se sentiam profundamente responsáveis em oferecer a educação mais apropriada para aqueles filhos que demonstrassem talento nas etapas mais básicas da formação: "não há nada de melhor que um pai possa oferecer ao seu filho do que uma boa educação".

Diversos intelectuais e cientistas renomados moldaram esses movimentos educacionais, demonstrando assim o extraordinário papel desempenhado pelos estudiosos islâmicos na preservação, desenvolvimento e transmissão da herança clássica, bem como no processo de produção de novas descobertas na filosofia e nas ciências. Ainda que profundamente marcados pelo pensamento religioso e cosmológico islâmico, havia também racionalistas nesses movimentos, os *Mu'tazilites*, que se esforçavam para combinar fé e razão. De fato, muitas dessas figuras foram profundamente inspiradas pelas maneiras como o Corão os exortava a analisar com cuidado "os céus e a terra" e ser capazes de apreciar verdadeiramente sua crença. Durante os governantes abássidas Harun al-Rashid (763 – 786-809) e Abu Ja'far Abdullah al-Ma'mun (786-833), os investimentos fluíram em direção a projetos educacionais, dentre os quais a *Bayt al-Hikma* (Casa da Sabedoria) em Bagdá. Houve também esforços significativos na reprodução e interpretação do Corão, que exigiam o desenvolvimento das capacidades educacionais na "gramática, sintaxe, pontuação e caligrafia" que se expandiram para campos além do eruditismo religioso. É digno de nota que o apoio desses financiadores ao trabalho intelectual visava também sua aplicação no mundo real, na agricultura, horticultura, artesanato, manufaturas e comércio. A pesquisa e a formação em química, por exemplo, contribuíram para o avanço na produção de tinturas, metais e fármacos, e uma vez mais os precedentes daquilo que seria posteriormente conhecido como centros de pesquisa aplicada eram consideráveis.

A Casa da Sabedoria de Bagdá permanece como exemplo da tradição islâmica do *kalam*, o debate, as crescentemente sofisticadas controvérsias que envolviam traduções rigorosas, a interação com textos clássicos e contemporâneos e a experimentação com vistas à expansão das fronteiras do conhecimento. Pensada a partir dos exemplos mais antigos da Biblioteca de Alexandria e da Academia de Gondeshapur, bem como dos acervos bibliográficos de outras grandes cidades como Isfahan, Antioquia, Beirute e Damasco, a Casa da Sabedoria patrocinava traduções importantes, como o tratado de Ptolomeu sobre astronomia, o *Almagesto* (do termo árabe *al-Kitab al-Majisti*, o Grande Livro); o estabelecimento de seu próprio observatório; e a organização de influentes edições sobre a geografia mundial, ao menos em parte estimuladas por interesses comerciais e marítimos. O espírito desse movimento foi capturado por Ya'qub ibn Ishaq al-Kindi (Alquindi em português, c. 800-873) que, sustentado por patrocínios e doações de caridade, liderou um trabalho revolucionário junto à obra dos filósofos gregos, em especial Aristóteles, e afirmou:

> não devemos nos envergonhar em reconhecer a verdade e assimilá-la, não importando de onde ela chegue até nós, mesmo se vier de gerações passadas e povos estrangeiros. Para quem busca a verdade não há nada mais valioso do que a própria verdade; ela jamais o diminui ou rebaixa, e sim o enobrece e eleva.

Típico do seu tempo, al-Kindi se destacou na filosofia e na teologia, bem como na matemática, ótica, medicina e astronomia. Esse tipo de criatividade não sobreviveu ao declínio da Dinastia Abássida, quando os governantes se voltaram contra reflexões racionais desse gênero. Líder de um contra-ataque religioso, Abu Hamid Al-Tusi Al-Ghazali (1058-1111) e sua obra marcaram a mudança decisiva na direção de uma teologia mais conservadora ou mística (o sufismo) e o declínio do racionalismo. Grandes trabalhos históricos e filosóficos ainda continuaram a ser produzidos, em especial no norte da África, mas houve uma indiscutível mudança de tom. O próprio Al-Ghazali abandonou uma importante posição acadêmica na Casa da Sabedoria por acreditar que necessitava trilhar uma viagem de descoberta mais espiritual, e ainda que em seu trabalho continuasse havendo muitos elogios à importância do conhecimento, ele se tornou cada vez mais crítico da noção de que a reflexão filosófica racional pudesse suplantar a teologia e as lições da fé. Um grande período do saber chegava ao seu fim, e com ele o compromisso com a pesquisa em larga escala.

Bases educacionais: contribuições islâmicas

Investigar a emergência das instituições de educação superior e suas produções científicas é parte vital da compreensão das contribuições islâmicas para a educação, e os registros existentes sobre esse tema são abundantes. Muitos dos próprios eruditos islâmicos escreveram sobre suas experiências educacionais, não raro como reconhecimento a professores particularmente influentes com quem haviam estudado ao longo da carreira. Acessar os elementos mais prosaicos dessa educação, inclusive seu impacto sobre pessoas que não atingiram os níveis acadêmicos mais elevados, ainda que possa ser um grande desafio, é um esforço válido.

Se lideranças muçulmanas, a começar pelo profeta, salientaram a importância da busca pelo conhecimento, buscaram também apresentar os fundamentos corânicos a uma grande quantidade de crianças. Como observou o historiador magrebino Ibn Khaldun (1332-1406), os muçulmanos apoiavam a educação "em todas as suas cidades, pois ela imbuía os corações de sólida crença e dos artigos da fé, derivados dos versos do Corão e de certas tradições proféticas".

Os esforços iniciais da educação básica foram informais, e normalmente consistiam da reunião de punhados de crianças em volta do líder da mesquita local. Por volta do século IX, porém, diversos desses templos começaram a patrocinar escolas primárias chamadas maktabs, onde se ensinava árabe instrumental, aritmética básica e lei islâmica. Seus egressos geralmente ingressavam numa variedade de ofícios, e alguns deles chegariam até as grandes madraças.

A tradição islâmica também incluiu oportunidades para mulheres: certo número delas recebia instrução básica no lar (não em escolas organizadas), mas se permitia que frequentassem preleções nas mesquitas e, eventualmente, se tornassem professoras – ensinando a alunos de ambos os sexos. Era comum que mulheres ricas ficassem responsáveis por doações caritativas e adotassem diversas escolas.

Em que pese tudo isso, ainda há muitas questões fundamentais que permanecem sem resposta. Não há, por exemplo, como saber quantas crianças recebiam educação fundamental. E mesmo aquelas que frequentaram os bancos escolares podem ter continuado analfabetas, memorizando textos corânicos básicos recitados em voz alta pelos professores. Como dissemos, o impulso em prover acesso direto ao livro sagrado era bastante disseminado, mas muitos professores, estudantes e seus pais podem ter se contentado com bem menos, especialmente no interior, onde a maior parte das pessoas vivia.

Como em outras tradições, os estudantes das escolas primárias eram frequentemente sujeitos a disciplina severa, tradição essa que ainda persiste em muitas partes do Oriente Médio. É digno de nota, contudo, que os mais importantes intelectuais islâmicos criticaram abertamente esse rigor excessivo, afirmando que ele impedia o verdadeiro aprendizado. Al-Ghazali reiterou a importância de deixar as crianças brincar e se expressar, ao invés de reprimir inteiramente sua espontaneidade. Também Ibn Khaldun atacou a dependência indevida da disciplina, afirmando que professores excessivamente duros com seus pupilos enfraqueciam o entusiasmo destes, tornando-os em verdade preguiçosos e propensos a trapacear sempre que possível. Comentários dessa natureza supostamente representam as primeiras tentativas de repensar a prática pedagógica que, há muito, norteava a educação formal.

É bastante provável, contudo, que as práticas educativas não tenham sido tocadas por tais ideias. A ênfase na memorização era certamente muito profunda, não somente no ensino da literacia, mas também na absorção das noções religiosas mais elementares. Os estudantes bem-sucedidos, incluindo muitos dos que seguiam carreira e chegavam às madraças, eram os melhores na arte da repetição. Diversos eruditos islâmicos descreveram como haviam sido notados pela primeira vez graças à excelência de suas habilidades mnemônicas, que encantavam seus professores, deixavam seus pais satisfeitos e abriam oportunidades para seguir estudando com um intelectual de verdade (quando, mais uma vez, as habilidades de memorização viriam a calhar). Concomitantemente, ao menos alguns desses mesmos eruditos conseguiram ultrapassar a simples repetição, e ao fazê-lo conectaram a base educacional à criatividade da Era de Ouro.

'Abd al-Latif al-Baghdadi (em português Abdalatife de Bagdá, 1162-1231) descreveu sua trajetória, que começou de forma bem convencional (exceto talvez pela sua incomum dedicação ao estudo), mas que depois o levou longe, até importantes contribuições filosóficas. Ele começou com um tutor contratado pelo seu pai: "não conhecia nem prazer nem lazer, e passava boa parte de meu tempo estudando os Hadiths". Aprendeu caligrafia e era capaz de memorizar partes inteiras do Corão, o que agradava em muito seu pai. Em seguida, entrou numa instituição de ensino em Bagdá, e de início não conseguia entender o que ocorria nas preleções, mas com o passar do tempo, e a ajuda de um professor cego particularmente talentoso, "minha memorização aprimorou-se, minha memória se aperfeiçoou, minha compreensão cresceu… minha mente tornou-se mais afiada e confiável". Era a educação islâmica em seu melhor.

A educação na Diáspora judaica

Os séculos pós-clássicos testemunharam importantes desenvolvimentos para a minoria judaica da Europa Ocidental e do Mediterrâneo, que havia se dispersado durante os estertores finais do Império Romano, não raro por causa de perseguições. A preservação dos compromissos educacionais básicos do judaísmo era um dos princípios organizacionais mais importantes da vida judaica diaspórica, e como tal foi fortemente apoiada. Graças à oferta educacional necessariamente restrita ou descentralizada, empreendida à volta de templos ou sinagogas locais, essa formação tinha de ser custeada e dirigida pelas comunidades. Apesar das frequentes, ainda que intermitentes, perseguições conduzidas por poderes islâmicos e, principalmente, cristãos, a educação judaica conseguiu resistir durante os séculos pós-clássicos. As comunidades que viviam em grandes centros islâmicos como a Andaluzia, o Cairo, Jerusalém ou Bagdá, bem como em cidades bizantinas como Constantinopla e Salônica, sofriam com discriminações e regimes fiscais específicos, mas foram capazes de manter suas próprias instituições educativas comunais. Claro, sob a tolerante governança islâmica de Córdoba, no sul da Espanha, a educação e a intelectualidade judaicas sefaraditas efetivamente floresceram durante muitos séculos. Já nas comunidades asquenazitas da Europa Oriental, a população foi constantemente forçada a negociar licenças ou permissões locais, que tendiam a limitar o tamanho das comunidades e, com isso, sua capacidade de manter instituições educacionais comunais estáveis. Sob tais circunstâncias terríveis, parece que a maior parte da educação judaica na Europa Medieval esteve a cargo de tutores individuais (os *melameddim*), que trabalhavam com alunos individuais ou com pequenos grupos, frequentemente em casas particulares ou salas alugadas próximas a sinagogas, e cuja prevalência pode indicar um amplo nível de alfabetização popular. Como observou um autor escolástico contemporâneo, "um judeu, mesmo que pobre, mesmo se tiver dez filhos, ensinará todos a escrever, não por causa do lucro, como os cristãos, mas para entender as leis de Deus. E não somente seus filhos, mas também as filhas". É digno de nota que a evidência da educação feminina formal é esparsa; supomos que se meninas e mulheres eram efetivamente educadas, isso deveria ocorrer nos lares e nas famílias, enquanto as práticas patriarcais resistiam no espaço público e na vida econômica.

As fontes para essa temática nesse período específico são fragmentárias, em parte graças às repressões ocorridas posteriormente, mas parece que o ápice da criatividade intelectual judaica deve ter ocorrido entre os séculos XII e XIII, antes que ondas discriminatórias e *pogroms* empurrassem boa parte dos judeus europeus para o mundo islâmico e o Leste Europeu, especialmente a Polônia. Ainda assim, esses anos testemunharam correntes prolíficas de estudos da Torá e de comentários talmúdicos, dentre os quais o *movimento tosafista*, que produziu grandes compilações de *halakha* (estudos da literatura rabínica), e há durante o período clara evidência histórica da existência de redes escolares secundárias ou avançadas (*Beit midrash*), bem como de academias privadas.

Moisés ben Maimon, ou Maimônides (c. 1135-1204), se destacou como um acadêmico religioso exemplar, capaz de ser igualmente produtivo em campos como a medicina e a astronomia. Vindo de uma comunidade sefaradita ibérica e norte-africana, após ser expulso da Andaluzia na década de 1160, deu seguimento ao seu trabalho no Marrocos e no Egito. Mais conhecido pelo seu *Mishneh Torah*, a codificação da lei judaica em vários volumes, é reverenciado nos ciclos judaicos por suas contribuições aos estudos legais, talmúdicos, éticos e filosóficos. Mas é igualmente celebrado pelas tradições científicas e intelectuais islâmicas, em especial pelo seu esforço em articular o racionalismo aristotélico e conciliar fé e razão – e nesse particular influenciou diretamente vários estudiosos escolásticos, como Tomás de Aquino e Roger Bacon. Era um defensor vigoroso dos princípios éticos da caridade (*tzedakah*) e reconhecido por suas contribuições ao pensamento educacional, mais especificamente por suas brilhantes discussões a respeito dos diversos estágios do desenvolvimento infantojuvenil.

O Império Bizantino e a preservação dos legados clássicos

É possível vincular as abordagens educacionais cristãs às duas mais importantes divisões do cristianismo europeu – a ortodoxia e o catolicismo. Por muitos séculos, enquanto os desdobramentos na Europa Ocidental, mais pobre e politicamente fragmentada, estavam em suspenso (cf. capítulo 5), os mais importantes centros educacionais floresceram no Império Bizantino.

O Império Romano Oriental, que conhecemos por Bizâncio, raramente recebe o devido tratamento histórico, talvez graças à paixão da moderna Europa pelas Grécia e Roma clássicas, ou porque muito da história bizantina pareça eclipsada pela prolongada disputa civilizacional com o Islã. Ainda assim, o governo romano e cristão, ainda que expresso em grego e com robustas influências helenísticas, continuou a existir por lá durante mais de mil anos, muito tempo depois do Império Romano já ter desaparecido no Ocidente. Após a conversão ao cristianismo, ocorreu uma notável fusão entre os poderes religioso e secular no âmbito de uma forma de governo crescentemente autocrática e teocrática, na qual a autoridade burocrática de tipo romano se alastrou por ambas as esferas. Constantinopla (atual Istambul) tornou-se capital imperial em 330, e no século VI os bizantinos chegaram a reconquistar territórios ocidentais, apenas para perdê-los novamente graças às invasões "bárbaras". Posteriormente, nos séculos VII e VIII, as províncias ao sul (atuais Síria, Palestina, Egito e norte da África) renderam-se ao Islã. De fato, o interminável conflito militar e civilizacional contra o islamismo parece ter levado a uma certa lacuna, ou *stásis* (conflito), na história educacional bizantina, ao passo que os recursos estatais eram direcionados à sobrevivência militar. Internamente, o império foi convulsionado pela longa batalha em torno do iconoclasmo, que opôs os iconoclastas, cristãos contrários a quaisquer imagens sagradas (os ícones), aos iconófilos, que consideravam tais objetos como materializações do divino com fins ritualísticos e populares. Ainda que os primeiros tenham sido, eventualmente, derrotados, essa disputa levou o *establishment* político-religioso bizantino a um certo conservadorismo, a uma rigidez. Mesmo no interior de suas fronteiras redimensionadas, Bizâncio permaneceu forte graças ao domínio do comércio, às manufaturas domésticas e, possivelmente, ao Tema, sistema administrativo que atribuía propriedades em troca de serviços militares e que conseguiu unir comandantes militares regionais poderosos, latifundiários e a aristocracia servil. O grego suplantou o latim como linguagem oficial (como a exceção parcial do trabalho e da formação avançada no direito), e é indiscutível que Bizâncio tenha servido como uma ponte entre a herança clássica greco-helenística expressa em grego e a futura recuperação dos seus autores, inicialmente pelo mundo islâmico e, posteriormente, pelos europeus ocidentais.

De início, os cristãos devotos desconfiavam das escolas oficiais e evitavam conscientemente as influências pagãs da erudição e da filosofia clássicas. No curso dos séculos V e VI, entretanto, essas tensões diminuíram à medida que o império e suas elites eram convertidos, que os estudos se voltavam para o Novo Testamento e envidavam-se esforços para conciliar o pensamento clássico e o cristão. Em meio a essa encruzilhada, surge a significativa figura histórica de Hipácia de Alexandria (c. 350-415).

Como outras mulheres importantes no mundo romano tardio, Hipácia recebeu educação doméstica, mas excepcionalmente deu continuidade à sua formação até se tornar uma proeminente intelectual pública, um cargo supostamente tornado possível pela atmosfera cultural mais liberal do oriente romano, e se tornou uma cientista ativa, matemática, astrônoma, filósofa e educadora associada à escola neoplatônica alexandrina. Suas contribuições intelectuais eram tidas como importantes, especialmente na preservação do *Almagesto* de

Ptolomeu e outros textos matemáticos e filosóficos. Tragicamente assassinada por uma turba cristã em 415, sua obra e imagem foram posteriormente atribuídas a diversos santos cristãos.

As escolas primárias bizantinas, seguindo o modelo helenístico, continuaram a trabalhar leitura, escrita e fundamentos gramaticais; as secundárias permaneceram dedicadas à literatura, filosofia e ciências básicas, quase sempre voltadas para a formação dos quadros da burocracia imperial e das instituições militares ou eclesiais. Como seria de se esperar, a educação superior seguia adiante em áreas como medicina, direito e filosofia, em especial na Academia (não podemos falar de uma "universidade") de Constantinopla, fundada em 425. Mais importante escola imperial de estudos avançados, empregava vinte gramáticos (repartidos igualmente entre grego e latim), oito retóricos, um filósofo e dois juristas. A educação superior ocorria também na Escola do Palácio e na Escola Patriarcal (vinculada ao líder da Igreja), que ministrava teologia, estudos bíblicos e textos dos Pais da Igreja. Outras fontes, como a historiógrafa Ana Comnena, descrevem como todos esses centros de excelência eventualmente caíram em decadência (resultando no que Henri Marrou chamou de "quebra da cultura helênica"), mas mesmo durante esse momento a educação com tutores privados continuou, e junto deu-se o desenvolvimento dos *scriptoria*, voltados à cópia e reprodução de manuscritos clássicos. Em contraste com o Ocidente, esses estudos e traduções aconteceram menos nos centros monásticos e mais em instituições diretamente financiadas pelo Estado bizantino.

Em que pese todos os problemas e limitações que assolaram a educação bizantina durante esses séculos, houve um inegável renascimento durante os séculos X e XI, e diversas figuras importantes foram vitais para esse processo, como Fócio I de Constantinopla, o Imperador Constantino VII e Ana Comnena. Leão, o filósofo (ou o matemático, década de 790-869) desempenhou um papel essencial na edição e preservação de autores clássicos, assim como Fócio, patriarca de Constantinopla (810-893), que ajudou a inspirar o trabalho missionário nos Bálcãs e na Europa do Leste e a pôr um fim à controvérsia iconoclasta, marcada pela vitória do humanismo e do helenismo. Também liderou pessoalmente a produção de um tratado magistral chamado *Biblioteca* (ou *Marióbiblo*), com resenhas de 279 livros. "Conciliador e moderado" com respeito às fontes clássicas pagãs, não deixou de favorecer consistentemente a literatura cristã, o "novo classicismo bizantino". É digno de nota que Fócio tenha sido uma autoridade da Igreja, um erudito, mas não um professor de ofício, mesmo que tenha inspirado a muitos e sido considerado como um líder da renascença iniciada no século IX.

Esse movimento continuou sob o reinado do Imperador Constantino VII Porfirogêneto (913-959), que liderou o processo de estabilização do poderio bizantino escrevendo ou encomendando uma série de compilações definitivas sobre temas variados, tais como a administração imperial (*De Administrando Imperio*), as cerimônias religiosas (*De Ceremoniis*) e as vidas dos santos, que serviam como exemplos morais. Esses volumes estavam inseridos na tendência mais ampla de criação de enciclopédias, ou compêndios do conhecimento de determinadas áreas, igualmente observada no mundo islâmico e que certamente facilitou trocas transculturais e a tradução de fundamentais autores clássicos e patrísticos. Outra figura central foi Aretas de Cesareia (860-939), um grande intelectual e editor que liderou a redescoberta de Platão e Aristóteles pela intelectualidade e cujos seguidores eram extensamente citados como os preservadores de boa parte da herança clássica. Sua atuação e a de sua escola ajudaram a salvaguardar as obras de diversos autores romanos, como Epiteto, Euclides e Marco Aurélio, um monumental resgate intelectual que contribuiu para o reavivamento geral das escolas e centros de estudos avançados. Tais feitos, contudo, precisam ser contrabalançados pelo reconhecimento de que a educação formal no Império Bizantino era muito limitada em seu objetivo, voltada para uma elite social bastante estreita e cujo senso de privilégio interferia nos esforços educacionais. Um professor de escola secundária, por exemplo, reclamou que seus alunos não tinham ânimo; que mesmo no âmbito dessa instrução superficial só uma pequena minoria expressava qualquer interesse nos estudos; e que os números dos estudantes do secundário (do avançado nem se fala!) eram ínfimos quando comparados ao tamanho do império. Essa estrutura relativamente débil, combinada ao poder sufocante da burocracia do Estado-Igreja, teria levado a um certo conservadorismo institucional e à relutância em aceitar mudanças intelectuais ou acadêmicas, um sistema em que as autoridades desconfiavam de quaisquer manifestações de heresia ou de deslealdade ao regime. Perante tal perspectiva, percebe-se que mesmo figuras como Fócio ou Aretas acabaram enrijecidas pela ortodoxia religiosa, negligenciando as ciências e demonstrando pouca criatividade acadêmica.

Às vésperas da catástrofe de 1204[3], uma figura extraordinária se destacou nesse movimento humanista: Ana Comnena (1083-1153) e sua poderosa crônica do reinado de seu pai, a *Alexíada*. É bastante revelador que ela tenha recebido educação privada, com professores particulares, algo comum a quase todas as mulheres educadas do Período Pós-clássico, dado que o acesso à instrução formal lhes era negado em quase todas as culturas. Ana era versada tanto nas obras pagãs quanto cristãs, de que é indício o fato de sua crônica ter se baseado na *Eneida* de Virgílio. Suas narrativas históricas, políticas e militares eram sofisticadas, e o tratamento que conferiu às questões tecnológicas revela grande familiaridade com os trabalhos científicos contemporâneos. De modo geral, e apesar do seu envolvimento com as intrigas da corte e as sucessões políticas, foi um notável exemplo de mulher educada dessa era, intimamente engajada nas reflexões e na alta política do seu tempo e que atuou como um dos patronos da Renascença Aristotélica ocorrida em Bizâncio durante o século XII.

Tragicamente, esse movimento humanista encontrou seu fim no começo do século XIII, quando a Quarta Cruzada se desviou do Oriente Médio e os cruzados ocidentais tomaram e saquearam Constantinopla (supostamente encorajados pelos venezianos, ansiosos por eliminar seus rivais comerciais). O controle latino duraria mais de cinquenta anos, e o poder bizantino só viria a ser restaurado nos anos de 1260, o que levou, por sua vez, a mais uma (e final) renascença humanista antes do colapso final, em 1453. Após esse reavivamento de finais do século XIII, houve ainda um último fôlego humanista sob a dinastia dos paleólogos, muito embora Bizâncio já estivesse, a essa altura, sendo afligida por muitos dos mesmos elementos que séculos antes haviam destruído o Império Ocidental, tais como a concentração de riqueza nas mãos da elite fundiária, o empobrecimento dos pequenos agricultores, a crescente autonomia das províncias e a degradação do exército. As pressões externas continuaram, vindas tanto do ocidente latino quanto do Islã, e cresceram com as investidas dos turcos, primeiro os seldjúcidas e depois os otomanos. O segundo renascimento humanista foi liderado por figuras como Gemisto Pléton (1355-1452) e Basílio Bessarion (1403-1472), e serviu de ponte entre Ocidente e Oriente às vésperas da catástrofe de 1453. Em que pese todos os seus desafios e limitações intelectuais, o oriente bizantino claramente desempenhou um papel de vital im-

---

3. A tomada de Constantinopla pelos Cruzados ocidentais [N.T.].

portância na preservação do passado greco-romano, bem como na extensão e no aprofundamento da reflexão sobre o Novo Testamento e as obras patrísticas, heranças essas que, por sua vez, seriam delegadas à Europa Ocidental.

A Europa Oriental

Bizâncio também realizou um enorme esforço missionário em favor da conversão dos povos desde os Bálcãs até o Norte à versão ortodoxa do cristianismo, uma atividade que incluiu o desenvolvimento de um novo alfabeto, o cirílico, derivado do grego e adaptado aos idiomas eslavos e que trouxe consigo o estabelecimento da educação formal, de modo que a história educativa institucional da Rússia começa efetivamente no século X, com a conversão de chefes ao cristianismo. Reis importantes como Vladimir I de Kiev começaram a construir tanto igrejas quanto escolas, ao mesmo tempo que pressionavam os padres ortodoxos a ensinar. A educação em centros urbanos fundamentais como Novgorod e Kiev (importantes polos comerciais) voltava-se para a alfabetização, mas atuava também nos campos da religião e das artes liberais clássicas – especificamente em Kiev existiu um grande centro voltado à formação dos sacerdotes. No século XII era cada vez mais um sinal de distinção que famílias endinheiradas contratassem tutores particulares, e líderes educacionais como Vladimir II Monômaco (1053-1125) insistiam na importância de se educar os filhos nos valores morais e nas habilidades militares. Por outro lado, muitos professores tinham formação sofrível; materiais escolares eram limitados, de modo que os estudantes precisavam escrever em cascas de árvores ou tabuinhas de cera; e a disciplina era, como de hábito, extremamente severa. Foi um período fundacional para a educação europeia oriental, sobre cujos precedentes muito seria futuramente construído – e contestado, como a dominação do campo educativo pela Igreja Ortodoxa, por exemplo.

Conclusão

A preservação e a expansão das tradições educacionais e intelectuais clássicas greco-romanas em Bizâncio, fundidas agora com o cristianismo, e o fôlego renovado da ênfase educacional judaica representaram importantes desdobramentos em seus próprios tempos e, no caso específico do judaísmo, implicaram desenvolvimentos futuros. O lançamento de esforços educativos mais formalizados na Europa a norte de Bizâncio foi outro movimento novo, mais um marco da importância da educação na construção de um novo centro civilizacional. Mas é indiscutível que o estímulo islâmico à educação e os objetivos e métodos educativos propostos pela nova fé constituíram o mais relevante desenvolvimento educacional isolado do Período Pós-clássico. Em conjunto com a atribulada virada intelectual do Oriente Médio ocorrida no final dessa época, conferiu significativo impulso aos padrões educativos regionais que se lhe seguiram.

Leituras adicionais

Sobre Bizâncio, cf. a edição revista e ampliada de *The Byzantine Empire* (Catholic University of America Press, 1992), de Robert Browning, e *Byzantine humanism: The first phase* (Brill, 1986), de Paul Lemerle, traduzido por Lindsay Helen e Ann Moffatt. Sobre a educação judaica, cf. particularmente *Jewish education and society in the high Middle Ages* (Wayne State University Press, 1992), de Ephraim Kanarfogel. Para *insights* a respeito das continuidades entre os períodos Clássico e Pós-clássico, *Higher education in the ancient world* (University of New Mexico Press, 1971), de M. L. Clarke, e *The rise of colleges: Institutions of learning in Islam and the West* (Edinburgh University Press, 1981), de George Makdisi. Sobre a Era de Ouro do Islã, cf. os trabalhos de Mehdi K. Nakosteen, *History of islamic origins of western education A.D. 800-1350. With an introduction to medieval muslim education* (University of Colorado Press, 1964); Jim Al-Khalili, *The house of wisdom: How Arabic science saved ancient knowledge and gave us the Renaissance* (Penguin, 2010); e *The Oxford handbook of the history of education* (Oxford University Press, 2019), organizado por John Rury e Eileen Tamura.

5

Educação cristã na Europa Ocidental

Os padrões educacionais da Europa Ocidental eram bastante diferentes daqueles do Oriente Médio islâmico e do Império Bizantino, e de fato, durante a parte final do Período Pós-clássico, muitos dos seus intelectuais viajaram até esses centros no intuito de fazer progredir a ciência, a filosofia e, ao menos indiretamente, a educação no Ocidente.

No Ocidente, o Período Romano Tardio (séculos III e IV d.C.) foi marcado por aspectos contraditórios. Por um lado, uma rede de escolas e academias havia sido construída nas províncias, algumas das quais eventualmente passaram a ensinar nas línguas vernáculas (antecipando as fronteiras da fragmentação pós-imperial vindoura). Mas ainda assim o aprendizado do latim permaneceu algo vital para a conexão com a herança intelectual clássica mais ampla. Ao mesmo tempo, enquanto o império se convertia oficialmente ao cristianismo, começaram a ocorrer contatos iniciais e, ao fim, uma verdadeira síntese entre o sistema educacional oficial (ou "pagão") e os interesses educativos cristãos, com toda a complexidade que tal processo sugere. A maior parte da formação escolar permaneceu privada, ou acontecia na forma de tutores ou da instrução privada no seio das famílias da elite. O apoio oficial para a educação estatal era, na melhor das hipóteses, esporádico e quase sempre ligado às demandas imediatas do Estado e da Igreja por novos talentos. Nesses primeiros séculos, os cristãos geralmente toleravam, ou mesmo precisavam das escolas clássicas ainda sobreviventes, e pareciam satisfeitos em receber instrução religiosa (ou catequética) na família e na Igreja, enquanto a formal provinha de escolas e academias que, com o tempo, acabaram inteiramente absorvidas pelo cristianismo, uma transição articulada por Santo Agostinho de Hipona (354-430) no intuito de reconciliar as técnicas e ferramentas do aprendizado clássico com as necessidades da fé.

Especialmente em seu livro *De Doctrina Cristiana* (426), ele descreveu como a apreciação verdadeira da Cristandade exigia um alto nível de aprendizado formal, e como as técnicas de gramática, retórica e filosofia poderiam todas ser usadas para explicar plenamente a doutrina cristã e iluminá-la. Tragicamente, à medida que o Império Romano do Ocidente sucumbia às ondas migratórias de populações nômades, à degradação econômica interna e aos conflitos civis, a estrutura educacional formal parece ter se desintegrado também.

É igualmente importante destacar uma deformação do cristianismo inicial, que alertava contra o excesso de educação formal – contrariamente à defesa agostiniana. A fé em si mesma já deveria bastar, ou nas palavras de um dos Pais da Igreja, "creio porque é absurdo". A suspeita quanto aos perigos da cultura livresca foi um tema recorrente no cristianismo e, claro, justificava também o desinteresse nos esforços de disseminar a educação entre as massas cristãs, muito particularmente no interior, onde rituais, preces decoradas e a orientação dos padres eram o quanto bastava para uma vida cristã.

Após o império: o papel da educação monástica

Os novos senhores germânicos rapidamente descobriram que precisavam contar com a estrutura educacional romana e com mais escribas e eruditos eclesiásticos destacados para gerir seus negócios, de que é exemplo as obras de Boécio e Cassiodoro, que trabalharam para imperadores ostrogodos. O quadro geral, porém, era de degradação, com a educação retroagindo até os pequenos centros urbanos e o aprendizado formal acessível somente para os estratos mais elevados da elite política e religiosa, visando à formação dos quadros bastante limitados de funcionários dos aparatos estatal, militar e eclesiástico. O currículo dessa educação tardo-imperial também parece ter se reduzido, focando principalmente em gramática, retórica e direito. Da mesma forma, ocorreu a decadência crescente na qualidade do latim ensinado na escola, com quantidades cada vez maiores de textos sendo escritos em línguas vernáculas (os futuros idiomas do oeste e do sul europeus) e o declínio abrupto da produção de livros em toda região – os que ainda existiam, centravam-se nos textos religiosos. Tudo isso era feito num certo espírito de "enciclopedismo", cuja ênfase recaía sobre as glosas, ou sumários, de trabalhos clássicos ou patrísticos, eventualmente resultando na destruição das versões integrais daqueles textos originais sumarizados ou compilados.

Diversas personalidades se destacam nesse período, incluindo Anício Boécio (477-525) e Flávio Cassiodoro (480-575). O primeiro foi indivíduo notavelmente bem-formado, fluente em grego e latim e chefe da administração civil do imperador ostrogodo Teodorico, mas que acabou vitimado pela repressão política. Proeminente tradutor de Aristóteles, sua *Consolação da filosofia* (escrita na prisão por volta de 524), resumo de sua carreira e de sua dedicação à preservação das artes liberais clássicas, provou-se notavelmente influente nos séculos subsequentes. Também Cassiodoro tentou reunir os estudos profanos e sagrados no intuito de preservar o novo ideal religiosamente articulado de aprendizado humanista, a *civilitas*. Servidor do regime ostrogótico, no fim da vida fundou um monastério chamado Vivário (*Vivarium*), e atuou diretamente na educação e na formação de jovens eruditos, em especial por meio do seu tratado *Institutiones divinarum et saecularium litterarum* (543-555), que também buscava revitalizar o ensino de todas as sete artes liberais, as quais considerava fundamentais para verdadeiramente compreender a profundidade e o poder da religião cristã. O Vivário ajudou a estabelecer uma nova missão monástica: a cópia, edição e reprodução de textos clássicos e cristãos, não só com fins puramente educacionais, mas também como parte da disciplina dos monges.

Henri Marrou observa que os cristãos não adotaram, logo de início, a solução estrutural do povo judeu, qual fosse encrustar as instituições educacionais no coração das comunidades religiosas e construir casas do saber dedicadas à preservação dos escritos como a Torá e as tradições do direito talmúdico. Pelo contrário, trabalharam durante séculos numa acomodação com as escolas clássicas e a erudição "pagã", na qual um grosso verniz do Novo Testamento e da Patrística foi aplicado aos fundamentos dos textos gregos e latinos. Esforços consistentes foram envidados para conciliar o cristianismo com a filosofia platônica (por meio das diversas escolas neoplatônicas), e o empirismo aristotélico foi empregado para iluminar e entender a complexidade e a harmonia da criação divina. Com o tempo, essa permanente "cristianização" do pensamento helênico e romano viria a transformar as escolas e academias, muito embora todos esses movimentos tenham sido desmantelados pelo caos e pela fragmentação política dos séculos VII e VIII. Mas antes que a crise se abatesse, cumpriram-se esforços cruciais: a atualização e a edição do Novo Testamento em latim; o apontamento e a codificação das adições posteriores aos evangelhos; a organização e popularização das regras disciplinares para os mosteiros; a regularização das inovações no direito canônico.

Diante do colapso irrefreável da administração civil, da fragmentação da ordem política imperial e da degradação econômica no oeste e sul europeus, nos séculos que se seguiram a atuação dos mosteiros cristãos ainda existentes cresceu continuamente. Quando pouca ou nenhuma educação formal era ofertada nas vilas e mesmo no que restava dos igualmente declinantes centros urbanos, os mosteiros serviram como centros educacionais onde se preservavam as artes da cópia, edição e tradução. Já nos séculos III e IV, as mulheres eram admitidas em seus próprios monastérios, e tais instituições vieram a desempenhar um importante papel na educação feminina em toda Europa pós-clássica. Em contraste com o oriente bizantino, onde em geral os mosteiros detinham funções educacionais limitadas e voltadas exclusivamente para seus iniciados, no ocidente latino muitas dessas comunidades monásticas tiveram atuações mais amplas nos campos da educação e da preservação do saber, especialmente à luz do virtual colapso de todas as instituições de ensino não religiosas. A elas se juntaram as escolas episcopais, voltadas à formação clerical e cuja importância cresceu proporcionalmente ao declínio das escolas oficiais romanas. Surgiram diversas instituições pioneiras, como os monastérios de Lindisfarne, na Inglaterra, e Clonmacnoise, na Irlanda. Estruturas dessa natureza atraíam estudantes de toda região e ajudaram a disseminar tanto as atividades missionárias quanto as práticas educacionais. A vida monástica foi mais perfeitamente formalizada por São Bento de Núrsia, da Itália (c. 480-547), cuja *Regra* afirmava que essas comunidades deveriam ser autossuficientes e retiradas do mundo, muito embora também fosse esperado que oferecessem algum serviço social, como a oferta de educação básica, por exemplo. Dois importantes monastérios beneditinos foram, possivelmente, os mais notáveis: os ingleses Wearmouth (674) e Jarrow (682), e neste último pontificou Beda o Venerável (672-735), autor da obra seminal *História eclesiástica do povo inglês* (c. 731). Esse mesmo movimento também patrocinou a escola da Catedral de York, que se provaria essencial para a formação de professores e eruditos para diversas partes da Europa Ocidental.

Os francos, mais especificamente sob o Imperador Carlos Magno (nascido por volta de 742, reinou entre 768 e 814), reuniram muitas dessas iniciativas ao tentar reviver o império ocidental, particularmente à volta da capital, Aachen (atual Renânia do Norte-Vestfália, na Alemanha), por meio do fortalecimento de uma aliança com a autoridade da Igreja Católica. Esse movimento levou também ao estabelecimento da *Aula Palatina* (Palácio-escola), fundada pelo monge Alcuíno de York (735-804), à padronização da nova escrita latina (a minúscula carolíngia) e a ambiciosos esforços de copiar, editar e reproduzir versões latinas de autores clássicos e cristãos. Os aparatos imperial, estatal e eclesiástico careciam de escribas e clérigos educados, o que levou à revitalização da instrução formal sob a Dinastia Carolíngia, bem como ao mesmo tipo de misturas transculturais vistas nos monastérios ingleses e irlandeses – eruditos e estudantes vieram de toda Europa ao palácio de Alcuíno, até mesmo do Império Bizantino.

O Império Carolíngio, contudo, logo fragmentou-se, em parte graças às lutas sucessórias, mas também por causa de novas pressões invasoras, como os muçulmanos no sul e os vikings no norte. Mais tarde, quando o pior dessas incursões já havia ficado no passado, ocorreu uma nova tentativa de criação de escolas elementares ou presbiteriais, pensadas para a expandir a formação dos clérigos paroquiais, algo que, em princípio, representou uma grande inovação, já que a sociedade mediterrânica clássica jamais havia prestado atenção à educação das vilas. A oferta de tais instituições, contudo, era, na prática, extremamente limitada, e muitos dos párocos eram literalmente analfabetos, algo que obviamente limitava seu impacto educacional nas populações a que serviam.

Quanto aos comandantes aristocráticos regionais, eles apresentavam atitudes variadas em relação à educação, seja a do seu próprio estamento ou da população em geral. Alguns preferiam que seus filhos e herdeiros tivessem apenas treinamento militar, não uma cultura livresca – frequentemente, só os filhos mais novos recebiam alguma espécie de instrução formal para que pudessem assumir cargos na Igreja. Havia aqueles que se opunham frontalmente à oferta de qualquer tipo de formação para gente do povo (servos eram terminantemente barrados), enquanto outros tinham uma visão mais tolerante, e não raro sob inspiração das mulheres nobres, ofereciam doações às escolas locais. Como se vê, o panorama geral era, decididamente, heterogêneo.

A Alta Idade Média, entre os séculos XI e XIV

A educação europeia se acelerou a partir do século X, como parte de uma melhoria geral na estabilidade política e na prosperidade econômica. Nesse momento, eruditos mais ousados estudavam ativamente em centros islâmicos espanhóis e em Bizâncio, voltando para casa com renovado interesse pelo saber clássico e conscientes dos avanços muçulmanos. Embora não tenha havido debates explícitos sobre a utilidade de copiar as madraças islâmicas, instituições um tanto parecidas começaram a surgir nos centros europeus, protótipos das universidades ocidentais que, muito mais tarde (e após grandes transformações), exerceriam influência global.

A recuperação da economia europeia e da atividade comercial entre os séculos X e XI (as quais, por sua vez, dariam forma à "renascença" intelectual e educacional do século XII) foi profundamente influenciada pelas interações transculturais que culminaram nas Cruzadas (1095-1261), bem como pelo renovado contato com movimentos intelectuais e científicos bizantinos, judaicos e islâmicos. Esses processos foram acelerados por alguns fatores: a fuga de judeus espanhóis, eruditos e profissionais especializados, durante a Reconquista pelas forças cristãs; a saída de sábios gregos durante a decadência do Império Bizantino, em especial quando da conquista de Constantinopla pelos turcos otomanos em 1543; e os contatos intensificados com intelectuais e especialistas islâmicos em todo o mundo mediterrânico. Por fim, os terríveis efeitos das conquistas mongóis dos séculos XIII e XIV, no Oriente Médio e no Leste Europeu, que embora tenham trazido consigo a peste devastadora, abriram oportunidades para que a Europa Ocidental se afirmasse econômica e, por fim, militarmente no norte da África e no Oceano Índico. De modo mais prosaico, o uso crescente do papel (copiado dos árabes) e o contato inicial com os algarismos indo-arábicos contribuiriam ainda mais para o progresso da educação europeia nos mais diversos níveis, ainda que não tenha ocorrido uma ruptura revolucionária em si – os numerais indo-arábicos, por exemplo, só prevaleceriam efetivamente durante o século XVII. O progresso educacional pode ser bem vagaroso.

Era esse o contexto em que as novas instituições educacionais começavam a emergir, a partir das redes de escolas paroquiais, monásticas das vilas ou das catedrais, bem como das *studia generalia*, as protouniversidades. Todas essas instituições começavam com o aprendizado da gramática, enquanto outras estudavam também os autores clássicos e a doutrina religiosa cristã. No Período Clássico, as artes liberais eram organizadas em dois conjuntos: o *trivium* (gramática, retórica e dialética) e o *quadrivium* (aritmética, geometria, astronomia e música, ou harmonia). Seu currículo incluía: as Sagradas Escrituras; a síntese de alguns autores clássicos, ou "pagãos", e fragmentos de textos (especialmente de Aristóteles, Cícero, Sêneca e os neoplatônicos); textos patrísticos fundamentais (Agostinho, Jerônimo...); e as traduções de filósofos e cientistas muçulmanos, judeus e bizantinos selecionados. Resumos simplificados de alguns trabalhos clássicos e cristãos, os chamados *florilégios* ("florzinhas"), também auxiliavam os estudantes a lidar com questões intelectuais complexas – uma conhecida manobra educacional.

Escolas e universidades emergentes europeias baseavam-se em traduções latinas dos clássicos e das autoridades cristãs, e, à medida que aquela economia continuou a se expandir, eram mantidas pelas tarifas pagas pelos estudantes. Curiosamente, esse modelo conferiu força a esses alunos para se contrapor aos seus professores, de modo que um docente impopular corria o risco de ter o voto discente contra si e ser deixado com uma mão na frente e outra atrás, sem receber. Quando alternativas institucionais seculares apareceram, ainda que inteiramente saturadas de textos e doutrinas cristãs, as escolas monásticas se retraíram, restringindo o acesso apenas àqueles que efetivamente ingressassem nas ordens. Da "renascença" do século XII em diante, essas escolas, academias e diversas outras estruturas de formação pré-profissional e vocacional continuaram a crescer, em especial ao passo que a economia europeia ficava cada vez mais interligada pelo comércio, que as cidades e as atividades manufatureiras vicejavam e as burocracias estatais e religiosas se expandiam. A formação jurídica recebeu especial atenção, e seu epicentro, Bolonha, na Itália, é considerado uma das primeiras universidades da Europa. À medida que a demanda por especialistas em letras e contabilidade crescia, a Igreja mantinha sua mão pesada sobre os currículos e o ensino, de modo que essas universidades incipientes eram, nesse particular, institucional e intelectualmente bem conservadoras. Os próprios estudantes pertenciam a ordens religiosas, mesmo se não tivessem interesse em seguir a carreira sacerdotal. É igualmente fundamental recordar que somente uma pequena percentagem da população sabia ler e escrever – ou seja, era capaz de tomar parte em quaisquer oportunidades educativas formais que surgissem. Da mesma forma, todo o trabalho realizado na educação superior era conduzido em latim, que se tornou um tipo de educação preliminar inalcançável (e desinteressante) para a maioria das pessoas.

Ainda assim, durante todos esses séculos, a doutrina da Igreja Cristã tornou-se mais e mais sofisticada, em parte graças aos recursos teológicos universitários. A preocupação com a corrupção e o materialismo no seio do vasto aparato católico impulsionou o surgimento de novas ordens monásticas, como os dominicanos e os franciscanos, as quais, com o tempo, criariam suas próprias escolas e estabelecimentos de ensino superior.

O fermento intelectual e o crescimento da educação superior centraram-se largamente nos debates a respeito da relação entre a fé cristã e a razão humana. Figuras de proa como Santo Anselmo de Cantuária (1033/1034-1109), professor na Abadia de Bec, França, trabalharam duro para conciliar esses dois campos e articular-se com o saber clássico, enfatizando como a fé cristã poderia ser comprovada ou iluminada pelo esforço acadêmico em disciplinas como Lógica, Semântica e Filosofia. Da mesma forma, Pedro Abelardo (1079-1142) buscou desenvolver esses meios "escolásticos", ou racionalistas, no intuito de se reconectar tanto com os autores clássicos quanto com os Doutores da Igreja, e durante seus anos de pregação e ensino itinerantes desenvolveu materiais pedagógicos voltados para a teologia, lógica e filosofia. Por fim, tornou-se mestre de uma escola catedrática em Paris e ficou conhecido por sua obra *Sic et non* (c. 1121), um texto pedagógico em que as questões essenciais da história religiosa e da doutrina eram expostas, acompanhadas de citações de autores clássicos e cristãos para cada lado do argumento, para que fossem usadas pelos alunos como guia no curso de seus próprios processos lógicos na busca pelas respostas corretas e definitivas. Trata-se de uma estratégia para reavivar o método socrático num contexto cristão, convidando os estudantes a pensar os problemas ao invés de aceitar respostas pré-ordenadas – a simples memorização já não mais bastava. As autoridades eclesiásticas acusaram Abelardo e outros líderes educacionais de propagar ideias heréticas, possivelmente por terem empregado autores muçulmanos e pagãos em excesso, mas também por estimular o questionamento. Como ocorrera no Islã, um grande contragolpe se articulou à volta do argumento que a fé, sozinha, era mais do que suficiente para chegar à verdade, e que o debate excessivo e a educação demasiadamente aberta eram errôneos.

Outra importante liderança educacional desse período foi Hildegard de Bingen (1098-1179), abadessa de um monastério na atual Alemanha que defendeu a educação feminina nas ordens religiosas. Reverenciada como autora de textos devocionais, ficou conhecida por causa de suas visões e de sua fusão extática com o divino (cuja legitimidade recebeu a chancela papal e contribuiu para sua canonização). Historiadores sugerem que suas invocações de experiências visionárias serviram também para validar seus escritos teológicos e científicos, não sancionados pelo *establishment* educacional superior formal.

O personagem escolástico mais influente da Alta Idade Média foi Tomás de Aquino (1225-1274), filho de uma nobre família italiana que trabalhou como frade dominicano e sacerdote, mas também como filósofo e teólogo oficial, especialmente em Paris. Sua "síntese tomista" da fé e da razão ainda permanece como um pilar essencial da doutrina católica, e ele conferiu legitimidade à articulação com a filosofia clássica e o empirismo aristotélico. Tal e qual Maimônides, Al-Ghazali e outros contemporâneos, argumentou que os limites do pensamento racional só poderiam ser suplantados por meio da revelação e da fé religiosa. Ao longo de sua obra, enfatizou como a razão e a inteligência humanas poderiam ser disciplinadas por intermédio do estudo rigoroso dos textos clássicos e patrísticos, aprimorando assim tanto a excelência moral quanto a crença religiosa. Uma outra figura influente foi o erudito inglês Roger Bacon (c. 1220-1292), um frade franciscano que se dedicou orgulhosamente a estudar o "novo conhecimento" das fontes judaicas e islâmicas, como resumido em sua obra *Opus majus*, de 1267.

Entre os séculos XI e XII, as várias escolas das catedrais e as *studia generalia* eventualmente convergiram e formaram as universidades europeias. Não está claro se essas instituições foram, de alguma forma, influenciadas por modelos anteriores de ensino superior, sejam eles budistas ou islâmicos (tais como Nalanda e a Casa da Sabedoria), ou se surgiram como um fenômeno próprio, oriundo de condições europeias específicas. O padrão desenvolvido na Itália baseava-se em guildas estudantis ou associações voluntárias de alunos pagantes; já na França e na Inglaterra (cujos centros iniciais foram Paris, Oxford e Cambridge) a tendência foi destacar associações discentes de ensino superior, dotadas de bolsa de estudos e cada vez mais ligadas às necessidades da Igreja e do Estado. Muitos historiadores concordam que essas universidades recém--criadas representaram um dos maiores avanços institucionais da Europa Ocidental pós-clássica e, claro, uma das grandes conquistas da própria educação, já que esses centros (da mesma forma que suas contrapartes budistas e islâmicas) reconheceram a existência de um importante acervo de saberes, que só poderia ser gradualmente dominado por intermédio da formação cuidadosamente realizada, em cujo topo estaria a universidade de excelência.

Por volta dos anos de 1400, tal modelo emergente já havia se espalhado para Espanha, Portugal, Escócia, Boêmia, Polônia e outros cantos da Europa, tornando-se provedor essencial dos estudos avançados e da formação para as crescentes fileiras das administrações estatais e eclesiásticas. Muito embora seus estudantes fossem agrupados em "nações", conforme seu local de origem regional ou protonacional, as universidades contribuíram largamente para a circulação de eruditos e estudantes por toda a Europa e facilitaram a assimilação de influências advindas de Bizâncio e dos mundos judaico e islâmico. Mas por volta do século XV, infelizmente, muitas delas passaram a se ocupar com debates limitados (por exemplo, "quantos anjos podem dançar na cabeça de um alfinete?") e sua influência intelectual começou a regredir.

Outros modelos educativos (as escolas das vilas e cidades) continuaram a se disseminar, enquanto formas avançadas de tutoria e educação amiúde ocorriam nos seios das famílias da elite ou por meio de professores particulares. Para muitas mulheres aristocráticas esse era o horizonte formativo, como foi o caso de Christine de Pisan (1364-1430), poetisa, dama da corte, escriba e escritora francesa de origem italiana, cujo livro *A cidade das damas* (1405) representou uma vigorosa defesa do direito das mulheres à educação por meio da invocação de exemplos míticos e clássicos de personagens femininas educadas e virtuosas. As figuras alegóricas da Razão, Justiça e Retidão foram usadas para demonstrar que as mulheres eram igualmente aptas à educação superior e a servir de exemplos morais. Pisan pode ser tomada como representante de um fenômeno mais amplo desse período, o das aristocratas que atuavam como escritoras e patronas das artes e das letras, mesmo quando suas oportunidades educacionais formais eram severamente restringidas.

No geral, em que pese disparidades e retrocessos, a Alta Idade Média constituiu um período notavelmente dinâmico do ponto de vista intelectual e educacional. De fato, embora essa educação viesse a evoluir ainda mais nos séculos que se seguiram, sua estrutura essencial já havia surgido nesse momento, segmentada em três estágios: o elementar voltado à leitura, escrita e aritmética básica; o secundário centrado numa formação técnico-profissionalizante ou nas artes liberais – ou seja, algo um pouco mais avançado; e o superior, dominado pelas universidades. Esse último estágio também possuía subdivisões próprias, caracterizadas por graus específicos, vestimentas e marcações distintos: o inicial (o bacharelado); o secundário, que incluía especialização profissional ou levava à licença para ensinar (o mestrado); e por fim o doutoramento, destinado à pesquisa avançada e ao magistério de nível superior. Muito embora os conteúdos curriculares e os métodos pedagógicos de cada fase desse sistema fossem profundamente transformados nos séculos vindouros, a forma básica de muitos dos seus atavios cerimoniais sobrevivem até hoje – literalmente em nível global.

Conclusão

Durante o Período Pós-clássico, judaísmo, cristianismo e Islã promoveram diversas inovações educacionais cruciais, e embora os objetivos religiosos fossem predominantes, houve também implicações mais amplas, especialmente o reconhecimento islâmico da importância da educação para a vida econômica e a tecnologia. Nos domínios muçulmanos do Oriente Médio e norte da África, mas também na Europa cristã, a educação refletiu as mudanças ocorridas na vida econômica e nas estruturas políticas e, por sua vez, contribuiu também para que estas ocorressem.

Todas as três grandes crenças concorreram para motivar um notável corpo estudantil, que se dispôs a percorrer longas distâncias para aperfeiçoar sua formação, e tanto o Islã quanto a Cristandade apoiaram grandes mudanças nos níveis educacionais superiores. Em todas elas abriram-se algumas oportunidades de ascensão social por meio da educação, embora tal fato fosse mais claramente perceptível no Islã, em parte por que lá houvesse bolsas beneficentes para os estudantes. Ainda que essa perspectiva não deva ser superestimada, é possível que as religiões do livro tenham estimulado uma visão educativa levemente mais encorajadora e liberal que as de outras tradições, permitindo que estudantes talentosos fossem identificados e estimulados durante sua formação.

Por fim, todas as três envidaram esforços para ampliar a literacia, ainda que desproporcionalmente mais voltados para os homens. Infelizmente, as estimativas variam, e ao final do Período Pós-clássico na Europa Ocidental, mais de 30% dos habitantes das cidades sabiam ler, mas como essas urbanidades eram relativamente pequenas, tal número representava em média apenas 5% da população total. Até mesmo muitos líderes permaneceram analfabetos, razão pela qual necessitavam de escribas, enquanto o clero se saía de um pouco melhor. O Islã, a princípio ansioso por divulgar o conhecimento do Corão, provavelmente exerceu um impacto mais profundo nesse particular, se mais não for porque apresentava níveis de prosperidade comercial mais altos e uma minoria urbana mais numerosa. Nada disso levou à revolução da educação de massas, mas houve algum impulso, mais um dos desdobramentos que o Período Pós-clássico adicionou aos legados das sociedades clássicas.

Leituras adicionais

Há uma particularmente rica literatura acadêmica sobre a Europa Medieval. Para abordagens mais recentes, cf. "Education in medieval Europe", de Spencer Young, na coletânea *The Oxford handbook of the history of education* (Oxford University Press, 2019), organizada por John Rury e Eileen Tamura; e o relato excepcionalmente considerável de James Bowen, *A history of western education – Vol. II: Civilization of Europe, sixth to sixteenth century* (St. Martin's, 1975). Sobre as origens globais e "pluriculturais" da ciência moderna, *A history of science in world cultures: Voices of knowledge* (Routledge, 2016), de Scott L. Montgomery e Alok Kumar.

6
Educação em sociedades pós-clássicas
Padrões regionais na Ásia, na África e nas Américas

Este capítulo dedica-se a sociedades que se encontram fora das órbitas cristã e islâmica, cujos desenvolvimentos educacionais incluíram, dentre outros fatores, novas temáticas religiosas. A lista é declaradamente diversa. A educação no sul da Ásia foi claramente afetada pela emergência de uma nova minoria muçulmana, mas tradições mais antigas, como o ensino hindu, permaneceram fortes. O budismo influenciou o Leste Asiático, mas os fundamentos confucianos continuaram sólidos. Foi um importante período para a história educacional da Ásia Oriental, pois o papel do Estado chinês expandiu-se sob as dinastias Tang e Song, enquanto modelos na Coreia e no Japão se expandiam de modos diferentes.

Novos impérios e centros mercantis na África Subsaariana criaram necessidades e oportunidades educacionais, mas ainda que o Islã tenha tido alguma participação no processo, a abordagem educacional foi distinta. Por fim, novos estados na América Central e nos Andes engendraram mais tradições educacionais específicas, dignas de atenção antes de nos voltarmos, na próxima seção, para o impacto da invasão europeia.

O sul da Ásia e a influência da educação islâmica

A história da educação pós-clássica e pré-moderna no sul da Ásia inclui diversos aspectos vibrantes, tais como: a persistência e a elaboração da educação e do aprendizado pós-védicos e hindus; o florescimento contínuo, seguido pelo eventual declínio, da educação e da erudição budistas; e a introdução dos modelos islâmicos. Diferentemente do mundo muçulmano e da China, o Sul Asiático não conheceu poder centralizador ou imperial durante esses séculos, organizando-se em uma série de estados regionais ou "feudatários". Nos primeiros séculos houve diversas monarquias e impérios indianos, e ao longo de todo o período um poderoso padrão educacional e religioso hindu unificou diversas unidades estatais, igualmente reunidas pelo compartilhamento das concepções de casta e hierarquias baseadas na posição social e de gênero. O budismo permaneceu forte em toda região do Período Clássico Tardio até o século X d.C., quando então sofreu um declínio quase fatal provocado pela competição com o hinduísmo devocional (ou popular) e pelos efeitos da conquista islâmica de partes do subcontinente indiano. Os reinos indianos dos Chola (850-1267) e Vijayanagara (1336-1565) ajudaram a preservar o hinduísmo no que hoje é o sul da grande Península Indiana e a estender suas crenças religiosas e políticas no Sri Lanka e no Sudeste Asiático, ao longo das expansivas rotas comerciais marítimas do Oceano Índico. Mais ao norte, o Sultanato de Délhi (1206-1526), embora competindo com outros poderes rivais, conseguiu estimular o influxo de imigrantes muçulmanos e conversões locais. Ao longo de todo esse processo, a educação foi privada, familiar, mas também havia redes de escolas ligadas a templos, monastérios e santuários de peregrinação, além de escolas palacianas, patrocinadas pelos reis, e academias de elite.

O hinduísmo popular foi disseminado por meio das escolas dos templos e das academias de ensino avançado, e um fundamental ponto de virada deu-se com o trabalho do filósofo e líder religioso Adi Shankara (805?-89?), como frequentemente ocorre na Índia antiga, as datas são imprecisas), que buscou consolidar e sintetizar os textos sagrados hindus, bem como coletar uma série de conhecidos *Puranas* (textos devocionais), tudo isso para integrar as concepções de *atman* (a alma, ou o eu) e *brahman* (a divina unicidade universal), num esforço ao menos parcial de supressão dos conceitos budistas da autonomia humana individual e do desapego. Shankara se esforçou para sintetizar as crenças hindus em um novo "monismo puro" (parte de um movimento revivalista conhecido como *Advaita Vedanta*), uma concepção unificada do divino que expandiu o hinduísmo popular de modo a que pudesse efetivamente absorver todos os outros movimentos religiosos. Ele também fundou numerosos *mathas* (monastérios) que ajudaram a disseminar ainda mais essa sua síntese. A educação surgida desses movimentos consolidava e sintetizava os *Vedas*, os *Gitas*, os *Upanishads* e outros textos sagrados a novos escritos devocionais em linguagens e dialetos populares (como o páli e o maharashtri) além do sânscrito (o idioma "refinado" da religião formal e da administração). Essa ampla utilização das línguas regionais facilitou a expansão das escolas religiosas, muito embora os níveis gerais de literacia permanecessem baixos.

Como observou um historiador, a "ética austera" do *Bhagavad Gita* (e do sistema educacional védico como um todo) era "claramente pensada como um meio de defesa da ordem da sociedade ariana contra os ataques dos reformadores e descrentes. […] Ao satisfazer essa função de classe (casta) da melhor maneira possível, com a devoção a Deus e sem ambições pessoais, um homem encontraria a salvação, fosse qual fosse sua classe (ou casta)". O duradouro domínio da educação indiana pelo sistema védico, e o modo como as castas mais baixas e as religiões "alienígenas" eram excluídas do acesso a tais conhecimentos, significou que tanto o conhecimento religioso quanto a admissão às carreiras profissionais, os "ofícios e manufaturas", permaneceram vinculados ao crescentemente complexo regime de castas. As escolas indianas, *pathasalas* no oeste e *tols* no leste, continuaram a ser normalmente dirigidas por brâmanes ou *acharyas* (professores) de altas castas em suas próprias residências. As instituições mais avançadas floresceram nas residências reais dos diversos estados regionais e de sítios religiosos, tais como Varanasi, Ayodhya, Kanchi e Nasik. Como de hábito, a educação feminina só era realizada no âmbito familiar e continuou fortemente restringida.

Mesmo após o início da conquista islâmica, esse sistema educacional védico persistiu, em especial no sul, e produziu trabalhos significativos nos campos da poesia, prosódia, gramática, fonética, anatomia, medicina, astrologia, astronomia, matemática e filosofia. Até nos momentos adversos ou de dominação "estrangeira" (na perspectiva da maioria hindu, como sugerem diversos autores modernos que lidam com tais assuntos) essas crenças e práticas educacionais tradicionais sobreviveram em muitas famílias, sendo igualmente mantidas e desenvolvidas entre a população geral por meio de redes de templos, santuários, monastérios e suas escolas.

A educação e a sabedoria budistas também continuaram a florescer a partir do V século d.C., em parte graças ao patronato régio de alguns reinos e a certas políticas das regiões norte e nordeste da Índia. A fé se disseminava e seus textos sagrados eram reproduzidos e estudados em uma rede de *viharas* ou *mahaviharas* (monastérios) e das escolas associadas aos santuários, que ministravam gramática, "artes e ofícios", medicina, raciocínio, lógica e a "ciência interior", a meditação. Sua forma foi profundamente influenciada pela proliferação de diferentes seitas, que podem ser, de modo simples, agrupadas entre os movimentos *Mahayana* (grande veículo) e *Teravada*, ou *Hinayana* (pequeno veículo). Suas instituições mantinham-se conectadas pela peregrinação e pelas rotas comerciais, que ajudavam também a estimular a popularização e o ensino das doutrinas búdicas. Inúmeros comentadores e visitantes estrangeiros mencionaram a escala astronômica do monastério budista de Nalanda e de sua universidade, que em seu auge supostamente chegou a ter 10.000 monges, 1.500 professores, e ministrava conteúdos tanto budistas quanto hindus. A conquista islâmica e a expansão hinduísta, contudo, levaram a um declínio do patronato e ao saque de muitos templos e santuários budistas, e tudo isso levou ao declínio da religião no sul da Ásia, embora ainda permanecesse se espalhando até o Sudeste Asiático.

O impacto do Islã

O advento das conquistas islâmicas no subcontinente indiano, iniciadas no século X, resultou na eventual substituição das instituições de ensino budistas pelas madraças e *maktabs*, e o Islã também se disseminou por intermédio de numerosas mesquitas e *khanqahs* (locais de prática espiritual e educação religiosa). Em que pese a lenta disseminação das instituições educacionais e das práticas religiosas muçulmanas (que, ao fim e ao cabo, ajudaram a converter cerca de um quarto da população indiana durante o Período Pré-moderno, especificamente nas regiões mais ao norte), o hinduísmo clássico e o popular sobreviveram, bem como suas escolas e "universidades dos santuários". Em certos momentos, o Islã foi imposto de maneira mais severa, quando então populações não islâmicas eram sujeitadas a taxações punitivas e outras restrições, mas esses episódios tenderam a passar graças às resistências populares e das elites e à vitalidade e adaptabilidade da devoção hinduísta. Como ocorrera no coração do mundo islâmico, o Oriente Médio, as disputas filantrópicas entre príncipes e famílias ricas muçulmanos ajudaram a estimular a edificação de madraças, bibliotecas e instituições de ensino, notavelmente em centros urbanos como Délhi, Jalandar e, mais tarde, Agra. Essas instituições incorporaram os escritos religiosos, legais e científicos advindos de outras regiões do mundo islâmico, agindo assim como pontes entre o Oriente Médio e o sul da Ásia e gerando estudos históricos, religiosos e filológicos.

A Ásia Interior e a transformação da educação budista

Enquanto declinava na Índia, a educação budista se expandia em partes da Ásia Central, um crescimento que seguiu por três grandes direções: até a Ásia Interior (os atuais Tibete, Nepal e Mongólia); pelas rotas comerciais até o Xinjiang e o oeste chinês; e pelas rotas marítimas até os reinos e estados indo-budistas do Sudeste Asiático. As evidências que possuímos sobre como o ensino e a erudição budistas floresceram ao longo da Rota da Seda são fragmentárias, de que é exemplo os achados arqueológicos no mosteiro de Dunhuang (atual Gansu, no oeste da China), a "Caverna dos Mil Budas", um vasto santuário e centro comercial abandonado por volta de 1000 d.C. e só redescoberto durante as escavações arqueológicas do século XX. Seu vasto arquivo (coligido entre os séculos V e X, a maioria em papel) continha textos maniqueístas, nestorianos, judaicos, taoistas, confucianos, budistas e muitos outros, além de documentos seculares. Ainda que os escritos e os ensinamentos budistas aparentem ser dominantes, a diversidade intelectual desses achados é impressionante e ofereceu um vislumbre da complexidade social e do pluralismo religioso característicos das rotas comerciais do Período Pós-clássico. Dunhuang e outras cidades semelhantes como Kucha e Cotã, dotadas de monastérios e caravançarais, funcionavam como oásis nos limites ocidentais do Império Chinês, entrepostos vitais à transmissão do budismo para sociedades da Ásia Oriental. Uma figura central nesse processo de transmissão e tradução de textos budistas na China foi o peregrino Xuanzang (c. 602-664), um dos vários eruditos e viajantes daquele tempo. Os arquivos de Dunhuan contêm uma cópia xilogravada do *Sutra do Diamante* (coleção de aforismos na forma de um manual da tradição Mahayana) descrita como "o primeiro livro impresso do mundo". Complexos budistas como este parecem ter estimulado capacitações extensivas nas áreas da tradução, cópia, impressão, reprodução e publicação de textos variados – religiosos ou não – atividades que dependiam das contribuições de um número substancial de eruditos e letrados.

De forma geral, o budismo Pós-clássico se divide em diversas correntes, sendo as duas mais proeminentes a Mahayana ("grande veículo") e a Hinayana ("pequeno veículo"), muito embora os seguidores desta última prefiram o termo Teravada ("Doutrina dos Anciãos"). Há que se notar ainda que essas distinções eram, amiúde, fluidas e complexificadas pela imensa proliferação de sectarismos e diversos rituais de práticas meditativas. O budismo Mahayana tendia a seguir uma direção mais teísta, focando na exaltação da divindade do Buda e dos *bodhisattvas* (seres iluminados e santificados), o poder da graça e a possibilidade de salvação por meio da compaixão divina. Essa linha permitia práticas rituais e devocionais mais populares, as quais, por sua vez, enfatizavam menos a literacia popular e a educação superior. Sua influência tendeu a ser dominante na China, Coreia e Japão, sociedades que já haviam abraçado um modelo socioeducacional confuciano e que se voltaram para o budismo mais por causa das suas conotações religiosas, que incluíam a esperança nas bênçãos divinas. O Teravada, por sua vez, tendeu a ser majoritário no Sri Lanka, Mianmar, Tailândia, Camboja e demais partes do Sudeste Asiático, atribuindo maior valor ao papel educativo das instituições e monastérios budistas e preservando o foco original do movimento no caminho mais individual, no qual os devotos concentram-se intensivamente na própria "salvação com diligência" por meio da meditação e da busca pela educação. Nessa perspectiva, os atributos mais importantes são a sabedoria (*bodhi*) e a prática consciente das Quatro Nobres Virtudes. As ordens monásticas e as práticas budistas foram essenciais para modelar essa busca pela sociedade mais ampla, mas também na formação de estudantes interessados.

A disseminação do budismo no Tibete, em especial a partir do século XIV, estabeleceu o princípio da reencarnação como critério sucessório das suas lideranças religiosas budistas, como o Dalai Lama. Lá, os monastérios possuíam poucas funções educacionais: a vasta maioria da população permaneceu analfabeta e até mesmo a maior parte dos monges era formada por "não leitores" especializados em memorizar textos e entoá-los.

A Ásia Oriental e a expansão da educação confuciana na China, Coreia e Japão

O Período Pós-clássico testemunhou uma série de desenvolvimentos educacionais importantíssimos na Ásia Oriental, ainda que claramente construídos sobre avanços anteriores. Após vários séculos de guerra civil e desunião que se seguiram ao fim da Dinastia Han, a China iniciou sua recuperação e reintegração durante a breve Dinastia Sui (589-618), processo aprofundado sob os Tang (618-907) e os Song (960-1279). Durante todo esse tempo, o Estado chinês restaurou sua autoridade centralizada, expandiu a infraestrutura de transportes e sua influência econômica e cultural chegou às regiões que hoje conhecemos como Coreia, Vietnã e Japão. O desenvolvimento educacional foi parte essencial desse processo, e a Dinastia Song foi, de fato, particularmente caracterizada pela ênfase intensiva na constituição da burocracia civil, que deveria ser comandada pelo expandido sistema estatal de concursos e educação. O Estado central e as instituições de ensino permaneceram cultivando o confucionismo e os valores patriarcais, muito embora o taoismo e o budismo, populares, persistissem, sendo este último cultivado em monastérios mantidos com fundos privados e com contatos com a Ásia Interior.

A educação chinesa avançou nesse período pelo uso crescente do papel e pela posterior introdução dos blocos de impressão, dois exemplos da expansão dos materiais educativos.

Como já acontecera, a essas iniciativas estatais combinavam-se diversas outras privadas. A breve Dinastia Sui, ansiosa por restaurar a tradição confucionista após tantos séculos de declínio, estava igualmente interessada em formar novos corpos de funcionários, e para tanto formalizou o sistema de concursos como base para o ingresso na burocracia oficial. Governos locais custeavam a primeira etapa, e os aprovados passavam então à segunda, financiada pelo próprio Estado imperial. Diversos assuntos eram abordados, e embora às vezes o currículo abrangesse música e habilidades militares, a tônica residia primordialmente no conhecimento dos clássicos confucianos. Os candidatos poderiam se preparar para tais exames numa das diversas academias mantidas pelo Estado, mas importantes eruditos confucionistas também organizaram complexos independentes sustentados pelo pagamento de taxas. Estudantes aplicados e talentosos oriundos de classes mais baixas podiam, e de fato conseguiam, avançar nesse sistema, muito mais do que no Período Clássico, ainda que os filhos das classes mais ricas mantivessem indiscutível vantagem. O sistema de concursos e suas pressões produziram tentativas de fraude, a mais notória delas em colocar outra pessoa para responder as provas. Tanto a Dinastia Tang quanto a Song fundaram academias adicionais voltadas para assuntos específicos, como caligrafia e direito.

Em verdade, as autoridades Song ofereceram apoio oficial para um renascimento "neoconfuciano", com escolas financiadas pelo Estado, a republicação e atualização do cânone dos textos clássicos e a propagação de materiais pedagógicos que integravam elementos dos valores budistas e taoistas aos preceitos confucianos (segundo os quais a moralidade e a devida ordem social deveriam ser cultivadas "tanto pelo coração quanto pela mente"). A crescente prosperidade econômica dos períodos Tang e Song gerou uma significativa demanda social pela educação em todos os níveis, enquanto o movimento neoconfuciano procurava fortalecer a autoridade estatal e os padrões intelectuais, bem como promover a "harmonia" do sistema social. A sociedade chinesa pré-moderna permaneceu caracterizada pela hierarquia e o patriarcalismo, mas essas estruturas foram, ao menos, contrabalançadas pela meritocracia do sistema de concursos.

Durante a Dinastia Song e os períodos que se seguiram, o Estado e boa parte da sociedade chinesa continuaram a venerar Confúcio como o "sábio" modelar e exemplo a ser seguido, o "professor de dez mil gerações". No entanto, figuras como Zhu Xi (1130-1200) envidaram esforços para articular um novo neoconfucionismo, cuja ênfase residia no "aprendizado do princípio", ou o pensamento racional (*lixue*). Outro destaque recaía nas sofisticadas técnicas pedagógicas, e houve interesse na disseminação dos *Quatro Livros*, textos confucianos clássicos selecionados por Zhu Xi aos quais foram acrescidas obras de Mêncio e outros eruditos posteriores. Sofisticadas iniciativas desse tipo buscavam conciliar a erudição do Período Clássico às práticas do pensamento racional e do debate, clarificando certas noções a respeito da administração governamental e da análise histórica – muito embora o pensamento neoconfuciano continuasse a ser marcado pelo tradicionalismo e a relevância atribuída à autoridade política e à ordem social. A disseminação da educação objetivava domar a natureza humana, guiá-la à sua capacidade inerente para a bondade, enfatizando a apropriada compreensão do conhecimento clássico e dos rituais necessários e atingindo altos níveis de literacia funcional entre as elites educadas.

Coreia e Japão

O Japão basicamente inaugurou seus esforços educacionais com a China no início do Período Pós-clássico, o que incluiu a importação do sistema de escrita chinês, ainda hoje aplicado à bastante distinta língua nipônica. Tal fato requereu imediata atenção à educação formal, cujos modelos foram copiados, mais uma vez, daqueles trazidos da margem oposta do Mar Amarelo. A Coreia já conhecia uma educação mais avançada, mas também lá a influência chinesa se fez sentir, de forma mais óbvia na inspiração das iniciativas governamentais para o desenvolvimento das estruturas educativas necessárias à formação dos funcionários.

Podemos rastrear a educação pública coreana até 379 d.C., quando havia escolas que lecionavam um misto de ensinamentos budistas e confucionistas além de treinamento em artes marciais. Textos confucianos foram traduzidos, enquanto alguns estudantes foram mandados até a China. Uma das maiores dinastias estabeleceu concursos oficiais por volta do século X, e o governo também se esforçou para constituir escolas rurais e bibliotecas, mas apesar disso tudo a educação coreana permaneceu, de fato, restrita às classes altas. O confucionismo, na Coreia como na China, deu ênfase às humanidades, ao passo que formações puramente técnicas tiveram seu *status* reduzido.

Durante boa parte do Período Pós-clássico, o governo japonês esteve altamente descentralizado. O somatório de escolas neoconfucianas, academias privadas e escolas religiosas ou ligadas aos templos ministrava diversas combinações de crenças confucianas, budistas (em especial do ramo Zen) e xintoístas (indígenas). O imperador e diversos nobres de alta patente estabeleceram academias, voltadas prioritariamente ao treinamento dos oficiais, e houve, inclusive, uma tentativa de implantação de um sistema de concursos. A tradição da educação como responsabilidade, e dependência, do Estado fora estabelecida, mas sua clientela vinha quase que inteiramente da aristocracia. O conteúdo confucionista predominava, mas havia também grande atenção para com as artes. Concomitantemente, o ensino budista também se difundia, e alguns monastérios acabaram por se transformar em centros educacionais relativamente sofisticados, onde se ensinava uma série diversificada de assuntos para além dos temas religiosos. Muitos líderes monásticos tentaram deliberadamente oferecer educação para alguns não nobres, chegando a criar um novo e simplificado alfabeto para facilitar o processo. Por fim, durante os períodos de guerra civil, muitos samurais eram ensinados nas residências de grandes senhores feudais, especialmente nas habilidades militares. Esse período formativo da educação japonesa estabeleceu precedentes claros e variados.

A África Subsaariana

Os padrões educacionais africanos diferem consideravelmente dos asiáticos, dentre outras razões porque apenas poucos programas governamentais importantes surgiram. Desenvolvimentos religiosos fundamentais, tais como a solidificação do cristianismo na Etiópia e a chegada do Islã nas costas tanto do Índico quanto do Atlântico afetaram a educação, mas de maneiras bem distintas.

Os séculos pós-clássicos testemunharam a expansão de sociedades complexas em diversas partes da África Subsaariana, embora tal fato somente tenha resultado em grandes impérios ou reinos em algumas partes, estimuladas pelo comércio transaariano no oeste e pelas rotas marítimas no leste. Algumas dessas sociedades desenvolveram técnicas agrícolas extremamente sofisticadas e intensas trocas mercantis, algo particularmente verdadeiro no Império do Mali (nos séculos XIII e XIV), no reino do Congo (do século XIV ao XVI) e nos muitos enclaves costeiros da África Oriental e Madagascar. Embora pouco saibamos diretamente sobre a tradição educacional dessas regiões, tem-se especulado que as sociedades africanas se baseavam no parentesco, eram bastante comunitárias e não dominadas por estruturas fortes. Assim sendo, a maioria dos adultos se envolvia na socialização e na formação das crianças e dos jovens, pois essas responsabilidades eram amplamente compartilhadas. Havia grande ênfase na educação moral e na transmissão de valores e práticas religiosas, muitos dos quais, por questão de necessidade, orbitavam em torno das tradições orais e das crenças animistas.

Ocupações-chave, tais como os ofícios artesanais e a atividade mercantil, eram igualmente baseadas no parentesco, de modo que as famílias supriam a maior parte das instruções mais significativas. Essa situação seguiu junto à crescente sofisticação da atividade econômica, que incluía a metalurgia, o desenho e o comércio.

Posteriormente, negociantes, pregadores e professores trouxeram o Islã para muitas dessas regiões subsaarianas, levando ao estabelecimento de mesquitas, maktabs e madraças em localidades ocidentais como Timbuktu e Niami, bem como em centros urbanos orientais como Mogadíscio e Kilwa. Essas instituições também serviram para ajudar professores e estudantes a seguirem pelas rotas comerciais e religiosas, circulando por boa parte da África e do Oriente Médio.

A Cristandade etíope patrocinou grande número de escolas, mas o acesso a elas era restrito não somente às classes altas, mas também a certos grupos étnicos. Estima-se que cerca de 20% dos membros desses estratos mais privilegiados tivessem algum grau de leitura muito superior aos níveis de outros recortes. Aqueles que efetivamente iam às escolas começavam aprendendo o alfabeto e em seguida memorizavam livros bíblicos (aprendidos ouvindo recitações, e não por meio da leitura). As preces eram igualmente memorizadas, mas prestava-se alguma atenção à aritmética e à leitura. Muitas crianças eram preparadas para serem cantoras nas igrejas, enquanto os meninos mais talentosos poderiam seguir estudando até chegar aos livros bíblicos, quando então provavelmente já saberiam ler e escrever, estando, assim, preparados para servir como sacerdotes ou oficiantes. Muito poucos avançavam para temas mais elaborados, como música eclesiástica, filosofia, história e a redação de manuscritos. Outras formações voltavam-se para danças elaboradas, que compunham os serviços religiosos.

Reinos africanos ocidentais, a começar pelas fases tardias do Gana, começaram a empregar muçulmanos no serviço burocrático, aproveitando-se de suas habilidades na escrita árabe. Algumas autoridades haviam sido treinadas no norte da África e migraram para lá, enquanto outros devem ter sido formados localmente, nas escolas religiosas. O serviço desses funcionários letrados expandiu-se em impérios posteriores, como o Mali, mas sua importância não impulsionou esses estados na direção de uma ampla responsabilidade sistemática voltada à organização de um sistema escolar, de forma que o bojo da população permaneceu no padrão da transmissão oral e da formação familiar e comunitária.

Um fascinante centro de aprendizado, que recebeu ativas contribuições dos regentes malineses desenvolveu-se na cidade de Timbuktu, nas franjas do deserto e por onde passavam as rotas comerciais do oeste e norte africanos. Por volta do século X, diversas mesquitas dessa localidade mercantil organizaram madraças, três das quais vieram a tornar-se grandes centros intelectuais. Em seu auge, a cidade acolhia 25.000 estudantes vindos de muitas partes do mundo islâmico. A fidelidade à religião era fundamental: não se aceitavam argumentos que não tivessem apoio no Corão, mas outros assuntos como a matemática também eram ensinados, para conferir aos alunos uma boa formação. Os estudantes que chegassem ao quarto nível serviriam como juízes ou ingressariam no corpo docente. Governantes de toda região submetiam questões a esses acadêmicos, que envolviam seus alunos nos debates e, por fim, emitiam um edito, a *fatwa*, sobre o assunto em tela. Timbuktu floresceu como um centro de formação na África Ocidental e para além dela, até que a invasão de um Estado rival no século XVI destruiu o projeto. Intelectuais que permaneceram foram acusados de "traição", assassinados ou exilados.

Os mais importantes legados da educação africana desse período dizem respeito, obviamente, à responsabilidade familiar e comunitária e à transmissão oral do conhecimento. Inovações posteriores, contudo, conseguiram contribuir para o sucesso político dos estados africanos ocidentais de influência islâmica, enquanto a Etiópia cristã vivenciou alguns impactos educacionais semelhantes ao que se via na Europa e no Oriente Médio.

As Américas: padrões indígenas

Na educação, como em virtualmente todas as facetas da vida social e política, as sociedades complexas que se expandiram na Mesoamérica e no Andes durante o Período Pós-clássico estiveram completamente apartadas do que ocorria na África, Europa e Ásia. Não se têm muitas certezas a respeito da educação dessas regiões antes de 1492, muito embora exista um robusto e crescente *corpus* investigativo pesquisando as estruturas coloniais, bem como tentativas mais recentes de resgatar formas de conhecimento indígenas. Essa carência de dados é, em parte, resultado do colapso demográfico das populações nativas americanas provocado pela exposição a doenças trazidas pelos conquistadores e colonizadores europeus, que chegaram a erradicar cerca de 85% da população americana e, obviamente, destruíram as práticas educativas e as memórias culturais dessas populações. Já se afirmou ser possível chegar a alguma compreensão sobre a educação pré-colonial e os saberes indígenas por meio de estudos históricos mais autoconscientes combinados a análises de informações antropológicas e religiosas, ainda que a maioria dos registros seja necessariamente originária dos contatos coloniais. Sabemos que as sociedades mais desenvolvidas, em especial na Mesoamérica, desenvolveram importantes trabalhos nos campos que conhecemos como história, geografia, ciências, medicina, agronomia e meteorologia, e que tudo isso claramente dependia de aprendizados formais.

Sociedades complexas de larga escala apareceram em diversas partes das Américas durante esses séculos, incluindo os incas da América do Sul, os maias e os mexicas (ou astecas) na Mesoamérica, além de muitas populações indígenas norte-americanas. Nosso entendimento sobre o pensamento e as práticas educacionais dessas sociedades é limitado, ainda que conjuntamente ao estabelecimento dos estados imperiais seja bastante provável a existência de escolas militares para a elite guerreira, de escolas religiosas formais para a casta sacerdotal e oficiantes, e de centros de formação agrícola e artesanal sofisticados. De fato, o jornalista científico Charles C. Mann apresentou um forte argumento sobre como essas sociedades, incluindo as pastoris e agrícolas sedentárias estabelecidas na América do Norte, desenvolveram formas bem complexas de desenvolvimento urbano e agricultura ao longo do continente, incluindo a Bacia Amazônica, cuja existência reconhecemos, embora muito das evidências dessas modificações tenha se perdido ou sido arrasado durante os séculos de dominação europeia. A despeito dessa destruição, práticas religiosas, saberes e alguns idiomas indígenas sobreviveram, mesmo quando fragmentados ou apenas parcialmente lembrados, ligados a lugares específicos ou paisagens sagradas. Estudiosos têm analisado também as elaboradas inovações nos ramos da arquitetura, agronomia, matemática, astronomia e engenharia. Certos aspectos dessas formas de conhecimento indígena foram posteriormente recuperados durante as lutas anticoloniais e pelos direitos das populações originárias já durante a Era Moderna, além de esforços mais recentes de resgate das práticas originárias em setores como o cultivo agrícola, a etnomedicina, a etnobotânica e a religião.

Sob os astecas, foram estabelecidas escolas separadas para a nobreza e para alguns homens do povo, com as primeiras ocupando um lugar de destaque. Cada templo religioso tinha sua própria divindade, de modo que as especificidades variavam, mas o objetivo básico era a formação destinada às lideranças políticas ou sacerdotais. A disciplina era brutal, algo que supostamente ajudava a preparar os estudantes para o sofrimento nos campos de batalha. Já a educação para as pessoas do povo voltava-se primordialmente para as técnicas militares, mas muitas crianças da faixa etária entre os 12 e os 15 anos, incluindo meninas, eram estimuladas a memorizar canções e poesias durante a noite, e as famílias eram responsáveis pelo ensino de habilidades econômicas.

A educação inca era ainda mais reservada à nobreza. Um espanhol chegou a afirmar que um governante teria estipulado ser "apropriado aos filhos da gente comum que não aprendessem sobre as ciências, e que estas deveriam ser restritas à elite". Os jovens nobres eram educados em religião, oratória pública e história inca, enquanto os exames finais dedicavam-se às técnicas militares. Parte disso lembrava os padrões educacionais de civilizações mais antigas do Oriente Médio e do Mediterrâneo, anteriores ao impacto das religiões prosélitas.

As conquistas mongólicas: consequências para as sociedades eurasiáticas e as tradições educacionais

As conquistas mongólicas tiveram início no começo do século XIII, quando esse povo nômade da Ásia Central desencadeou sua agressiva expansão. Seu primeiro alvo foi a China, conquistada após décadas de lutas duríssimas, mas os mongóis também subjugariam a porção oeste do Oriente Médio, destruindo de uma vez por todas o Califado de Bagdá. Eles também se impuseram à Rússia e espalharam o terror em partes da Europa Oriental. Chegaram a ameaçar o Japão e o Vietnã, e seu avanço só foi finalmente contido na Índia e no Mediterrâneo. Seu domínio durou cerca de cento e cinquenta anos, resultando em um conjunto massivo de estados interligados que iam da Ásia à Europa, um vasto domínio no qual o comércio e as viagens eram estimulados.

A História Mundial geralmente reconhece o Império Mongol (noves-fora a brutalidade de sua conquista militar) como um grande período de intenso contato entre as diversas partes da Eurásia, que beneficiou muito particularmente a Europa Ocidental ao conferir-lhe acesso a uma variedade de novas tecnologias chegadas por meio do novo acesso à Ásia, dentre as quais a pólvora e a imprensa. Do ponto de vista da educação, contudo, o fenômeno mongol foi mais complexo, em parte graças à devastação que espalhou, mas também por causa da profunda rejeição que muitos dos povos conquistados tiveram por essa dominação.

O impacto educacional mongol é, de fato, difícil de ser determinado, em larga medida porque os registros históricos restantes do próprio império são bastante reduzidos. O único grande texto ainda existente, *A história secreta dos mongóis* (c. 1228), só é conhecido pelos pesquisadores modernos via uma tradução chinesa e oferece pouca ou nenhuma informação a respeito de questões educacionais. Os historiadores dividem-se entre o horror e a destruição das conquistas iniciais e o posterior estímulo ao comércio, os contatos transculturais e a relativa tolerância religiosa dentro dos seus domínios. Logo, a narrativa que se segue se atém primordialmente às consequências educacionais de longo prazo ocorridas nos reinos sucedâneos, espalhados pela Europa Oriental, Oriente Médio, Ásias Central e Interior e a China.

As primeiras conquistas mongólicas, comandadas por Gengis Khan (c. 1167-1227), seus filhos e sucessores imediatos, foram movidas por uma confederação de tribos turco-mongólicas que gerou impressionante poderio militar enquanto teve capacidade de avançar, mas que acabou colapsando internamente quando convulsionada por lutas sucessórias ou recorrentes guerras civis. Os mongóis se esforçaram para impor a assimilação dos povos conquistados ao seu sistema político e econômico, que se mantinha coeso por um código legal tradicional, o Yassa, por um amplo sistema de comunicações e transportes rápidos e pela imposição de impostos e tributos. Seu domínio se estendeu pela Ásia Central, Pérsia e Europa Oriental (as atuais Ucrânia e sul da Rússia) e também a China. Até o ponto em que é possível falar de um sistema educacional mongólico, podemos dizer que não possuíam nada para exportar. Sua educação deve ter sido bem limitada, voltada para as necessidades políticas e religiosas imediatas das elites nômades. A questão mais relevante reside nos modos como os sistemas educacionais e formativos já estabelecidos pelos diversos povos conquistados sobreviveram ou evoluíram sob o controle mongol, pois os primeiros conquistadores eram analfabetos (muito embora usualmente bastante interessados em aprender, trazendo para junto de si intelectuais das mais variadas tradições).

A conquista da China desenrolou-se durante o século XIII, e foi finalmente consolidada sob Kublai Khan (nascido c. 1215, reinado entre 1260-1294), fundador da Dinastia Yuan (1279-1368). Os mongóis procuraram manter sua identidade cultural, distinta dos "sedentários" chineses, mas indiscutivelmente assimilaram aspectos dos seus valores sociais e religiosos, especialmente o budismo. Eles destruíram o sistema educacional existente, suspenderam o sistema de concursos imperiais durante quase cem anos e normalmente se valeram da importação de talentos estrangeiros para compor os níveis mais altos da burocracia. Tal organização, porém, significou que boa parte das estruturas de poder locais e regionais permaneceram sob a autoridade dos senhores de terras ou burocratas locais, e que o aprendizado chinês permaneceu existindo, seja nas escolas locais ou, de modo crescente, nas academias e escolas privadas. É possível dizer que os anos da dominação mongol resultaram no fortalecimento dos aspectos mais tradicionalistas ou conservadores das relações sociais chinesas – os camponeses, por exemplo, eram oprimidos tanto pelas taxações mongóis quanto pela ancestral submissão à nobreza latifundiária. Da mesma forma, quando a reação contra os Yuan se fortaleceu, ela serviu para que os conceitos neoconfucianos de autoridade estatal e propriedade moral fossem instilados mais fortemente do que nunca.

Dentre as consequências mais duradouras da dominação mongol, a mais prejudicial ocorreu na Ásia Central, com a destruição absoluta de grandes centros urbanos como Herat, Samarcanda e Merv, e a deterioração de sistemas de irrigação centenários, causando assim a desertificação de vastas áreas das regiões conhecidas como Transoxiana e Mongólia Ocidental. Ambas voltaram a ser brevemente unificadas sob o comando de Timur, ou Tamerlão (c. 1336-1405), e seus sucessores, os Timúridas, que reestabeleceram um renomado centro educacional e científico islâmico em Samarcanda, atual Uzbequistão. Sob o domínio de diversos líderes famosos, em especial o Sultão Ulugh Beg (1394-1449), numerosas madraças foram reconstruídas e financiadas, bem como estruturas voltadas à pesquisa científica e um observatório de fama mundial. Esses avanços foram posteriormente eclipsados pela desunião política e pelo declínio econômico da região (as rotas comerciais mais importantes estavam agora nos oceanos), e vistos como heréticos pelo crescentemente conservador *establishment* islâmico e as lideranças do movimento místico sufi.

A destruição trazida pelas conquistas mongólicas do Oriente Médio foi igualmente cataclísmica, em especial a queda de Bagdá em 1258 e o consequente colapso da Casa da Sabedoria. Conquanto a crise inicial tivesse sido explicada pelos devotos teólogos muçulmanos como consequência da incapacidade de manter a fé verdadeira, constituindo assim punição de Alá pelos pecados da humanidade, essa tensão foi finalmente solucionada com a conversão ao Islã dos governantes do Ilcanato, um dos quatro *canatos* (estados) sucessores do Império Mongol e que ocupava a Pérsia, boa parte do Oriente Médio e áreas do Paquistão. Como ocorrera no Leste Asiático, a dominação mongol significou o fortalecimento do *status* servil do campesinato (que sofreu sob o regime de impostos mongol e as obrigações devidas à nobreza fundiária). Os governantes ilcânidas expandiram a autoridade e as propriedades fundiárias do *establishment* religioso muçulmano, seja por intermédio de doações de terras ou pelas concessões de titularidades. Desse modo, como na Ásia Oriental, os efeitos supremos da dominação mongólica foram o reforço dos aspectos mais tradicionalistas da ordem socioeconômica dominada pela velha aristocracia e a consolidação das tradições intelectualmente mais conservadoras da jurisprudência islâmica e das práticas educacionais. O sistema vigente das madraças e maktabs continuou existindo, e essas instituições retomaram seu poder no século XIV, mas agora com ênfase em um tipo de insularidade intelectual defensiva e ortodoxa. O pluralismo da Era de Ouro árabe, que havia chegado à educação e já estava sob ataque, declinou ainda mais em favor da mera validação dos valores islâmicos.

Os estados sucessores dos mongóis (da Rússia à China, passando pela Ásia Central) exibiram, todos, padrões similares de fortalecimento do poder das elites locais e da aristocracia fundiária (que frequentemente agiam como cobradores de impostos e oficiais mongóis) e estimularam a autoridade cultural e o papel educacional tradicionalista das religiões estabelecidas. As elites governantes subsequentes fundariam o Sultanato Otomano (iniciado no século XIII) na Anatólia e no sudoeste da Europa, os impérios Safávida na Pérsia e Mogol na Índia e Sudoeste Asiático. A dominação mongol sobre a Eurásia estabeleceu conexões transculturais jamais vistas até então, seja no comércio, na diplomacia ou nas comunicações, mas também possibilitou a irrupção de novas e intensamente mortíferas epidemias que se deslocavam pelas rotas mercantis. Mas ainda assim, seu legado mais distinto foi a militarização e as estruturas políticas, religiosas e educacionais progressivamente tradicionalistas no Oriente Médio, Pérsia, Rússia e China. Ao mesmo tempo, como observamos no capítulo 4, os desdobramentos ocorridos na educação da Europa Ocidental prosseguiram intactos e logo se beneficiariam da introdução da tecnologia da imprensa. Eram essas, pois, as sementes da divisão educacional regional que se expandiria para o período seguinte da História Mundial.

Os padrões chineses são paradigmáticos. Após a destruição da Dinastia Yuan (1279-1368), governada por mongóis, boa parte do regime educacional tradicional foi restaurada pela Dinastia Ming (1368-1644), que passou a incorporar: escolas elementares ou aldeãs; escolas comunitárias, que funcionavam independentemente do sistema formal de concursos; e escolas filantrópicas ou de custeio privado para pessoas comuns. Mas havia também instituições mais avançadas, as *daxue*, e, no ápice do sistema, as "universidades" imperiais, as *taxue*, cujos centros iniciais ficavam em Beijing e Nanjing, e é bem possível que, no começo da Dinastia Ming, esse fosse o mais abrangente sistema educacional do mundo. O esforço para reunir todos esses segmentos à volta dos valores neoconfucianos foi continuado por diversos eruditos, dentre os quais Wang Yangming (1471-1529), defensor de uma filosofia mais ortodoxa que contrastava com a dos reformadores pré--mongóis. As barreiras ao ingresso e a rigidez do sistema oficial, contudo, também permitiram o surgimento de academias de elite privadas, algumas das quais encorajavam maior diversidade intelectual.

A brutal disrupção do sistema de concursos encetou uma feroz resistência cultural e política chinesa à dominação estrangeira após a expulsão dos dominadores, que incluiu a restauração de alguns dos aspectos política e culturalmente mais conservadores do legado educacional e avaliativo. O currículo elementar permaneceu centrado na leitura, escrita e aritmética básicas, enquanto o secundário e os avançados (muitos fora do sistema de concursos) incluíram especializações em certas áreas, tais como agricultura, comércio, ensino, medicina, artes e literatura. Sob os Ming, o sistema de concursos foi mantido e conservou o poder sobre o ingresso no serviço civil imperial e na organização das promoções internas. Tornou-se igualmente caracterizado pelos crescentes níveis de frustração e "fracasso" provocados por suas regras elaboradas, que levaram ao crescimento de escolas e academias privadas e ao reposicionamento da classe dos letrados (*shi*), que se fundiu à cada vez mais poderosa aristocracia fundiária local. A educação chinesa pós-mongóis permaneceu vibrante, mas o setor oficial tornou-se bem mais intransigente.

Conclusão

É possível identificar diversos elementos educacionais comuns durante os séculos pós-clássicos, ainda que a variedade de padrões regionais dificulte uma generalização. A importância da religião era fundamental, embora mais sentida nas muitas áreas culturalmente dominadas pelas crenças prosélitas. Ao mesmo tempo, surgiram debates sobre se a educação mais elaborada significaria uma distração do verdadeiro avanço espiritual, posto que a fé sozinha, sem o conhecimento livresco, deveria ser suficiente; essa questão emergiu claramente em certas versões do budismo e à volta do movimento islâmico sufi, bem como na Cristandade, como uma reação direta à disseminação da filosofia escolástica. De modo mais prosaico, as instituições religiosas eram responsáveis pelas formas mais básicas de educação existentes (incluindo a formação e a oferta de professores) e pelos esforços mais significativos no desenvolvimento de institutos de educação superior (universidades) em diversas partes da Europa, Ásia e África Ocidental.

A relação com o Estado era um outro aspecto que variava bastante. Havia grandes diferenças entre os sistemas políticos durante o Período Pós-clássico, e nem todos os líderes eram formalmente educados. Ainda assim, os governos efetivamente dependiam de funcionários letrados (de maneira mais óbvia na tradição asiática oriental), o que levou ao comprometimento de diversos estados com a formação e aos esforços de concluir o curso escolar com alguma forma de sistema avaliativo. Em outras partes, como na África Ocidental, os estados normalmente utilizavam funcionários treinados, mas sem prestar muita atenção aos complexos que os formavam, delegando boa parte da educação efetiva a mãos mais tradicionais.

Em toda parte, a educação permaneceu estreitamente associada à hierarquia social, e as famílias abastadas detinham grande vantagem em todos os sistemas educacionais. Em alguns destes, da Ásia Meridional à América do Sul, o acesso era deliberadamente restrito; outros abriam oportunidades a populares particularmente habilidosos, por motivos religiosos ou no intuito de identificar talentos promissores (como na China e no Oriente Médio).

Leituras adicionais

Sobre a educação budista e o sul da Ásia, cf. *History of education in India* (Acharya Book Depot, 1966), de Shridhar Mukerji, e *Education and school in ancient and medieval India, 1500 BC-1757 AD* (Peter Lang, 2002), de Suresh C. Ghosh. Sobre as Ásias Central e Interior, *The Silk Road: Two thousand years in the heart of Asia* (University of California Press, 2002), de Frances Wood, e a edição revista de *The making of modern Tibet* (M.E. Sharpe, 1996), de Tom Grunfeld. Sobre a Ásia Oriental, o trabalho de Ichisada Miyazaki *China's examination hell: The civil service examinations of imperial China* (tradução de Conrad Schirokauer, Yale University Press, 1981), e o capítulo de Conrad Schirokauer, "Education in Premodern China and Japan", em *The Oxford handbook of the history of education* (Oxford University Press, 2019), organizado por John Rury e Eileen Tamura. Sobre a Era Mongol, uma história geral razoavelmente acessível é *The Mongols* (Blackwell, 1986), de David Morgan. Cf. também: *1491: novas revelações das Américas antes de Colombo* (Objetiva, 2007), de Charles C. Mann; o capítulo de Adrea Lawrence "Precolonial Indigenous education in the Western Hemisphere and Pacific", no compêndio *The Oxford handbook of the history of education* (Oxford University Press, 2019), organizado por John Rury e Eileen Tamura; e *Education in Africa* (Praeger, 1968), de Abdou Moumouni. Cf. também *Economy of Ethiopia* (Haile Selassie University, 1968), de Richard Pankhurst, e *The meanings of Timbuktu* (HSRC, 2008), organizado por Shamil Jeppie e Souleymane Bachir.

PARTE III

O Período Moderno Inicial

O intervalo entre 1450 e as últimas décadas do século XIX, usualmente conhecido como Período Moderno Inicial, testemunhou uma série de grandes mudanças que chegaram a todos os cantos do planeta, ainda que de formas diversas. A maior delas, que afetou a educação nas mais diversas regiões, foi a aceleração da atividade comercial. A chegada dos europeus às Américas levou à introdução de novas mercadorias no mercado mundial, em especial as grandes quantidades de prata oriundas dos Andes sul-americanos, que abriu aos comerciantes europeus novas oportunidades para adquirir produtos asiáticos, como porcelanas e sedas chinesas e panos de algodão indianos, estimulando assim as manufaturas nessas regiões. Essas atividades também avançaram na Europa, onde um número crescente de pessoas, até mesmo no campo, produzia bens para os mercados.

Em todas as grandes regiões, a maior parte dos habitantes continuava vinculada à agricultura, e embora as cidades crescessem, suas populações ainda eram minoritárias. Além disso, o estímulo ao comércio e à manufatura era desigualmente distribuído. Para os povos indígenas americanos, o Período Moderno Inicial foi primordialmente marcado pela introdução dos novos controles coloniais europeus, pelas grandes perdas populacionais resultantes de doenças devastadoras e pela crescente exploração econômica. A África, particularmente sua porção atlântica, foi profundamente convulsionada pelo tráfico escravista, iniciado em princípios do século XVI e que acabaria por sequestrar milhões de jovens daquele continente para os trabalhos forçados nas Américas.

Esse período foi igualmente complicado por outras diferenças regionais e crescentes conflitos inter-regionais. O ocidente europeu certamente viu seu poder e sua autoconfiança crescerem, ainda que suas tecnologias manufatureiras permanecessem atrás das congêneres asiáticas até o século XVIII. Pesadamente baseada no poder naval e em grandes companhias mercantis, a Europa conquistou colônias não apenas nas Américas, mas também na Indonésia, África Meridional e numa série de arquipélagos e áreas costeiras. Mas foi um momento igualmente relevante para os impérios interiores da Europa Oriental e da Ásia: grandes impérios islâmicos surgiram no Oriente Médio e na Índia; a Rússia iniciou seu longo período de consolidação estatal e expansão territorial; a China reestabeleceu sua tradição imperial após o interlúdio mongol e não demorou para se beneficiar do papel de grande manufatureira que ocuparia no mercado internacional (os chineses acumularam mais prata do Novo Mundo do que qualquer outra nação do globo, trazida por mercadores europeus ansiosos por seus produtos). O Japão não era um império, mas após atravessar um breve momento de fascínio pelos contatos com os comerciantes europeus, logo se retraiu e adotou uma política de isolamento, marcada por rápido desenvolvimento comercial interno.

Era esse o contexto dos importantes desdobramentos nos sistemas e no pensamento educacionais. Não surpreende que mudanças significativas tenham ocorrido em diversas regiões – não raro estreitamente relacionadas à expansão mercantil. A educação e a literacia se expandiram rapidamente no Japão, estabelecendo assim uma tradição de dinamismo educacional que, em certos aspectos, perdura até hoje. A educação nas Américas foi obviamente alterada pela introdução de novas iniciativas europeias e missionárias. Os grandes impérios islâmicos tiraram proveito das tradições educacionais que os precederam e buscaram novos níveis de formação no âmbito de sua estrutura educativa, enquanto práticas persas e sul-asiáticas mais antigas também continuaram.

Os desdobramentos na Europa Ocidental foram particularmente inovadores, refletindo, de certo modo, o limitado sistema educacional que haviam herdado do período anterior, mas não há dúvida de que se beneficiaram das novas oportunidades econômicas e culturais, que incluíam todo um novo patamar de apreciação da importância da educação, novas abordagens da compreensão humana e modos de saber que se provariam influentes não apenas localmente, mas no mundo inteiro, graças à ascensão do continente europeu como potência global.

As histórias da educação tradicionais e as abordagens "fundacionais" normalmente se atêm aos desenvolvimentos ocorridos na Europa durante esse período, e caracterizam os processos educacionais de outras regiões como essencialmente estáticos, presos aos costumes e à religião. Como veremos no capítulo 9, tal visão é enganosa. Outro estereótipo errôneo: foi somente no século XVIII que os europeus começaram a redesenhar o mundo segundo seu ideal educacional. Até então o ensino europeu permaneceu, de diversas formas, bastante limitado: com honrosas exceções, a revolução da educação de massa ainda era algo para o futuro. Não obstante, como ocorrido no campo do moderno pensamento científico, houve conexões transculturais cada vez mais significativas que seguiram por esses desdobramentos, mesmo que experimentais ou guiados por preconceitos culturais.

As mudanças na Europa, contudo, foram importantes e transbordaram a dimensão puramente regional de duas formas. Em primeiro lugar, mais europeus recebiam formação educacional no século XVIII do que em qualquer outra sociedade, algo que não ocorrera no Período Pós-clássico, significando que mais e mais pessoas encontravam razão para almejar ao menos um pouco de educação formal, e novos sistemas oportunizaram acessos para elas. Esse fato estabeleceu precedentes não somente para os próprios europeus, mas potencialmente para as outras sociedades à medida em que interagiam com comerciantes, missionários e intelectuais daquele continente. Em segundo lugar, sublevações culturais dentro da Europa provocaram profundas críticas aos padrões educacionais anteriores e instigaram ideais diversos e mudanças mais sistemáticas. Conquanto os efeitos dessa nova forma de pensar não devam ser superestimados, ao menos não antes de finais do século XVIII, existia potencial para grandes transformações, algo que junto à própria expansão da educação começou a atrair a atenção de líderes de outras sociedades, como a Rússia. Os capítulos 7 e 8 vão abordar os diversos desdobramentos ocorridos na própria Europa.

Em termos globais, o Período Moderno Inicial combinou tradições ainda persistentes com renovações fundamentais do pensamento educacional e o aumento do acesso à escolarização em diversas regiões. A bem das coisas certas, a maior parte dos modelos educacionais permaneceu estruturalmente limitada e culturalmente delimitada, e ainda que a importância da Europa não deva ser superestimada, sua influência efetivamente tornou-se um fator transformativo por volta do século XVIII. Os capítulos dessa parte dedicam-se tanto à natureza quanto aos limites da mudança e às variações das abordagens regionais ocorridas nas vésperas daquilo que seria mais claramente um período transformador.

7

Novos impulsos educacionais na Europa Ocidental entre os séculos XVI e XVII

Em muitos sentidos, o mais importante elemento da educação europeia no início do Período Moderno foi o crescimento constante da literacia popular. Em 1500, somente uma pequena minoria de europeus era capaz de ler e escrever – 10% de todos os homens, talvez, e muito menos mulheres. Trezentos anos depois, já existia uma maioria de homens alfabetizados no noroeste do continente (por volta de 60% na Inglaterra, ainda mais na Escandinávia) e uma minoria feminina (cerca de 20% das inglesas), tendências essas estimuladas pelo fermento religioso e pelas transformações econômicas: no século XVIII havia tanta gente que sabia ler que, pela primeira vez, alguns escritores começaram a ganhar o próprio sustento com a venda de livros, sem depender assim de algum tipo de patrocínio religioso ou monárquico.

Este capítulo se volta para uma série de correntes e transcorrentes educacionais da primeira parte do Período Moderno. Duas grandes transformações culturais, a Renascença e a Reforma, exerceram imenso impacto: esta última, em especial, ajuda a explicar boa parte da expansão tanto da escolarização quanto do ensino superior, seja nas áreas protestantes, ou como reação nas regiões católicas. Para além dessas forças, contudo, diversos outros desdobramentos condicionaram o contexto da educação e, por fim, ajudam a explicar sua disseminação.

As mudanças tecnológicas foram um fator. O papel já fora introduzido na Europa, mas se tornou muito mais acessível, enquanto a imprensa de tipos móveis, copiada dos chineses, foi adaptada pelos europeus por volta do século XV. Tais eventos não resultaram em imediata explosão dos materiais educacionais – muito dos primeiros impressos eram obras religiosas e, numa sociedade majoritariamente analfabeta, as ilustrações eram mais relevantes do que os textos escritos. Em última análise, porém, o acesso a publicações efetivamente aumentou, oferecendo assim novas oportunidades para o aprendizado da leitura e novos mecanismos para realizá-lo.

A expansão comercial europeia foi outra parte igualmente vital do contexto educacional. Para alguns, em especial nas classes médias urbanas, ela fornecera novos recursos que podiam ser empregados para ajudar as crianças nas salas de aula. Muitas pessoas passaram a ter novas motivações para aprender as habilidades da leitura e da aritmética. Entre os séculos XVII e XVIII, a maior parte dos textos mais populares era formada de manuais que ensinavam novas tecnologias da produção artesanal ou do comércio. Como veremos, parte significativa da expansão educacional na Europa, escondida sob a superfície dos grandes movimentos culturais e religiosos, compunha-se dos esforços de indivíduos e famílias utilizando escolas locais, professores particulares ou mesmo parentes para adquirir as habilidades básicas da leitura. Mas nem todos estavam interessados: lembrem-se que para os padrões modernos, mesmo em finais do século XVIII a literacia era bastante limitada, e imensos abismos separavam os gêneros e as populações urbanas e rurais. Ainda assim, novas motivações e oportunidades borbulhavam entre o povo.

O crescimento comercial e urbano também demandou funções administrativas que exigiam domínio da escrita e dos cálculos, aumentando assim as oportunidades já existentes nas burocracias governamentais e nas carreiras eclesiásticas. Grandes empresas de comércio expandiram-se rapidamente na Inglaterra, França e Holanda, oferecendo vagas tanto nos escritórios em seus países de origem quanto além-mar. A Companhia Inglesa das Índias Orientais, fundada no começo do século XVII, empregava muitos escriturários, literalmente chamados de "escritores", para cuidar das finanças, redigir atas de reuniões e tratar da correspondência entre filiais do mundo inteiro. Desenvolvimentos dessa natureza tanto dependiam do crescimento da escolaridade quanto o estimulavam.

No começo do Período Moderno não surgiu nenhum grande plano educacional europeu, e só por volta do século XVIII que os primeiros sistemas importantes começaram a tomar forma, inclusive alguns planos nacionais notavelmente ambiciosos e pedagogicamente sofisticados. No geral, contudo, as mudanças na educação eram ocasionais, eventualmente contraditórias e estabeleceram uma série de intrigantes desafios para a análise histórica. Os desdobramentos da Renascença e, em seguida, da Reforma, trilhando caminhos distintos e, não raro, digladiando-se furiosamente entre si, contribuíram diretamente para o crescimento educacional, ainda que operando sob o contexto mais amplo da expansão comercial e da mudança social. Enquanto isso, e ao longo de todo o período, o impacto global da educação europeia também se expandia, ainda que de início somente nas colônias.

A persistência de estruturas educacionais pré-modernas e as mudanças no ensino superior

No século XV o ensino europeu não começou do zero: em muitas partes do continente escolas eclesiásticas e monásticas permaneceram importantes, oferecendo às pessoas rudimentos da literacia e preparando uma minoria para posições que eventualmente assumiriam na burocracia ou mesmo na Igreja.

O sistema universitário foi um dos legados mais visíveis dos antigos ganhos educacionais. No começo do século XV havia vinte e nove universidades na Europa; outras vinte e oito seriam estabelecidas nos cem anos seguintes e mais dezoito depois de 1600. Muitas dessas instituições passaram a ser movidas por interesses rivais de católicos ou protestantes, à medida que esses grupos lutavam pela supremacia. Um número crescente de cidades ou governantes regionais claramente acreditou que organizar uma universidade não apenas gerava prestígio como também produzia resultados vantajosos em termos de formação de pessoal. Mais dessas instituições significava, obviamente, mais professores e tutores em potencial, seja entre os graduados ou entre os estudantes em busca de fontes de renda.

Mas apesar dessa persistência e popularidade, as universidades não eram, no geral, as fontes mais significativas do desenvolvimento educacional na Europa recém-moderna. Há, de fato, pouca dúvida que, por volta do século XVII, muitas começaram a desaparecer ou foram consideradas arcaicas, perdendo espaço para outras fontes de inovação educacional ou intelectual. Embora entre os séculos XV e XVI elas existissem e se expandissem, e que muitos dos seus alunos as entendessem como vias para a ocupação de cargos nas burocracias governamentais ou na Igreja, do ponto de vista intelectual elas perdiam terreno.

As universidades certamente permaneceram instituições voltadas para elites restritas, anda que muitos filhos das famílias de classe média as considerassem como meios para ascensão social. As aulas eram ministradas em latim, exigindo assim um grande treinamento prévio. Dava-se grande atenção ao domínio de autores como Cícero e Virgílio, e pouca ênfase à ciência, com exceção das leituras de autoridades clássicas, como Plínio. Enquanto estudantes universitários da Itália (cujos pontos fortes eram a medicina e o direito) podiam estudar cadáveres humanos, só na virada dos séculos XV e XVI algo assim foi permitido em Paris ou na Alemanha; até então, o ensino da medicina se baseava no domínio dos textos clássicos. As formações religiosas e humanistas predominavam, particularmente nas crescentes universidades do norte.

Além disso, muitos dos próprios estudantes de elite encaravam seus anos na universidade como oportunidades para a embriaguez e a diversão, e os atritos entre os moradores das cidades e esses discentes malcomportados tornaram-se parte integrante da vida universitária. No século XVI ocorreu significativo aumento da tensão entre algumas universidades e o novo fermento cultural associado à Renascença. Seguidores do filósofo Duns Escoto (1266-1308) buscaram manter as ancestrais tradições do debate filosófico, estreitamente associadas à teologia escolástica. Eventualmente, dedicavam-se a discutir assuntos obscuros, como "quantos anjos poderiam dançar sobre a cabeça de um alfinete," algo muito diferente da erudição medieval mais ambiciosa. Conforme um relato, esses seguidores de Escoto usavam chapéus cônicos bem característicos, e os críticos do seu tradicionalismo obtuso começaram a chamá-los de "*dunces*", palavra que permanece como sinônimo de "burro" na língua inglesa.

Por outro lado, as universidades serviram ativamente à Reforma Protestante: Martinho Lutero, o primeiro reformador bem-sucedido, era professor de Teologia, e muitas outras lideranças protestantes exerciam cargos semelhantes. Esses instrutores e seus discípulos estavam bem-acostumados a debater pontos da doutrina, e em muitos casos (Lutero entre eles) essas discussões foram a gênese das novas ideias religiosas. Para além desse papel ativo em dar forma e contestar as doutrinas religiosas, as universidades continuaram a manter a função vital da formação de professores: cidades como Praga, atual República Tcheca, dirigiam-se a essas instituições para recrutar centenas de professores, eruditos e tutores, todos bem-versados em latim e temas humanísticos.

Não obstante, as universidades não representaram o foco principal das transformações educacionais do começo da moderna Europa, e em que pese o crescimento numérico, seu eclipse intelectual é, de várias formas, surpreendente. Elas só viriam a reconquistar seu papel de destaque por volta do século XIX, embora permanecessem combinando a tradição com um certo grau de dinamismo, em especial no campo das novas ciências. Apesar de seu sectarismo, elas contribuíram para o estado geral da educação até, pelo menos, o século XVII.

A Renascença europeia e a transformação do ensino clássico

A Renascença, incialmente restrita à Itália, mas que cedo se espalhou na direção norte, foi uma das grandes transformações culturais da história europeia e esteve diretamente ligada às mudanças na educação. O papel dos italianos no ensino cristão havia sido, obviamente, essencial, mas por volta do século XIV sua robusta cultura urbana e os vínculos com o passado romano clássico promoveram novos estilos e interesses. Aproveitando-se da expansão mercantil e urbana, os eruditos renascentistas propunham o retorno a matérias mais clássicas, reavivando a atenção dedicada a autores e filósofos seculares gregos e romanos, dentre os quais os primeiros escritores educacionais, como Quintiliano. Mas embora não fossem essencialmente antirreligiosos, tinham menos interesse pelo tema do que os líderes educacionais medievais (ou as universidades de então) e estavam profundamente comprometidos com a importância do saber e dos avanços no ensino. Um tal contexto produziu, entre outras coisas, uma explosão multifacetada de novas reflexões sobre o tema da reforma educacional.

De fato, a riqueza que fluíra da expansão comercial do início da Era Moderna e os contatos transculturais advindos das conquistas militares, missões religiosas e, talvez, das complexas negociações mercantis contribuíram para impulsionar a redescoberta da sabedoria e da ciência clássicas naquele momento. Esses movimentos incorporaram fontes e novas traduções do hebraico, árabe e outros idiomas, pois muito dessa redescoberta do saber não cristão e humanista chegou até a Europa do sul da Espanha, de Nápoles, da Sicília e do Mediterrâneo

Oriental. A reabsorção dos autores clássicos foi estimulada por um crescente "movimento tradutório" fomentado nas cidades-Estado italianas e que posteriormente se espalhou para os enclaves urbanos ingleses e de outras partes do norte europeu. É inegável que alguns desses intelectuais tivessem mais certeza sobre o que estava errado com a educação tradicional do que o que a nova pedagogia, mais humanista, deveria exatamente ser.

Não resta dúvida de que, com o tempo, a Renascença imporia um novo compasso à educação europeia, ao menos em seus níveis mais avançados. Julgá-lo, no entanto, é complicado, pois a escolarização efetiva não passou por grande expansão nesse momento, ao menos não na Itália. Esse movimento destinou-se aos poucos e privilegiados, em geral homens que frequentavam escolas e academias de elite, muito embora algumas escolas privadas ou conventuais tivessem sido criadas para atender as aristocratas e o ensino particular contribuísse para a formação de mulheres altamente qualificadas. Ainda que alguns homens da classe média, geralmente alunos das escolas urbanas, atingissem os níveis básicos de dois conhecimentos fundamentais ao sucesso comercial, a aritmética e a literacia (e de modo crescente em línguas vernáculas, não mais em latim), a maioria deles permaneceu distante da formação renascentista mais apurada.

Na Itália, a exposição aos temas centrais da educação renascentista normalmente começava em casa, com um professor particular de latim. Os garotos das famílias aristocráticas aprenderiam o idioma e desenvolveriam seu domínio por meio da leitura de clássicos como César e Cícero. Em seguida, iriam para uma escola secundária organizada, geralmente chamada de *academia,* onde estudariam uma gama variada de matérias: Literatura e Poesia clássicas, claro, mas também História, Artes, Música, Matemática e Religião. Uma das mais famosas delas foi organizada em Mântua por Vittorino da Feltre, o Rambaldoni (1378-1446): contratado para educar os filhos do príncipe local, acabou por fundar uma escola que tinha por princípio incluir, para além dos nobrezinhos, algumas crianças pobres, que estudavam gratuitamente. Chamada *La Casa Gioiosa* (a Casa da Alegria) pelo amor ao conhecimento que defendia, tornou-se tão famosa que passou a atrair jovens das classes altas de toda a Itália, ficando conhecida também como a Casa dos Príncipes. Rambaldoni tinha profundo interesse em adaptar a educação aos estilos de aprendizagem (e à saúde) de cada criança, enriquecendo o currículo com excursões e outras novidades. Sua escola inspirou muitos imitadores em diversas partes da Europa e ajudou a promover o novo humanismo e a sofisticação multilíngue de que dependia.

Da mesma forma, outros educadores renascentistas buscaram libertar a educação da limitada formação religiosa e do dogmatismo: na França, François Rabelais (1495-1553) publicou uma crítica veemente à esterilidade do aprendizado tradicional vinculado à Igreja, enquanto na Inglaterra Thomas More (1478-1535) imaginava uma rica educação clássica, livre dos dogmas irracionais, que promoveria debates vívidos e estaria alinhada aos interesses naturais do espírito infantil. O humanista holandês Desidério Erasmo (1466-1536) propunha uma educação preparatória para a vida cívica ativa e responsável, ao mesmo tempo em que trabalhava incansavelmente para melhorar a qualidade dos textos clássicos e patrísticos. Ele admirava muito particularmente Cícero e sua visão da virtude cívica romana, livre do ascetismo e do abandono da sociedade exigidos pelas ordens monásticas.

Pouco depois, o humanista francês Michel de Montaigne (1533-1592) criticou o pedantismo de boa parte da educação conventual e condenou a disciplina abusiva imposta às crianças em boa parte das escolas religiosas. O espanhol Juan Luis Vives (1493-1540), ativo nos Países Baixos e em diversas universidades do norte europeu, defendeu, em obras como *De institutione feminae christianae* (*Sobre a educação da mulher cristã*, 1523), a educação pública para os pobres e as mulheres. Ele buscava combinar a educação humanista a objetivos mais práticos, incluindo o treinamento vocacional e a economia doméstica e artes manuais para as jovens. Como outros teóricos educacionais renascentistas, seguia Quintiliano e atribuía grande importância à adequação das técnicas educativas às faixas etárias e à disciplina humanizada.

A contribuição educacional direta mais duradoura da Renascença foi a elaboração de uma ampla ênfase educacional humanística, que se supunha ser (e que por muito tempo assim foi considerada) a formação educacional do cavalheiro e cuja base residia no domínio do latim. As escolas renascentistas ensinavam um latim muito mais elegante do que aquele ministrado na Idade Média, com particular atenção para a leitura e a escrita. Considerava-se então que o conhecimento dessa língua e a exposição a autores como Cícero e Quintiliano ensinariam sabedoria e moralidade, bem como estilo e eloquência. Os clássicos inspirariam os estudantes a viver bem e honradamente, e a servir responsavelmente a sociedade quando ocupassem posições de liderança.

Acreditava-se então que todas essas ideias eram compatíveis com o cristianismo, mas que não precisavam ser ensinadas como se fazia durante a Idade Média. É digno de nota que quase todos os educadores europeus dessa época defendiam uma verdadeira educação cristã, depurada e pretensamente mais efetiva, ainda que alguns deles caminhassem em direção a um novo "holismo" da vida infantil, ou a abordagens desenvolvimentais da infância um tanto mais aprofundadas.

A abordagem renascentista destacava a centralidade da escola secundária clássica, ainda que certos elementos do novo humanismo também chegassem até as universidades, tanto nas regiões católicas quanto nas protestantes. Os critérios estabelecidos para identificar e formar o cavalheiro educado permaneceriam válidos até o século XX, não somente na Europa, mas também em áreas abertas à sua influência, como as Américas colonizadas (e mesmo a Índia do *Raj* Britânico). A perspectiva de uma educação profundamente liberal e firmemente enraizada nos clássicos permanece manifesta nos debates educacionais, e possui ecos em movimentos análogos de outras partes do mundo. Há, em verdade, um longo diálogo envolvendo concepções europeias e neoconfucianas a respeito da formação clássica e liberal, ao qual retornaremos no âmbito do século XX.

As novas tradições humanistas da Renascença efetivamente envolveram algumas tensões cruciais, a mais óbvia delas a deliberada exclusão do grosso da sociedade, apesar do interesse sincero de muitos líderes educacionais em atingir espectros populacionais mais amplos – para algumas famílias, esse rarefeito elitismo era, precisamente, um dos charmes da nova educação humanista. De que maneira um tal espírito seria capaz de entrosar-se a tentativas mais vigorosas de expansão da escolarização permaneceu em aberto, e a resposta aguardaria pelo futuro.

Outra tensão crucial, novamente percebida por algumas lideranças educacionais, ocorria entre os exercícios e a memorização necessárias ao aprendizado do latim e dos textos clássicos e o pensamento independente e criativo. É indubitável, como demonstrado pelo movimento tradutório e os próprios pensadores renascentistas, que o domínio da literatura antiga poderia ser um primeiro degrau até linhagens cognitivas fundamentalmente novas, mas para muitos estudantes, menos encantados com as etapas preparatórias da educação clássica, a Renascença oferecia mais um *pedigree* educacional do que um motivo de inspiração. Não era um problema desconhecido para os educadores, e ainda teria um peso significativo nas experiências ocidentais vindouras.

A Reforma e os movimentos de institucionalização da educação europeia

As tensões entre a cultura renascentista e a Reforma são um assunto bem conhecido para a História europeia, por se tratarem de movimentos contemporâneos entre si. A Renascença possuía um tom inescapavelmente elitista, ao passo que os reformadores buscavam vigorosamente as conversões em massa, no que foram bem-sucedidos, estimulando a Igreja Católica a renovar sua atenção também junto aos fiéis comuns. Os educadores renascentistas desenvolveram (ao menos em princípio) algum interesse em cuidar das crianças enquanto indivíduos, já os da Reforma continuaram insistindo majoritariamente em sua condição de pecadoras e na necessidade da disciplina. Ambos deixaram marcas profundas na educação europeia – embora óbvia e utilmente essas marcas diferissem muito entre si. A longo prazo, o impacto mais discernível sobre a educação europeia abaixo dos níveis avançados proveio da Reforma Protestante e, em seguida, da Contrarreforma católica.

Não há mistério sobre o porquê de o protestantismo ter atribuído mais atenção à educação. A começar por Martinho Lutero (1483-1546) e seu célebre ataque às práticas católicas em 1517, os protestantes argumentavam que a ideia de um sacerdócio sacramental, ordenado por Deus não apenas para guiar os fiéis, mas também para distribuir benefícios espirituais por meio de sacramentos, era terrivelmente descabida. A função dos pastores seria organizar serviços e oferecer instrução moral e religiosa, mas sem serem veículos específicos da graça. Os cristãos comuns deveriam estabelecer seus próprios percursos morais e conquistar acesso direto à fé por intermédio do conhecimento das Escrituras – e isso significava saber ler. Lutero exortou os governantes à ação: se eles eram capazes de exigir serviço militar compulsório, "tanto mais deveriam compelir seus súditos a manter suas crianças na escola". Ele também traduziu a Bíblia para o alemão, embora continuasse defendendo o aprendizado do latim. Compreender as implicações de novas ideias demora um certo tempo, e tanto ele quanto outras lideranças protestantes permaneceram profundamente interessados em expandir a oferta da educação.

De modo simples, o protestantismo apresentou novas motivações religiosas para a aquisição da literacia e o acesso à educação, gerando assim impulso para efetiva expansão da escolaridade e do ensino. Em resposta, os católicos foram instados a desenvolver suas próprias iniciativas, num ímpeto educacional diferente dos incentivos produzidos pela expansão comercial, mas que na prática eram coincidentes. Juntos, forneceram os motivos principais para que a escolarização e a literacia populares ganhassem terreno.

Como em outras grandes transformações históricas, é fundamental evitar a superinterpretação dessas tendências. O protestantismo não erradicou as fronteiras sociais da educação – obviamente, a tradição renascentista continuou a produzir uma elite socioeducacional. Os impedimentos práticos à escolarização permaneciam, em especial para os numerosos trabalhadores e camponeses. Tampouco as barreiras de gênero foram efetivamente abolidas: muitos protestantes ainda consideravam que os homens deveriam servir como guias morais de suas famílias (incluindo as mulheres), algo que reduzia significativamente o interesse na educação feminina. Além disso, as imensas lutas religiosas entre católicos e protestantes, cujas guerras sangrentas e perseguições mútuas consumiram boa parte da Europa entre os séculos XVI e XVII, tanto inspiraram quanto perturbaram essa expansão institucional.

Não obstante, as mudanças efetivamente ocorridas eram impressionantes. Nos territórios alemães, o estímulo de Lutero à educação, embora ligeiramente qualificado, combinou-se aos esforços do teórico e educador humanista Filipe Melâncton (1497-1560), que trabalhava para melhorar a qualidade do ensino de latim nas escolas elementares, e que junto a outros intelectuais protestantes ajudou a fundar uma série de novas universidades e colégios, dos territórios alemães até os Países Baixos, além de criar diversos catecismos pedagógicos e expressar interesse no aumento do ensino científico. De modo geral, o luteranismo encorajava a expansão educacional com base na colaboração entre as igrejas e os estados, modelo esse que floresceria no futuro. Por outro lado, é possível afirmar que Melâncton abrandou o estilo duro e o temperamento inflamado de Lutero, esforçando-se para traduzir o espírito luterano em uma abordagem educacional mais moderada. No decorrer do século XVII, contudo, as terríveis guerras religiosas limitaram suas conquistas concretas.

Algo bem diverso ocorreu na Escandinávia, onde o luteranismo avançara e os monarcas do Império Sueco, após a conversão, perceberam que a educação representava um elemento vital para a expansão da fé, de modo que os esforços governamentais se combinaram a ações eclesiásticas de âmbito paroquial. Ao mesmo tempo, a administração real buscou assegurar-se de que a formação oferecida produziria resultados tanto religiosos quanto práticos, estabelecendo assim treinamentos específicos para a nobreza e expandindo a Universidade de Uppsala, na esperança de preparar bem a burocracia estatal. As comunidades locais tornaram-se responsáveis pela educação primária, e a recorrente insistência no latim e a vigorosa ênfase luterana não impediram rápidos avanços na literacia. Entre esse nível mais fundamental e as novas universidades, emergiu um conjunto de escolas secundárias privadas e ginásios mantidos pelo Estado, que ofereciam cursos de latim, grego, hebraico, teologia, além de alguma formação em ciências, história e línguas modernas (isto é, se o bispo luterano local estivesse de acordo).

Ao final do século XVII, uma percentagem crescente de suecos era alfabetizada, e também houvera progresso entre as mulheres, mas entre elas aconteceu de muitas saberem ler um pouco, mas não escrever. Os diferenciais de gênero continuavam em voga, e as famílias relutavam em abdicar do trabalho de suas filhas. Mesmo para a maioria dos homens, a experiência educacional era limitada e regimentada. O ensino do catecismo era fundamental, e a memorização o método primordial de aprender e avaliar. Como disse um intelectual sueco, não deveria existir "dúvidas, variações ou oposições, mas sim disciplina rigorosa, uma fé dominadora".

Também na Islândia o luteranismo estimulou a educação popular, e lá os ganhos femininos foram ainda mais perceptíveis. Por volta de 1700, cerca de metade da população sabia ler, e no decorrer do século XVIII a literacia tornou-se quase universal, acompanhada por uma paixão declarada pela leitura de livros e pela escrita informal. Ainda não está claro por que os islandeses se entregaram tão inteiramente à educação do povo, mas é possível afirmar que a chegada do luteranismo exerceu uma influência significativa. Boa parte dessa educação, porém, ocorreu de modo informal nos lares, e os altos níveis de envolvimento das comunidades rurais foram outro aspecto relevante.

Em outra área, a Escócia, a Reforma Protestante (dessa vez em sua expressão calvinista, não luterana), combinada a algumas influências humanistas, exerceu substancial impacto educativo. Já por volta de 1560, os líderes calvinistas projetavam a necessidade da existência de uma escola em cada paróquia, algo que se provou financeiramente inviável. A maioria das cidades, contudo, possuía escolas, financiadas pelas taxas pagas pelas famílias com condições, pelas contribuições eclesiásticas e pela ajuda governamental local. Essas instituições eram inspecionadas por autoridades da Igreja, que avaliavam sua qualidade e pureza doutrinária, enquanto os currículos enfatizavam o catecismo, latim, francês, literatura clássica e esportes.

No começo do século XVII, o parlamento escocês aprovou a educação universal compulsória, cobrando impostos dos latifundiários para suprir os fundos necessários. Autoridades religiosas locais ficaram responsáveis pelas inspeções, e havia particular interesse na uniformidade religiosa. A frequência, porém, ainda não era obrigatória. Como na Suécia, no intuito de encorajar uma maior responsabilidade moral, houve particular interesse na inclusão das mulheres, algo que ia de encontro à crença generalizada na incapacidade intelectual feminina. Embora não tenha havido nenhum esforço para oferecê-las a mesma formação ministrada aos homens, ainda assim houve avanços e até mesmo a esperança de que as garotas pudessem ler a Bíblia diretamente. Por volta de 1750, a Escócia podia se gabar dos seus níveis de literacia (65% dos homens e 15% das mulheres, muito embora entre as aristocratas os números fossem bem mais altos). As universidades escocesas também se expandiram e ofereceram educação liberal de alta qualidade para a nobreza e formação técnica em campos específicos, como a medicina. Noutras partes da Europa, contudo, os níveis universitários eram basicamente separados da educação do povo em geral.

Em parte graças às grandes divisões religiosas, o protestantismo exerceu um impacto educacional relativamente menor na Inglaterra, onde diferentes seitas estabeleceram escolas secundárias rivais e um grande número de academias humanistas e de escolas "públicas" (na verdade, privadas) de elite para atender as classes altas. As facções religiosas buscaram controlar ou fundar novas instituições educacionais, e os avanços na literacia popular foram perceptíveis, embora dependessem menos das instituições organizadas e mais do ensino informal, da orientação dos membros das famílias e das escolas comerciais, voltadas ao ensino de habilidades práticas.

Essas décadas também presenciaram a emergência do puritanismo, uma forma de protestantismo extremado que se provaria particularmente influente nas colônias norte-americanas, e de outras seitas dissidentes, algumas das quais projetaram influência nas escolas urbanas e em universidades como Cambridge. Todas essas novas instituições eram frequentemente dividas entre as intolerantes e autoritárias (segundo o espírito do calvinismo, do presbiterianismo e do puritanismo) e as mais tolerantes, conciliatórias e abertas (metodistas, quakers e outros grupos).

Claramente, o impacto da Reforma na educação europeia foi tanto substancial quanto variado. Muitos grandes planos ficaram pelo meio do caminho. Tensões sobre quantas pessoas deveriam ser incluídas (sem contar as óbvias limitações classistas e de gênero) persistiram. Outras características foram a continuidade do fascínio pelo latim, a disciplina severa e a vigorosa ênfase na religião. Seja como for, a literacia avançou, ao menos em parte pelo interesse dos protestantes, mas também por causa do surgimento da noção de responsabilidade educacional pública, mais notadamente na Suécia, na Escócia e, posteriormente, na Prússia.

Institucionalização e inovação pedagógica na educação católica

Ainda que no início muitas lideranças católicas esperassem suplantar a Reforma ou sufocá-la por meio da força ou da proibição de livros, logo ficou claro que respostas educacionais eram igualmente importantes. No geral, os católicos tiveram menos interesse do que seus adversários na expansão da educação primária e da literacia popular. Não estava claro se a leitura, em oposição à memorização e à instrução catequética oral, seria útil para a gente comum, mas a importância de educar e guiar futuros líderes estava dada, e na década de 1540 uma nova ordem religiosa, a Sociedade de Jesus, abraçou a vanguarda dessa responsabilidade. Os jesuítas acreditavam piamente que uma educação rigorosa e cuidadosamente ortodoxa era um meio vital para a atração de estudantes ambiciosos, e através deles seriam guiadas sucessivas gerações de lideranças religiosas. Seu compromisso com a educação geraria resultados que transbordariam em muito as fronteiras europeias, e sua atuação educativa nas partes da Europa ainda católicas avançou continuamente.

Manifestações similares desse mesmo espírito reformista foram abraçadas por outras "congregações de ensino" e movimentos monásticos, tais como as Irmãs Ursulinas (onde professoras ensinavam moças) e os Oratorianos, emersos do fermento intelectual e social da Itália Renascentista e que posteriormente se espalhariam para a França e as terras governadas pelos Habsburgos.

Sob a liderança de Anne de Xainctonge (1567-1621), as Ursulinas expandiram sua atuação nas colônias francesas do Canadá e na Ásia.

Liderados pelo seu fundador Inácio de Loyola (1491-1556), os jesuítas expandiram de forma agressiva suas escolas secundárias (frequentemente chamadas "colégios") e algumas universidades em países como Espanha, Portugal, Itália e as terras governadas pelos Habsburgos, e lograram certa influência na educação francesa, em especial na Universidade de Paris. Em 1539, já dirigiam 699 escolas, e seu plano educacional foi formalizado em 1599 na *Ratio atque Institutio Studiorum Societatis Iesu* (Plano e Organização de Estudos da Companhia de Jesus), a *Ratio Studiorum*, que permaneceria influente séculos a fio. Seu foco atinha-se aos níveis secundário e universitário, de modo que não existia provisão para a educação primária (para tanto, o grupo líder permaneceria dependente de professores particulares). Os componentes curriculares fundamentais incluíam Teologia, Filosofia, Latim e Grego (há referências à História e à Geografia, descritas como matérias "acessórias"). Tomás de Aquino era citado como maior autoridade teológica, enquanto Aristóteles destacava-se nos campos científico e filosófico. Os colégios jesuítas eram dirigidos por um reitor e possuíam um prefeito responsável pelo currículo e outro encarregado da "ordem e da disciplina". Atribuía-se importância considerável às avaliações, um componente novo na tradição europeia. A Sociedade de Jesus chegou a conceber a concepção poderosa de um sistema unificado, estreitamente ligado aos interesses e ao poder estatais e destinado a impor a autoridade religiosa e o controle social por intermédio das práticas educativas, algo que não foram capazes de realizar de todo, em parte graças aos ressentimentos existentes entre suas autoridades, demais ordens e as monarquias católicas.

A educação feminina na Europa Moderna

Em que pese as desconfianças e as contínuas limitações com relação à educação feminina, a Europa Ocidental moderna, assim como muitas sociedades na Ásia, produziu diversas mulheres articuladas e bem-educadas. Foram histórias individuais, a maior parte delas ocorrida nas classes altas e baseadas no ensino particular, no aprendizado de línguas estrangeiras e, eventualmente, em viagens para fora do país – sem esquecer da disposição e da inteligência das próprias mulheres, claro. Nesse momento, já havia diversas aristocratas bem-formadas, algumas delas aptas a exercer considerável autoridade (ainda que informal) nos assuntos governamentais.

Poucos homens detinham familiaridade com idiomas modernos, dada a ênfase educacional no latim. A futura Rainha Elizabeth I, da Inglaterra (que reinou entre 1558 e 1603), por sua vez, dispunha de governantas que lhe ensinavam francês, holandês, italiano e espanhol, enquanto aprendeu a escrever em inglês, latim e italiano. Um embaixador veneziano declarou que ela "dominava todos esses idiomas tão perfeitamente que cada um deles parecia ser sua língua-mãe". Durante sua adolescência, traduziu diversos livros para o inglês (na esperança vã de que isso agradasse seu pai) e teve a sorte de contar com um tutor privado que acreditava, surpreendentemente até, que aprender poderia ser agradável, de modo que, quando de sua ascensão ao trono, Elizabeth era uma das pessoas mais bem-educadas do país. Trata-se, a bem da verdade, de uma história incomum (porque a educação feminina era em si incomum), mas retrata como realizações individuais poderiam vir a se tornar imensamente influentes.

Boa parte dos comentários contemporâneos sobre esse tema era bastante crítica a respeito das pretensões (e dos supostos perigos) das mulheres educadas, identificando-as como impudicas ou um risco às convenções sociais e ao ordenamento de gêneros divinamente projetado. Enquanto estudos mais antigos voltavam-se principalmente para as poucas integrantes da elite ou da aristocracia que tinham conseguido chegar aos níveis educacionais mais avançados, os mais recentes têm atentado para as definições mais amplas de aprendizado e a instrução nos papéis definidos pelo gênero em sociedades majoritariamente patriarcais. Algumas poucas mulheres europeias foram capazes de escapar dessas convenções ao viajar, tornando-se tradutoras, mediadoras ou mesmo empreendedoras em outras culturas. E claro, o acesso à educação formal e às universidades lhes era negado, tanto por lei quanto pelos costumes.

Novas teorias educacionais e visões utópicas de universalismo

No século XVII, o impacto do protestantismo e a resposta católica, combinados ao humanismo renascentista precedente, gerou diversos planos e propostas educacionais mirabolantes, alguns dos quais sugeriram claramente certos desenvolvimentos que se provariam muito influentes no futuro da educação ocidental.

Na Inglaterra, por exemplo, em meio a violentas disputas religiosas e políticas, Thomas Hobbes (1588-1679) desejava estabelecer as bases para uma ordem mais estável e esboçou uma proposta radical para o controle do governo absolutista sobre a educação. Para Hobbes, era fundamental que o Estado soberano estendesse seu poder sobre todos os domínios, das famílias e escolas locais até as academias e universidades. A autoridade estatal uniforme e a educação pública sistemática deveriam ser decisivamente combinadas.

Dentre os outros teóricos visionários, temos o utopista alemão Johann Valentin Andreae (1586-1674), que propôs uma extensão da Academia Calvinista de Genebra (1559) capaz de combinar religião e reforma social. Também Tommaso Campanella (1568-1639), autor do início do século XVII que buscava a perfeição social por meio da associação do catolicismo ao pensamento científico. Ainda que esses ideais visionários tenham permanecido no plano especulativo, exerceram grande influência sobre os educadores e filósofos subsequentes.

De forma mais prática, Samuel Hartlib (c. 1600-1662), um teuto-polaco de nascimento, mas cuja carreira fez-se na Inglaterra, promoveu incansavelmente a noção da "nova educação", que incorporaria os avanços científicos ocorridos na época e seria ministrada em inglês, não em latim. Trabalhando junto a outros reformadores protestantes após a Guerra Civil Inglesa (1642-1651), desenvolveu novas escolas aplicadas e de comércio e levantou fundos para bancar bolsas de estudo destinadas a "pobres promissores". Inspirado por Quintiliano e pelos renascentistas, Hartlib pensava em métodos instrucionais que levassem em consideração a "mente do aprendiz" e os estágios desenvolvimentais vividos pelas crianças, adequando assim o aprendizado às necessidades e capacidades dos estudantes. Houve, inclusive, indícios de um tipo de educação centrada na criança que, mais tarde, receberia muito maior atenção.

Mais importante desses teóricos, o pensamento do tcheco Comenius (Jan Amos Komenský, 1592-1670) foi influente em toda a Europa, inclusive na Inglaterra, onde Hartlib, dentre outros, popularizou suas ideias. Bispo protestante na Morávia, advindo de alguns dos círculos mais extremos do anabatismo, buscava combinar os princípios religiosos tradicionais às teorias pedagógicas mais atuais. Fora inspirado por uma visão da *pansofia*, ou saber universal, em que toda a experiência humana poderia ser sintetizada e bem-ensinada por meio do conhecimento compreensivo. Era um crítico das escolas do seu tempo pela sua rigidez e incapacidade em inspirar os estudantes e por não conseguirem incorporar a riqueza da vida e da criação divina. Escrito em latim, seu trabalho foi amplamente disseminado e difundiu sua nova visão, enquanto o próprio autor constantemente se mudava para fugir das guerras religiosas e das perseguições governamentais, chegando, por fim, à Suécia e, depois, à incomumente tolerante Holanda.

Comenius acreditava que a verdadeira educação, com um currículo rico e apoio consistente, poderia transformar toda a civilização humana, unificar todos os povos, transcender as lutas religiosas e as fronteiras políticas e criar uma "cultura mundial do aprendizado". Junto com seus seguidores, produziu uma série de textos pedagogicamente sofisticados e etariamente adequados, escritos em latim, mas com diversas traduções vernáculas à disposição, que trabalhavam gramática, dialética, retórica, ética, física e matemática. Durante décadas, diversas versões de seu *Orbis sensualium pictus* (*O mundo ilustrado*, 1651) circularam em diversos idiomas e influenciaram alguns dos mais importantes pensadores educacionais do século XVIII, criando assim uma ponte entre as tradições educativas já existentes e a expansão do conhecimento científico – um dos temas fundamentais do período seguinte da história educacional europeia.

As ideias verdadeiramente revolucionárias que inspiravam Comenius eram: todas as crianças eram capazes de aprender; o aprendizado deveria ser um prazer, não uma imposição intransigente; toda criança, de todos os lugares, poderia tomar parte de um saber genuinamente universal e enciclopédico. Junto a outros reformadores associados, Comenius concebeu divisões mais claras e sistemáticas de um início de vida dedicado ao aprendizado progressivo: a infância (até os 6 anos) junto à mãe ou numa escola de base familiar; até os doze em escolas comunitárias que ensinavam o vernáculo; dos treze aos dezoito em escolas gramaticais latinas, idealmente situadas em cada cidade ou centro regional; por fim, para um grupo mais seleto, a universidade, dos 19 aos 20 e poucos anos de idade; tudo coroado por uma "academia de conhecimento" compartilhada que abraçava todas as ciências religiosas e humanas. Sua visão era grandiosa, combinando-se tanto ao crescente, mas diverso, interesse pela educação presente em muitas partes da Europa quanto ao desejo, por parte das novas academias científicas, de encontrar formas de atingir audiências mais amplas e trazer a educação pública à exploração científica.

Conclusão

A educação ocidental europeia no começo da Era Moderna tanto refletia quanto promovia grandes transformações. Não chegou a ser inteiramente revolucionária, pois além de diversos grupos sociais não terem sido incluídos, ainda não está claro quantas pessoas, fora das elites, consideravam a instrução formal como uma parte integrante da infância. Mudanças significativas ocorreram, mas foram impressionantemente episódicas. Somente uns poucos grandes esquemas foram experimentados, nada mais que um punhado de sistemas coerentes foi seriamente elaborado, e tudo isso em relativamente poucos países. De fato, poucos foram os europeus com acesso à educação formal que tiveram disposição para apoiar (seja pagando impostos ou por meio da filantropia) a educação para os filhos dos outros, ou para grupos não elitistas.

Contradições abundaram, mesmo quando descontado o imenso abismo existente entre as academias e universidades e a educação popular mais prática. A educação deveria encorajar a exploração intelectual, ou mergulhar nos clássicos latinos e na ortodoxia religiosa? Poderia existir alguma conversação possível entre os antagônicos educadores protestantes e católicos? Haveria algum modo de traduzir algumas das novas ideias sobre disciplina em práticas efetivas de sala de aula – onde condutas muito severas teimavam em existir, a não ser pelas extravagâncias de poucos professores e tutores privados? Além disso, países religiosamente divididos, como a Inglaterra e os estados alemães, enfrentaram desafios específicos na montagem de um tipo coerente de sistema educacional protonacional. Ainda mais importante, as tensões entre ensinar em uma língua vernácula, ou falada, e o uso do latim permaneceram insolúveis. Estas e outras grandes questões tiveram de esperar por respostas futuras, independentemente do problema mais urgente de considerar outras disciplinas e abordagens nos currículos padrão.

E ainda assim, o avanço na educação europeia existiu e é mensurável. Novos impulsos religiosos combinaram-se ao renovado interesse utilitário na literacia e nos cálculos surgido no âmbito da economia comercial. Mais e mais pessoas dispunham-se a, e gastavam para, conseguir alguma educação, por menor que fosse, para seus filhos, e houve progresso significativo na educação superior e nas novas ciências. A energia de teóricos como Comenius e outros não era algo comum, mas encorajou o ímpeto que se seguiu.

Leituras adicionais

O último volume da trilogia de James Bowen, *A history of western education – Vol. 3: The modern West* (St. Martin's, 1981), assim como o restante da obra, permanece indispensável. Sobre literacia, cf. a segunda edição de *Literacy in early modern Europe: Culture and education, 1500-1800* (Routledge, 2013), de Rob Houston. Sobre educação superior, *Saints or devils incarnate? Studies in Jesuit history* (Brill, 2013), de John O'Malley. Sobre gênero e educação, *Women's education in early modern Europe: A History, 1500-1800* (Garland, 1999), organizado por Barbara Whitehead, e a quarta edição de *Gender in world history* (Routledge, 2020) de Peter N. Stearns. E para um dentre os muitos estudos em nível nacional, o trabalho de I. M. Green, *Humanism and protestantism in early modern English education* (Ashgate, 2009).

8

Transformações na educação europeia do século XVIII

Novos papéis para a ciência e o Estado

Muitas das tendências já estabelecidas na Europa durante os séculos XVI e XVII seguiram século XVIII adentro e se aceleraram. As regiões protestantes continuaram a estimular a educação e fortalecer a literacia básica (ao menos entre os homens) e articularam formações avançadas para o clero e os funcionários do Estado. As diversas ordens católicas expandiram suas missões educacionais, às vezes com foco nas habilidades fundamentais, às vezes (como no caso dos jesuítas) visando mais a educação avançada, uma atuação que começou a se complicar por volta de 1750, quando diversos monarcas católicos, preocupados com a influência da Companhia de Jesus, baniram-na por várias décadas. Deu-se, então, um passo importante em direção a novos debates a respeito do papel da religião na educação, debates esses que continuariam no século XIX e mais além. O trabalho de outras ordens, por sua vez, não foi interrompido, de modo que a questão da autoridade clerical não chegou a ser efetivamente confrontada.

A disseminação da literacia básica nas diversas línguas vernáculas europeias ganhou força, resultado da combinação do apoio municipal às escolas primárias (algumas, inclusive, religiosas) mais o investimento familiar nos professores particulares. A atividade comercial europeia manteve-se em expansão, e com ela um crescente interesse nas mudanças tecnológicas nos campos da manufatura e da navegação, algo que motivou muita gente a ingressar na educação formal, aprender alguma literacia e reservar recursos para educar suas crianças.

Mas para além dessas continuidades, dois ou três fatores inéditos começaram a estimular novas tendências no ensino. Primeiramente, a partir do século

XVII, a Revolução Científica impulsionou uma série de novas teorias educacionais, ainda que baseadas nos trabalhos preexistentes de figuras como Comenius. A ciência também alterou a conduta efetiva da educação superior, embora as conexões nesse ponto específico sejam um tanto mais complexas. Em segundo lugar, a educação começou a figurar mais fortemente entre os objetivos de alguns monarcas, especialmente em partes dos territórios alemães e do norte europeu. A noção de que a educação (além da preparação dos futuros oficiais) interessava ao Estado era uma variável nova e que ganharia grande proeminência nos séculos seguintes, ainda que baseadas em iniciativas protestantes específicas e mais recuadas, como ocorrera na Suécia. Por fim, estimulados pela "nova ciência" e pela expansão da atuação moderna do Estado, diversos governos passaram a perceber que precisavam de novas expertises em diversas áreas, tais como a militar, a mineradora, a mercantil e a agrícola, as quais, por sua vez, exigiam o estabelecimento de educações técnicas formalizadas – novamente, iniciativas que viriam a florescer mais grandemente durante o século XIX.

A Revolução Científica e o início do Iluminismo

A partir de finais do século XVI, diversos pensadores europeus, da Inglaterra à Polônia, da Escandinávia à Itália, começaram a divulgar muitas das novas descobertas sobre a mecânica natural, e nesse processo encorajaram um renovado empoderamento da razão humana e da capacidade do saber. Esse entusiasmo científico crescente ocorreu a partir de avanços previamente desenvolvidos pela intelectualidade islâmica, por vezes realizando "descobertas" que cientistas de outras partes do mundo já conheciam há muito tempo, como o orgulhoso reconhecimento de que era a Terra que se movia em torno do Sol, e não o contrário. Mesmo assim, não se deve esquecer que essas novas "tendências" do pensamento científico europeu e do empirismo positivista permaneceram fortemente patriarcais e socialmente hierarquizadas.

Não há como negar, todavia, que em finais do século XVII a ciência europeia havia estabelecido compreensões inéditas, que incluíam: nos campos da física e da astronomia, descobertas tanto teóricas quanto experimentais sobre o funcionamento da gravidade; na química, com trabalhos sobre o comportamento dos gases; e na biologia, com dramáticos experimentos relativos à circulação sanguínea. Durante o século XVIII, os conhecimentos sobre a diversidade vegetal e animal, a "história natural", também avançaram, alimentados por novos dados que fluíam até a Europa vindos das colônias, e com o estabelecimento de um novo sistema de classificação dos seres. Os matemáticos britânicos, por sua vez, responderam a um desafio proposto pelo Estado para descobrir como calcular a latitude. Todos esses trabalhos dependiam em muito de novas tecnologias, tais como microscópios e telescópios mais modernos.

Esses desenvolvimentos, muitos dos quais amplamente popularizados em meio ao crescimento da literacia e à expansão da indústria editorial, não apenas permitiram o avanço de campos específicos do conhecimento como também encorajaram uma nova concepção de que a ciência e a pesquisa racional, e não a fé religiosa, eram a mais importante fonte da verdade. A religião continuou relevante, mas diversos intelectuais começaram a contestar afirmações tradicionais, algo que obviamente traria enormes implicações ao conteúdo e à organização da educação (de que é exemplo a destruição dos antigos mitos geocêntricos, um movimento de imensa repercussão junto à educação). Além disso, o entusiasmo pela ciência começou a se estender para novas áreas, como os estudos dos assuntos humanos: no século XVIII foram estabelecidas as bases fundacionais das grandes "ciências sociais" modernas, da economia à criminologia. Todos esses desdobramentos (como o entusiasmo pela razão e o desejo de ampliar a investigação racional) abasteceram o Iluminismo, movimento no qual os intelectuais trabalhavam duro para disseminar seus argumentos e novas teorias para um público mais amplo, educado. Mais e mais pessoas passaram a acreditar que o novo conhecimento era preferível ao velho, desde há muito baseado na inculcação de verdades arcaicas fixadas nas Escrituras e nos escritos de autoridades clássicas.

A efetiva conexão havida entre esses descobrimentos intelectuais fundamentais e a educação foi surpreendentemente complexa, e seu resultado mais óbvio foi o imenso incentivo que as descobertas deram a teorias inovadoras, tanto sobre a educação quanto sobre o funcionamento da mente humana, ainda que essas modernidades frequentemente só estivessem acessíveis a uma pequena minoria privilegiada. E apesar disso, essas novas teorias da aprendizagem instruíram esforços ampliados para apoiar a educação de mais crianças e jovens, reorganizar o ensino de modo a refletir a importância da razão e do conhecimento e até mesmo reconsiderar métodos disciplinadores tradicionais. Com o tempo, essas teorias cada vez mais dariam forma às políticas educacionais contemporâneas.

As recentes pesquisas acadêmicas no campo da história da ciência e da tecnologia têm demonstrado até que ponto efetivamente existiu uma "Revolução Científica" no começo da Era Moderna, e que embora tenha ocorrido com maior destaque na Europa Ocidental, refletiu também certas tendências que integravam processos transnacionais mais abrangentes. Claramente, a riqueza oriunda das colônias moldou o novo conhecimento científico e a consciência sobre o mundo natural, ao mesmo tempo que o grande intercâmbio global de plantas, animais e populações se acelerava e intensificava.

Essa nova ciência, entretanto, não reformulou de imediato a educação em si. A noção bem-estabelecida de que o ensino deveria focar na verdade religiosa e na veneração do saber clássico (aí incluída a ciência aristotélica, que estava sendo ultrapassada pelas novas descobertas) não desapareceu de pronto. Mesmo boa parte do próprio conhecimento científico resultou não de estruturas educacionais, mas sim do trabalho solitário de intelectuais criativos, complementado por trocas de correspondências e pela filantropia. Muito das pesquisas mais instigantes ocorria em novas academias, amiúde estabelecidas por governos, tais como a *Académie des Sciences* francesa (1666) e a *British Royal Society* (1662), mais privada. Seus membros eram intelectuais reconhecidos, e os próprios grupos esforçavam-se em promover interações e divulgação, mas não o ensino. Essas academias eram necessárias precisamente porque as universidades tradicionais insistiram durante muito tempo em manter suas trajetórias já consolidadas. Gradualmente, a nova ciência chegaria até elas, bem como aos níveis educacionais mais básicos, mas foi um processo lento, não um arrebatamento dramático.

Transformações graduais na educação superior europeia

Nada ilustra tão bem a complexidade da relação entre o novo pensamento científico e a estrutura educacional que a carreira de Isaac Newton (1642-1727), cujo trabalho estabeleceu, em último caso, leis básicas do movimento e da gravidade profundamente influentes em todo o mundo. Embora não tivesse sido um aluno particularmente brilhante na juventude, aproveitou-se que o surto de peste havia provocado o fechamento de Cambridge para aprofundar as leituras por conta própria e elaborar suas teorias revolucionárias em matemática e física. Noutras palavras, o sistema educacional existente forneceu a Newton um referencial para inovadores como ele, mas somente de forma geral: o trabalho autônomo e a troca de correspondências foram as fontes cruciais das suas descobertas. À medida que seus dramáticos resultados começaram a provocar agitação, as autoridades de Cambridge reconheceram o gênio e o indicaram para o corpo docente, ainda que para tanto precisasse contornar a exigência padrão de que os professores se tornassem membros ativos da Igreja da Inglaterra. Durante muitos anos, Newton ensinou ótica e matemática, contribuindo assim para um processo gradual em que instituições como Cambridge começaram a incorporar novos objetos e abordagens, ainda que continuassem enfatizando o conhecimento clássico e mantivessem como função central a formação dos futuros clérigos anglicanos e funcionários estatais. Mudanças efetivamente aconteciam, mas eram incrivelmente fortuitas.

Em termos mais amplos, o número de universidades crescia rapidamente, expandindo o padrão discutido no capítulo anterior, mas durante o século XVIII a gama de matérias que ministravam também aumentava, ainda que mais velozmente em instituições mais recentes. Especialidades antigas como os clássicos e a filosofia clássica, direito e medicina subsistiam, mas já havia outros cursos tais como filologia, linguística, linguagens modernas, histórias, astronomia, cosmologia, física, estudos mecânicos, ótica, além de trabalhos pontuais nas áreas das relações internacionais ou da "etnografia não europeia". Algumas universidades montaram laboratórios experimentais, outras encorajaram explorações de campo ou diálogos ativos, e até mesmo seus corpos docentes desenvolveram maior autoconsciência, advinda dos importantes contatos com colegas de outras faculdades. Muitas instituições começaram a publicar jornais de pesquisa, um passo não pequeno, e frequentemente o *status* desfrutado pelos próprios estudantes não se baseava somente em sua origem privilegiada (o comum até então), mas também na participação efetiva nas novas formas de ensino e reflexão. Não surpreende que durante o período revolucionário europeu, de finais do século XVIII até as primeiras décadas do XIX, muitos desses discentes universitários se tornassem fontes do recorrente ativismo político.

As carreiras e ideias de dois irmãos acadêmicos internacionalmente conhecidos da virada do século ajudam a ilustrar o alcance expandido da educação universitária. Alexander von Humboldt (1769-1859) era o filho de um importante oficial militar prussiano que desenvolvera uma paixão precoce por coletar plantas, mas que entrara na universidade para estudar finanças. Após mudar-se para outra instituição, Göttingen, pôde finalmente estudar ciência e anatomia de modo explícito, encontrou diversos outros estudantes e professores das ciências e deu início a uma atuante carreira de pesquisador e viajante, que o levou a desenvolver estudos de campo pioneiros em toda Europa e nas Américas, dentre os quais algumas das primeiras investigações realizadas na região andina. Mais tarde, estudaria comércio, línguas estrangeiras, astronomia e geologia, uma carreira discente inusual pela variedade de assuntos que abordou, mas que também dá testemunho de como o ingresso numa universidade e a exploração da gama mais diversa de campos científicos, como a geografia física e a botânica, tornavam-se cada vez mais comuns.

O legado do irmão mais velho de Humboldt, Wilhelm (1767-1835), formado em linguística e filosofia política, foi ainda mais longe, posto que ele enunciou a ideia genuinamente nova da importância da liberdade acadêmica e do pensamento independente como base da pesquisa no âmbito da moderna universidade e de sua contribuição para a sociedade. Como ministro da educação da Prússia no começo do século XIX, defendeu o conceito de *Wissenschaftlichkeit*, "pensamento científico", segundo o qual docentes e alunos deveriam, juntos, buscar a verdade em todos os temas como eles honestamente a concebiam, livres da interferência da Igreja ou do Estado. Ele insistia na missão da educação universitária, que transcendia meros conhecimentos técnicos específicos e almejava a compreensão universal da natureza e da condição humana. Com isso em mente, os professores deveriam ter a máxima liberdade para desenvolver e conduzir seus cursos.

Do ponto de vista histórico, o fundamental aqui é como os trabalhos dos dois irmãos Humboldt assinalaram as profundas transformações ocorridas nas universidades europeias em finais do século XVIII, em resposta aos novos campos e princípios de estudo. As concepções de Alexander a respeito da complexidade interconectada do mundo natural foram resultado direto de suas viagens internacionais, prova de como o novo pensamento científico foi continuamente moldado pelos encontros transculturais.

Novas ideias sobre a educação e a compreensão humana

Junto à gradual regeneração das universidades do sistema educacional ocidental, que seria ampliada no século XIX, a explosão de novas ideias educacionais foi o segundo resultado perceptível da Revolução Científica. É fundamental ter em mente que as ideias relativas à expansão educacional e aos novos métodos de ensino e disciplina já haviam surgido no início da Europa moderna. Claro, outras tradições pedagógicas (na Ásia Oriental e no Islã) também haviam produzido educadores ansiosos por encorajar os estudantes a desenvolver o amor pelo saber e que postulavam mudanças urgentes na disciplina repressiva – duas características bastante proeminentes nos comentários educacionais da Era de Ouro Árabe, por exemplo.

Coube, contudo, ao padrão discursivo mais consistente lançado na Inglaterra por John Locke (1632-1704) estabelecer uma reconsideração particularmente influente e durável das ideias ocidentais solidamente arraigadas sobre a natureza infantil e sua relação com o aprendizado, algo que seria ampliado durante o Iluminismo e mais além e cuja influência desconheceria os limites do Ocidente. Seu trabalho assinalou a renúncia específica a alguns dos pensamentos protestantes mais pessimistas, que enfatizavam o pecado original nas crianças e a consequente necessidade de punições severas. Sua obra dedicada à educação e ao aprendizado, *Ensaio acerca do Entendimento Humano* (1693), imensamente influente, gerou múltiplas edições e foi traduzida para diversos idiomas, refletindo tanto quanto encorajando no público leitor de classe média um crescente interesse pela educação.

A obra de Locke cobriu um vasto escopo, com relevantes contribuições ao ideário da filosofia política, mas seu legado educacional foi, no mínimo, muito significativo. Confrontando a noção da pecaminosidade inata, afirmou que as crianças nasciam como "tábulas rasas" capazes de serem moldadas pela educação, no conhecimento como no caráter. Em sua visão, o educar ganhou excepcional importância e significava mais do que simples memorização e disciplina severa. De fato, como as crianças não eram intrinsecamente más, as punições duras eram tão desnecessárias quanto contraprodutivas, de modo que Locke criticava veementemente surras com varas e humilhações públicas. Acostumar a criança a "gentilmente tolerar algum grau de sofrimento" pode até promover firmeza mental e coragem, mas sem exageros. Tampouco a religião deve ser central a um programa educativo: construção do caráter, sim, mas nunca o sectarismo mesquinho.

Algumas das reflexões de Locke puderam ser interpretadas das mais diversas maneiras e evoluíram com o tempo. Por exemplo, a ideia da tábula rasa poderia encorajar programas educacionais intervencionistas ou autoritários, sem atentar às necessidades e capacidades das próprias crianças, mas em seus escritos mais tardios o autor reconheceu que deveria existir alguma forma de "propensão natural" dentro delas, cujas expressões precisariam ser estimuladas, pois a educação haveria de ser um diálogo entre o professor e seus educandos. Ainda que alguma orientação fosse essencial, os educadores deveriam buscar "fazer o melhor com o que a natureza proveu", ajudando assim cada criança a descobrir seu próprio "gênio natural".

Essa abordagem naturalmente encaminhou Locke a encorajar a expansão das oportunidades educativas, ainda que não fosse um igualitário ou radical. Contente com a própria educação precoce que recebera, marcada pela ênfase usual da classe alta no ensino privado, ele não chegou a ser um defensor do ensino primário sistemático, acreditando piamente que para os ricos era preferível que as crianças fossem educadas por professores particulares, e não se convencera de que muitos estudantes fossem capazes de lidar com instruções mais avançadas. Ansiava, no entanto, pela ampliação do acesso ao ensino das habilidades práticas.

Sua nova epistemologia, e o ataque a diversas abordagens educativas tradicionais, abriram caminho para discussões mais amplas e, com o tempo, pesquisas mais diretas sobre os estilos do aprendizado infantil, algo que eventualmente seria conhecido como psicologia educacional. Houve pouco impacto imediato nas salas de aula e nos métodos de ensino; a crítica às punições severas, especialmente, não chegaria às escolas até muito tempo depois (embora, como sempre, as práticas variassem de professor para professor), mas não há dúvida de que o tópico "educação" conquistou crescente atenção na Europa do século XVIII.

Giambattista Vico (1660-1744) foi um dos pensadores que fizeram avançar o debate, argumentando que os elementos vitais da atividade estudantil eram a imaginação e a criatividade, e não meras impressões sensoriais ou repetições mecânicas. Professor em Nápoles, Vico exigia o engajamento imediato da linguagem e das artes (uma formação humanística, mas para crianças pequenas) seguido por trabalhos subsequentes na lógica e na ciência, e tal e qual Comenius um pouco antes, propunha a noção da instrução em séries etariamente organizadas.

De forma mais ampla, os pensadores e divulgadores iluministas enfatizavam ativamente a importância da educação para o progresso e a felicidade humanos – afinal de contas, a ideia de "difundir o Iluminismo" era um pleito educacional.

Por meio da educação apropriada, sem os dogmatismos religiosos mesquinhos e a ênfase injustificada em crenças ultrapassadas, as pessoas aprenderiam a se ver livres das superstições e desenvolveriam sua inerente capacidade racional. Alguns reformadores, como Castel Saint Pierre (1658-1743), afirmavam simplesmente que "o objetivo da educação é, no geral, trazer ao aluno, aos seus pais e demais cidadãos, maior alegria do que poderiam ter tido sem ela". As escolas precisavam ser úteis à sociedade, o que poderia levar, entre outras coisas, à ênfase no ensino técnico.

Outros pensadores iluministas também acreditavam piamente que a expansão educacional era vital para que mais pessoas absorvessem o saber produzido pelas novas pesquisas científicas. O Marquês de Condorcet (1743-1794), por exemplo, afirmava que o próprio Iluminismo era produto da nova educação e insistia que as grandes descobertas não poderiam permanecer restritas às elites somente, mas sim compartilhadas o mais amplamente possível, tornando-se assim a base para o progresso humano mais generalizado, pois as injustiças políticas e sociais se curvariam perante a sabedoria de uma população iluminada. Outros defensores das luzes, contudo, atribuíam maior relevo a como a educação poderia contribuir mais diretamente para a felicidade do indivíduo, uma tensão que continua existindo nos modernos debates educacionais e, até certo ponto, nos próprios programas escolares. Obviamente, ambos os lados concordavam que ideais antigos, como o domínio de um dado *corpus* de saberes ou a fé em Deus, já não eram mais centrais.

Nenhuma outra figura pôs a criança no centro do processo educacional tão clara e apaixonadamente quanto Jean-Jacques Rousseau (1712-1778), muito especialmente em seu livro *Emílio, ou Da Educação* (1762). Personagem idiossincrático do Iluminismo, profundamente convencido da bondade humana e, ao mesmo tempo, extremamente pessimista a respeito das influências corruptoras das instituições, sua obra apresenta-se como uma tentativa de dar quadratura ao círculo. Educar não era uma questão de instrução formal, e sim de libertar as capacidades naturais das crianças e suas habilidades para descobrir, algo que chamou de "educação negativa", centrada não no professor, mas no aluno. Um bom mestre estabeleceria ambientes nos quais punições físicas e constrangimentos de qualquer sorte seriam, obviamente, um tabu, e onde as crianças poderiam explorar e chegar às próprias conclusões. Por volta dos 12 anos, elas deveriam começar a adquirir conceitos e habilidades mais abstratas, mas mesmo então seriam a experiência e a descoberta empíricas, e não os livros, que deveriam estabelecer os fundamentos. Numa terceira fase haveria a crescente interação com os outros, baseada no cuidado e na compaixão, ao invés de ganância ou competitividade; nesse mesmo estágio, certos ensinos técnicos poderiam prover habilidades úteis para manter os jovens fora do mau caminho.

A argumentação visionária do *Emílio* não era o padrão do receituário iluminista, e seria bastante difícil traduzi-la em verdadeiros programas educacionais. O próprio Rousseau foi largamente atacado por importantes figuras do Iluminismo, em parte graças ao seu patente individualismo e à sua indisposição em aceitar a relevância de promover o aprendizado de objetos e matérias, incluindo alguma proximidade com as ciências mais recentes. As críticas também apontavam para o fato de ele ter abandonado os próprios filhos e para sua resoluta convicção na inferioridade feminina. Ainda assim, a noção de que a educação deveria ser construída a partir da criança como indivíduo e promover maior e "mais natural" autodesenvolvimento recebeu grande destaque, em seu tempo e posteriormente. Rousseau afirmava que sua visão de uma criação mais natural era parcialmente inspirada nas práticas dos indígenas da América do Norte, mas essas ideias eram, em verdade, mais fundamentadas em sua própria imaginação sentimental sobre a vida das populações originárias do que no conhecimento efetivo dessas práticas não europeias.

Ainda assim, nas décadas que se seguiram uma profunda influência rousseauniana fez-se presente em diversos experimentos educacionais práticos: na Suíça, Johann Pestalozzi (1746-1827) defendeu uma abordagem que envolvia o aprendizado pela tríade "cabeça, coração e mãos", entendido nas escolas modernas como uma oportunidade para ensinar habilidades, mas também para cultivar um tal autodesenvolvimento que beneficiaria até mesmo os muito pobres. Diante da oportunidade de estabelecer uma escola para órfãos em 1799, ele tentou implementar essa sua combinação de treinamento prático e trabalho efetivamente produtivo, "cultivando os poderes da atenção, observação e memória". Dito de outra forma, as crianças possuíam aptidões inatas que deveriam ser cuidadosamente encorajadas, fossem quais fossem suas classes sociais. Os métodos educacionais de Pestalozzi eram profundamente centrados na criança, reconheciam diferenças particulares e encorajavam atividades individuais para cada estudante, segundo a premissa de que a natureza humana era essencialmente boa. Seu legado incluiu a ênfase na importância em dividir o conhecimento em segmentos, inclusive a educação física, e seu sucesso em conseguir ensinar as letras e os números mesmo para crianças de 5 ou 6 anos.

As contribuições iluministas à educação foram tão vastas quanto diversificadas, mas até o final do período houve muito mais discussão do que reformas práticas – nem Rousseau nem Locke, por exemplo, explicaram como traduzir suas ideias em efetivos sistemas escolares. À época, nenhum dos teóricos teve muito impacto sobre como verdadeiramente ensinar à maioria das crianças, dos cada vez mais numerosos alunos urbanos que cursavam as formações mais aplicadas aos filhos das classes superiores que iam para as escolas secundárias clássicas quando terminavam as aulas particulares de grego e latim. Por fim, embora as universidades estivessem gradualmente se transformando, poucas foram as que efetivamente se tornaram bastiões do Iluminismo; a maioria permaneceu aferrada à ênfase nos clássicos e na religião, com uma inclusão, no máximo modesta, de algumas temáticas novas e métodos. Circunstancialmente apenas, em instituições-chave na Escócia e certas regiões alemãs, o pensamento iluminista foi aceito de modo amplo.

Coletivamente, contudo, o Iluminismo promoveu de fato um renovado sentido da importância da educação e a proposta de separá-la das abordagens tradicionais – nos objetos, matérias e objetivos, bem como nos métodos instrucionais e na disciplina. Certas ideias específicas, caso da investida contra as punições físicas, só vieram a respingar efetivamente nos sistemas escolares décadas após o século XVIII. Em suas convergências e divergências, o Iluminismo ajudou a lançar debates sobre como e por que educar, debates esses que permanecem influentes em diversos lugares hoje em dia. Central a todas as correntes iluministas, a ideia de a educação ser essencial à unidade social e (trazendo consigo alguma tensão) ao desenvolvimento pessoal e à prosperidade humana.

A educação e o Estado absolutista inicial

Durante a segunda metade do século XVIII, a evolução gradual e parcial da educação superior sob o impacto da Revolução Científica e as dramáticas contribuições teóricas iluministas foram reunidas em uma série de amplas reformas educacionais que refletiram o novo pensamento sobre como os governos poderiam apoiar, e eventualmente exigir, a expansão da escolaridade em massa, um desdobramento surgido diretamente do entusiasmo iluminista pela educação popular e que ecoava certa consciência sobre a possibilidade de maior disseminação das competências técnico-científicas entre o grosso da população. Mas também adicionou algumas intrigantes implicações relativas à própria função do Estado que ultrapassavam interesses mais tradicionais (no Ocidente e em outras sociedades), como a formação dos futuros quadros oficiais.

O pioneirismo nesse particular coube à Prússia, um Estado ambicioso e expansionista do leste alemão onde ocorreu o primeiro esforço sistemático para a criação de um sistema escolar fundamental, para além do encorajamento às municipalidades e às igrejas já existente em tantos estados protestantes – não por acaso, a Prússia era predominantemente luterana. Até então um país mais agrícola e subdesenvolvido que muitos dos seus vizinhos, lá surgiu a primeira proposta essencialmente moderna de uma "política estatal bem organizada" de investimento na educação apta a favorecer a economia nacional e sua capacidade de alcançar maior paridade com países mais ricos, como a França ou a Suécia. Em 1763, o governante absolutista prussiano, Frederico o Grande, expediu os *Generallandschulreglement* (regulamentos escolares gerais), que a princípio exigiam a frequência à escola de todos os meninos e meninas, dos 5 aos 13 (ou 14) anos de idade, em instituições públicas majoritariamente custeadas pelas municipalidades. Foi o primeiro exemplo mundial de universalização geral e compulsória da educação primária bancada pelo Estado.

Havia precedentes para essa experiência: conforme a noção de que toda criança deveria poder adquirir literacia e religiosidade, diversos estados protestantes já haviam estabelecido exigências educacionais, como a Saxônia em 1619 e a própria Prússia em 1717. Também vimos que a Suécia e a Escócia haviam promovido movimentos similares. Esses passos, conquanto importantes, não foram inteiramente aplicados, e o suporte financeiro foi, na melhor das hipóteses, esporádico.

Diversos pensadores de língua alemã haviam participado das discussões educacionais iluministas e também refletiam a respeito do conhecimento das reformas ocorridas em partes da Itália, França e Inglaterra. Christian Thomasius (1655-1728) e August Hermann Francke (1663-1727), inspirados nas ideias de Comenius, Locke, dentre outros, debateram a possibilidade de implantação de uma rede escolar. A primeira verdadeira escola primária fundada por Francke foi uma instituição filantrópica, voltada para a assistência a crianças pobres. Posteriormente, inaugurou uma escola municipal para a classe média urbana, inaugurada na Universidade de Halle, onde era diretor, e financiada pela cobrança de taxas. Mais tarde veio uma escola secundária, com um currículo que incluía latim e alemão. Todas essas instituições buscavam implementar as demandas crescentes por maior atenção aos educandos e seu engajamento ativo, e contavam com o que seus líderes chamavam de "exercícios agradáveis", como excursões ao campo, estudo da natureza e outras formas de experiências diretas, além de formações práticas em habilidades manuais e artesanato. Historiadores críticos têm argumentado que, a despeito de tais amenidades, essas escolas permaneceram estritamente religiosas, com um currículo largamente clássico e sobrecarregado – de novo, a mudança real não vem facilmente. Mais tarde, Francke retomou a ideia de ajudar os pobres, montando uma escola de latim e outra dedicada às meninas e, talvez o mais importante, liderou um programa coerente de formação de professores nos novos princípios de instrução e gestão da sala de aula. É possível, portanto, que a Universidade de Halle tenha criado a primeira cátedra em teoria educacional.

Um outro inovador educacional alemão, Julius Hecker (1707-1768), criticou o destaque que Francke ainda atribuía ao currículo religioso e em 1747 montou em Berlim a primeira escola matemático-econômica. Chamada de *Realschule* (escola dos estudos reais), foi uma verdadeira revolução, onde gradualmente o latim das aulas foi quase inteiramente substituído pelo alemão e dava-se destaque aos estudos em geografia, matemática (incluindo geometria), mecânica, arquitetura e desenho. A escola também oferecia tempo de recreio para as crianças e atividades criativas para estimular o aprendizado lúdico. Eventualmente, essa iniciativa avançou para o ensino secundário e serviu de modelo a outras instituições.

Foi precisamente o trabalho de Hecker que inspirou a iniciativa de Frederico, o Grande em 1763, que estendeu sua abordagem para toda a Prússia. O próprio rei era um autoproclamado monarca "esclarecido", grande leitor do Iluminismo francês (na verdade, seu entusiasmo por essa língua era tamanho que ele mal conseguia suportar o alemão), ansioso por reafirmar sua autoridade, mas também preocupado com inovações que pudessem promover o bem-estar dos seus súditos – além do seu próprio poder, claro. Sua iniciativa envolveu grande número de esforços destinados a aumentar a produtividade agrícola, expandir o comércio urbano e conduzir uma série de guerras expansionistas, mas a ideia de criar um sistema escolar estatal (não um mero decreto, mas algo realmente operacional) adequava-se particularmente bem à missão que se propusera. A educação melhoraria a qualidade de vida e criaria uma força de trabalho mais competente – ambos objetivos ideais à nova definição da autoridade do Estado.

O programa prussiano estabeleceu um curso de oito anos, chamado *Volksschule* (Escola do Povo), que apresentava com igual importância as habilidades fundamentais da leitura, escrita e canto. Frederico resistiu aos esforços tradicionalistas para transformar toda proposta em uma instrução religiosa (uma vez mais, os valores iluministas se impuseram), mas o dado concreto é que o ensino cristão desempenhou um papel relevante, apoiando a ênfase na construção do caráter com base em virtudes como dever, sobriedade e obediência. Claramente, ainda que as exigências generalizadas em prol da educação básica constituíssem um dramático, e novo, passo, o currículo inicial era menos inovador do que se poderia imaginar: de início, a matemática não era uma disciplina obrigatória, ministrada somente se os pais pagassem pelas aulas. Frederico também apoiou a educação secundária, que incluía o *Gymnasium*, sua etapa mais avançada, preparatória para a universidade, mas essa rede não era nem compulsória nem amplamente acessível.

O governo prussiano deu seu apoio à construção de algumas escolas, mas em outros casos a implantação coube aos figurões locais. Por exemplo, certo membro da aristocracia local aliou-se a um professor na organização de uma escola rural modelo, que atraiu uma multidão de visitantes em finais do século XVIII. Outro aspecto do novo sistema, que possuía precedentes, foi o destaque conferido à formação de professores, que até esse ponto ocorria majoritariamente em seminários privados, e que experimentou considerável melhoria durante a segunda metade do século.

Não surpreende que esse ambicioso novo esquema causasse resistências. Membros da nobreza eram céticos quanto à necessidade, ou a conveniência, de educar a gente do povo. Os próprios camponeses também tinham seus receios – de modo geral, no Ocidente, eles só viriam a se convencer da premência da educação no final do século XIX. Por fim, dado o abismo existente entre as proclamações reais e o efetivo apoio governamental, não está claro quando o sistema passou a funcionar efetivamente em várias partes da Prússia.

Seja como for, os fundamentos estavam estabelecidos, e em finais do século XIX a Prússia oferecia, ao menos aos cidadãos mais pobres, educação primária gratuita e designava fundos para a construção de escolas. Calendários escolares extensos buscavam reconhecer as necessidades das famílias camponesas e abriam intervalos destinados ao trabalho agrícola. Os professores, todos homens jovens, recebiam formação, tinham piso salarial garantido e eram tratados como membros de uma profissão. O Estado supervisionava os currículos para garantir sua qualidade. A educação era, *a priori*, secular, mas a religião existia como matéria eletiva e, claro, conferia grande ênfase à instrução moral. Nos níveis mais avançados, em 1788 foi introduzido o *Abitur*, o exame final, que foi gradualmente generalizado; passar nesse teste era essencial para ingressar nas profissões superiores e nas esferas mais importantes do serviço público. Em outras palavras, o sistema prussiano atribuía importância à instrução geral básica e a um sistema escalonado, pensado para promover a qualidade sob a batuta do Estado.

Estes foram os blocos fundamentais do tipo de sistema educacional estatal que se disseminaria mais amplamente (a todas as partes do mundo, efetivamente) a partir do século XIX. Seu surgimento em pleno século XVIII, numa nação europeia relativamente atrasada, foi um testemunho da mudança de atitudes em relação ao tema, mas também um modelo que começou a atrair a atenção de outros países.

Ainda que o experimento prussiano de ampla educação estatal permanecesse único durante muitas décadas, no século XVIII diversos outros governos europeus (França, Inglaterra, Áustria) encontraram razões para adentrar a arena educacional à sua própria maneira. Muitas atividades estatais tornavam-se demasiadamente complexas e técnicas para se fiarem somente na competência geral dos aristocratas ou no puro treinamento dos aprendizes. Os primeiros, educados por professores particulares e conhecedores dos clássicos, podiam até ser adequados para as tarefas administrativas mais gerais, mas inúmeras outras funções exigiam verdadeiros conhecimentos técnicos – demandando, por sua vez, novas exigências e as consequentes instituições educacionais.

Esse impulso ficou claramente demonstrado nas inovações ocorridas no treinamento dos oficiais militares, de modo que a monarquia francesa estabeleceu uma nova escola militar em 1751. Antes disso, os filhos da alta nobreza recebiam seu treinamento como aprendizes; a nova escola, ainda que primordialmente voltada para a aristocracia, facilitou o ingresso dos filhos das famílias nobres empobrecidas, que seriam custeados por um novo imposto cobrado sobre cartas de baralho. As iniciativas britânicas enfocaram mais explicitamente na formação de oficiais para o serviço no recém-criado Regimento de Artilharia e do Corpo de Engenharia (ambos criados no começo do século XVIII). Uma nova academia foi inaugurada em 1741, para formar "bons oficiais artilheiros e perfeitos engenheiros". O currículo salientava a matemática e os princípios científicos da balística e das fortificações, embora também se ensinasse o francês. Ainda que militares supervisionassem a operação, os professores eram civis. Por fim, criou-se uma escola mais baixa, que ensinava latim, literacia e aritmética e cujos egressos mais bem-sucedidos tornavam-se elegíveis para formações profissionalizantes. Depois de alguns anos, tornou-se necessário impor disciplina militar mais rígida para conter os comportamentos desordeiros desses "jovens cavalheiros", mas em meio aos conflitos frequentes do século XVIII e à crescente dependência da artilharia, das tropas ligeiras e dos movimentos navais, iniciativas dessa natureza ganharam destaque.

Mas essas novas iniciativas formativas não ficaram confinadas às forças armadas. A França assumiu a dianteira, pois seu crescente envolvimento estatal na infraestrutura de construção (que passou a contar com uma nova agência em 1714) demandou a formação da *École nationale des ponts et chaussées* (Escola Nacional de Pontes e Estradas) em 1747, cujo primeiro diretor, Daniel-Charles Trudaine, além de engenheiro era um destacado intelectual iluminista. Ele arregimentou cinquenta estudantes que, de início, receberam instrução em geometria, álgebra, mecânica e hidráulica. Durante o curso, que durava cerca de doze anos, eles visitavam canteiros de obras e colaboravam com outros cientistas e engenheiros. Os graduados dessa escola (que passou a incorporar especialistas ao seu corpo docente) passaram a representar um importante papel no desenvolvimento da França durante o século XIX, e até hoje, sob um novo nome (*l'École des Ponts ParisTech*), continua a ser uma das grandes instituições de ensino daquele país.

Precedentes haviam sido claramente instituídos no século XVIII, seja em relação às responsabilidades do Estado na formação técnica, vital à operação das forças armadas nacionais e às atividades econômicas, ou à noção de que a educação mais especializada (alheia às instituições normais, clássicas, e ao menos em parte apartada do privilégio aristocrático) tornava-se cada vez mais essencial. Uma vez mais, estabeleciam-se as fundações para os desenvolvimentos mais velozes e globalmente disseminados do século XIX.

Iluminismo e absolutismo na Europa Central e Oriental

Ainda que reconhecendo a natureza singular dos desenvolvimentos prussianos, durante o começo do Período Moderno os padrões educacionais de outras partes da Europa Central e Oriental também sofreram influências iluministas. Em termos de estrutura socioeconômica, essas regiões diferiam bastante do Ocidente europeu: eram bem menos urbanas, bem mais agrícolas, com uma vasta população camponesa labutando sob regime da servidão e oprimida pelo tacão dos terratenentes aristocráticos. Nesse contexto, o exemplo ocidental, bem como o apelo à europeização cultural, seja na Rússia czarista ou na Áustria dos Habsburgo, ressoou primeiramente em termos de educação secundária e superior destinadas a elites exíguas, enquanto para o grosso das populações desses impérios restava pouca oportunidade para qualquer tipo de escolarização formal. A formação religiosa, fosse católica ou ortodoxa, envolvia a memorização de orações e cânticos (exceto para a vibrante minoria judia polonesa), e apenas uns raros e talentosos rapazes eram enviados para escolas eclesiásticas numa cidade vizinha qualquer. Não houve o significativo crescimento da literacia e da oferta de ensino ocorridos no Ocidente ou na Ásia Oriental, de modo que o início do Período Moderno testemunhou importantes transformações em toda região, mas com força e limitações bastante distintas.

A educação formal na Polônia dependia de um misto de iniciativas monárquicas e religiosas: diversas universidades católicas haviam sido criadas antes do Período Moderno, os jesuítas patrocinaram a criação de outras tantas, e diversos reis poloneses também inauguraram suas próprias academias, destinadas aos filhos da (extensa) nobreza polonesa com o objetivo de formar os quadros burocráticos e religiosos. Na década de 1760, o Rei Stanislaw August Poniatowski estabeleceu o que pode ser considerado como primeiro ministério da educação do mundo, voltado mais ao ensino de matemática e ciências, mas também interessado na educação elementar. Tal iniciativa, contudo, foi precocemente abortada quando o território polonês foi invadido por prussianos, austríacos e (principalmente) russos. O próprio Rousseau chegou a propor ambiciosas reformas educacionais à Comunidade Polaco-lituana (união do Reino da Polônia com o Grão-ducado da Lituânia), mas não obteve sucesso.

Ao passo que a Rússia se recuperava da invasão mongol e dava início à sua contínua expansão territorial a partir do século XV, a educação formal continuou a ser, durante muito tempo, voltada à formação de futuros padres ortodoxos. Um novo sistema instaurado em 1551 estabeleceu diversos estágios preparatórios, da literacia básica ao domínio do saber cristão e o conhecimento do grego e do latim. Alguns materiais educativos e publicações, além de treinamentos técnicos e militares, foram sendo importados do Ocidente, mas foi somente com o czar Pedro o Grande (reinou de 1682 a 1725) e seu agressivo programa de ocidentalização de finais do século XVII que novas e cruciais diretrizes foram implementadas – muito embora sem virtualmente qualquer impacto na educação da vasta maioria da população. Esse programa visava produzir funcionários públicos e lideranças militares mais bem formados, capazes de interagir de igual para igual com suas contrapartes europeias. Em grande estilo, o czar decretou que os filhos dos nobres deveriam ser educados em matemática, ou não receberiam permissão para casar. Escolas especiais foram criadas para o treinamento em engenharia militar (em linha com o que os monarcas ocidentais buscavam naquele momento), e as universidades em São Petersburgo e Moscou (esta a mais antiga do país) foram estimuladas. Também foi criada uma Academia de Ciências (mais uma vez acompanhando o figurino ocidental) para promover a pesquisa, ainda que boa parte do corpo docente precisasse ser importada da Europa. Em níveis mais básicos, as reformas no sistema de escrita facilitaram o aprendizado, enquanto os numerais indo-arábicos foram introduzidos em 1703, incentivando imensamente a familiaridade com a aritmética. Por fim, Pedro também expandiu os seminários ortodoxos, exigindo a boa preparação dos sacerdotes.

Nesse contexto, uma figura maiúscula da educação russa, M. V. Lomonosov (1711-1765), trabalhou, em meados do século XVIII, para expandir a educação científica, publicando uma série de manuais sobre ciências, gramática básica e retórica e encorajando a fundação de novas escolas secundárias, conforme o modelo prussiano. Esse esforço foi continuado pela Imperatriz Catarina a Grande (reinou entre 1762 e 1796), que esboçou um sistema público mais substancioso – mas só para as classes altas, pois, em suas próprias palavras, os "plebeus não deveriam ser educados, caso contrário passariam a saber tanto quanto eu ou tu, e não nos obedeceriam como hoje o fazem". Não surpreende, portanto, que no começo do século XIX só existissem, em todo o vasto império, 20.000 estudantes nas escolas primárias e secundárias, ainda que ao mesmo tempo as universidades continuassem a florescer e manter ativos contatos acadêmicos com o Ocidente. A essa altura, muitas crianças oriundas da alta aristocracia começaram a ser primariamente educadas em francês, às vezes às custas de sua fluência na própria língua russa, um padrão regional obviamente distinto com importante potencial para desenvolvimentos subsequentes.

Educação europeia e os inícios do colonialismo

Já vimos como as instituições educacionais europeias foram impostas sobre as colônias e os assentamentos coloniais nas Américas do Norte e do Sul, bem como nos entrepostos comerciais e povoações em partes da África e do sul da Ásia. O sistema jesuíta de escolas e colégios, por exemplo, expandiu-se com relativo sucesso nas colônias espanholas, portuguesas e francesas nas Américas, mas mesmo quando cumpriam missões educacionais, os jesuítas e outras ordens frequentemente lideravam processos de conversão forçada e de submissão de populações indígenas. Ainda que preparassem indivíduos para o sacerdócio, seu impacto educativo não foi particularmente extenso. A maioria dos nativos convertidos aprendeu a memorizar algumas orações e rituais, sem, contudo, adquirir literacia. Eventualmente, porém, missões e escolas coloniais tentaram verdadeiramente proteger essas populações, colocando-se em choque direto com as elites metropolitanas, seus poderosos interesses comerciais e as cortes por eles financiadas e operadas. Esses conflitos contribuíram, a partir de 1750, para a expulsão dos jesuítas (e o consequente fechamento de muitos de suas escolas e colégios) da Europa e suas colônias.

Fazia parte da empresa colonial o estabelecimento de diversas universidades formais, muitas destinadas ao treinamento dos oficiais religiosos e administrativos e cujo ingresso resumia-se basicamente aos estudantes de origem europeia. Durante o século XVI, sete dessas instituições foram criadas nos territórios espanhóis das Américas e do Caribe, uma grande inovação em vista das tradições educacionais anteriores dessas regiões. Em geral, nos domínios hispânicos as universidades coloniais eram custeadas pelo Estado e controladas pela Igreja, seguindo o modelo existente em Bolonha, Paris e, especialmente, Salamanca e Alcalá. Mestres e alunos frequentemente circulavam entre a Europa e os centros coloniais e dedicavam-se ao estudo da teologia, do direito canônico, da lei civil e da medicina. A primeira universidade verdadeira do "Novo Mundo" foi fundada em Santo Domingo (atual República Dominicana) em 1538, e a ela se seguiram outras notáveis instituições na Cidade do México, Lima, Santiago e Bogotá, além de outras mais recentes nas atuais Cuba, Venezuela, Guatemala e Argentina. Já nas colônias portuguesas, a despeito dos esforços da Universidade Metropolitana de Coimbra, houve escassa expansão do ensino superior formal (a Universidade do Rio de Janeiro só viria a ser fundada em 1922). Inegáveis explorações científicas foram levadas a cabo nessas regiões, muitas delas contando com participação significativa de coletores, especialistas e tradutores indígenas na análise sistemática e na exploração dos imensos recursos naturais americanos, bem como no desenvolvimento da mineração intensiva e da agricultura comercial.

Nas colônias de povoamento inglesas e francesas da América do Norte, as universidades eram usualmente mais descentralizadas, custeadas por elites locais ou pela filantropia, um modelo semelhante ao adotado em Cambridge, Oxford e Paris. Nas colônias francesas, notáveis esforços educativos e missionários foram empreendidos por Jean-Baptiste de la Salle (1651-1719) e seus Irmãos das Escolas Cristãs e pelas Irmãs Ursulinas, ordens cujos membros exerciam a missão cristã por meio do ensino e que fundaram inovadores cursos de formação para futuros professores, abertos aos homens e às mulheres. A primeira faculdade norte-americana surgiu em Harvard (1636), inicialmente destinada à instrução dos ministros protestantes, e a ela se seguiram instituições na Virgínia, Connecticut, Nova York, Ontário e Quebec, quase todas advindas de impulsos filantrópicos locais e de lideranças religiosas de comunidades sectárias ou dissidentes. Na América do Norte britânica, as universidades coloniais frequentemente surgiram a partir do modelo inglês das "federações de faculdades residenciais" ou foram inspiradas por tradições separatistas, como a escocesa ou a puritana. Já foi observado que até 1800 só existiam duas universidades na Inglaterra, enquanto nas colônias norte-americanas havia treze, reflexo do comércio burguês e dos impulsos oriundos de séculos de diversidade religiosa. De fato, é possível afirmar que tais desdobramentos representam a primeira fase da adaptação global do modelo universitário europeu, que com o tempo se expandiria para todas as partes do mundo.

Em alguns casos, esses novos colégios também procuraram chegar às populações indígenas, sem grandes sucessos. Numa famosa correspondência de 1744, quando a faculdade de William e Mary buscava por novos estudantes, Canassatego, chefe da nação Onondaga, respondeu à abordagem com a exposição inequívoca de uma filosofia educacional absolutamente diferente:

> Sabemos que estimais o tipo de sabedoria ensinado nas faculdades [...]. Mas como sois sábios, deveis saber que diferentes nações possuem diferentes entendimentos das coisas, e portanto não devereis aborrecer-vos se ocorrer de nossas ideias a respeito desse tipo de educação não forem as mesmas que as

> vossas. Muitos dos nossos jovens foram formalmente levados à faculdade [...] instruídos em todas as vossas ciências, mas quando retornaram a nós haviam se tornado péssimos corredores, ignoravam os meios de sustento nas florestas, já não toleravam o frio ou a fome, não sabiam nem construir uma cabana, nem abater um cervo, nem matar um inimigo [...] não prestavam para nada. Ainda assim, estamos profundamente agradecidos pela vossa oferta, e mesmo que não possamos aceitá-la, e para demonstrar nosso sentido de gratidão, caso os senhores da Virgínia nos enviem uma dúzia dos seus filhos, cuidaremos de sua educação, instruindo-os em tudo o que sabemos e fazendo deles homens.

Certamente, a educação superior e as universidades eram domínio exclusivo das elites coloniais, e como sugere a correspondência, tanto na América Latina quanto na América do Norte as missões e escolas coloniais poderiam ser locais de exploração e abuso, e não poucas estiveram diretamente envolvidas em conversões forçadas e na supressão de linguagens e culturas indígenas, mesmo quando muitas nações originárias tentassem se manter distantes. Concomitantemente, africanos escravizados e demais trabalhadores forçados eram absolutamente excluídos de quaisquer oportunidades educacionais (ensinar um escravo a ler e escrever era, efetivamente, crime punido com a morte). Grupos minoritários de indígenas e algumas mulheres podem ter sido atraídos pelas oportunidades socioeconômicas abertas pela exposição à educação de tipo europeu, mas poucos tiveram chance de alcançá-la antes do século XIX.

Para os brancos, contudo, havia grandes oportunidades para a educação básica ao longo do litoral atlântico, majoritariamente estimuladas pela preocupação protestante com a literacia e complementadas pelo desejo de adquirir habilidades mercantis. A maior parte das vilas da Nova Inglaterra, por exemplo, estabeleceu escolas comuns, e os níveis de alfabetização cresceram até mais do que na Europa, uma base importante para desenvolvimentos futuros daquilo que viria a ser os Estados Unidos.

Conclusão

O século XVIII não produziu uma abordagem educacional coordenada em parte alguma, seja na Europa Ocidental ou em suas colônias americanas, muito embora a experiência prussiana tenha sido a que mais se aproximou disso. Novas e promissoras teorias usualmente ficaram aquém das realidades e seus objetivos, frustrados. Diversas das novas iniciativas estatais eram altamente especializadas, ainda que as indicações da nova responsabilidade do Estado no que tange à arena educativa fossem promissoras. O *frisson* da descoberta e da pesquisa científica não se traduziu completamente em reformas curriculares – as universidades responderam incluindo algumas novas disciplinas, mas sem mudar suas abordagens fundamentais. As discussões a respeito de novos métodos de ensino e disciplinares não se traduziram (ao menos não ainda) em transformações das práticas efetivas mais disseminadas. Acima de tudo, a maioria dos europeus (especialmente se contarmos as mulheres) ainda era privada do acesso a qualquer tipo de educação formal, muito embora a inclusão das garotas nos novos sistemas prussiano e austríaco não deixasse de ser um desdobramento interessante.

Em que pese todas as suas qualificações, está claro que o século XVIII, a partir de desenvolvimentos pretéritos, produziu uma variedade de importantes iniciativas educacionais, na Europa Ocidental e em algumas de suas colônias americanas. Talvez o mais significativo: os debates sobre a educação e sua relevância alcançaram grande atenção pública, algo que se traduziu em mudanças de alguns sistemas educacionais e no maior interesse parental em prover educação das suas próprias crianças. Mais profissões e ofícios passaram a depender de algum nível educacional, seja o domínio básico da literacia, dos números, ou, para certos grupos restritos, o acesso à formação técnica. A religião e a proximidade com os clássicos permaneceram motivações fundamentais, mas outros objetivos emergiram, incluindo, para gente como Wilhelm von Humboldt, o desejo de iluminar um saber novo e "universal". Ao mesmo tempo, para muitas pessoas comuns, a infância era cada vez mais descrita como um tempo de aprendizado, ao invés de (ou em adição ao) trabalho, um processo que a tornou mais distinta da vida adulta do que jamais fora.

Leituras adicionais

Sobre as dimensões globais da emergência do novo pensamento científico, *Global scientific practice in the age of revolutions, 1750-1950* (University of Pittsburgh Press, 2016), organizado por Patrick Manning e Daniel Rood. Sobre a educação superior, cf. *A history of the university in Europe – Vol. II: universities in early modern Europe (1500-1800)* (Cambridge University Press, 1996), organizado por Hilde de Ridder-Symoens, e *Scholarly self-fashioning and community in the early modern university* (Routledge, 2013), de Richard Kirwan. Sobre a pedagogia centrada na criança ver a obra de Jean-Jacques Rousseau, *Emílio* (Vozes, 2022). Sobre a Europa Central e Oriental, *Absolutism and the eighteenth-century origins of compulsory schooling in Prussia and Austria* (Cambridge University Press, 1988), de James Van Horn Melton, e *The rise and fall of latin humanism in early modern Russia* (Brill, 1995), de Max Okenfuss. E sobre as (muito debatidas) mudanças no conceito de infância, *História social da criança e da família* (LTC, 2021) de Philippe Ariès.

9

Educação na Eurásia e na África no início do Período Moderno

Tradição e expansão

Importantes regiões do mundo adentraram o Período Moderno Inicial portando sólidas tradições educacionais, amiúde baseadas na combinação de profundos sentimentos religiosos com as necessidades governamentais por burocratas bem treinados. Essas práticas continuaram a se desenvolver durante esse período, enriquecidas que foram pelas ambições de um número cada vez maior de impérios mais as demandas geradas pela expansão mercantil e o desenvolvimento econômico interno que ela acarretava. As impactantes mudanças ocorridas na educação ocidental, contudo, não tiveram grande impacto sobre os padrões educacionais de boa parte do mundo. Do ponto de vista histórico, é efetivamente possível notar que, nesse momento, as transformações europeias não tinham repercussão global.

Ao longo dos anos, no entanto, comerciantes, missionários, viajantes e tradutores navegaram entre esses mundos (às vezes em ambas as direções), certamente prestaram atenção a pensamentos e práticas educacionais proveitosas que encontraram nas mais diversas regiões, mas aparentemente não tiveram grande ressonância em suas próprias sociedades. O interesse nos empréstimos educacionais emergiria dramaticamente no século XIX, e só então permearia os sistemas no decorrer da Era Moderna.

Não obstante, as barreiras persistiram – e por razões diversas. Primeiramente, sociedades cuja organização dos sistemas educacionais dependia do Islã, budismo ou hinduísmo não tinham por que voltar os olhos para a Europa, que lhes pareceria preocupantemente cristã e, tão problemático quanto, crescentemente secular. Em segundo lugar, muitas sociedades estavam, segundo seus próprios parâmetros, indo muito bem durante esse período, fiando-se em suas tradições educacionais autóctones e produzindomudanças internamente. Assim sendo, imensos novos impérios ergueram-se no Oriente Médio islâmico bem como no sul da Ásia, e sua expansão e estabilidade tornaram irrelevantes eventuais imitações educacionais. A China restabeleceu sua própria tradição imperial, e começou a expandir a riqueza advinda das manufaturas por meio de uma bem-sucedida, ainda que muito peculiar, participação na expansão do comércio internacional. O Japão, brevemente exposto à influência ocidental durante o século XVI, decidiu que a preservação de seus valores socioculturais tão peculiares demandava o mais estrito isolamento, e desfrutou de um longo período de crescente estabilidade política e crescimento econômico interno. Nenhuma das duas sociedades possuía qualquer razão, ao menos durante o começo do Período Moderno, para identificar possíveis fraquezas eventualmente solucionáveis por atitudes copiadas da Europa. Ainda que houvesse interesse nas inovações ocidentais nos campos das técnicas e tecnologias militares, náuticas e navais, parece que os grandes impérios asiáticos consideraram ser possível importar tais ferramentas sem que isso significasse grandes mudanças intestinas.

Além disso, os próprios líderes ocidentais não estavam verdadeiramente comprometidos com a difusão educacional, mesmo enquanto seus contatos além-mar se aceleravam. Traficantes que faziam fortuna sequestrando e transportando africanos escravizados, e os governos que os homiziavam, certamente não nutriam tal interesse, o mesmo valendo para os mercadores que operavam na Índia, para quem o lucro, e não a educação, era o foco primordial. A bem da verdade, os missionários cristãos e suas escolas representavam uma notável exceção, ainda que tendessem a se estabelecer nas novas colônias, de modo que seu impacto foi muito maior entre as populações indígenas americanas do que nos grandes impérios asiáticos. Muitos protestantes estavam de tal maneira absortos nas questões europeias que confeririam pouca atenção a essa forma de expansão. As ordens católicas que enviavam seus emissários à Índia ou à China davam preferência às interações com as lideranças políticas, não aos esforços educacionais mais abrangentes – os jesuítas na China, por exemplo, deliciavam a corte imperial com seus conhecimentos sobre ciências e relojoaria, mas jamais organizaram um sistema disseminado de instrução religiosa (provavelmente nem sequer teriam autorização para fazê-lo) até serem totalmente excluídos no começo do século XVIII. Tais iniciativas missionárias foram igualmente extintas no Japão.

Logo, os desdobramentos educacionais em boa parte do mundo moderno (particularmente na quase totalidade da Ásia e da África) precisam ser examinados à luz de suas próprias dinâmicas, e não pelas lentes ocidentais. Ao mesmo tempo, diversos sistemas regionais desenvolveram, por conta própria, inovações significativas, combinando padrões tradicionais a novas iniciativas governamentais e, não raro, ao crescente interesse popular pelo acesso a alguma forma de educação. Esse período testemunhou importantes transformações educacionais em diversas regiões, conjunta, mas independentemente, daquilo que ocorria no Ocidente.

Para o bem das coisas certas, houve importantes instâncias nas quais o impacto ocidental começou a ser notado: as mudanças educacionais compunham os sistemas coloniais desenvolvidos nas Américas, e o absolutismo e o mercantilismo encorajaram as lideranças da Europa Oriental a reformar aspectos de seus empreendimentos educacionais e de suas economias, como vimos no capítulo anterior. Voltemo-nos agora para o substancial enriquecimento da tradição educacional confucionista na Ásia Oriental, para os padrões mais complexos dos três impérios islâmicos, para a persistência do hinduísmo no Sul e Sudeste asiáticos e, brevemente, para a combinação de educação tradicional, influências islâmicas e disrupção relacionada ao tráfico humano ocorrida na África.

A educação moderna inicial na Ásia Oriental: a reconsolidação imperial e o neoconfucionismo

A educação formal, já bem-estabelecida em diversas partes da Ásia Oriental, vivenciou mudanças particularmente importantes durante o Período Moderno Inicial, em certos aspectos rivalizando com aquelas que ocorriam na Europa, embora com aparentemente menos debates sobre teorias educacionais. O Império Chinês, sob as dinastias Ming e Qing, reestabeleceu o sistema de concursos públicos, mas também encorajou alguns movimentos educacionais mais profundos. A educação conquistou terreno de forma particularmente veloz no Japão, motivada pelos ideais confucionistas e pela expansão do comércio interno, muito embora o governo nipônico tivesse cortado, no começo do século XVII, a maioria dos contatos com outras sociedades.

Na China, os governantes Ming (1368-1644) ascenderam ao poder após a expulsão dos mongóis, agiram rapidamente para aumentar o poder da aristocracia latifundiária nas administrações locais e central e restauraram o sistema imperial de concursos, o papel central dos literatos e a função relativamente meritocrática do sistema formador do oficialato e da burocracia. Esses imperadores trabalharam para estabelecer uma robusta rede interligada de instituições sociais e educacionais que incluía templos, santuários e escolas, no sentido de estimular a "transformação pela educação" (*jiaohua*), inculcar a lealdade ao Estado e à dinastia e a aderência aos valores neoconfucianos chancelados pelas autoridades. Esse sistema se estendia desde as universidades ou academias imperiais (*taixue*) em Nanjing, Beijing e outras grandes cidades até as centenas de "grandes colégios" (*daxue*), que preparavam os candidatos para os concursos públicos, tanto do serviço civil quanto dos altos cargos, e as escolas confucionistas locais (*ruxue*). Em seu nível mais localizado, esse sistema incluía uma rede de escolas comunitárias (*shexue*) e filantrópicas (*yixue*) para os aldeães e os pobres.

Todos os níveis desse sistema educacional emergente eram, em princípio, interconectados pelo currículo histórico e literário oficial, bem como pelos clássicos confucianistas e pela crescentemente rígida ênfase neoconfuciana na ordem pública, nos valores patriarcais e no *ethos* da estabilidade e da deferência. Ainda que trabalhos acadêmicos mais recentes venham colocando em questão o alcance e a imperturbabilidade dessas instituições, particularmente no nível mais básico das escolas locais, suas intenções ou estruturação permanecem notavelmente ambiciosas: edificar um sistema educacional estatal essencialmente público e acessível para a maioria, quando não para todos, dos súditos do sexo masculino, que articularia a ênfase no controle social à ampla disseminação dos valores oficiais e de um *ethos* coletivista compartilhado.

O debate sobre o quão bem-sucedida e efetiva a autoridade Ming conseguiu ser durante esse período, se as "escolas comunitárias" eram governadas pela interação entre interesses centrais e locais, ou se o que ocorria era uma dominação *de facto* dos poderes locais, permanece em aberto. Muitos pesquisadores argumentam que a meta do sistema escolar integral, ao menos nos primeiros séculos sob os Ming, foi meramente uma aspiração, limitada pela implementação inconstante e pela insuficiência de fundos. Seja como for, havia um programa coerente, destinado a: construir e manter as tais escolas; promover o estudo consistente do currículo "clássico" chancelado; publicar e distribuir "livros didáticos morais"; estimular santuários e rituais familiares no intuito de fortalecer a aderência aos ideais neoconfucianos e à devida ordem social; e articular um sistema segmentado voltado à formação de elites, culminado pelos concursos públicos e alimentado pela ampla rede de escolas comunitárias. No topo desse sistema encontravam-se as escolas e academias de elite de ensino avançado e de preparação para os concursos, que ocasionalmente poderiam gerar correntes intelectuais alternativas ou dissidências políticas, e que por isso mesmo eram estritamente monitoradas pelas autoridades imperiais e sujeitas a intervenções punitivas esporádicas.

Acossada por rebeliões internas, a Dinastia Ming foi sucedida pela Qing (1644-1912), instaurada por invasores de etnia manchu vindos do norte (a região conhecida por Manchúria, atualmente dividida entre China e Rússia). Embora mantivesse sua identidade étnica e linguística por meio de um sistema de escolas de estandartes (divisões administrativo-militares nas quais situavam-se todas as famílias manchus) e academias militares e continuasse a praticar, ao menos parcialmente, algo dos seus tradicionais costumes nômades e pastoris, a elite governante Qing adotou inteiramente os mecanismos de poder imperial, como o sistema de concursos e as burocracias locais e central, além de reforçar impiedosamente a ortodoxia neoconfuciana nas escolas e instituições de ensino superior. Da mesma forma, conseguiu expandir o império a oeste e a sudoeste, aos atuais Xinjiang, Tibete e Mongólia. A ênfase oficial no controle dos templos, santuários e escolas como um coerente complexo ideológico tornou-se ainda mais significativa nas novas regiões étnicas ou minoritárias. De fato, o sistema ideológico-educacional integrado havia sido pensado para suprimir, em todo o território imperial, separatismos étnicos, quaisquer movimentos religiosos sectários ou "subversivos", e toda e qualquer prática cultural popular ou local considerada "decadente".

É importante destacar que os governantes Qing efetivamente conseguiram manter durante séculos o delicado equilíbrio entre seu próprio *status* de dinastia "estrangeira", com elite dominante idem, e as identidades étnicas e culturais dos seus súditos Han chineses, maioria avassaladora da população, mesmo quando estenderam seu poder sobre territórios com sociedades mais diversas. No século XVIII, a corte imperial deu início a uma série de vastos projetos editoriais, tradutórios e enciclopédicos que buscavam catalogar as bibliotecas imperiais e os grandes arquivos documentais, pensando tanto no controle ideológico quanto no dever acadêmico em relação aos clássicos.

Especificamente sobre os Qing, o sistema de concursos começou a se calcificar de maneiras importantíssimas. A memorização dos clássicos sempre fora uma prioridade, mas também havia questões relativas aos assuntos contemporâneos (brevemente, durante os Ming, houve até provas de arco e flecha), mas o formato rígido que exigia oito ensaios com oito partes compulsórias, nem mais nem menos, encorajava os estudantes a redigir previamente as respostas, na esperança de que as questões caíssem novamente. Ao mesmo tempo, havia muito mais aspirantes do que vagas oficiais, algo que provocava altos níveis de insucesso e profunda frustração, resultando, ironicamente, na disposição de diversos estudantes bem-formados, mas reprovados, em assumir posições de ensino em todo o império.

A dinastia testemunhou a expansão continuada das escolas comunitárias, muitas delas compostas por candidatos fracassados ou por aqueles que, embora funcionalmente letrados, tinham sido rejeitados ou optado por não seguir uma carreira na burocracia imperial. Frequentemente, essas escolas comunitárias e filantrópicas dedicavam-se a ensinar um conjunto de caracteres limitado, mas ainda bastante útil, ao invés dos mais de 2.000 usados pela elite educada nos clássicos e pelos concursos. Os educadores se esforçaram para criar novos textos, cartilhas e manuais que trabalhavam cerca de 1.200 desses caracteres – às vezes apenas 300 deles.

Essas escolas eram mantidas pela expansão da imprensa, que no devido tempo formaria um mercado de livros e panfletos que, por sua vez, daria forma à literacia popular e à literatura secular no início do Período Moderno, criadoras de uma minoria largamente urbana e masculina funcionalmente alfabetizada, quando não com nível universitário. O rápido crescimento da literacia popular urbana tornou-se perceptível no uso crescente de contratos escritos, formulários comerciais e técnicas contábeis por parte dos escrivães, autoridades regionais, despachantes e artesãos – componentes da dinâmica economia chinesa desse período. Enquanto o governo prestava pouca atenção àquilo que poderíamos chamar de educação técnica, algumas dessas escolas surgiram, sustentadas pelas famílias e voltadas para a formação de trabalhadores de ofício, como os artesãos.

Ainda que quaisquer oportunidades educacionais formais fossem sistematicamente negadas às meninas e mulheres, sob os Qing houve esforços pela promoção da educação feminina (*nuxue*), em especial aqueles liderados pelo educador Lan Dingyuan (1675-1733). Esse movimento incluía o ensino familiar e a educação privada, ou doméstica, para meninas e mulheres, com livros didáticos e manuais que versavam sobre os papéis sociais femininos e buscavam tirar lições e usar modelos do pedagogo Ban Zhao, da Dinastia Han. Muito dessa formação voltava-se para a organização do lar e o cuidado apropriado com as finanças da família, mas também havia um significativo (ainda que quase inteiramente privado) universo de escritoras e intelectuais, que frequentemente operavam apenas nos "cômodos internos" das famílias da elite e suas propriedades. Tudo isso chegaria ao conhecimento público, junto a interessantes correntes de literatura secular e da cultura popular, durante o século XIX e o começo do XX, durante a desintegração do sistema imperial.

No Japão, a partir do século XVII a educação entrou numa nova fase quando os ministros do shogunato Tokugawa estabeleceram um governo central mais efetivo em meio a uma considerável expansão comercial. No Japão pré-moderno, a educação oficial era dominada pelo treinamento militar (para os guerreiros aristocráticos, a elite samurai), que espelhava a grande prioridade atribuída na Europa e em outras culturas pré-modernas aos privilégios sociais e políticos dos nobres. À medida que o poder Tokugawa se consolidava e as lutas internas declinavam, ocorreu um claro movimento de pacificação, que redirecionou a formação dos samurais para objetivos mais pacatos, como a política, o direito, a medicina e o ensino – além da ênfase crescente nos valores confucianos.

Como ocorrera no início da China moderna, a integração templos/santuários/escolas comunitárias serviu para propagar a lealdade à dinastia reinante e instilar na população o respeito pela peculiar combinação nipônica de crenças budistas, neoconfucianas (*Shusigaku*) e xintoístas autóctones. Os ideólogos e pensadores políticos japoneses tornaram-se defensores particularmente ardentes da ideologia Cheng-Zhu (ou neoconfucionismo Song tardio), reconsolidada durante a Dinastia Ming.

A estabilização sobre os Tokugawa também permitiu o surgimento de novas redes de escolas dos templos (*terakoya*), uma resposta à crescente demanda social por literacia e formação técnica. Apesar do patrocínio budista, essas instituições tinham particular compromisso com temáticas seculares, úteis à vida urbana e comercial. Com o tempo, ocorreu a emergência de outras formas de escolas urbanas e privadas (*shijuku*), voltadas à literacia, aos conhecimentos matemáticos (inclusive o ábaco, vital para transações comerciais) e até mesmo ao domínio de línguas estrangeiras. No começo do século XIX havia mais de 11.000 dessas instituições, que atendiam 750.000 estudantes. Os Tokugawa também estabeleceram escolas para promover a ideologia oficial, enquanto as elites aristocráticas e rurais (*Han*) fundaram escolas em suas propriedades ou domínios, dedicadas à educação e à formação dos vassalos, administradores domésticos e artesãos. Como ocorria em todo o mundo moderno inicial, as formas educacionais mais elaboradas aconteciam no âmbito das elites familiares e nas propriedades senhoriais, ainda que, como na China dos Ming, houvesse também uma rede emergente de academias e escolas, dirigidas pelo poder central, mas financiadas localmente.

Como na China, o nível mais elevado desse sistema consistia de academias de elite, como a Academia Confuciana (*Shoheiko*), que fundia os estudos histórico-literários e o aprendizado dos clássicos chineses e da ideologia neoconfuciana e os combinava às peculiares formas de pensamento e cultura originadas no Japão, o chamado "conhecimento antigo" (*kokugaku*), mais o estudo da medicina e outras ciências domésticas. Seus pensadores educacionais buscavam justificar a necessidade de aprendizagens mais "reais", úteis ou práticas (*jitsugaku*) situando-as à volta dos papéis cívicos e familiares neoconfucianos, opondo-se assim ao *ethos* mais contemplativo, ou absenteísta, supostamente promovido pela educação budista.

Algumas regiões também possuíam escolas locais ou comunitárias (*gogaku*), destinadas à elite militar local e aos estratos mais altos dos habitantes das propriedades senhoriais e das cidades. Vistas em sua totalidade, os objetivos que ligavam todos esses diversos tipos de instituições educacionais eram: estimular a formação dos samurais e dos vassalos; legitimar os xoguns Tokugawa e a dinastia imperial; naturalizar ou mesclar o pensamento neoconfucionista à história e aos valores japoneses; preservar e desenvolver as artes domésticas, a poesia e a literatura secular.

Tudo isso levou a um impressionante crescimento da literacia. Só existem indicadores precisos a partir do século XIX (um pouco depois do Período Moderno Inicial), mas naquele momento cerca de 55% dos homens e 16% das mulheres eram alfabetizados, sem dúvida alguma os números mais altos fora da Europa e das colônias norte-americanas, muito embora houvesse grande variação regional, a depender dos níveis de urbanização. A combinação japonesa de tradição educacional, particularmente centrada nas escolas budistas e na formação dos samurais, de novos interesses e necessidades políticos e das demandas de uma economia mais mercantil claramente entregaram resultados impressionantes.

Durante o início do Período Moderno, o Sudeste Asiático experimentou um misto de horizontes educacionais que variava de acordo com as confissões religiosas. A educação formal na Malásia, por exemplo, tomou forma com o advento das escolas islâmicas, e enquanto o budismo Teravada era influente em boa parte da região, no Vietnã pesavam mais o pensamento e valores chineses, o taoismo e o budismo Mahayana. Nas Filipinas, a educação sob os conquistadores espanhóis havia permanecido majoritariamente informal, com as famílias provendo o necessário treinamento para os ofícios, mas logo os colonizadores importaram a imprensa e as escolas missionárias, operadas pelos membros das mais importantes ordens católicas. As escolas das aldeias forneciam alguma literacia (quase sempre em castelhano), mas também ensinavam técnicas agrícolas. No ano de 1589, os jesuítas estabeleceram sua primeira universidade, em Manila. Já nos territórios controlados pelos holandeses (partes da atual Indonésia), a tônica foi a exploração econômica, a escravização escancarada e a escassa iniciativa educacional, muito embora as escolas islâmicas e hindus persistissem.

O pensamento e as práticas educacionais no Sudeste Asiático do começo do Período Moderno variavam dramaticamente, a depender da natureza da política e da estrutura cultural e religiosa prevalente. O ensino estruturava-se à volta dos antigos complexos templo/santuário/escola hindus, nos monastérios budistas, nos complexos islâmicos mais recentes de mesquitas/madraças/escolas, ou ainda nas primeiras escolas missionárias cristãs. No geral, e a despeito do rígido patriarcalismo dominante em quase todas as sociedades europeias e eurasiáticas, parece ter havido relativa liberdade para que meninas e mulheres fossem educadas formalmente, talvez graças a tradições budistas anteriores e à persistência de costumes locais de complementaridade de gênero.

Os impérios islâmicos do Oriente Médio e do sul da Ásia

Os impérios formados no Oriente Médio e no sul da Ásia durante o início do Período Moderno apresentavam diversas características em comum. Seus governantes eram muçulmanos, enquanto seus territórios abrigavam considerável diversidade religiosa (e linguística). O Império Otomano, que chegou a incluir os Bálcãs, a porção ocidental do Oriente Médio e partes do norte da África, possuía importantes minorias cristãs e judaicas. Os safávidas persas dominavam a porção mais a leste do Oriente Médio, identificavam-se fortemente com o Islã Xiita (contrastando com a preferência otomana pelos sunitas) e também governavam minorias. As questões religiosas assombraram particularmente o Império Mogol, do norte da Índia, onde a maioria dos súditos permaneceu hindu. Objetivos religiosos dominavam a paisagem educacional, muito embora a necessidade de burocratas bem-formados fosse não menos real, havendo, portanto, interesse em utilizar a educação para identificar candidatos promissores sem levar em consideração sua origem social ou mesmo religiosa. Como um todo, essa estruturação promoveu menos inovações educacionais do que as ocorridas na Ásia Oriental durante o mesmo período, embora tenham existido concepções novas e interessantes, em especial durante as fases iniciais do regime mogol indiano.

As lideranças otomanas, governantes de um império que tomou forma durante o século XV e sobreviveu até o começo do XX, não atribuíram um grande papel educacional ao Estado, de modo que quase todo o ensino operava sob os auspícios do *establishment* religioso islâmico. Fundações filantrópicas privadas adotavam diversas escolas de mesquitas, inclusive os centros avançados, ou madraças, muitos dos quais contavam com dormitórios para os estudantes. Comunidades minoritárias de judeus, gregos e armênios ortodoxos e xiitas do sul do Iraque contavam com suas próprias escolas, e a considerável tolerância oficial efetivamente aumentou a autoridade educacional desses grupos, reduzindo qualquer sentido de coesão no interior do império como um todo e incentivando o tradicionalismo educacional.

Para a maioria islâmica, o ensino era guiado pelos princípios gêmeos da primazia do aprendizado religioso e da crença na superioridade da intelectualidade estabelecida – o interesse na possibilidade de novos saberes era rarefeito. As escolas corânicas ofereciam a educação básica nos complexos das mesquitas, e seu objetivo central era fazer os alunos memorizar grandes trechos do Alcorão no árabe clássico. Aqueles que conseguissem decorar inteiramente o livro sagrado eram considerados bem-educados e exitosos. Boa parte dessa formação, contudo, era ministrada via recitações orais, de forma que não poucos graduados não sabiam verdadeiramente ler ou escrever, além de haver pouca ênfase em outras matérias, como a matemática. Grandes cidades podiam ostentar ampla literacia (no Cairo, por exemplo, ela pode ter chegado a 50% dos homens), mas localidades menores e rurais permaneciam bem atrás.

Os estudantes que se saíam bem, e cujos pais tivessem interesse, poderiam seguir para uma madraça, embora houvesse uma clara hierarquia entre essas instituições. As de nível mais baixo ensinavam gramática árabe, lógica aristotélica, geometria, astronomia e retórica, enquanto as superiores se dedicavam mais à teologia e à jurisprudência. A maior parte desses centros ficava em Istambul – na verdade, a educação superior concretamente se degradou em centros mais antigos, como o Cairo. Os egressos dessas instituições de elite buscavam carreiras estatais. O governo otomano montou um palácio-escola destinado a alguns meninos cristãos originários dos Bálcãs, os janízaros, que eram convertidos ao Islã e costumavam ocupar cargos importantes na burocracia, recebendo uma educação que combinava exercícios militares e estudos literários islâmicos.

Esse sistema educacional, claramente constituído sobre estruturas precedentes, sofreu pouca mudança durante boa parte do Período Moderno. É revelador que os otomanos não tenham autorizado o uso da imprensa até meados do século XVIII como forma de prevenir quaisquer desafios à ortodoxia religiosa. Num dado momento, contudo, quando o Estado otomano se viu cada vez mais pressionado por rivais poderosos como a Rússia e outros estados da Europa Central, o governo estabeleceu uma escola especial de treinamento militar, imitando desdobramentos contemporâneos ocorridos no Ocidente e esperando incrementar as competências técnicas e operacionais. Tratou-se de um ajuste significativo, mas isolado. Reformas educacionais mais substanciosas não adviriam antes do século XIX.

A estrutura educacional da Pérsia safávida lembrava sua contraparte otomana em diversos pontos, muito embora a predominância nas escolas avançadas coubesse aos xiitas, não aos sunitas. O apoio oficial e a caridade privada contribuíram para o rejuvenescimento intelectual da teologia e da jurisprudência xiitas, algo que de muitas formas sobrevive no Irã dos tempos atuais. A maior parte da educação era ministrada em árabe, em que pese o incentivo oficial da Dinastia Safávida à utilização mais geral do farsi. Escolas intermediárias ensinavam os trabalhos filosóficos de grandes pensadores da Era de Ouro árabe, enquanto as madraças de elite centravam-se no direito xiita. A autoridade clerical exercida sobre a educação era mais ampla e coordenada do que no Império Otomano.

Outros estados islâmicos daquele período (como o Marrocos e a futura Arábia Saudita) atribuíam ênfase similar à religião como base da educação, muito embora geralmente contassem com uma estrutura organizacional mais frouxa, com uma ou duas madraças operando de modo relativamente independente. Ao longo de todo Oriente Médio e norte da África, a maioria dos meninos que não chegava à educação secundária dependia da formação técnica familiar para adquirir competências, ou, no caso das cidades, estágios em oficinas para apreender habilidades artesanais. O sistema escolar formal possuía pouca conexão com as atividades econômicas da maior parte da população.

Os estágios iniciais do regime mogol muçulmano sobre a maior parte da Índia, iniciado em 1526, foram marcados por iniciativas educacionais variadas e relativamente diferentes das existentes no Oriente Médio. As primeiras três gerações de imperadores careciam de instrução, eram analfabetas, mas profundamente interessadas em aprender e ansiosas por promover iniciativas culturais. Estavam igualmente conscientes de seu papel como governantes de uma maioria hindu, o que os levou a apoiar tanto as escolas já existentes dessa religião quanto as muçulmanas e a contemplar certas estruturas educacionais capazes de reduzir as diferenças entre as fés. Houve também algum interesse oficial em utilizar a educação para a promoção de conhecimentos técnicos que fossem além dos saberes religiosos. A autoridade mogol ajudou a expandir a minoria muçulmana no Sul Asiático, que chegaria a compor um quarto da população. Ao mesmo tempo, a tradicional educação budista, combatida e majoritariamente concentrada em monastérios que podiam ser alvo das investidas governamentais, perdeu terreno rapidamente.

Um bom número de madraças apareceu nos centros urbanos mais importantes, como Délhi e Agra, onde estudiosos traduziam textos não somente do árabe, mas também de fontes farsis e sânscritas e apoiavam a erudição de outros grupos religiosos. As instituições eram igualmente abertas aos não muçulmanos. Akbar, terceiro imperador mogol (reinou entre 1556-1605), era particularmente interessado na educação em todos os níveis, o elementar inclusive, considerava que o ensino poderia ser mais eficiente e instava os professores a se assegurar de que seus alunos haviam aprendido o que tinham lido: "todo menino deve ler livros sobre instrução moral, agricultura, aritmética, geometria, astronomia, fisiognomia, economia doméstica, administração do governo, medicina, lógica [...] tudo isso pode ser gradualmente aprendido". Ele também esperava que uma religião unificadora pudesse ser criada, e para tanto encorajava os debates entre teólogos de tradições diversas e promovia a tradução dos clássicos hindus, para torná-los acessíveis aos muçulmanos.

Posteriormente, durante o século XVIII, mesmo quando o poder mogol começou a se esvair, os imperadores continuaram a declarar sua estima pela educação, mas conflitos militares e lutas internas, junto à crescente intolerância aos hindus, fizeram retroceder a educação indiana. O reinado de Aurangzeb (1685-1707) foi particularmente caracterizado pela repressão à pintura e à música profanas e pela imposição de pesados códigos morais, além de esforços para destruir diversos santuários hindus, o que provocou progressiva insatisfação.

Contudo, e não raro como forma de contraponto às influências religiosas e educacionais islâmicas "vindas de cima", as práticas educativas dos movimentos religiosos tradicionais hindus e não hindus continuaram o trabalho "de base", nos templos locais e nas escolas das vilas (*tols* e *pathsalas*). Eruditos e gurus locais abriram o caminho, ensinando geralmente em casa ou em ambientes improvisados e oferecendo, para além dos preceitos religiosos, treinamento em habilidades artesanais. Os reinos hindus não submetidos ao poder mogol, em especial no sul da Índia, também patrocinaram formações religiosas apropriadas, a preservação do aprendizado védico e um "pluralismo hindu" progressivamente rico e diversificado. Alguns argumentaram que essa tensão entre o Islã no topo e o hinduísmo na base, espelhada pela tensão existente entre o norte islâmico e o sul hindu, serviu para reforçar os elementos mais tradicionalistas e ortodoxos dos brâmanes e das elites locais.

No Sul Asiático, como no Oriente Médio, durante o início do Período Moderno dava-se pouca atenção à educação feminina. Ainda assim, algumas mulheres da elite, em especial nas famílias muçulmanas, tinham professores particulares, principalmente de literatura. A formação familiar permaneceu igualmente crucial para os garotos das classes altas, que contavam com tutores que os preparavam para o ingresso no nível secundário. Apesar das ambições de uns poucos governantes bem-intencionados, como Akbar, os impérios islâmicos não apresentaram real interesse em constituir um sistema educacional coordenado, abrindo espaço para a diversidade e a cacofonia de iniciativas familiares e privadas.

A progressiva chegada dos europeus no sul da Ásia, especialmente a partir do século XVIII, teve pouco impacto inicial, já que seu foco residia nas ações militares e na exploração econômica. A Sociedade Inglesa para a Promoção do Saber Cristão foi estabelecida e seus ramos espalharam-se pelas colônias, enquanto o governo dinamarquês patrocinou uma delegação de professores e missionários ao sul da Índia. À medida que a dominação britânica se expandia, algumas escolas foram criadas – em orfanatos, por exemplo. Em Madras, uma dessas instituições experimentou empregar adolescentes como monitores das crianças mais novas, um sistema que se tornaria relativamente comum também na Grã-Bretanha. Enquanto intelectuais europeus denominados "Orientalistas" dedicavam-se ao estudo da cultura indiana e tentavam promover traduções e versões de várias línguas locais, a atitude ocidental dominante era o menosprezo das tradições intelectuais indianas, um preconceito que dificultaria o desenvolvimento educacional naquele país durante os séculos que se seguiram.

África

A maioria da educação africana permanecia dependente dos treinamentos profissionalizantes realizados pelas famílias e comunidades, amiúde suplementados por aquilo que as crianças tinham oportunidade de apreender com os *griots* (contadores de histórias) sobre história e valores morais. A violenta incursão dos europeus e dos traficantes de escravos locais a eles associados perturbou diversas sociedades da África Ocidental e levou a considerável redução populacional, principalmente de homens jovens, em detrimento de algumas das escolas islâmicas estabelecidas em diversos reinos da região. Os próprios europeus apresentaram pouquíssimo interesse em promover a educação nos enclaves por eles controlados: na única região mais extensa que caiu sob dominação europeia, a Angola Portuguesa, não houve grandes mudanças educacionais para o grosso da população, que permaneceu incapaz de se expressar em português. As autoridades coloniais e o próprio Portugal possuíam uma das taxas de literacia mais baixas da Europa Ocidental e mostraram pouco interesse no assunto, muito embora um punhado de escolas missionárias católicas tenha educado membros das elites.

Conclusão

Em muitas regiões do mundo, o Período Moderno Inicial desafia a análise histórica em diversos aspectos, dentre os quais a educação. Por um lado, os desdobramentos na Europa Ocidental eram inegavelmente importantes, progressivamente inovadores e serviram de base para mudanças ainda mais profundas durante o século XIX, as quais, ao fim e ao cabo, alcançariam relevância global. Nenhuma outra sociedade, por exemplo, se comparava à ocidental na quantidade de novas reflexões aplicadas à educação durante a época do Iluminismo. Por outro lado, aqueles desdobramentos ocidentais não definiram o mundo: diversas regiões não prestaram qualquer atenção ao que acontecia nas escolas ou nos debates educacionais ocidentais, em larga medida por considerarem que suas tradições locais, somadas a ajustes pontuais, bastavam para manter impérios poderosos e economias em expansão.

Em alguns casos, e a Ásia Oriental é o melhor exemplo, mudanças significativas ocorriam, especialmente no que tange à expansão da educação prática nas escolas urbanas e comunitárias, instrumentais à formação de sociedades mais educadas, algo que, nos séculos seguintes, ajudou essas regiões a se ajustar às novas necessidades educacionais. Obviamente, é de vital importância destacar o impacto que os modelos ou iniciativas educacionais ocidentais tiveram nas Américas e na Europa Oriental, mas para além delas houve pouca repercussão.

Tudo isso dificulta, quando não impossibilita de todo, generalizações relativas à educação nos primeiros séculos da Era Moderna. A diversidade regional era gigantesca, tanto por causa das tradições já existentes quanto graças às mudanças ocorridas durante o próprio período. Havia um imenso fosso entre as sociedades que dependiam largamente dos treinamentos profissionalizantes familiares e aquelas que começavam a estender o aprendizado formal e a literacia a segmentos significativos de suas populações. Em quase todos os lugares, inclusive na Europa do início da Era Moderna, a religião exercia considerável poder, mas alguns sistemas escolares estavam se tornando cada vez mais seculares, enquanto outros permaneceram sob o controle firme dos religiosos.

Isso dito, havia indicações sobre duas grandes mudanças que afetavam a educação em diversas regiões do mundo, ainda que específica e diferentemente. No leste e no sul da Ásia, no Ocidente, na Rússia e em partes das Américas os governos exibiam maior interesse em supervisionar e, eventualmente, expandir aspectos dos sistemas educacionais. Havia um sentimento incipiente de que a educação poderia beneficiar a prosperidade e promover a lealdade regional e política, algo que de muitas maneiras despertou o interesse dos monarcas e imperadores. Ao mesmo tempo, a crescente atividade mercantil persuadiu grande número de famílias de que buscar algum acesso à educação (ao menos a literacia e a aritmética básicas) era importante para o sucesso futuro. Relevantes já nesse momento, futuramente essas mudanças dariam suporte a desdobramentos adicionais, no Ocidente, sem dúvida, mas também alhures.

Leituras adicionais

Toby Huff, *The rise of early modern science: Islam, China and the West*, terceira edição (Cambridge University Press, 2017). Sobre o sul da Ásia, *The history of education in India* (University of Michigan Press, 2007), de Suresh C. Ghosh; *Hindu Pluralism and the public sphere in early modern south India* (University of California Press, 2017), de Elaine Fisher. Sobre o Leste e o Nordeste asiáticos, *Education and society in late imperial China, 1600-1900* (University of California Press, 1994), organizado por Benjamin A. Elman e Alexander Woodside; *Community schools and the State in Ming China* (Stanford University Press, 2006), de Sarah Schneewind; e *Education and popular literacy in Ch'ing China* (University of Michigan Press, 1979), de Evelyn S. Rawski. Sobre o Japão no início da Era Moderna, cf. *Education in Tokugawa Japan* (Routledge and Kegan Paul, 1965), de Ronald Dore, e *Early modern Japan* (University of California Press, 1993), de Conrad Totman. E sobre as primeiras escolas missionárias, *Learning to divide the world: Education at empire's end* (University of Minnesota Press, 1998), de John Willinsky.

PARTE IV

O longo século XIX e a emergência do moderno regime educacional

Muitos historiadores mundiais identificam um conjunto de novos desdobramentos que começou a tomar forma nas décadas finais do século XVIII e que se estenderia até o XX, quando uma apocalíptica guerra mundial e toda uma série de revoluções políticas e culturais decisivas começaram a transformar o panorama global mais uma vez. Por questões de conveniência, esse período de cento e quarenta anos é normalmente conhecido como "o longo século XIX".

A partida desse novo período se deu com uma série de guerras e revoluções em ambos os lados do Atlântico, começando em 1775, com a revolta anticolonial na América do Norte e a grande Revolução Francesa de 1789. A maior parte da Europa Ocidental foi diretamente afetada pelas ondas de choque oriundas desses eventos, bem como a América Latina onde, a partir dos anos de 1820, a dominação colonial espanhola e portuguesa foi encerrada e se estabeleceu uma rede de novas nações independentes. Um outro levante revolucionário – ainda que seu significado global tenha sido deliberadamente obliterado quando de sua ocorrência – foi a rebelião anticolonial dos escravizados da colônia francesa de Santo Domingo (posteriormente Haiti) ocorrida na década de 1790.

Nesse contexto, as estruturas políticas sofreram intensas modificações nas mais diversas partes do mundo ocidental, que agora incluía, para além do próprio oeste europeu, as ditas "sociedades de povoamento", Canadá, Austrália, Nova Zelândia e Estados Unidos, largamente compostas por gente de origem europeia. Inspiradas pela teoria iluminista do contrato social, diversas formas de governança constitucionais e parlamentaristas se disseminaram e, em alguns casos, monarquias foram substituídas por repúblicas. Houve esforços continuados para expandir o direito ao voto, que alcançava segmentos cada vez mais amplos da população até que, por volta do fim do século XIX, chegou-se ao sufrágio masculino universal. Essas lutas pela definição de novas ordens constitucionais incluíam liberdade de religião e de imprensa e uma primitiva articulação pelo direito à educação, de modo especial em certas partes da Europa e dos Estados Unidos.

Formas mais modernas de nacionalismo também começaram a ganhar terreno como foco das lealdades políticas populares, algo anunciado, entre outras coisas, pela disseminação dos hinos e bandeiras nacionais e pelos conteúdos escolares nacionalistas. Regiões que compartilhavam uma mesma cultura, mas não dispunham de um único governo, agiram para se unificar, o caso da Itália e da Alemanha em meados do século. Países mais bem estabelecidos lançaram mão da imprensa e dos crescentes sistemas educacionais para encorajar os cidadãos a estabelecer uma ligação ativa, e efetivamente emocional, com seus estados e nações. O mesmo período testemunhou também o empreendimento deliberado de conectar o sucesso das nações mais poderosas às expansões imperialistas.

Outra grande transformação foi a luta crescente para abolir a escravização formal, estimulada tanto por resistência e revoltas vindas de baixo quanto por mudanças de atitude das elites. A Grã-Bretanha basicamente pôs um fim ao tráfico atlântico no começo do século XIX, libertou os escravizados de suas colônias em 1833 e passou a empregar novas formas de trabalho de baixa remuneração. A Rússia sentiu-se obrigada a encerrar seu opressivo sistema servil em 1861 para que pudesse se manter competitiva entre as grandes potências; dois anos depois, em meio à guerra civil, os Estados Unidos proclamaram a emancipação, ainda que as terríveis questões relativas à igualdade racial permanecessem abertas. Por fim, em finais do século, mesmo o Brasil e Cuba foram forçados a encerrar seus regimes escravocratas.

Esses movimentos abolicionistas foram transformadores e vincularam-se diretamente a lutas similares por maior igualdade e inclusão nas sociedades ocidentais. Infelizmente, novas ideias pseudocientíficas a respeito da hierarquia das raças – cujo topo seria teoricamente ocupado pelos brancos do norte europeu – proliferaram em diversas partes do mundo pós-escravidão e justificaram formas de exclusão, tanto antigas quanto novas.

Subjacente a todas essas mudanças, e inquestionavelmente mais importante que todas elas, estava a Revolução Industrial, que se iniciara na década de 1770, na Inglaterra, e se espalhara rapidamente pelas sociedades ocidentais. A industrialização centrava-se na massiva, ainda que gradual, transformação dos processos de produção, transporte e comunicação, tendo como figuras de proa invenções como a máquina a vapor, as estradas de ferro e o telégrafo. No espaço de algumas décadas a produtividade cresceu drasticamente; mais e mais pessoas mudaram-se para as cidades e a importância das populações rurais foi reduzida; e novos problemas sociais emergiram à volta dos cortiços e das tensões laborais. Era a mais importante transformação no panorama fundamental da sociedade humana desde que a agricultura substituíra a caça e a coleta, muitos milênios antes, e quase todos os aspectos da vida foram, em alguma medida, tocados, das funções governamentais às atividades das famílias urbanas, que já não mais operavam como centros produtivos, e às dinâmicas mais amplas do comércio e do consumo. E claro, a industrialização também intensificou dramaticamente a transformação e a exploração de ecossistemas no mundo inteiro.

Essa considerável lista de mudanças nos leva, imediatamente, a dois outros pontos. Em primeiro lugar, literalmente todos esses itens tiveram grande impacto sobre a educação, a começar pela necessidade crescente de definir quais seriam suas funções e estruturas no âmbito das sociedades industriais, e em que difeririam das práticas mais tradicionais e informais das economias agrícolas. Segundo, cada uma dessas mudanças centrou-se inicialmente no oeste europeu e nas sociedades de povoamento, ainda que as transformações políticas e o crescente nacionalismo latino-americanos complexifiquem esse esquema. Concomitantemente, porém, suas implicações imediatas e impacto nas colônias europeias mundo afora eram cada vez mais vastos.

Imbuídas dos ideais iluministas, essas revoluções tiveram significativa repercussão sobre a educação, em especial na reformulação dos debates sobre qual seria o papel do Estado e quem estaria apto à escolarização. As transformações políticas começaram a encorajar maiores reflexões sobre sua importância na formação de "súditos informados" ou "cidadãos", um debate que rapidamente passou a incluir também as mulheres. O nacionalismo criou oportunidades de redefinição, para o bem e para o mal, da natureza dos currículos escolares, mas também salientou a relevância da educação na promoção da unidade e da independência nacionais. Ex-escravizados frequentemente exigiam acesso à educação formal, mas as discussões políticas e a efetivação dessas demandas foram bastante restringidas pelo racismo e pelas desigualdades estruturais. Da mesma forma, a profunda discriminação contra populações indígenas permaneceu ativa nas sociedades de povoamento.

A Revolução Industrial, contudo, levantou importantes questionamentos sobre todos os níveis educacionais: qual percentagem da população precisava ser educada para que novas formas de crescimento econômicos fossem possíveis; como os sistemas secundário e terciário poderiam produzir mais especialistas bem-treinados; como redefinir o papel das universidades para que estas atendessem às novas demandas industriais e imperialistas. Não é de se admirar que encaremos o longo século XIX como um verdadeiro canteiro da educação moderna: muitas das mudanças resultantes ergueram-se sobre tendências emergidas do início do Período Moderno, mais especificamente de finais do século XIX, mas não há dúvida de que inovações fundamentais estavam acontecendo.

As transformações políticas e econômicas e sua aplicação no campo militar elevaram (brevemente) o Ocidente a uma inédita posição global de poder. Com a notória exceção das Américas, onde o colonialismo recedera, a dominação europeia sobre colônias mais antigas, como a Índia e a Indonésia, ampliou-se, e uma nova, mais robusta e intrusiva onda imperialista europeia varreu a África, partes do Oriente Médio, o sul da Ásia e a Oceania. Sua expansão e consolidação colocaram questões vitais sobre até que ponto o controle imperialista reformaria os sistemas educacionais nas regiões dominadas, e como se daria a convivência com padrões formativos e culturais mais antigos. Todas as grandes nações que não foram assoladas por essa maré imperialista – os países latino-americanos, a China, o Império Otomano, a Rússia e o Japão – vivenciaram crescentes pressões econômicas e políticas ocidentais, e não poucas efetivamente temeram por suas independências. Para este grupo, a questão era quais modificações se faziam necessárias para manter o Ocidente à distância e participar mais efetivamente da cada vez mais industrializada economia mundial – e novamente os temas educacionais ocuparam o espaço central. Os desenvolvimentos ocidentais foram intensamente escrutinados, e os esforços reformistas invariavelmente incluíram tentativas de importação de componentes técnico-educativos importantes. Isso não significa que o modelo ocidental tenha sido uniformemente emulado, haja vista as diferenças culturais tradicionais e as capacidades contemporâneas, mas efetivamente o tema da mudança se espalhou para além das fronteiras do Ocidente, muito particularmente na segunda metade do século XIX, e por volta de 1914 ao menos uma sociedade, a japonesa, estava conseguindo alcançar os avanços educacionais ocidentais, mas por meio da combinação de seus próprios valores e propósitos nacionais aos sistemas importados.

Os capítulos dessa seção lidam, primeiramente, com as implicações e complexidades que a onda revolucionária trouxe para a educação no oeste europeu e nas Américas. O 11 se volta para o desenvolvimento mais abrangente das reformas educacionais ocidentais, justamente um dos campos (junto às diferenças raciais e à maior atenção dada às concepções modernas do nacionalismo) em que os efeitos da Revolução Industrial começaram a se mostrar mais claramente. O 12 lida com os resultados do novo imperialismo e os projetos educacionais reformistas independentes na Eurásia e na África, centrando-se na necessidade que vivenciaram de se agregar aos padrões ocidentais sem deixar de refletir recursos e tradições próprios. Por volta de 1914, não havia literalmente nenhuma grande região do globo não tivesse mudado significativamente sua experiência educacional em todos os níveis, combinando suas peculiaridades a uma percepção cada vez mais compartilhada sobre as exigências da modernidade.

E ainda assim, em parte graças à persistência de tradições mais antigas, mesmo as sociedades industriais mais "avançadas" enfrentaram, e continuam enfrentando, claras tensões ao lidar com as novas necessidades educacionais. Como combinar a educação massificada com a demanda por especialistas? Uma prioridade deveria pesar mais do que outra? A moderna educação deveria voltar-se, primordialmente, à reprodução social, à mobilidade social ou talvez destacar a criação de uma nova meritocracia? O foco do novo ensino primário deveria ser os valores e a moralidade ou, mais simplesmente, instrução nas habilidades econômicas e técnicas?

Diante disso tudo, como mesclar um antigo *leitmotif* social, o desejo de usar a educação para proteger o *status* das elites, à educação de massas e à nova necessidade de técnicos e especialistas? De fato, é compreensível que aquelas antigas elites tenham insistido que a educação combinasse aos aspectos modernos alguns emblemas mais tradicionais do "ser educado", fossem estes neoconfucianos, humanistas-renascentistas ou védicos. Não é de se espantar que diferentes sociedades produziram diferentes respostas a essas tensões, respostas essas que também se transformariam com o passar do tempo. E mais: versões dessas tensões permanecem bem vivas atualmente.

Tratar da abrangente história da educação no longo século XIX, atentando para os elementos, necessidades e tensões distintos da moderna realidade industrial, não deve escamotear um grupo de importantes desdobramentos específicos e as profundas diferenças regionais. Entre outras coisas, muitos educadores dedicados não tinham a consciência de que construíam um modelo significativamente novo, mas foi exatamente isso, ao menos do ponto de vista qualitativo, que começou a emergir durante o século XIX, razão por que ao menos algumas das inovações ocidentais inevitavelmente chamaram a atenção de renovadores no mundo inteiro, cientes de que, se quisessem ingressar na modernidade compartilhada segundo seus próprios termos, seria fundamental atentar às novas abordagens relativas à educação massificada e técnica.

10

A maré revolucionária

As grandes revoluções de finais do século XVIII e inícios do XIX não foram causadas por questões educacionais, mas seus efeitos sobre esse campo foram complexos. Na década de 1770 muitos colonos norte-americanos revoltaram-se contra o domínio inglês por causa das taxações e restrições aplicadas pela metrópole, mas também em defesa da escravidão ou do direito à liberdade de seguir para oeste expulsando populações indígenas na região da Appalachia ou nos Territórios do Noroeste. Nos anos anteriores e subsequentes a 1789, a sociedade francesa foi convulsionada por uma mescla de ressentimentos relacionados a impostos injustos, privilégios aristocráticos e restrições à liberdade de pensamento impostas pela monarquia e pelo catolicismo; o campesinato, por sua vez, há muito se ressentia da aristocracia fundiária. Como pano de fundo de ambas as revoluções estava o pensamento radical iluminista, que demandava mais atenção ao contrato social criado em torno da liberdade e da igualdade (ao menos certos tipos dela), ideias essas que podiam se voltar contra o sistema colonial inglês ou o *Ancien Régime* político-religioso francês.

Como esse mesmo pensamento iluminista já vinha forjando novos ideais educacionais, o vínculo potencial entre revolução política e transformações educacionais tornou-se óbvio; de fato, para que os antigos regimes fossem derrubados, reformas no pensamento educacional eram quase que obrigatórias. Logo, ambos os movimentos revolucionários levantaram novas questões a respeito do papel do Estado e, notavelmente, consideraram novos tipos e níveis educacionais capazes de produzir e informar cidadanias responsáveis. Por fim, como veremos, a própria Era das Revoluções encorajou ainda mais pensamentos radicais, tais como os direitos dos ex-escravizados e das mulheres, os quais teriam profundo impacto educacional.

É inegável que os revolucionários enfrentavam questões mais prementes que as reformas educacionais, fato que tanto retardou quanto dificultou o impacto das mudanças político-sociais nas práticas educativas. E em que pese toda a vitalidade desse período transformativo, seus líderes tinham lá seus pontos cegos, alguns dos quais referentes à educação, de modo que a Revolução Norte-americana e os compromissos constitucionais que trazia consigo efetivamente pioraram a situação da maioria dos escravizados, em especial nas colônias do sul. O levante revolucionário na França ignorou olimpicamente o desafio da educação feminina, e suas lideranças supunham que o aprendizado (como de resto a vida política como um todo) cabia somente aos homens. Nas colônias francesas houve tentativas de restauração da escravidão, e, na esteira da Revolução Haitiana, as leis escravagistas (que incluíam a proibição à alfabetização e à educação formal dos escravizados) foram reforçadas na maior parte dos Estados Unidos.

Ainda assim, e talvez de forma contraintuitiva, a Revolução Norte-americana pode ter trazido mais implicações significativas para a educação de massas que sua contraparte europeia, muito embora suas ambições revolucionárias fossem, em larga medida, mais modestas e primordialmente centradas no fim da dominação inglesa. Com o passar do tempo, porém, a jovem república se esforçaria para criar um sistema genuinamente novo de escolas dirigidas localmente, as "*common schools*". A Revolução Francesa confrontava tantos e tão desafiadores objetivos que a reforma educacional jamais conseguiu se tornar uma prioridade, a despeito dos debates importantes e das mudanças significativas. Por fim, ambas as revoluções produziram novas tensões entre os impulsos na direção da reforma educativa e o papel central e tradicional da religião e das instituições religiosas nesse campo, uma colisão notavelmente mais óbvia na França.

O levante revolucionário francês: a visão incompleta de um novo sistema nacional

A França já dispunha de um extenso sistema escolar, largamente controlado pela Igreja. O ingresso nas escolas primárias era relativamente alto, e 5.632 dessas instituições atendiam quase 75.000 estudantes, muitos deles bolsistas. Por volta do início do século XVII, a monarquia encorajava, mas não obrigava, o acesso às escolas primárias católicas, e diante dessa realidade já existente, os revolucionários concentraram-se, inicialmente, a limitar o envolvimento eclesiástico, mas a rápida deterioração das relações com a Igreja ocorrida pós-1789, e o fato de muitos sacerdotes se declararem abertamente contrários ao regime, tornou a educação num cruel e permanente campo de batalha. As lideranças revolucionárias, em linha com o melhor figurino iluminista, dedicaram algo do seu tempo a refletir sobre o papel das escolas na nova sociedade e as possibilidades de novas práticas estatais nesse campo. Um deles, o Marquês de Condorcet, foi incumbido de esboçar um plano educacional em 1792, mas a falta de financiamento não o permitiu ir adiante. Convulsionado por revoltas sociais e conflitos internacionais, o novo regime não daria maior atenção à temática até 1794, quando as paixões insurrecionais esfriaram em favor de interesses voltados à consolidação da nova ordem.

Até então, ao mesmo tempo que o novo governo revolucionário direcionava recursos cada vez maiores para demandas mais urgentes como a defesa, tentava delegar as responsabilidades relativas à educação e outros serviços para as instâncias locais, ainda que a maioria destas não estivesse preparada para assumi-las – de fato, as multisseculares dotações orçamentárias que a Igreja recebia para manter as escolas foram confiscadas ou reduzidas.

Não obstante, em 1794 foi publicado um novo decreto relativo à importância da formação docente, algo vital para que a redução da presença da Igreja pudesse ser alcançada. Também se começou a discutir o foco mais adequado dos currículos escolares: estabeleceu-se um novo objetivo, "moralidade republicana e virtudes públicas e privadas", junto às habilidades de leitura, escrita, aritmética, geometria prática, história francesa e gramática. O governo também passou a recomendar uma lista de livros didáticos, além de atribuir grande ênfase ao ensino da língua francesa, isso numa nação onde prevalecia uma mancheia de idiomas e dialetos regionais. As escolas passaram a ter uma nova missão: unificar uma nova, integral e secular cultura francesa.

Ainda que bastante gerais, essas diretrizes davam corpo a certas noções que, em todo o século XIX e mais além, permaneceriam influenciando a educação tanto na França como em outras partes do mundo, tais como o óbvio estímulo a uma maior unidade em torno de uma identidade nacional compartilhada e a atenção às habilidades práticas (os líderes revolucionários não ignoravam a importância da educação técnica e aplicada para as atividades econômicas e militares). Mais reveladora, contudo, era a ênfase na virtude política, pois os revolucionários estavam cientes de que criavam um novo Estado e uma nova sociedade nos quais a voz do povo comum seria mais ouvida, e ainda que expressassem confiança na vontade popular, desejavam ter certeza de que o sistema escolar ensinaria valores políticos e morais apropriados, em especial o compromisso com a virtude cívica e republicana.

O governo efetivamente conseguiu criar algumas escolas secundárias com seleção "aberta aos talentos" e que davam bastante destaque à ciência moderna. Infelizmente, após uma breve experiência de gratuidade, esses estabelecimentos voltaram a cobrar mensalidades em 1795. Não surpreende que muitas antigas escolas religiosas tenham conseguido sobreviver em meio às transformações revolucionárias, e diversas academias e escolas secundárias abastadas mantiveram suas operações, implementando apenas modificações pontuais. O governo chegou a realizar um movimento apressado, e malsucedido, para estatizá-las em 1789. Os conflitos continuaram, e em 1799 foi baixado um decreto estipulando que somente os egressos de escolas "republicanas" poderiam ter acesso a cargos públicos.

O dado concreto, porém, é que a capacidade governamental de verdadeiramente transformar o campo educacional permaneceu limitada. Fora de Paris e outros grandes centros urbanos, houve relativamente pouca mudança nas escolas abertas à maioria da população. A falta de professores qualificados era um grave problema, e demoraria muito até que o Estado francês efetivamente desenvolvesse materiais curriculares apropriados e treinasse corpo docente amplo o suficiente para que o acesso à educação pública fosse significativamente expandido e preenchesse por completo o espaço tradicionalmente ocupado pela Igreja.

A subida de Napoleão ao poder, em 1799, deu início a importantes transformações, muitas das quais deixariam marcas perenes no sistema francês. O general acreditava não numa educação pública ou universalizada, mas sim voltada à criação de uma elite habilidosa e capaz de contribuir com o Estado e a economia. Sob sua ditadura, o Estado supervisionou estreitamente as universidades, dividindo-as em faculdades de direito, medicina, ciências e humanidades. Criou-se uma "universidade" transversal, responsável por administrar e colocar sob controle central os sistemas educacionais secundário e superior, um dos elementos educacionais franceses que se mostrou mais duradouro. Em 1802, o imperador estabeleceu uma rede de prestigiadas escolas secundárias, os famosos *lycées*, e finalmente direcionou recursos novos para um nível educacional que havia entrado em declínio durante o período revolucionário. Terminado o secundário, foi desenvolvida uma etapa avaliativa, o *baccalauréat*, que servia como porta de entrada para o terceiro nível. Os currículos secundários continham francês, latim, grego antigo e ciências, e uma lei de 1808 fixou seu foco "nas línguas antigas, história, retórica, lógica, música e os elementos das ciências matemáticas e físicas". A maioria dessas instituições eram internatos que seguiam disciplina militar.

Napoleão deslocou ainda mais energia e recursos para um conjunto de grandes escolas (*grandes écoles*), suplementando as universidades e expandindo iniciativas já previamente lançadas pela monarquia no século XVIII que haviam sido um pouco aprimoradas pelo governo revolucionário na década de 1790. Nelas, e na Escola Normal Superior (École normale supérieure) para futuros professores, o foco recaía nas ciências e na engenharia.

Por volta de 1815, quando da queda de Napoleão e do fim do período revolucionário, o sistema educacional francês havia sido amplamente transformado, mas até mesmo os mais ambiciosos impulsos revolucionários haviam deixado a desejar. O governo central chamara para si a nova responsabilidade básica da educação, uma mudança notável, mas a atenção dispensada aos níveis superiores deixou uma série de questões sem resposta. Os níveis mais altos das formações técnicas e profissionalizantes tinham sido grandemente aperfeiçoados e o rígido controle estatal certamente acelerou o processo de construção da moderna nação francesa. Não obstante, a falta de atenção para com a educação das mulheres e (em que pese a retórica da igualdade e da fraternidade) do povo em geral legou ao futuro grandes desafios em aberto. Em especial na educação básica, a revolução fora mais importante pelas questões que levantara do que pelos feitos que alcançara.

A educação na nova república americana: variações regionais e uma visão de identidade nacional

Os colonos ingleses da América do Norte haviam trabalhado desde antes da década de 1760 no desenvolvimento de uma educação privada e religiosa, muito embora houvesse variações regionais distintas que persistiriam século XIX adentro. O Nordeste e a Nova Inglaterra apresentavam a maior densidade de escolas religiosas, academias privadas e novas universidades, ainda que boa parte delas permanecesse sectária ou socialmente excludente. A região do Médio Atlântico era mais diversa, com instituições de ensino religiosas e uma combinação instável de senhores escravocratas e libertos – alguns destes últimos buscando agressivamente a alfabetização e o ensino técnico. Por fim, nos estados do Sul a grande população escravizada era ferreamente controlada, e qualquer acesso formal à literacia ou educação lhe era inteiramente negado, enquanto a formação da população branca ocorria quase que inteiramente no âmbito familiar ou nas instituições privadas, com pouco ou nenhum acesso para os brancos pobres até meados do século XIX.

Diante da tarefa de edificar um governo nacional após a vitória sobre os ingleses em 1783, os revolucionários norte-americanos atribuíram poucas responsabilidades educacionais ao nível federal, a não ser por algumas iniciativas incipientes, como a inauguração da academia militar de West Point, em 1796. Há que se notar que os interesses primitivos que deram azo à criação do exército e da marinha nacionais eram, ao menos em parte, estimulados pela necessidade de suprimir rebeliões locais, controlar ou deslocar populações indígenas e estabelecer a defesa contra invasões estrangeiras. George Washington, Thomas Jefferson e outras lideranças pleitearam ao novo congresso a criação uma universidade federal, mas foram voto vencido.

Algumas lideranças estaduais, contudo, produziram respostas mais assertivas às recentes oportunidades de expansão das responsabilidades educacionais nos níveis primário, secundário e até mesmo nas universidades: embora a maioria destas permanecesse privada, a primeira instituição de ensino superior com financiamento público foi estabelecida na Geórgia (1785), à qual se seguiram outras em Nova York (1787) e na Carolina do Norte (1789). Em outros campos, contudo, as iniciativas estaduais provaram-se mais ambíguas e ignoraram a demanda por uma abordagem nacional da questão, um padrão de governança descentralizado e local que contrastava ferozmente com as iniciativas nacionais que ganharam força na França.

Planos e ambições ultrapassavam a realidade. Thomas Jefferson (1743-1826), por exemplo, entendia que a expansão educacional estreitaria os laços de afinidade entre os membros da nova nação, formando os cidadãos livres e autossuficientes de uma verdadeira democracia agrária. Na Virgínia, ele propôs um sistema estatal que garantiria três anos de educação gratuita para todos os cidadãos livres; estudantes particularmente brilhantes receberiam bolsas por mais outro período de mesma duração, após o que o melhor de todos poderia avançar para níveis superiores. Por questões orçamentárias, o Estado não se interessou por essa ideia, de modo que Jefferson passou a focar na criação da Universidade da Virgínia (1819), notável por não seguir nenhuma denominação religiosa e por incorporar as novas ciências. De modo semelhante, Benjamin Franklin (1706-1790) estabeleceu em 1751 a Academy and College of Philadelphia (futura Universidade da Pensilvânia) e ajudou a cultivar um novo *ethos* republicano de parcimônia e sobriedade, mas também ele não obteve sucesso em reunir apoio para a educação de massas. Outras lideranças do "Iluminismo Norte-americano", como Benjamin Rush (1746-1813), também lutaram por uma educação pública e gratuita, pela expansão das oportunidades educacionais para as mulheres e por uma nova abordagem educacional, capaz de formar cidadãos e profissionais em áreas como medicina, ao invés de clérigos e eruditos.

Outros dos primeiros líderes educacionais norte-americanos tiraram vantagem da situação que se impusera para estabelecer novas formas de materiais educativos. Noah Webster (1758-1843) publicou um livro de soletrar com conteúdo apropriado para uma sociedade republicana que vendeu milhões de cópias, além de cartilhas e livros de exercícios. Por meio desses materiais criou alternativas à ortografia britânica, ajudando a popularizar o inglês "americano". Caleb Bingham (1757-1817) produziu peças e discursos patrióticos para uso escolar, enquanto as próprias escolas geralmente começaram a canonizar uma mistura de fatos e mitos a respeito dos Pais Fundadores dos Estados Unidos. A bem da verdade, a "gramática escolar" e os modelos efetivos de ensino mudaram pouco: eram salas de aula com disciplina rígida, grandes quantidades de memorização e classes sem organização etária que a vasta maioria dos estudantes frequentava, na melhor das hipóteses, por uns poucos anos. Novamente há que se destacar que em nenhuma dessas primeiras iniciativas estaduais, locais ou privadas existia nada que sequer se assemelhasse a um sistema nacional.

Não obstante, ocorreram também algumas reformas mais sistemáticas: quando da redação de sua constituição, em 1780, Massachusetts tentou revigorar seu sistema educacional financiado pelo erário público e cujo foco residia nas escolas de gramática (*grammar schools*) abertas para estudantes a partir dos 7 anos de idade, muito embora estes precisassem já estar alfabetizados para serem aceitos, indicação de que as responsabilidades particulares continuavam. Não havia controle de frequência (algo que só surgiria por volta de 1852, tardiamente para os padrões europeus), e as escolas privadas permaneceram prosperando paralelamente às instituições estatais. Uma nova Lei da Educação (1789) passou a exigir que cada comunidade possuísse uma escola fundamental, enquanto as *grammar schools* das cidades maiores ensinavam grego e latim. Não havia, porém, uma autoridade educacional central ou supervisão geral, ao passo que as aspirações educacionais ultrapassavam as reais capacidades.

Os outros estados do Nordeste seguiram, de modo geral, esse mesmo padrão, constituindo novas responsabilidades, mas delegando seu fardo às iniciativas locais e às escolas filantrópicas e urbanas previamente existentes. A constituição da Pensilvânia, de 1790, exigia que os municípios estabelecessem escolas gratuitas para os pobres; cinco anos depois, o Estado de Nova York alocou grande orçamento para estimular as escolas nas cidades, muito embora o financiamento privado permanecesse essencial e as iniciativas coubessem às localidades. Não havia discriminação contra as escolas que ofereciam educação religiosa. O governo federal procurou planejar a expansão do sistema, e a Lei do Noroeste (formalmente "Portaria para o Governo do Território dos Estados Unidos, Noroeste do Rio Ohio", de 1787) reservou terras a serem vendidas para financiar o estabelecimento de uma escola em cada cidade dessa região, mas até mesmo o financiamento e a gestão desse incentivo nacional permaneceram inteiramente em mãos dos estados.

Após 1800, diversos estados começaram a criar fundos para as academias secundárias, dirigidas por conselhos corporativos independentes que frequentemente combinavam as dotações orçamentárias com a cobrança de mensalidades. O controle estatal dessas operações era mínimo, mas se entendia que elas cumpriam uma demanda pública. Os governos estaduais e locais viam esse sistema desorganizado como uma forma barata e flexível de estímulo à educação pública, e alguns de seus resultados foram efetivamente impressionantes. No norte, os índices de literacia subiram de 75%, em 1800, para 90% em 1840. No sul, entre os brancos esses números passaram de 50% para 80% durante o mesmo período, mas quase que inteiramente graças à atuação das instituições privadas ou religiosas.

O debate a respeito da responsabilidade estatal numa oferta educacional mais coerente e igualitária continuou. Em 1817 um grupo de bostonianos célebres exigiu a criação de um sistema de ensino primário inteiramente estatal, sob o argumento de que os pobres estavam sendo excluídos das escolas e que também as elites procuravam não se "misturar" nas escolas comuns. Um estudo demonstrou, porém, que 96% de todas as crianças frequentavam os bancos escolares ao menos ocasionalmente, a despeito das taxas cobradas e da ausência dos controles de frequência. Os reformadores insistiram, e em 1818 a cidade de Boston tornou-se a primeira dos Estados Unidos a possuir um sistema inteiramente público, do nível primário ao secundário. Outro foco desses reformadores, e um eco interessante das preocupações revolucionárias francesas, foi o controle da influência religiosa nessas instituições, não obstante os bons resultados obtidos pelo sistema baseado nas igrejas em termos de eficiência e frequência. Enquanto cidadãos privados, os norte-americanos provaram-se dispostos a bancar a educação de suas crianças, muito embora demonstrassem resistência em financiar, via impostos públicos, a formação para os filhos dos outros, uma tensão importante que, em certa medida, permanece até hoje.

Por fim, houve uns poucos empreendimentos mais ambiciosos, mas sem grande repercussão, ao menos inicial. Um grupo entusiasmado de abolicionistas da cidade de Nova York criou em 1787 a African Free School, voltada para escravos e libertos e cujo currículo enfatizava o desenvolvimento moral, num espírito de igualdade racial seguido por outras entidades filantrópicas nortistas. Em 1805, um comerciante de Filadélfia chamado William Mackie visitou o grande reformador suíço Pestalozzi em seu país natal e voltou convencido de que sua abordagem imaginativa e centrada na criança seria imensamente apropriada à educação republicana. Ele trouxe consigo um dos discípulos de Pestalozzi e abriu uma escola numa cidade próxima a Filadélfia que ganhou fama por seu currículo mais aberto, seus estudos naturais e pelos exercícios físicos. Em que pese todas as limitações, líderes civis e educadores do início da república norte-americana esboçaram uma visão genuinamente radical de uma educação abrangente para todos, ainda que as barreiras raciais e de gênero persistissem.

A significância educacional da Revolução Haitiana e dos primeiros movimentos anticoloniais

Como observamos, a rebelião dos escravizados na colônia francesa de Santo Domingo, iniciada em 1791, não exerceu impacto imediato na educação ocidental, mas há diversos aspectos dessa história que permanecem profundamente significativos. Seu líder, Toussaint Louverture (1743-1803), havia sido exposto à educação jesuítica e era claramente inspirado por correntes iluministas mais radicais, bem como pelas práticas culturais e militares africanas. As demandas iniciais em prol dos direitos humanos e naturais da população escravizada e mestiça foram verbalizadas na linguagem dos revolucionários norte-americanos e franceses. A escravidão fora abolida em 1794, mas esse fato desencadeou uma reação imediata por parte dos poderosos interesses comerciais, na França como em suas colônias, e após um duro conflito o Haiti conquistou sua independência em 1804.

Esses levantes tiveram acentuada repercussão na educação norte-americana, pois os estados escravocratas sulistas endureceram suas legislações e baniram a literacia e a educação da população escravizada no intuito de prevenir eventuais insurreições similares. Alguns indivíduos escravizados, contudo, conseguiram aprender a ler e escrever, seja por meio dos seus próprios esforços ou com a ajuda de alguns senhores de escravos motivados por sensibilidades religiosas ou que tinham o desejo de possuir cativos capazes de realizar certas incumbências. Os estados sulistas tornaram-se cada vez mais reativos às "intrusões" de escolas missionárias ou filantrópicas do norte. Além disso, o conhecimento dos eventos ocorridos no Haiti era censurado ou omitido em diversas escolas nas Américas e na Europa, mesmo diante dos esforços mais amplos pela abolição da escravidão. Em verdade, a real importância desses eventos só foi, a rigor, recuperada na década de 1930, mas seu papel inspiracional para movimentos educacionais anticoloniais é inegável.

As revoluções nacionais e as independências na América Latina

As revoluções Norte-americana e Francesa serviram como inspiração para as elites euro-americanas, que a partir da década de 1820 pegaram em armas nas lutas pela independência no México e nas Américas Central e do Sul. Sob os governos coloniais espanhol e português, a situação nessas regiões era marcada pela fragilidade, pois uma pequena aristocracia de origem europeia dominava um grande contingente mestiço, além de imensas populações indígenas e escravizadas. As revoluções latino-americanas foram relativamente moderadas (com mais inspiração norte-americana do que francesa) e resultaram no triunfo dos interesses comerciais e fundiários dos *criollos*, que preservaram diversas instituições educacionais (além das barreiras de gênero e raciais) coloniais, incorporando a elas alguns elementos curriculares nacionalistas. Havia correntes mais radicais, indígenas e populares, incrustadas nessas lutas, mas quase todas foram suprimidas pelos novos regimes nacionais e suas elites governantes.

Ironicamente, num esforço para extirpar a pedagogia infantil rousseauniana, educadores católicos, jesuítas em particular, haviam ostensivamente divulgado as ideias do pensador suíço com o intuito de refutá-las, defendendo abertamente uma prática pedagógica mais religiosa, mas também romântica e centrada na criança. Objetivando eclipsar os modelos de Rousseau, o escritor Pedro Montengon (1745-1824) e seus seguidores, na Espanha como nas colônias, popularizaram suas obras, *Eusebio* (1786-1788) e *Eudoxia, hija de Belisario* (1793), cujos personagens-título foram imaginados como náufragos nas Américas, criados naturalmente como Emílio, mas eventualmente alcançando a verdade católica e retornando à Europa.

Ressonâncias mais amplas: demandas pelos direitos e pela educação das mulheres

As iniciativas revolucionárias na política e na educação e a ascensão de tópicos novos, tais como a apropriada formação para cidadãos republicanos e as novas identidades nacionais, ramificaram-se imensamente. Durante a Era das Revoluções, alguns outros países europeus tentaram avançar com seus modelos educacionais, em parte como resposta aos experimentos francês e norte-americano, de modo que Prússia, Suécia e Rússia, dentre outros, elaboraram sistemas estatais, enquanto os holandeses desenharam uma rede apoiada pelo Estado.

Tão importante quanto, porém, foi até que ponto a atmosfera revolucionária, construída a partir de valores iluministas e conceitos expansivos de direitos naturais e humanos, encorajou discussões ainda mais radicais a respeito de necessidades e responsabilidades educacionais. Na França, por exemplo, a ativista Olympe de Gouges (1748-1793) começou a defender que a mente humana não possui sexo – ou seja, que as mulheres eram iguais aos homens. Sem ter recebido uma educação sistemática e enfrentando preconceitos generalizados, ela lutou para que sua voz fosse ouvida: sua *Declaração dos Direitos da Mulher e da Cidadã* (1791) insistia que elas possuíssem plenos direitos legais, educacionais e à propriedade, mas seu insistente radicalismo acabou por levá-la à guilhotina, condenada pelo governo revolucionário.

No mesmo período, na Inglaterra, uma pioneira feminista ainda mais influente, Mary Wollstonecraft (1759-1797), estabeleceu uma conexão tanto mais robusta entre os direitos devidos às mulheres e o acesso à educação. Uma vez mais, tínhamos uma mulher com limitada educação formal (embora tivesse contado com sólido aprendizado familiar e particular) que tentou inclusive dirigir, ela mesma, uma escola feminina. Já em 1786 escrevera um panfleto chamado *Pensamentos sobre a educação das filhas, com reflexões sobre a conduta feminina, nos mais importantes deveres da vida*, mas foi a Revolução Francesa que verdadeiramente conseguiu galvanizá-la: a noção de direitos naturais lhe pareceu particularmente estimulante e levou à publicação de *Reivindicação dos direitos da mulher* (1792), texto que rapidamente ganhou atenção em ambos os lados do Atlântico.

Como Olympe de Gouges, Wollstonecraft insistia na racionalidade feminina, sua igualdade intelectual com os homens e na necessidade de uma educação que libertasse sua inteligência da dependência masculina. Foi também uma defensora de escolas públicas abertas a todos (entre os 5 e os 9 anos de idade) e insistia que educar as mulheres não contrariava seu papel como mães (ela própria morreria durante um parto). Usando um argumento bastante comum durante o século XIX, observou que "esposas dóceis são, em geral, mães estúpidas", de modo que se a sociedade desejava mães competentes, cidadãs e trabalhadoras diligentes, era preciso educá-las. Se as meninas recebessem as mesmas oportunidades educacionais dos meninos (radical para a época, ela inclusive defendia o ensino misto) suas capacidades intelectuais equivalentes seriam claramente demonstradas. Sua proposta não era alguma espécie de dominação feminina, mas sim a libertação: "não desejo que elas tenham poder sobre os homens, mas sim sobre si mesmas". Ecoando Rousseau, mas rejeitando seu preconceito de gênero, "a educação mais perfeita, em minha opinião, é um bem calculado exercício de compreensão para fortalecer o corpo e formar o coração. Ou por outra, permite ao indivíduo adquirir hábitos de virtude que o tornem independente [...] esta era a opinião de Rousseau a respeito dos homens. Eu a estendo para as mulheres".

Essas novas vozes que clamavam pela educação dos ex-escravizados e das mulheres e que estenderam o alcance das ideias iluministas e revolucionárias para muito além do convencional não tiveram muito impacto em seu próprio tempo, ainda que por volta de 1848 as feministas norte-americanas estivessem ampliando a demanda pelo acesso à educação. Como veremos nos próximos capítulos, quando mulheres e ex-escravizados começaram a conquistar maior acesso à educação, tanto os motivos quanto os resultados foram decididamente controversos. Não há dúvida, entretanto, que esse pensamento revolucionário ajudou a estabelecer ao menos a possibilidade teórica de uma nova e verdadeiramente universal educação para todos. Ainda que inicialmente limitados na prática, os princípios da soberania popular, direitos humanos e igualdade social puderam ser expandidos em lutas sociais futuras, que incluíram tanto os direitos quanto a educação.

Leituras adicionais

Sobre a literacia de massas e a sociedade industrial, *The literacy myth: Literacy and social structure in the nineteenth-century city* (Academic Press, 1979), de Harvey J. Graff; *The rise of mass literacy: reading and writing in modern Europe* (Polity Press, 2000), de David Vincent, e *The industrial turn in world history* (Routledge, 2017), de Peter N. Stearns. Sobre a França e a Europa, cf. as obras de Mary Jo Maynes, *Schooling for the people: Comparative local studies of schooling history in France and Germany, 1750-1850* (Holmes and Meier, 1985), e de R. R. Palmer, *The improvement of humanity: Education and the French Revolution* (Princeton University Press, 1985). Sobre os Estados Unidos, a sétima edição de *The American School* (McGraw Hill, 2007), de Joel Spring, e *America's public schools: From the common school to no child left behind* (Johns Hopkins University Press, 2005), de William Reese. Sobre o Haiti, o livro de Michel-Rolph Trouillot, *Silencing the past: Power and the production of history* (Beacon, 1995). Sobre a educação feminina, o texto de Mary Wollstonecraft *Reivindicação dos direitos da mulher* (Folha de São Paulo, 2022), e *Feminist interpretations of Mary Wollstonecraft* (Pennsylvania State University Press, 1996), organizado por Maria J. Falco.

11
Mudanças educacionais nas sociedades ocidentais

Valendo-se, parcialmente que fosse, do impulso da Era da Revoluções, as sociedades ocidentais introduziram uma série de inovações educacionais ao longo do século XIX. A educação das massas recebeu renovada atenção, seja porque as novas exigências das nações industrializadas (incluindo a necessidade de prover ocupações alternativas para as crianças à medida que o trabalho infantil era progressivamente restringido), ou graças à preocupação mais intensa existente nas sociedades modernas com as qualidades esperadas de uma cidadania responsável. Ao mesmo tempo, a expansão educacional e o acesso a oportunidades mais amplas resultaram, quase sempre, de lutas muito duras, tanto na Europa como nas sociedades de povoamento.

Num tom mais positivo, os direitos e necessidades das meninas e mulheres estavam cada vez mais presentes nessa categoria de reformas sociais imprescindíveis, ainda que frequentemente limitadas ao nível escolar primário e em certas instâncias, como os Estados Unidos, ao ingresso nas escolas normais. Em contraste, os níveis educacionais superiores, secundários e universitários, cujas mudanças eram as mais diretamente responsáveis pelo crescimento das burocracias e a expansão das especialidades profissionais associadas à industrialização, permaneciam quase que inteiramente dominados pelos homens. Acumulavam-se tensões na relação entre o nível mais básico e os mais avançados, uma variação nova, crescentemente industrial, secular e urbana daquelas antigas questões relativas ao papel da educação no desenvolvimento e reprodução das elites.

Mudanças nas necessidades e funções educacionais nas sociedades industriais

Antes de lidar com desenvolvimentos nacionais específicos no decorrer do século XIX é importante definir alguns dos novos desafios educacionais surgidos neste momento de industrialização inicial e que, posteriormente, se tornariam fenômenos globais. O argumento fundamental é: as sociedades industriais produziram necessidades e oportunidades para a educação relativamente diferentes dos padrões mais antigos, cujos resultados, ainda que estabelecidos incialmente no Ocidente, se espalhariam pelo mundo inteiro.

Os capítulos anteriores basicamente detalharam as muitas razões pelas quais a educação formal e religiosa desenvolveu-se nas sociedades agrícolas a partir da necessidade de que alguns poucos indivíduos soubessem ler e escrever, surgindo daí o esforço consistente para o desenvolvimento de instituições capazes de produzir agentes governamentais letrados e presumivelmente competentes. Também os objetivos religiosos contribuíram em muito para esse resultado: as escolas preparavam sacerdotes, a quem caberia prestar serviços religiosos para grandes grupos de pessoas. Por fim, em especial quando essas sociedades passaram a realizar mais transações comerciais, alguma formação em negócios e manufaturas tornou-se essencial. Esses três objetivos educacionais, amiúde inter-relacionados, foram solidamente condicionados pelo esforço na manutenção de hierarquias, que garantia aos homens das classes altas acesso preferencial, embora não exclusivo.

Tais funções e elementos certamente tiveram continuidade nas sociedades industriais e naquelas em vias de industrialização, muito embora o aspecto religioso tendesse a perder relevância. No começo do século XIX, entretanto, a lista de exigências educacionais do Ocidente expandiu-se dramaticamente, ainda que nem sempre apontando para uma mesma direção. Diante da clara demanda por técnicos especializados e treinados, as instâncias envolvidas nesse processo foram expandidas. Claro, as sociedades agrícolas possuíam médicos e advogados, e vimos que por volta do século XVIII escolas especializadas começaram a se alargar no sentido daquilo que hoje chamamos de engenharia. Com a industrialização, a procura por engenheiros, arquitetos, estatísticos, dentre outros, cresceu vertiginosamente, ao mesmo tempo que profissões mais antigas também ampliavam seus conhecimentos básicos. Até mesmo aquele antiquíssimo propósito de preparar líderes e agentes governamentais começou a se tornar mais complexo graças às necessidades das sociedades industriais, que tiveram, todas, de repensar seriamente sua capacidade de formação de especialistas.

Esse quadro se estendeu à necessidade de criação, ou redefinição, de formações superiores e técnicas mais avançadas. As universidades não apenas ampliaram seus programas educacionais para produzir mais especialistas treinados (e outras funções), mas também começaram, mais obviamente do que antes, a se tornar centros de pesquisa. Quanto às sociedades que carecem de tradição na educação superior, elas tiveram que inovar ainda mais fundamentalmente.

Ao mesmo tempo, muitas lideranças das sociedades industrializadas ou em vias de industrialização também decidiram que era preciso oferecer educação básica para todos. Indícios desse movimento remontam à Europa do século XVIII, mas esse novo objetivo era muito mais ambicioso e revolucionário. Os programas para a educação primária universal, ainda que na prática possam ter sido hesitantes por questões orçamentárias e de tradição, por diversas razões passaram a ser considerados essenciais. A formação para a indústria e as habilidades profissionais destacaram um fator: as fábricas em expansão careciam de mais pessoal capaz de ler, escrever e realizar operações matemáticas básicas (ou mesmo que soubesse dizer as horas corretamente), incluída aí a nova categoria profissional do supervisor. Além disso, à medida que os negócios se expandiam, também precisavam de funcionários do "colarinho branco", que atuavam como secretários, vendedores e gerentes e de quem se exigia formação ainda mais extensa – mais uma conexão vital entre a transformação econômica e a educação, em especial nas últimas décadas do século XIX. Por fim, tornava-se cada vez mais perceptível que muitas crianças precisavam se ocupar com outras atividades: o trabalho industrial havia se tornado excessivamente perigoso ou duro para operários infantis, e não demorou para que os reformadores sociais apontassem para a educação compulsória como uma alternativa essencial. Nos novos ambientes urbano-industriais, escolas mais inclusivas tornaram-se uma necessidade para que as crianças tivessem onde ficar.

Ao mesmo tempo, governos de realidade mais industrializadas e urbanizadas começaram a entender a educação como meio para um exercer controle social mais generalizado e produzir cidadãos mais competentes e leais. Não raro, as novas "comunidades" nacionais eram cultivadas por intermédio de campanhas de alfabetização e das línguas vernáculas, estas últimas crescentemente codificadas em cartilhas, silabários e dicionários. A industrialização criara o potencial para novas formas de insatisfação, especialmente nas cidades em crescimento, e a educação, quando apropriadamente moldada, poderia servir como um corretivo poderoso.

Historiadores têm debatido alguns aspectos dessa lista de novas atribuições, dentre os quais Garvey Graff, que devotou muito de sua respeitosa carreira acadêmica para assinalar que a maioria dos trabalhadores das fábricas norte-americanas não precisava ser efetivamente alfabetizada, mas sim tão somente saber seguir instruções orais e aprender a como operar máquinas. É essa a razão, dentre outras, por que tantos imigrantes encontravam trabalho nas indústrias e nas minas, e também por que tanta gente vinda do campo se dirigia para as cidades industrializadas do mundo inteiro e conseguia sobreviver, mesmo que mal soubesse ler, escrever ou calcular.

Ainda que relevante, essa ressalva não invalida o argumento central: é indiscutível que as sociedades industriais e as em vias de industrialização resolveram que precisavam educar mais pessoas do que jamais haviam feito antes graças a uma já conhecida combinação de motivos. Mesmo as primeiras fábricas precisavam de supervisores alfabetizados, capazes de ler as instruções e redigir os regulamentos da casa, e a crescente demanda por funcionários de colarinho branco ampliou ainda mais essas exigências. As sociedades industriais tornaram-se cada vez mais dependentes da literacia do consumidor, que precisava, dentre outras coisas, ser capaz de ler anúncios ou livretos que pudessem ajudá-lo e aos seus desejos consumistas.

Por fim, tudo isso contribuiu para mais uma tendência bastante comum: todas as sociedades industrializadas ou em vias de industrialização decidiram que precisavam educar também as meninas. As diferenças de gênero poderiam até ser mantidas por um certo tempo, mas invariavelmente declinariam. Era necessário preparar as mulheres para que educassem seus próprios filhos, parte da preparação para a educação e a cidadania de massas. Algumas sociedades também descobriram rapidamente que precisavam de professoras. Uma vez que as mulheres conquistaram uma inserção mais ampla, outras mudanças começaram a ocorrer, da redução das taxas de natalidade (um correlato padrão da educação feminina na história moderna, independentemente da região) às novas demandas por maior acesso educacional.

Em suma, quando as sociedades industriais ampliaram enormemente as demandas por especialistas bem-formados, desenvolveram (pelos mais diversos motivos) o compromisso com a educação de massa e incluíram também as mulheres no campo educacional, aumentaram em muito a lista até então existente de justificativas para a educação. É possível apontar outras motivações e incentivos, mas fundamentalmente foram as necessidades industriais que levaram, com o tempo, a educação moderna a diferir tanto de suas contrapartes pré-modernas. E por isso também que os governos sempre descobriam que a nova responsabilidade no domínio educacional era de tal modo importante que não podia ser relegada às autoridades religiosas ou deixada em mãos particulares. Como veremos, o fato de as sociedades começarem a copiar os sistemas educacionais umas das outras acrescentou e acelerou, ostensiva e extensivamente, a novidade desse conjunto.

Isso dito, há que se destacar alguns senões. Primeiro, ainda que as mudanças fossem fundamentais, não ocorreram rápida ou uniformemente. No século XIX, o processo de criação de "sistemas" educacionais de tipo moderno afetou somente algumas sociedades, tanto por serem muito caros e demandarem financiamentos estatais quanto por ameaçarem práticas e autoridades educacionais mais antigas. As abordagens europeia e norte-americana desse período tiveram que lidar com esse fundo comum de desafios, mas com certas distinções específicas, algumas das quais deixaram legados ainda visíveis atualmente. Após estudarmos os desenvolvimentos-chave em cada uma das regiões, poderemos retornar às questões e realizações compartilhadas de um período de mudanças educacionais inquestionavelmente profundas.

A criação do sistema educacional moderno na Europa

Ainda que os modelos europeu e norte-americano tenham chegado basicamente ao mesmo lugar em finais do século XIX, eles seguiram por caminhos diferentes, enfrentaram problemas específicos durante o percurso e, mesmo ao final desse período, as ênfases atribuídas pelos vários ramos das sociedades ocidentais permaneceram, de algum modo, divergentes.

A religião foi uma variável-chave. Os Estados Unidos, com a separação constitucional entre Estado e Igreja e em que pese sua cultura predominantemente protestante, não enfrentaram o mesmo tipo de desafios ocorridos na

Europa para definir o papel do clero na educação. Envolvida pelas lutas constantes nesse campo, a educação europeia passou por um processo irregular de secularização, no qual o conteúdo nacionalista também se acentuaria por volta do fim do século.

A Europa também desenvolveu mecanismos diversos para distinguir a formação mais especializada (predominante, mas não exclusivamente, voltada para as elites e as classes médias) da educação de massas, ainda que essas distinções não devam ser exageradas. O sentimento democrático popular (e a demanda pela educação pública) desenvolveu-se um tanto tardiamente, mas ao mesmo tempo o continente herdara a rica tradição educacional das academias e universidades que, embora precisando de uma redefinição, pôde contribuir para a construção de sistemas secundários e terciários coerentes e includentes.

Padrões britânicos

A Grã-Bretanha herdou uma miscelânea de escolas do início do Período Moderno, muitas delas sustentadas por aportes filantrópicos ou instituições de caridade. Um grande movimento de escolas dominicais surgiu em finais do século XVIII, dedicado fundamentalmente à oferta de educação para os pobres, e por volta de 1831 já alcançava um quarto de toda população infantil. Para além disso, a caridade cristã continuou apoiando uma variedade de esforços educacionais religiosos ao longo do século XIX. A Sociedade Anglicana Nacional para a Promoção da Educação dos Pobres (Anglican National Society for Promoting the Education of the Poor) foi uma dessas iniciativas, enquanto outros grupos protestantes mantinham seus próprios sistemas. Além deles, as *"ragged schools"* (escolas maltrapilhas), outro desses movimentos, trabalhavam para ensinar gratuitamente a literacia básica aos carentes.

Um tanto ironicamente, a diversidade de iniciativas e as grandes discordâncias sobre se, dado o poder de outros grupos protestantes dissidentes, a Igreja da Inglaterra deveria predominar atrasaram seriamente a formação de um efetivo sistema nacional, a rigor até o século XX. Instaurava-se, porém, um consenso cada vez maior de que o Estado precisava fazer alguma coisa para alcançar as classes mais baixas, e uma série de leis reformadoras que limitavam o trabalho infantil nas fábricas tornou essa questão ainda mais urgente.

Em 1833, o parlamento começou a destinar fundos anuais à construção de escolas para crianças pobres, o primeiro exemplo de envolvimento estatal na educação ocorrido na Inglaterra e em Gales (em oposição à Escócia). Em 1840, as políticas oficiais começaram a atuar sobre os currículos, a começar pela Lei das Escolas de Gramática (Grammar School Act) que inseriu ciências e literatura moderna naquilo que seria um programa de estudos clássicos. O crescimento da supervisão estatal foi, contudo, lento, e em 1858 um relatório denunciou que muitas crianças permaneciam inteiramente não escolarizadas. De fato, por volta de 1870, cerca de 1 milhão de crianças frequentava as escolas filantrópicas e 1.3 milhão as instituições com apoio estatal, mas 2 milhões continuavam sem qualquer escolarização formal. Ao mesmo tempo, o que a Grã-Bretanha conhecia por "escolas públicas" (na verdade academias privadas de elite) continuavam a fornecer a maior parte da educação para a classe média alta e a aristocracia, mas a mudança também as atingiria, em especial pelo crescente destaque conferido aos esportes e aos trabalhos em equipe, destinados a edificar um certo tipo de masculinidade considerada vital para o maior império do mundo.

Abordagens escolares mais coerentes foram desenvolvidas a partir da década de 1860, incluindo os subsídios atribuídos às escolas estatais com base na quantidade per capta de alunos que atendiam. Em 1870, exigiu-se de todos os distritos que estabelecessem escolas primárias adequadas, e lhes foi permitido (embora não exigido) controlar a frequência das crianças entre os 5 e os 13 anos; no entanto, continuavam existindo grandes brechas para os estudantes acima dos 10 anos, de modo que o interesse em garantir a oferta de trabalhadores infantis para as fábricas permanecia considerável. Mesmo então, as disputas entre os diversos grupos protestantes e o papel da Igreja da Inglaterra no sistema estatal continuaram a dificultar o trabalho dos legisladores.

Por fim, uma série de medidas surgidas pós-1880 começou, ao menos na teoria, a exigir a frequência escolar até os 10 anos (muito embora a fiscalização e o cumprimento permanecessem irregulares) e estabelecer escolas especiais para os cegos e surdos. Por volta de 1900, a idade para deixar a escola subira para os 13 anos. Em um outro movimento importante, em 1899 foram destinados fundos especiais para as escolas técnicas acima do nível primário à medida que a Grã-Bretanha percebia que o antigo de sistema baseado no treinamento informal era pura e simplesmente inadequado à indústria moderna. Não deixa de ser pitoresco que o financiamento do ensino viesse dos impostos cobrados sobre o uísque. Finalmente, em 1902, a controversa Lei Balfour destinou fundos oficiais para escolas anglicanas e católicas, incluindo as secundárias, ajudando assim pessoas das classes baixa e média baixa a conseguir maior acesso à educação mais avançada. Essas mudanças contribuíram para a abertura de mil novas escolas secundárias até 1914.

Coroando esse sistema fragmentado, as universidades britânicas, já bem-estabelecidas e voltadas para uma clientela de alta classe, também começaram a se expandir. Diversas novas escolas de medicina foram estabelecidas no início do século XIX, algumas das quais incluíram currículos mais amplos e se tornaram verdadeiras universidades. Da mesma forma, diversos institutos mecânicos passaram a ofertar educação superior, transformando-se em escolas politécnicas e, posteriormente, universidades. Em 1838, uma dessas, situada em Londres, destacou seu compromisso em oferecer "conhecimentos práticos para as diversas artes e ramos da ciência conectados às manufaturas, operações mineiras e a economia rural". Em finais dos anos de 1820, a Universidade de Londres, recente e não denominacional, foi estabelecida na capital britânica, e representou uma verdadeira revolução: foi a primeira a conceder formalmente graduações a não anglicanos e a expandir rapidamente seu currículo para incluir campos como geografia, ciências e línguas modernas (a Universidade de Cambridge tentou barrar essa nova instituição, mas não conseguiu). Da mesma forma, em 1878 foi a primeira a diplomar mulheres; vinte e dois anos depois, com exceção das universidades de Oxford, Cambridge e Dublin, todas as outras seguiram o mesmo caminho, e a maioria das universidades provinciais passou a aceitar alunas, ao menos em alguns cursos, a partir de 1840. As tensões entre essas muitas, novas e modernas instituições, algumas das quais chamadas *Red brick*, e os célebres, e ainda dominantes, centros de Oxford e Cambridge permaneceram acirradas.

Claro, a Grã-Bretanha percorreu um caminho razoavelmente tortuoso até a moderna educação, e muitos historiadores acreditam que em finais do século XIX o resultado efetivamente prejudicava a competitividade econômica da nação. Mas o decorrer do período também testemunhara grandes mudanças. Em 1800, 40% dos homens e 60% das mulheres eram analfabetos; na década de 1870 esses números haviam caído para 20% e 25% respectivamente (o ganho feminino fora particularmente perceptível) e em 1900 se aproximaram de zero. Fatias cada vez mais amplas de famílias trabalhadoras reconheciam a importância de se ter, ao menos, a educação primária, e já em 1830, quando a legislação trabalhista passou a alcançar as crianças, muitos concordavam que as escolas, e não o trabalho fabril, eram ambientes melhores para seus filhos. Por volta de 1900, uma significativa minoria de trabalhadores estava conseguindo ingressar nas faculdades, atraída pelo anseio de usar a formação universitária para subir na vida. Alguns tornaram-se professores, uma profissão que havia crescido bastante em meio à expansão caótica das escolas ao longo do período. Inegavelmente, ao menos parte desse interesse britânico no desenvolvimento educacional era impulsionado pela competição internacional, de início com a França e posteriormente com os Estados Unidos e a Alemanha.

Padrões germânicos

Em contraste com a Grã-Bretanha, importantes regiões da Alemanha já desfrutavam de um sistema educacional coerente e orientado pelo Estado no início do século XIX graças às reformas ocorridas décadas antes em grandes estados como a Prússia. O princípio da educação primária compulsória estava bem-estabelecido, ainda que sua implementação fosse irregular. A noção de um sistema avaliativo padronizado para todos os egressos do ensino secundário datava de 1788, e em 1810, em meio às Guerras Napoleônicas, a Prússia introduziu a exigência de certificação governamental para o exercício da profissão docente, algo que elevou significativamente o padrão da classe e conferiu aos seus membros um sentido de *status* coletivo. É notável que os reveses bélicos tenham convencido os prussianos de que uma boa educação era fundamental para um Estado em guerra. Nesse mesmo diapasão, em 1812 os exames para os estudantes secundaristas, o *Abitur*, passaram a ser aplicados em todas as escolas do reino. Por fim, o governo passou a promover abertamente a educação como expediente para a mobilidade social, uma das primeiras vezes em que este notório atributo da escolarização recebeu bênçãos oficiais.

A Alemanha foi também o centro do primeiro movimento mundial pelos jardins da infância, na década de 1830, fruto do trabalho de um reformador educacional privado chamado Friedrich Froebel (1782-1852), ardente discípulo da crença rousseauniana na bondade natural e na inerente curiosidade infantil e que também buscava inspiração nos experimentos de Pestalozzi com os estudos naturais e as brincadeiras infantis. Froebel defendia que escolas para crianças bem pequenas, baseadas em oportunidades criativas para as diversões e atividades de grupo, as *kindergartens*, seriam capazes de ampliar suas capacidades cognitivas e habilidades sociais. Ele também acreditava que as mulheres eram idealmente preparadas para dirigir tais iniciativas, e organizou um instituto de formação específica para promover sua preparação. Essas ideias foram bem-recebidas em diversas partes do mundo, embora não deixe de ser irônico que o próprio governo alemão, preocupado com eventuais implicações radicais, tenha proibido por décadas sua implementação. Por volta de 1900, países como a França e a Inglaterra ofereciam jardins da infância gratuitos para os pobres, e só a partir de então a Alemanha seguiu o exemplo. Por fim, o movimento se espalharia pelo mundo inteiro.

O foco principal, contudo, permaneceu nas iniciativas governamentais. Quando a unificação alemã foi finalmente concluída, em 1871, os princípios educacionais prussianos foram nacionalizados, ainda que certos estados tivessem alguma liberdade e que, na década de 1880, houvesse disputas a respeito do papel da Igreja nas regiões católicas. Os exames *Abitur* passaram a ser aplicados em todo país, e o Estado abriu as primeiras escolas secundárias femininas e inaugurou academias para a preparação de professores que futuramente atuariam no sistema primário. Todos esses desdobramentos ocorreram no contexto de uma sociedade que se urbanizava e industrializava rapidamente e na qual os sentimentos nacionalistas se aprofundavam.

Além do extenso envolvimento estatal no estabelecimento dos padrões e exigências, e da expansão inicial das disposições do ensino primário, o sistema alemão surgido no século XIX era particularmente reconhecido graças a dois aspectos inter-relacionados: a articulação de uma diversificada rede de escolas secundárias e o desenvolvimento pioneiro da moderna pesquisa universitária.

Por volta de 1870, haviam sido desenvolvidos quatro tipos de escolas secundárias. O ápice em termos de prestígio era o *Gymnasium*, um curso de nove anos baseado no tradicional currículo europeu e que incluía latim, grego ou hebraico clássicos mais um idioma moderno. Em seguida vinha o *Realgymnasium*, com a mesma extensão e onde se estudava latim, línguas modernas, ciências e matemática. Com duração de seis anos, o *Realschule* formava a terceira camada, e diferentemente das outras duas, não qualificava seus graduados para o ensino universitário, mas os encaminhava para formações técnicas na indústria ou atividades de colarinho branco. Por fim, havia mais um curso de nove anos, igualmente voltado para as línguas modernas, ciências e matemática (sem o latim) e cujos egressos também não eram qualificados para o ensino superior. Idealmente, por volta de 1900 todos esses níveis eram equivalentes, mas na realidade sua importância (e acessibilidade) variava tremendamente, pois o que os alemães haviam realizado (concomitantemente à rapidíssima expansão da educação como um todo) foi lidar coletivamente com as tensões existentes entre os currículos mais tradicionais e os mais modernos, atendendo grupos distintos ao mesmo tempo em que possibilitava um certo grau de mobilidade social por intermédio das conquistas educacionais.

A classe média bem-estabelecida podia, obviamente, escolher entre os dois primeiros níveis, a depender do seu apego a temas mais tradicionais e respeitáveis, ou do pendor para maior formação nos campos científicos e tecnológicos.

Acima do ensino secundário encontrava-se a universidade alemã, um vital ponto de ingresso para profissões ou cargos públicos prestigiosos e pináculo das aspirações educacionais da classe média. As reformas ocorridas na Prússia durante as Guerras Napoleônicas já haviam levado à criação da nova Universidade de Berlim (Universität zu Berlin, atualmente Universidade Humboldt de Berlim), dedicada a ensinar aos alunos a "levar em consideração as leis fundamentais da ciência em todas as suas reflexões". Seu objetivo era encorajar a pesquisa estudantil ativa, geralmente em colaboração com os professores, os quais, por sua vez, precisavam empreender seus próprios estudos como parte integral de suas obrigações docentes. Ainda que essas novas instituições recebessem apoio governamental, o professorado desfrutava de relativa liberdade acadêmica e imenso prestígio social. A especialização científica avançou velozmente, produzindo descobertas tanto básicas como práticas – por exemplo, fertilizantes artificiais para a agricultura, ou novas oportunidades no campo da química; novas ciências sociais e comportamentais também ganharam renovada atenção.

Tratava-se de um modelo poderoso de uma genuinamente nova universidade, que eventualmente se tornaria muito influente nos Estados Unidos, Japão e demais lugares, mas que não estava isento de tensões. As instituições mais antigas há muito defendiam um espaço maior para a educação mais tradicional, humanista e baseada no latim (em linha com o *Gymnasium*). Também os alunos se dividiam. Alguns, provável e desproporcionalmente aqueles oriundos da classe média, valorizavam o prestígio educacional e a possível mobilidade social, e não poucos foram atraídos pelos protestos políticos liberais, especialmente durante a primeira metade do século XIX. Já outros, de origem aristocrática ou de classe média mais antiga buscavam apenas confirmar do *status* que já possuíam, um meio no qual, durante muito tempo, as sociedades de duelos desfrutaram de tanto interesse quanto a formação educacional em si.

No geral, contudo, dentro do próprio país e fora dele, a educação alemã era amplamente reconhecida como um gigantesco feito nacional, cuja contribuição para o crescente poder industrial da nação por meio da formação de capital humano e das pesquisas universitárias era inquestionável. Mas como observaram muitos historiadores, essas conquistas foram ofuscadas pelo militarismo generalizado, pelos persistentes privilégios aristocráticos, o nacionalismo e o antissemitismo crescentes. Com o tempo, esses elementos gerariam o câncer do fascismo alemão, ao qual raras elites universitárias apresentaram alguma resistência.

Padrões franceses

Durante o século XIX, o padrão francês situou-se, em alguma medida, a meio-caminho dos modelos britânico e germânico, e a França teve mais problemas do que a Alemanha para estabelecer sua educação primária. Em termos gerais, porém, e apesar dos problemas específicos, ambos se alinharam na opção por um sistema secundário privilegiado e diferenciado, que conduzia, em alguns casos, até os vários centros de educação superior. Mas os franceses experimentaram uma disputa particularmente acirrada a respeito do papel da religião, que só foi inteiramente solucionada em princípios do século XX.

Passadas as tensões dos anos revolucionários e da ditadura napoleônica, a próxima grande reforma teve lugar sob um governo mais liberal em 1833, uma nova legislação que encorajava as iniciativas em prol da educação de massas. Nesse momento, o governo central percebera claramente a importância de uma população mais bem educada, dado que a industrialização avançava a passos largos e criava novas questões relativas à mão de obra infantil e à preparação da força de trabalho. A nova lei exigia que toda localidade estabelecesse uma escola pública primária e expandisse a formação de professores, muito embora, a bem dos interesses da ordem pública, a religião e a moralidade permanecessem componentes importantes da educação. Nas palavras de uma das lideranças reformadoras, "a educação popular deve ser ministrada e recebida em meio a uma atmosfera verdadeiramente religiosa", caso contrário a moralidade sairia prejudicada. Nesse ponto, a reforma incluiu discussões sobre a limitação dos castigos corporais nas escolas, mas houve pouca mudança. O currículo da educação primária, contudo, foi expandido e passou a incluir um tanto de Geografia e História além das habilidades fundamentais. A esse movimento relativamente hesitante seguiu-se, em 1841, a primeira legislação que limitava o trabalho infantil e exigia dos donos das fábricas que reservassem algum tempo de aprendizado para os trabalhadores com menos de 12 anos.

Nas décadas seguintes, a educação primária francesa se expandiu continuamente, e pouco a pouco, numa nação ainda majoritariamente rural, números crescentes de camponeses e artesãos rurais começaram a entender a importância da educação no âmbito dos seus próprios afazeres – e a despeito da continuada dependência da mão de obra infantil. O progresso das atividades comerciais no campo significou que ter filhos que soubessem ler, escrever e contar começou a valer a pena para as famílias campesinas. Uma filha educada, por exemplo, poderia conseguir um emprego como professora, um ganho a mais para o orçamento familiar. Esse tipo de conversão gradual para uma maior aceitação popular da educação foi no mínimo tão importante quanto as decisões emanadas do topo, e nesse processo um país que em 1800 ainda era fortemente dividido entre dialetos e costumes locais, tornava-se paulatinamente mais culturalmente unificado: a moderna escolarização foi essencial à criação de uma identidade nacional. Esse mesmo encadeamento conferiu aos professores formados um papel vital, verdadeiro prestígio nas estruturas das vilas e um genuíno senso de missão.

Após o choque provocado pela derrota para a Alemanha em 1870, o sistema nacional francês foi enfim completado nas décadas seguintes a 1880, mais uma vez sob os auspícios liberais. Foi nesse momento que o papel da Igreja foi finalmente acertado e que a integração entre a educação primária e os sistemas de elite começou a tomar forma. O governo expandiu a rede de escolas fundamentais e a formação dos professores, e em 1882 uma resolução finalmente ordenou a escolarização de todos os meninos e meninas entre os 6 e os 13 anos. A nação desenvolvia um dos sistemas educacionais mais ferozmente seculares do mundo: os professores católicos foram afastados, uma medida defendida pelo governo como essencial para "libertar as almas da juventude francesa"; novos currículos em Geografia, História e Literatura enalteceram a cultura francesa, omitindo largamente seu passado religioso. A preocupação com a ordem pública permanecia viva, e a ênfase na lealdade à república cada vez mais substituía a formação religiosa. A missão "civilizadora" do império e a cultura popular do imperialismo foram progressivamente salientados nos currículos oficiais.

Os agentes estatais orgulhavam-se da capacidade do sistema em tornar camponeses, ou mesmo crianças imigrantes, em franceses leais. As taxas de alfabetização explodiram, dos 60% da população total (masculina e feminina) em 1870 para 95% em 1900. Por volta de 1906, um contingente de 57.000 mulheres formadas pelo Estado ingressou no crescente corpo docente (que trinta anos antes contava com somente 14.000), chegando perto de igualar o número de homens. A orgulhosa centralização continuou a caracterizar o sistema, e os ministros da Educação eram conhecidos por jactar-se de que, a qualquer momento, sabiam exatamente o que se passava em cada uma das salas de aula do país – por mais que tal afirmação fosse um claro exagero.

O sistema francês oscilou entre o estímulo à ordem e o incentivo a formações mais avançadas e à mobilidade social. As meninas continuavam recebendo conhecimentos domésticos, como corte e costura, respondiam a questões como "quais as qualidades de uma boa dona de casa" e aprendiam que suas funções mais importantes seriam desempenhadas no lar – e apesar disso tudo, muitas delas conseguiam tornar-se professoras ou mesmo ingressar em outras profissões. Também se exigia dos meninos que trabalhassem duro e conhecessem seu lugar na nova meritocracia. Para muitas pessoas de ambos os gêneros, durante boa parte do século a educação formal terminava na educação primária.

Não obstante, a integração com formações escolares mais avançadas estava patente, e foi esse o passo final no processo de transformações anterior a 1914. Um conjunto mais amplo de escolas secundárias começou a surgir, algumas voltadas para os conhecimentos práticos exigidos numa sociedade industrial e frequentemente em substituição às tradicionais academias católicas. Tratava-se de um sistema mantido à parte dos *lycées* clássicos, mais prestigiados, nos quais a ênfase maior recaía sobre as ciências e a literatura francesa. Em 1902, um curso secundário de sete anos foi estabelecido, com quatro anos dedicados à formação geral e depois a escolha entre o currículo clássico (que passou a incluir também ciências e línguas modernas) e o científico, voltado para as ciências e as línguas modernas. Ao final do segundo ciclo, os estudantes começaram a prestar o famoso *baccalauréat*, ou "*bac*", um exame que atestava a finalização do ensino secundário e, para os interessados, qualificava para o ingresso numa universidade ou escola profissionalizante. Tratava-se de um grande obstáculo: inicialmente, mais da metade de todos os estudantes era reprovada e precisava cursar aulas complementares. As pressões sobre esses jovens (e seus pais) eram imensas, e as farras após as provas, consideráveis (uma tradição que se mantém até hoje).

A essa altura, como os alemães e seu *Abitur*, os franceses haviam criado um sistema educacional hierarquizado, razoavelmente coerente e ao menos teoricamente aberto ao talento, embora na realidade favorecesse famílias mais abastadas e particularmente comprometidas com o sucesso educacional. Claro, a maior parte dos estudantes ainda não buscava ascender via sistema meritocrático, mas ele estava genuinamente aberto às tentativas. E muito embora a formação clássica ainda desfrutasse de maior prestígio, era possível subir na vida por meio dos estudos avançados voltados para áreas mais puramente modernas.

Padrões gerais

Em 1900, a maior parte dos países europeus havia estabelecido um sistema completo de ensino primário (ainda que, no caso da Grã-Bretanha, este permanecesse especialmente fragmentado e a Rússia não tivesse se lançado na tentativa), e como resultado o processo multissecular de crescimento das taxas de literacia estava finalmente completado. Contudo, se em certo sentido esse fato representou o coroamento de uma tendência, isso não deve desviar a atenção das dramáticas conquistas do próprio século XIX. O abismo da alfabetização que separava meninos e meninas foi virtualmente eliminado, engendrando assim grandes implicações futuras. Igualmente relevante foi a redução das diferenças entre populações urbanas e rurais.

Ao mesmo tempo, o conteúdo educacional mudara consideravelmente, com a redução (em certos casos a completa eliminação) das temáticas religiosas em favor das línguas vernáculas, ciências, matemática, história e literatura nacionais. O foco da educação residia, cada vez mais, na preparação para a vida política e econômica moderna e na eventual possibilidade do progresso pessoal.

O contingente de professores havia crescido exponencialmente, bem como as oportunidades para sua formação oficial, e a adição das mulheres aos corpos docentes do ensino básico gerou grande empregabilidade. Há que se notar que os padrões variavam: professores homens permaneciam dominantes na Alemanha, Áustria e na maior parte da Escandinávia, enquanto a "feminilização" da profissão avançou mais rapidamente na Inglaterra, Itália e Rússia, muito embora a maior parte dessas professoras trabalhasse exclusivamente com alunas. Em países como França, Bélgica, Espanha e Portugal ocorria uma divisão equânime porque as escolas separadas por gênero persistiam. O prestígio atribuído aos professores era relativamente alto, produto da valorização da educação na moderna cultura europeia, e muitos deles possuíam um sentido verdadeiramente missionário de trazer cultura e patriotismo às crianças de suas salas.

Os sistemas secundário e universitário também haviam se expandido bastante, embora ainda não estivessem de todo massificados. A maioria dos países desenvolveu algum equilíbrio entre escolas claramente elitistas e mais acessíveis e (geralmente por intermédio de medidas relacionadas) entre currículos mais tradicionais, clássicos, e outros em que a tônica estava nas línguas modernas e nas ciências. A importância de oportunidades mais amplas para a formação avançada cresceu não somente graças à crescente industrialização, mas também porque os governos começaram a recrutar seus burocratas com base em concursos públicos, ao invés do favoritismo – outro grande desdobramento ocorrido em todo Ocidente ao longo do século XIX (uma imitação implícita de experiências chinesas bem mais anteriores). Importante observar que essas questões provocam intensos debates historiográficos – há argumentos demonstrando que a "segmentação" e a diferenciação dos percursos educacionais e profissionais durante o século XIX representaram, de fato, esforços das elites, as novas e as mais antigas, para consolidar seu *status* social.

Nisso tudo, o papel do Estado ampliou-se consistentemente, embora não sem discussões – em especial na Grã-Bretanha. Muitos países hesitaram em se comprometer com as resoluções governamentais por causa dos custos que envolviam, de preocupações religiosas ou diferenças culturais ou regionais. Havia também inquietações constantes a respeito do comprometimento da autoridade parental, uma questão que, àquela época, parecia bem mais séria do que hoje. Seja como for, o caminho a seguir estava traçado: para que o ingresso na industrialização e na modernização fosse bem-sucedido, e para se tornarem (ou permanecerem) economias competitivas e potências imperialistas, as sociedades precisariam incorporar políticas educacionais mais abrangentes. E com a alvorada do novo século em 1900, matérias de jornais celebravam os feitos no campo da educação popular como um dos sinais mais claros da marcha do progresso.

Criando sistemas educacionais modernos nos Estados Unidos

O ímpeto das décadas pós-revolucionárias nos Estados Unidos, que inspiraram um novo interesse pela expansão da educação de massas como uma das bases da nova nação, perseverou século XIX adentro e até mais além, sendo amplificado por preocupações crescentes sobre como lidar com os números cada vez maiores de imigrantes oriundos de lugares como a Irlanda. Conquanto as políticas educacionais fossem determinadas nos níveis local e estadual, num óbvio contraste com as abordagens mais centralizadas de países como a Prússia e a França, existiam algumas tendências comuns, em especial nos estados do norte, dentre as quais a firme expansão da responsabilidade governamental. Ao mesmo tempo, persistiam ainda profundas variações regionais e, em que pese as aspirações democráticas da nova nação, igualmente abissais barreiras raciais, de classe e gênero.

Especialmente na Nova Inglaterra e nos Territórios do Noroeste, um novo compromisso com sistemas educacionais primários financiados pelo Estado espalhou-se velozmente, sob a liderança de reformadores como Horace Mann (1796-1859), chefe do Comitê Educacional de Massachusetts (estabelecido em 1837) que via numa educação verdadeiramente "comum" e disseminada algo essencial à promoção das habilidades necessárias a uma economia industrializada e à criação de cidadãos responsáveis numa sociedade progressivamente democrática. Tais instituições transcenderiam as escolas filantrópicas (claramente inferiores) para os pobres e, caso fossem adequadamente financiadas e tivessem rigor acadêmico, seriam capazes de distribuir a riqueza. Mann preocupava-se profundamente com a capacidade moral da gente comum (os imigrantes inclusive), referindo-se a algumas de suas crianças como "pequenos salteadores" que precisavam ser afastados do "vício". Em outras palavras, as escolas eram necessárias ao controle social.

Apesar de suas motivações controversas, Mann e outros reformadores se esforçaram para expandir as escolas públicas gratuitas e aumentar o ano letivo, bem como melhorar a formação dos professores e seus salários, muito embora a significativa diferença entre homens e mulheres não tenha sido alterada. Na verdade, os baixos ordenados oferecidos às professoras eram promovidos como uma medida para reduzir os custos. Catherine Beecher (1800-1878) e outras das primeiras defensoras da carreira docente feminina aceitavam esse argumento, que efetivamente promovia a rápida "feminização" da docência nos Estados

Unidos, mas também criava uma pressão decrescente em seus rendimentos e *status* social. Mann, Beecher e demais defensores da educação para as mulheres afirmavam que a peculiar disposição feminina para a benevolência e a virtude fazia delas guias morais ideais para os jovens.

Massachusetts abriu o caminho em 1852 ao instaurar as primeiras exigências escolares, um mínimo de doze semanas ao ano para as crianças entre 8 e 14 anos; dez anos depois havia até ameaças de prisão para os alunos cabuladores. Outros estados nortistas seguiram na mesma direção, e ainda assim por volta de 1860 somente 72% de todas as crianças frequentavam as salas de aula, isso sem contar a grande evasão escolar. Deu-se particular atenção ao desenho das escolas, ao mesmo tempo que a tônica curricular combinava a formação básica em literacia e aritmética à ênfase aos valores morais da classe média, como frugalidade, dedicação ao trabalho e respeito pela autoridade. A assimilação dos imigrantes permanecia uma questão premente, bem como as tensões a respeito do financiamento de instituições de ensino católicas e dissidentes. Muitas populações imigrantes, incluindo os judeus, montaram suas próprias instituições, se mais não fosse para oferecer formação cultural e religiosa para além daquilo que se aprendia nas escolas públicas.

O interesse na educação secundária recebeu particular atenção a partir de meados do século. Até então, a clientela de classe média dependia das academias privadas, mas a vontade dos pais em garantir oportunidades educacionais mais avançadas para seus filhos gerou apoio crescente à expansão de iniciativas governamentais que fossem além do nível primário. Da mesma forma, disseminou-se a crença nas diferenças existentes entre as crianças e o grupo etário que especialistas começaram a chamar de "adolescentes", algo que logicamente sugeria um tipo específico de ensino. De fato, algumas famílias trabalhadoras e imigrantes resistiram à educação secundária obrigatória, levando ao desenvolvimento das *high schools*, uma abordagem distintamente norte-americana do ensino secundarista que, ao contrário dos internatos, permitia que os pais mantivessem seus filhos em casa. Ainda que seja fundamental salientar que essas instituições atendiam nada mais do que um pequeno grupo de estudantes cujos pais eram ricos o suficiente para prescindir de sua força de trabalho (cerca de 5% desse grupo etário em 1870), desde o princípio elas operaram num contexto mais democrático do que as suas contrapartes europeias típicas. Embora a exigência de exames de admissão não fosse uma novidade, elas eram teoricamente abertas ao mérito, não importando a posição social ou antecedentes educacionais primários. E novamente em contraste com a Europa, as *high schools* eram explicitamente mais voltadas à oferta de habilidades práticas do que ao domínio do aprendizado clássico, preparando os rapazes para o mundo do trabalho e dos negócios e as garotas para o ensino ou o matrimônio.

O interesse pela educação secundária cresceu consistentemente, ao que responderam os governos municipais. Em 1878, quando um visitante francês elogiou as *high schools* por serem uma fonte contínua de renovação da classe média, a maioria dos jovens desse estrato social já as frequentava por pelo menos um ano ou dois, e com eles um punhado de colegas oriundos das classes trabalhadoras. Nesse contexto, boa parte das academias fechou as portas: apenas as mais célebres sobreviveram, para educar os filhos da elite. As oportunidades para as garotas eram particularmente notáveis e, de fato, em finais do século XIX elas já eram mais numerosas do que os garotos. A bem da verdade, havia preocupações sobre se as mulheres estavam à altura desse desafio: o Comitê Educacional de Cincinnati, por exemplo, questionou, em 1841, se o excesso de educação não seria defeminilizante ou mesmo prejudicial à capacidade reprodutiva do "sexo frágil". Seja como for, em 1851 a *performance* das moças nas *high schools* dessa cidade já superava a dos rapazes, muito embora os sexos fossem educados em prédios separados, conforme as crenças nas diferenças de gênero que seguiriam vivas em pleno século XX.

Apesar desse crescimento sistêmico no norte e na maioria das áreas urbanas, grandes diferenças regionais persistiram. No sul a educação permaneceu majoritariamente privada ou realizada por professores particulares (e no caso dos níveis superiores, em escolas nortistas ou na Europa), com pouca ou nenhuma oferta para brancos pobres e interdições explícitas à alfabetização ou qualquer forma de ensino para os escravizados. Em que pese tal repressão, pesquisas recentes têm demonstrado uma incansável demanda pela literacia tanto entre os escravizados quanto entre os libertos. Nas regiões pobres da Appalachia e do Médio Atlântico, a oferta de escolas permaneceu fragmentada e subdesenvolvida até finais do século. Nos Territórios do Noroeste (que formariam os estados do Meio-Oeste, como Illinois, Kansas e Ohio) o financiamento público conseguiu, com o tempo, criar robustas escolas comuns, amiúde empregando jovens professoras formadas nos seminários ou academias do leste. Durante as últimas fases da Guerra de Secessão (1861-1865), negros educados que serviam o exército frequentemente atuavam como professores para escravizados fugidos e soldados dos regimentos negros, e após a abolição muitos deles continuaram exercendo o ofício e se tornando lideranças políticas.

Uma voz poderosa em meio a todos esses debates foi a do líder abolicionista Frederick Douglass (1818-1895), que, ainda escravizado em Maryland, conseguiu se alfabetizar secretamente, fugiu para a liberdade e professou um compromisso vitalício com a disseminação do "esclarecimento" como chave para a liberdade pessoal e a autorrealização. As campanhas em prol da rápida expansão da educação pública durante a Reconstrução do sul (1865-1876), lideradas por ex-escravizados, missionários do norte e reformadores, acabaram por beneficiar também os brancos pobres. Um dado importante: muitas constituições estaduais foram reescritas nesse momento para que a educação pública fosse reconhecida como um direito constitucional, seja nos estados sulistas que retornavam à União ou nos novos territórios do Meio-Oeste e da Costa Oeste que buscavam ascender à condição de estados. Claro que o cumprimento desses compromissos educacionais, que incluía igualdade étnica e de classe no financiamento e acesso às escolas, produziu terríveis embates.

Tragicamente, o fim da Reconstrução e a reimposição da supremacia branca nos estados sulistas levou à segregação desses sistemas recém-criados, algo que embora nominalmente expresso como "separados, mas iguais", era flagrantemente desigual, seja no financiamento ou na qualidade. Escolas normais, institutos profissionalizantes em comércio e agricultura, escolas técnicas e universidades destinadas aos negros lutavam pela sobrevivência em diversos estados, mesmo quando passaram a contar com verbas federais e apoio filantrópico. Por volta de 1900, a maioria dos estados sulistas já havia finalmente implantado a frequência obrigatória nas escolas primárias e expandido o apoio governamental, mas ao mesmo tempo reforçaram violentamente a segregação racial. As profundas disparidades engendradas perdurariam por décadas a fio.

Num tom mais positivo, em finais do século XIX o interesse público pela educação secundária expandia-se rapidamente, em especial fora do sul dos Estados Unidos. Em 1860, havia 100 *high schools* em todo país, um número que subiu para 6.000 em 1900 e 12.000 em 1914. Nesse ponto, basicamente todas as crianças de classe média frequentavam os bancos escolares, assim como uma fatia cada vez maior de outras vindas das classes trabalhadoras à medida que os exames de admissão desapareciam em favor do compromisso com o potencial democratizante das escolas. De fato, alguns estados começaram a ampliar as exigências de frequência até chegar a pelo menos dois anos no ensino secundário. Reflexo e estímulo dessa tendência, os currículos (salvo algumas exceções) se afastaram da formação clássica e enfatizaram línguas modernas, ciências, história e uma porção de elementos práticos, como treinamento secretarial. Ao mesmo tempo, em parte ecoando uma preocupação constante com a disciplina e o caráter, as *high schools* passaram a oferecer uma variedade de atividades esportivas, algo que viria a ser tão característico delas. Muitas contrataram treinadores profissionais, e em esportes como o futebol americano a competição se tornou cada vez mais acirrada, gerando no processo imenso interesse nas comunidades.

A expansão educacional também demandou comprometimento crescente com a melhoria e a padronização da formação de professores, algo particularmente visível no grande número de academias docentes (as escolas normais) estatais que proliferavam (as escolas rurais, porém, continuavam a lançar mão dos seus próprios egressos). E apesar disso tudo, e da declarada paixão nacional pela educação, não se atribuiu aos professores norte-americanos o mesmo prestígio dos seus colegas europeus, uma interessante e continuada tensão na moderna tradição educacional dos Estados Unidos, resultado dos preconceitos de gênero, dos sentimentos anti-impostos, mas também do argumento missionário de que os professores eram, acima de tudo, exemplos morais, modelos de piedade e paciência, e não lideranças acadêmicas. Outra grande fraqueza desse sistema era a crença de que a escolarização em si era mais importante do que lidar com as realidades sociais, tais como pobreza, direitos trabalhistas e civis.

Em especial nos grandes distritos urbanos, as administrações escolares e os comitês educacionais atuavam em conjunto, não raro expandindo e consolidando instituições e reduzindo a autonomia dos docentes. Com o tempo, esse impulso à gestão uniforme e vinda de cima também reduziria a participação comunitária nas escolas em nome da elevação dos padrões e do reforço a mais "eficiência social". Essas lutas envolvendo a profissão docente, a gestão, a avaliação e o acompanhamento de carreira se provariam intensamente divisivas nos anos que se seguiram.

O componente final do sistema educativo norte-americano englobava faculdades e universidades, que também vivenciaram significativas mudanças na segunda metade do século XIX. A confiança majoritária na oferta privada continuou, um conjunto de instituições que ia das academias de artes liberais até aos mais célebres centros de ensino superior do país. Muitas, como o Instituto de Tecnologia de Massachusetts (Massachusetts Institute of Technology, MIT, 1861) e a Universidade Johns Hopkins (Johns Hopkins University, 1876), recentemente criados, desenvolviam pesquisas sérias e formavam profissionais como parte de suas missões fundamentais, uma imitação dos desenvolvimentos ocorridos na França e na Alemanha. Tanto os governos estaduais quanto o federal passaram também a apoiar faculdades e universidades públicas.

Em 1862, o governo federal aprovou a Lei Morrill de Concessão de Terras (Morrill Land-Grant Act), destinando os lucros advindos da venda de propriedades rurais da união para as instituições públicas, com os objetivos de expandir o acesso ao ensino superior cobrando mensalidades modestas e desenvolver áreas de pesquisa como agricultura e engenharia. A missão dessas subvenções iniciais foi genuinamente radical em sua exequibilidade e desempenhou um dramático e duradouro papel no desenvolvimento econômico norte-americano, muito embora algumas das áreas vendidas tivessem sido originalmente confiscadas de populações indígenas espoliadas. À primeira legislação seguiu-se a segunda Lei Morrill, de 1890, que estendeu o programa aos estados sulistas e aos outros mais novos, além de instituições que atendiam minorias, como os negros.

Por fim, apesar, ou talvez por causa, da natureza fragmentada e um tanto localizada da educação norte-americana, foram empenhados novos esforços para gerar alguma articulação entre os níveis secundário e avançado. A partir de 1880, as faculdades formaram associações para inspecionar a qualidade das escolas secundárias (embora a maior parte destas últimas não tenha participado). Em 1899, diversas instituições do leste organizaram o Comitê de Exames e Admissão (College Entrance Examination Board) no intuito de melhor avaliar a qualidade dos discentes provenientes das diversas escolas secundárias. De início, as provas centravam-se em áreas como inglês e botânica, mas a partir de 1915 passaram a incluir testes de aptidão, na esperança de fornecer medidas mais precisas das habilidades dos estudantes, mesmo os oriundos de escolas com graus variados de adequação. Como resultado, ocorreu um certo ímpeto em direção a padrões nacionalizados, mesmo num sistema educacional que, quando comparado aos seus congêneres europeus, permaneceu institucionalmente diverso, altamente descentralizado e cuja coesão dependia mais de normas profissionais do que de legislações.

Tendências gerais e educação no longo século XIX

As diferenças entre a Europa e os Estados Unidos nesse período não devem obscurecer importantes tendências compartilhadas. Em todas as sociedades ocidentais, incluindo as ex-colônias de povoamento, a educação se expandiu maciçamente, mais do que em qualquer período anterior, um movimento particularmente perceptível nas escolas primárias. As dessemelhanças entre os níveis permaneceram relevantes, mas nem por isso os níveis secundário e superior deixaram de crescer. Em toda parte, os governos exerceram um relevante papel financiando, motivando e regulando todo o processo, ainda que outras iniciativas, de certos movimentos religiosos, por exemplo, tenham tido importância. As tensões entre antigas funções educacionais, tais como servir e preparar elites políticas e religiosas, e o novo compromisso com a educação de massas compuseram um outro tema comum, refletido nos debates a respeito do papel curricular das humanidades e das línguas clássicas – até mesmo nos Estados Unidos.

Os padrões educacionais ocidentais refletiam também uma compreensível tensão a respeito do propósito moral da educação, dado o declínio do papel formal das Igrejas em praticamente todo lugar. A atenção para com os assuntos seculares aumentou, mas as preocupações relacionadas ao *status* moral e às virtudes cívicas entre as massas ajudam a explicar por que tópicos religiosos e pessoais permaneceram relevantes, seja na Inglaterra ou, durante boa parte do século, na Alemanha e na França. Nos Estados Unidos houve debates acalorados sobre se, ou como, as escolas católicas, ou "paroquiais", deveriam ser financiadas, dado que as instituições de ensino eram nominalmente seculares, muito embora a maioria dos materiais didáticos das escolas comuns estivesse saturado de moralismo protestante. Em 1907, o Presidente Theodore Roosevelt proclamou que o propósito primeiro da educação norte-americana era "moral e espiritual". A discussão sobre se os objetivos primordiais da educação eram a construção do caráter ou o rigor acadêmico não terminaria tão cedo.

As novas escolas eram igualmente responsáveis por certos tipos de formação que extrapolavam o currículo tradicional. Ainda que o compromisso com as atividades esportivas variasse, a maioria delas promovia alguma forma de treinamento físico. Por volta de 1900, o interesse sobre padrões de higiene também ganhava terreno, embora só viesse a realmente se expandir *a posteriori*. Todos os sistemas buscavam inculcar um sentido "moderno" de tempo, de modo que a pontualidade era uma das virtudes enfatizadas por todos os programas educacionais do Ocidente. Os relógios e sinos escolares tornaram-se comuns, especialmente a partir dos anos de 1870, e lições de leitura e aritmética normalmente incluíam treinamento explícito para dizer as horas – mais uma inovação pensada para ajudar as escolas a servir às necessidades das sociedades industrializadas. A disseminação da educação padronizada criou também novas faixas etárias, aumentando a probabilidade da associação primária entre crianças de mesma idade ao invés de círculos etariamente mais heterogêneos. Entre os adolescentes, esse fato ajudaria a criar aquilo que seria futuramente reconhecido como uma cultura juvenil distinta.

Por fim, em toda parte as escolas enfatizavam história e literatura nacionais, buscando assim instilar um sentido de orgulho pátrio e, em geral, de superioridade racial. Desse modo, aos alunos norte-americanos ensinava-se a excepcionalidade de sua "terra das oportunidades"; aos alemães, as qualidades das velhas tribos germânicas como parte de uma identidade nacional. França, Grã-Bretanha, Bélgica, dentre outros, exaltavam a "missão civilizadora" de seus impérios nos currículos.

O século XIX representou ainda um ponto de virada provisório na questão da disciplina escolar, embora mais nos Estados Unidos do que na Europa. O interesse em limitar os castigos corporais ganhava força, e os pais expressavam fúria cada vez maior contra excessos dos professores. A formação docente passou a enfatizar mais e mais a importância do autocontrole, e nesse cenário a Suécia tornou-se a primeira nação a banir punições físicas nas escolas (em 1929). Trabalho semelhante foi aplicado a uma outra forma tradicional de disciplinarização: a humilhação. Programas de formação docente de finais do século XIX exortavam os professores a ser mais encorajadores do que severos, de modo que as formas mais horríveis dessa prática, como o chapéu de burro para punir maus comportamentos ou notas baixas, gradualmente desapareceram: nos Estados Unidos, o último exemplo parece ter ocorrido nos anos de 1920. A humilhação era uma característica particularmente importante da vida escolar, mas agora estava sendo contida por novas questões referentes à autoestima dos estudantes e à criação de incentivos mais positivos ao aprendizado. Extremo do otimismo, o agente de uma escola de Connecticut defendeu que, ao invés das velhas técnicas disciplinadoras, "o maior poder regente de uma escola, o essencial, deveria ser o amor" – temos, pois, aqui uma interessante fronteira da educação ocidental que viria a receber muita atenção ao longo do século XX.

A total inclusão das meninas, primeiro no nível primário e cada vez mais chegando ao secundário, foi uma imensa inovação. Embora refletisse as exigências das primeiras feministas, como Mary Wollstonecraft, essa transformação esteve mais relacionada a duas mudanças que afetaram as mulheres das sociedades industrializadas. Primeiro, à medida que os homens trabalhavam cada vez mais fora de casa, suas responsabilidades familiares cresceram e muitos observadores, de ambos os sexos, consideraram que alguma instrução formal as ajudaria a cuidar do lar, inclusive no papel maternal da educação infantil. Segundo, à medida que a imagem das mulheres progressivamente destacava suas distintas qualidades maternais, muitos educadores acreditavam que elas teriam um desempenho particularmente importante como professoras, em especial nas séries voltadas à primeira infância (e claro, seus salários eram mais baixos do que os de seus colegas homens). Foi essa a razão principal que levou Horace Mann a defender a expansão da educação feminina. Ao mesmo tempo, certas oportunidades crescentes estavam garantidas: na maioria dos sistemas, as garotas recebiam poucas oportunidades de atividades extracurriculares para além do treinamento específico em habilidades como corte e costura e culinária, algo que seria chamado de "economia doméstica". Não obstante, é inegável que o crescente acesso à escolarização estimulou demandas adicionais, incluindo o feminismo declarado, bem como o interesse, pós-1850, em maiores oportunidades educacionais, em universidades e escolas profissionalizantes.

Uma última palavra sobre a educação nas sociedades ocidentais do século XIX: o crescente, ainda que hesitante, compromisso com a promoção da mobilidade social. Ainda que, desde há muito, a escolarização abrisse a algumas oportunidades de ascensão social, não obstante seu foco principal recaía na confirmação do *status* das elites, algo que certamente não deixou de ocorrer. Houve, inclusive, preocupações reais sobre se a educação não poderia alimentar ilusões vãs em pessoas de classes desfavorecidas, de modo que muitas lições moralizantes continuaram destacando a importância da satisfação com o próprio lugar no mundo. Mas o interesse em ascender socialmente crescia, e embora muitos dos populares e recém-criados guias de aprimoramento e autoajuda destacassem o trabalho duro e a responsabilidade individual, o papel da educação também era destacado. Em meio a todas essas panaceias, há que se reconhecer que boa parte dos ganhos ligados ao acesso mais amplo e igualitário à educação emergiram somente após duras batalhas político-eleitorais, nas quais a expansão dos direitos educacionais esteve no centro dos embates.

Samuel Smiles (1812-1904), guru-chefe da mobilidade social na Grã-Bretanha de meados do século, foi um ardoroso defensor da educação estatal e do seu papel na criação de novas oportunidades abertas ao talento. E à medida que as escolas passavam a adotar mais assuntos práticos, e que a importância das funções de colarinho branco e suas exigências por níveis mais altos de literacia e numeracia crescia, as implicações da educação para a ascensão ganharam nova ênfase, uma verdade tanto para os apoiadores da educação, justificando assim as despesas governamentais, como para muitas famílias e estudantes individuais – não apenas da classe média, mas também trabalhadores e imigrantes (mulheres e homens igualmente). Residia aqui a força que impulsionava o crescente empenho para se obter acesso às relevantes escolas secundárias, mais um novo elemento desse século de rápidas transformações educacionais.

Leituras adicionais

Sobre a Europa, *Education in Britain, 1790-1914* (Macmillan, 1999), de W. B. Stephens, e *The educated woman: Minds, Bodies and women's higher education in Britain, Germany and Spain* (Routledge, 2011), de Katharina Rowold; *Education and society in modern Europe* (University of Indiana Press, 1979), de Fritz Ringer; *The rise of the modern educational system: Structural change and social reproduction, 1870-1920* (Cambridge University Press, 1987), organizado por Detlef Muller, Fritz Ringer e Brian Simon; *Peasants into Frenchmen: The modernization of rural France* (Stanford University Press, 1976), de Eugen Weber; *Women teachers and popular education in nineteenth-century France* (University of Delaware Press, 1995) de Anne Quatero; *Schooling in Western Europe* (State University of New York Press, 1985), de Mary Jo Maynes; *Schools and students in industrial society: Japan and the West* (Bedford Books, 1998), de Peter N. Stearns.

Sobre os Estados Unidos, o título mais abrangente continua sendo os três volumes de *American education* (Columbia University Press, 1970-1988), de Lawrence Cremin. Cf. também *The evolution of an urban school* (Harvard University Press, 1978), de Carl Kaestle; *The irony of early school reform* (Harvard University Press, 1968), de Michael Katz; *The origins of the American High School* (Yale University Press, 1995), William Reese; *Learning together: Co-education in American schools* (Yale University Press, 1990) de David Tyack e Elisabeth Hansot; e *The teacher wars: A history of America's most embattled profession* (Penguin, 2015) de Dana Goldstein. Sobre raça e equidade, o texto seminal de Frederick Douglass, *Narrativa da vida de Frederick Douglass: Um escravizado americano* (Panda Books, 2023); *The education of blacks in the South, 1860-1935* (University of North Carolina Press, 1988), de James Anderson; e *Self-Taught: African American education in slavery and freedom* (University of North Carolina Press, 2005), de Heather Andrea Williams.

12

Padrões educacionais globais no longo século XIX

O desenvolvimento educacional das sociedades ocidentais atraiu crescente atenção global após a década de 1790. A ideia de observar regiões particularmente dinâmicas em busca de novas ideias nessa área não era nova e já motivara, em séculos idos, intelectuais e estudantes a viajar para centros budistas, islâmicos e cristãos. Agora, no entanto, essa questão cresceu continuamente até ocupar as agendas das lideranças políticas e se tornou um elemento fundamental do movimento mais amplo que levou ao maior envolvimento governamental com as escolas e à sistematização educacional, algo que, por sua vez, situou os exemplos ocidentais no foco dos debates. Além disso, à medida que o alcance e as ambições dos impérios europeus se intensificavam, seu poder de impactar diretamente práticas educacionais em suas colônias expandiu-se proporcionalmente, tanto por meio de restrições quanto de substituições.

Claro, tradições educativas mais antigas não sumiram simplesmente, ainda que existisse uma dinâmica cada vez mais intensa de competição e sincretismo entre elas e as novas práticas. As sociedades islâmicas conservaram, e ainda conservam, muitos aspectos e razões para a escolarização provenientes de sistemas mais antigos. O neoconfucionismo condicionou, e condiciona, a educação em todo o Leste Asiático. O hinduísmo, em toda sua diversidade, permanece um fator essencial à educação do sul da Ásia. De fato, todas essas correntes fundacionais começaram a se relacionar com os novos currículos e abordagens pedagógicas europeus durante esse período. A moderna educação contrasta com os padrões descritos entre os capítulos 1 e 9, mas as tradições mais arraigadas e as dinâmicas regionais específicas permaneceram relevantes na compreensão dos novos compromissos que se apresentavam – inclusive em pleno século XXI.

Dois contextos gerais se impuseram. No primeiro, o imperialismo ocidental alastrou-se dramaticamente durante o século XIX, ao passo que as potências mais importantes desenvolviam forças armadas e vantagens tecnológico-administrativas cada vez mais poderosas e agressivas. Os britânicos aumentaram seu poderio na Índia enquanto competiam com os franceses por influência e territórios em boa parte do Sudeste Asiático e os holandeses ocupavam as ilhas da futura Indonésia. Na segunda metade do século, as conquistas europeias devassaram a África Subsaariana e chegariam, posteriormente, a certas regiões do norte da África e do Oriente Médio. O mesmo ocorreu com a Oceania.

No segundo contexto, grandes regiões que permaneciam independentes, ou que ao menos conseguiram evitar a dominação direta, percebiam a crescente ameaça militar e econômica ocidental e ponderavam sobre quais reformas internas seriam úteis para articular respostas à altura. A partir da década de 1830, o Império Otomano deu início a um esforço reformista que durou décadas, o mesmo ocorrendo com a Rússia de 1860 em diante. A China, embora particularmente atribulada por revoltas internas e interferências externas (que incluíram perdas territoriais), não deixou de tentar implementar algumas reformas. A América Latina recém-independente dos espanhóis e portugueses era um caso especial: havia por lá poderosos movimentos liberais e conservadores duelando entre si pelo controle da educação, algo relativamente à parte das influências estrangeiras. No final do século adveio um novo elemento, na forma da dominação econômica e da intervenção militar norte-americanas. Restaram uns poucos enclaves que resistiram às intrusões ocidentais (Irã, Etiópia e Tailândia), mas com o tempo todas as regiões do mundo sucumbiriam aos imperativos da "modernização".

A educação, que parecia ser um dos segredos do poder e da influência da Europa e dos Estados Unidos, estava sempre no topo das agendas reformistas, e o interesse pelas inovações ocidentais nesse campo era um componente--chave desses esforços. Observadores realizavam visitas oficiais para estudar o que ocorria no Ocidente, e em seus itinerários as iniciativas educacionais frequentemente ocupavam lugar proeminente. Em alguns casos (e o Japão veio a se tornar o melhor exemplo) esses visitantes encaravam o tema com mais seriedade do que certos políticos ocidentais, gerando respostas particularmente impressionantes – a legislação educacional japonesa de 1872 era mais ambiciosa do que qualquer coisa que os britânicos estivessem tentando naquele momento. Em diferentes países, as várias facções reformistas dividiam-se na preferência entre as inovações de origem norte-americana, francesa ou alemã.

Para além dessas excursões oficiais de aprendizado, números crescentes de estudantes, das colônias e das áreas independentes que tentavam implementar reformas, dirigiram-se a escolas na Europa e nos Estados Unidos. Parte dessa mobilidade era custeada por governos ou empregadores, mas o grosso era bancada privadamente, pelas famílias ou indivíduos. A educação superior era o alvo mais comum, obviamente, mas os resultados poderiam alcançar também os níveis mais básicos. Missionários cristãos, recentemente energizados pelo revivalismo evangélico, situaram a educação no topo de suas agendas, juntando-se aos protestantes e aos católicos. Seus esforços foram aplicados às colônias, sim, mas também começaram a abrir escolas, colégios e universidades em lugares como o Império Otomano e a China.

Uma parte fundamental da história educacional global do século XIX foram os esforços destinados à compreensão e incorporação de elementos dos modelos ocidentais. Por volta de 1900, praticamente todas as sociedades estavam ao menos começando a lidar com um ou mais aspectos-chave da educação moderna, ou "industrial": como melhorar os níveis educacionais de contingentes cada vez maiores de cidadãos ou súditos (incluindo algumas aberturas para as mulheres), ou como edificar o tipo de sistema secundário e superior capaz de gerar os necessários especialistas. Esse esforço assumiu, por vezes, formas agressivas e grotescas – talvez o exemplo mais notavelmente violento tenha ocorrido em sociedades de povoamento: a remoção forçada de crianças indígenas de suas famílias, forçadas a ingressar em internatos onde, a pretexto de "civilizá-las", eram despojadas de suas identidades, religiões e idiomas.

As complexidades eram uma marca de todos esses esforços, inclusive o problema notório de lidar com idiomas estrangeiros, uma questão particularmente sensível nas colônias onde algumas linguagens vernáculas "úteis" eram estimuladas e outras suprimidas, enquanto os idiomas europeus se impunham com ainda mais força. As grandes sociedades não europeias não estavam começando do zero: quase todas possuíam sistemas e tradições educativos preexistentes e tiveram de adaptá-los às novas exigências. Seguiu-se, pois, uma dinâmica imensamente complexa de competição, fusão e imitação de teorias e práticas educacionais.

Indo de encontro à ênfase excessiva na simples ideia de tentar "alcançar" e imitar os modelos ocidentais, duas restrições estiveram bem presentes: a primeira delas a disponibilidade de recursos. As sociedades industriais do Ocidente eram simplesmente mais ricas do que suas contrapartes do resto do mundo, de modo que seria difícil equiparar-se a elas no quesito financiamento, público ou privado, que então dirigiam a todos os níveis educacionais. Nas colônias, os interesses ocidentais voltavam-se primordialmente para o controle político e a exploração econômica, ao passo que a educação ocupava, na melhor das hipóteses, um lugar bem mais inferior na escala de prioridades. A maioria das iniciativas foi deixada à cargo de grupos comerciais ou missionários, e havia pouco apetite para investir em mudanças educacionais, ou sequer disposição para levar adiante essa tarefa.

Ainda mais importante era o fato de que muitos líderes não ocidentais, incluindo alguns dos mais ardorosos reformadores econômicos, não desejavam importar inteiramente os padrões educacionais ocidentais. Essas sociedades possuíam suas culturas e tradições educativas próprias, e mesmo que os reformadores reconhecessem a necessidade de mudança, insistiam que as importações vindas do Ocidente deveriam ser seletivas e feitas segundo seus próprios termos. Além disso, muita gente, em especial nos interiores, onde a relevância do trabalho infantil e das culturas tradicionais ainda se impunha, nem sequer enxergava a urgência das transformações.

Como resultado, os padrões educacionais do século XIX continuaram exibindo sabores notavelmente regionalizados, ainda que em toda parte ocorressem impulsos comuns e mudanças substanciais. Mesmo a maioria daqueles estudantes que seguiram diretamente para o Ocidente foram seletivos e mantiveram o compromisso com suas culturas de origem e identidades nacionais. É significativo que muitos dos que viajaram para os Estados Unidos e a Europa para obter formações ficassem chocados ao perceber as contradições entre a retórica dos direitos humanos e igualdade e as realidades brutais do imperialismo e da supremacia branca. Historiadores do mundo moderno comumente se esforçam para equilibrar o dado da crescente influência ocidental com a continuada vitalidade das demais regiões, e não há dúvida de que tais questões ocupavam lugar de relevo no campo educacional.

Expansão e intensificação do colonialismo europeu

Ainda que nenhum grande movimento anti-imperialista tenha surgido na Europa durante o século XIX, o movimento abolicionista foi bem-sucedido em pôr fim ao tráfico escravista e em limitar alguns dos piores abusos laborais nas colônias. Certos reformadores desejavam, ao menos, garantir que as *holdings* coloniais assegurassem o mínimo de benefícios aos seus trabalhadores colonizados, dentre os quais a educação. Grupos missionários e abolicionistas juntaram-se a ex-escravizados e também procuraram relançar novas reformas sociais no intuito de evangelizar e "elevar" (ou esclarecer) os colonizados. Assim, em 1813 a Companhia Britânica das Índias Orientais, que a princípio visava exclusivamente o lucro, foi forçada a desenvolver programas escolares, em parte graças a agitações ocorridas na Inglaterra. A essa altura, na Índia e logo em outras colônias, tornava-se cada vez mais claro que formar pequenos grupos de funcionários de baixa patente e treinar soldados rasos era fundamental à própria missão imperialista, de modo que em todas as áreas fora das grandes colônias de povoamento havia relativamente poucos europeus servindo à administração colonial.

A educação não ocupava o primeiro lugar em nenhuma das agendas coloniais. Mesmo descontando as motivações centrais da conquista e a inevitável questão dos custos, muitos administradores simplesmente não desejavam alimentar resistências impondo mudanças em excesso. Em algumas outras instâncias, talvez a mais infame delas o Congo Belga, a educação dos nativos foi efetivamente proibida. No geral, a educação colonial só recebia financiamentos residuais, ou seja, quaisquer recursos que sobrassem após as necessidades militares e econômicas terem sido atendidas – frequentemente isso significava recurso nenhum. Por fim, envoltos por imensas maiorias rurais e camponesas, não havia necessariamente grande desejo por novos impulsos educacionais.

A questão do contexto cultural pairava por toda parte. A nova educação deveria levar em consideração culturas e religiões regionais, inclusive desenvolvendo materiais novos para as linguagens relevantes? Ou adotar um modelo basicamente ocidental, num período em que as mais relevantes autoridades imperialistas estavam convencidas da superioridade inerente de sua civilização, permanecendo assim indiferente às histórias e culturas dos seus súditos coloniais? Havia diversas complexidades transculturais, e certos "orientalistas" ocidentais se empenharam em estudar e preservar religiões e línguas não ocidentais, mesmo quando as fetichizavam ou interpretavam mal suas práticas e significados. Em certos lugares, tal saber colonial foi empregado para intensificar e acirrar a exploração, ou para jogar subelites governantes coloniais contra seus rivais. Em outros, porém, linguistas e pesquisadores ocidentais trabalharam com coletores e especialistas locais ou indígenas para traduzir e publicar materiais importantes. Ou ainda, certas autoridades coloniais lideraram esforços para criar novas linguagens escritas para populações minoritárias, ainda que o propósito de contribuições dessa natureza fosse a expansão do cristianismo e o fortalecimento do poderio imperial.

Assim sendo, não era raro que as iniciativas em prol da educação ocidentalizada fossem motivadas pela necessidade de preparar funcionários de nível médio, que seriam claramente mais eficientes se aprendessem os idiomas e, ao menos alguns, hábitos culturais ocidentais. Além disso, ainda que educadores missionários desenvolvessem alguma afinidade por uma ou outra tradição local, tinham de preferir escolas que favorecessem seus próprios valores.

Por fim, como notado por diversos críticos, as reformas escolares efetivamente desenvolvidas nas colônias tendiam a não salientar os tipos de formação avançada em ciências e tecnologia existentes nas metrópoles, algo particularmente notável em regiões como a Índia e o Oriente Médio, que possuíam robustas tradições científicas e acadêmicas, francamente ignoradas pelos europeus. Tratava-se, afinal de contas, de um foco relativamente novo até mesmo para o Ocidente, além de caro, e mesmo os defensores da educação colonial não viam muito sentido em formar colonizados nesses campos – a não ser pelos poucos, e importantes, que se dispunham a viajar e estudar diretamente nas universidades ocidentais e que não raro podiam fazer suas próprias escolhas. Também o racismo se fazia presente, um sentido de que os "nativos" seriam provavelmente incapazes de receber tal formação – ou pelo menos não antes de extensos trabalhos preparatórios. Os manuais de treinamento e a limitada educação em transações comerciais disponibilizada no sul dos Estados Unidos para alunos negros serviam como modelo comum para a maior parte das organizações coloniais.

Índia: o colonialismo britânico e as respostas nacionais

Os sistemas indianos já estabelecidos, descritos por observadores britânicos como "pré-modernos", continuaram ativos no início da dominação imperialista, de modo que tanto escolas muçulmanas quanto hindus ministravam educação religiosa e, eventualmente, um pouco de aritmética, leitura e escrita, geralmente nas línguas vernáculas locais, no sânscrito e no árabe. É possível que pelo menos um sexto de todos os meninos fosse educado nessas instituições, que nem sempre se ocupavam em alfabetizá-los, pois sua ênfase recaía somente na memorização. Ainda assim, e a despeito da defesa, empreendida por alguns "orientalistas", da expansão dessas escolas, a maioria das autoridades britânicas acreditava que o passado indiano não tinha nada a oferecer aos modernos conceitos de saber e habilidades técnicas.

Essas questões provocaram um grande debate nos círculos corporativos e coloniais no começo da década de 1830, algo somente resolvido em 1835 em favor dos "anglicistas", como eram chamados os defensores da educação exclusivamente em língua inglesa e da ocidentalização. Como colocou Thomas Macaulay (1800-1859), a tradicional educação indiana estava eivada de falsidades e "superstições monstruosas", de modo que o aprendizado de línguas como o sânscrito e o árabe deveria ser ignorado ou enfaticamente suprimido: "uma única prateleira de uma boa biblioteca europeia vale mais do que toda a literatura nativa da Índia ou da Arábia". Assim sendo, as novas iniciativas deveriam dedicar-se exclusivamente ao ensino do inglês e à formação de pessoal capaz de servir como intermediário entre os habitantes locais e a estrutura imperial. Com o tempo, e apesar da efetiva inexistência de um novo sistema educacional coerente e devidamente custeado, as instituições tradicionais decaíram consideravelmente à medida que novas oportunidades surgiam.

As escolas missionárias começaram a se expandir, principalmente a partir da década de 1820 (embora existissem exemplos anteriores). A maioria era composta por funcionários da Grã-Bretanha, mas outros países ocidentais, como a Dinamarca, também estavam envolvidos. O inglês era o idioma escolar mais comum, e os britânicos ampliaram a formação desses professores a partir de 1835. Algumas escolas de língua inglesa foram inauguradas e em 1857 estabeleceram-se novas universidades em Calcutá, Bombaim (atuais Kolkata e Mumbai) e Madras. Gradualmente, o objetivo de criar uma sólida camada intermediária de potenciais administradores indianos, familiarizados tanto com o inglês quanto com os costumes ocidentais, ganhou força. Seu alvo principal eram os meninos, mas algumas escolas missionárias femininas também foram criadas, e no começo do século XX algumas feministas, ocidentais e indianas, passaram a encorajar uma formação mais secular e coeducacional.

Em finais do século XIX, um número significativo de homens seguia para Grã-Bretanha para obter formação avançada, especialmente em direito. É possível que tenham chegado a 60.000, tanto hindus quanto muçulmanos, muitos dos quais assumiram cargos na administração colonial, e alguns deles, como Mohandas Gandhi (1869-1948), assumiriam lugar de destaque no movimento nacionalista. A partir dos anos de 1880, uma ampla rede de colégios e universidades começou a ser organizada na própria Índia, algumas contando com apoio estatal, enquanto outras eram privadas. Em 1901, havia 14 universidades e 167 colégios atendendo 46.000 estudantes, quase todos homens. Seus currículos eram majoritariamente voltados para assuntos ocidentais, produzindo assim uma boa quantidade de indianos que sabia mais sobre Shakespeare do que muitos dos seus colegas britânicos. Até esse momento as universidades coloniais realizavam pouca pesquisa, e seu foco recaía no ensino, na formação profissional e, especialmente, na supervisão das escolas fundamentais.

De forma mais esparsa, diversas escolas de medicina abriram suas portas, algumas das quais destinadas às mulheres. Em 1875, a Universidade Islâmica de Aligarh tornou-se a primeira a oferecer educação islâmica na Índia, buscando assim convergências entre o moderno estudo das ciências e linguagens ocidentais e a educação religiosa. Em meados do século, a Companhia Britânica das Índias Orientais financiou diversas faculdades das engenharias civil e mecânica, destinadas à formação dos responsáveis pelas obras públicas (objetivo semelhante ao de diversas escolas na Inglaterra). Somente após 1900, e com uma maior consciência a respeito da grande demanda por educação técnica, as atenções se voltaram para formações mais avançadas em ciências e outras áreas da engenharia, não raro contando com o apoio filantrópico de industriais indianos bem-sucedidos – e, ainda assim, a Universidade de Bombaim não incluiria qualquer assunto científico no currículo até 1899. O preconceito ocidental foi responsável por esse óbvio atraso, ao passo que os custos da moderna educação científica, e dos laboratórios que demandava, deixava-a fora das possibilidades da maioria das entidades filantrópicas privadas.

Quase todas as escolas secundárias eram pagas, ficando, portanto, restritas às altas castas e às novas e ocidentalizadas classes altas ou médias. A Universidade de Madras, que rapidamente se tornou um centro de excelência na formação de administradores, só recebia alunos provenientes de castas superiores. Havia também imensa variedade regional, com grandes disparidades nos financiamentos disponíveis e na adequação das provisões ao atendimento das demandas.

Em geral, e em que pese o preconceito e os caprichos da política colonial, em 1900 a educação indiana diferia muito daquilo que fora um século antes. Há que se admitir que as mudanças mais importantes afetaram nada mais do que um pequeno espectro da população desse vasto país, mas ainda assim essas novas instituições tornaram-se incubadoras de sentimentos anticoloniais e movimentos protonacionais, manifestos das mais diversas maneiras. Uma corrente enfatizava o tradicionalismo, o fundamentalismo religioso e buscava resgatar as tradições védicas e a supremacia hindu, mesmo que seus defensores empregassem meios modernos para divulgar sua mensagem. Outra se dedicava a explorar como seria possível conciliar a educação islâmica e a modernidade, algo que se espalharia desde a Índia para todo mundo muçulmano. Outras, por fim, procuravam combinar a modernidade ocidental às práticas culturais indianas e divulgar uma nova identidade nacional multiétnica e o pluralismo religioso. A alfabetização geral avançou, ainda que surpreendentemente devagar, e o abismo entre os gêneros mal havia sido reduzido. E ainda assim, para uma importante e majoritariamente masculina minoria, as oportunidades educacionais eram inegavelmente mais amplas.

África

Com seus sistemas educacionais informais e regionalmente mais diversos do que as redes escolares pré-coloniais alternativas, o cenário africano diferia do indiano. Ainda assim, havia diversas escolas islâmicas nos centros e portos comerciais tanto do lado Índico quanto do Atlântico, permitindo assim o tráfego de estudiosos e alunos entre a África e o Oriente Médio. As regiões costeiras foram violentamente atingidas pelo comércio de escravos, especialmente o transatlântico, mas também na costa leste, onde os mercados que atendiam ao mundo islâmico e ao sul da Ásia mantiveram vivas tradições mais antigas. Estima-se que cerca de 16 milhões de pessoas foram levadas do continente ou morreram nas inúmeras guerras que acompanharam o sistema escravista no século XIX.

A posterior conversão de alguns líderes africanos ao cristianismo e a atuação de missionários portugueses, franceses e ingleses levaram ao estabelecimento de algumas das primeiras escolas religiosas no continente. Muitas eram pequenas, não raro situadas exclusivamente nos portos de comércio e tráfico escravista. As diversas tradições religiosas indígenas, animistas ou politeístas incorporaram elementos cristãos e muçulmanos, mas via de regra a ausência de robustos sistemas educacionais nativos pareceu facilitar a penetração de novas fés e, mais tarde, das escolas missionárias. A presença europeia se intensificaria dramaticamente durante o período da "Partilha da África", entre as décadas de 1870 e 1880, ainda que a dominação indireta, forma preferida de controle, tenha levado a uma benigna (ou maligna) negligência vis a vis o desenvolvimento sistemático da educação.

As políticas coloniais europeias eram relativamente variadas, e havia muitos padrões nacionais. Muitas das suas indústrias, como a mineração ou as monoculturas exportadoras, não precisavam necessariamente de mão de obra educada, algo que diminuiu eventuais incentivos. Havia mais preocupação relativamente ao potencial da educação em criar maior resistência local, de modo que diversas administrações coloniais restringiram o ensino para além dos níveis fundamentais. E o preconceito racial na África foi ainda mais brutal do que na Índia: um comitê educacional britânico, por exemplo, até defendia alguma forma de treinamento vocacional para os africanos, mas não oportunidades acadêmicas mais avançadas e jamais o ingresso nos centros de engenharia ou ciências. Eventualmente, e sem relação com o impulso mais amplo de trazer o cristianismo ou a "civilização" à África, veio a surgir a necessidade de formar pessoal para ocupar os postos administrativos. Diante de todas essas limitações, as últimas décadas do século certamente viram algum progresso educacional, embora no geral o sistema ainda permanecesse uma colagem de modestos esforços colonialistas e escolas religiosas.

A linguagem era um ponto fulcral, posto que muitos idiomas africanos ainda não possuíam escrita, um fato que facilitou a presunção de que as escolas deveriam ensinar somente inglês ou francês, conhecimento esse que, reconheça-se, abriu a alguns estudantes acessos possíveis a novas oportunidades. Algumas dessas decisões linguísticas, porém, foram especialmente chocantes: no Congo Belga, por exemplo, as poucas escolas existentes no começo do século XX reproduziam o padrão da metrópole dominadora e ensinavam flamengo e francês, muito embora aquela língua não fosse largamente utilizada mundo afora. Escolas patrocinadas por britânicos (e norte-americanos) na África do Sul ensinavam o inglês, mas por volta do século XX o poder crescente da minoria holandesa e africâner impôs cada vez mais pressão para que seu idioma também fosse ensinado, criando mais um desafio em potencial para as populações indígenas, que viram suas próprias linguagens serem ainda mais negligenciadas.

Desenvolvimentos educacionais de qualquer espécie eram lentos, mas avançavam, e por volta de 1900 as escolas missionárias nas colônias da África Ocidental Francesa educavam não mais do que poucos milhares de estudantes. Mesmo na década de 1930, quando os números gerais subiram para as dezenas de milhares, menos de 1% das populações era atendida, e somente umas poucas centenas frequentavam regularmente o secundário, onde havia a formação de professores. Na África Meridional, controlada pelos britânicos, as administrações coloniais concentravam seus esforços principais nas escolas para a minoria branca (e mesmo aqui o progresso era vagaroso, exceto para famílias com recursos suficientes para mandar seus filhos de volta à Europa para cursar o secundário e/ou o superior). Ainda que algumas dessas escolas "brancas" aceitassem crianças de origem indiana, em termos gerais a norma era a segregação racial.

Ainda assim, mudanças estavam ocorrendo. As taxas de alfabetização começaram a subir, mesmo que lentamente, e é possível que o domínio da aritmética básica tenha aumentado até mais rapidamente. Escolas modestas poderiam crescer à medida que as populações e o comércio se expandiam. O Seminário Inanda, por exemplo, fundado em 1869 por missionários norte-americanos na África do Sul, inicialmente oferecia possibilidades educacionais para umas poucas garotas africanas, mas apesar de seu limitado foco vocacional, as oportunidades que abria atraíram aspirantes vindas de um espaço geográfico cada vez mais amplo, forçando assim a ampliação de suas atividades até incluir a formação de professoras e enfermeiras, dentre outras profissões.

Por volta de 1900, por meio de uma variedade de escolas (muito embora a ênfase maior recaísse sobre as instituições missionárias), os poderes europeus ensinavam habilidades linguísticas suficientes para que alguns estudantes atuassem em postos administrativos inferiores e servissem como oficiais militares de média patente. Esforços mais sistemáticos adviriam com o fim da I Guerra Mundial, quando a Grã-Bretanha estabeleceu seu Comitê Consultivo Educacional para a África Britânica (1923) no intuito de prover orientação mais organizada para as iniciativas educacionais, bem como reconhecer explicitamente a educação como uma responsabilidade imperial. As escolas das vilas foram expandidas, ensinavam noções de higiene, folclore local e geografia e empregavam cada vez mais professores africanos. Instituições mais avançadas ensinavam em inglês e usavam currículos mais ocidentalizados; já outras, que as autoridades coloniais consideravam como ameaças, buscavam ensinar o idioma da metrópole para ajudar os africanos a contestar reivindicações imperialistas: o povo Kikuyu do Quênia, por exemplo, foi um dos que organizaram instituições dessa natureza. Nas colônias francesas, os esforços no sentido de aumentar a frequência nas escolas primárias foram recebidos com bastante reação local: certos pais chegavam a enrolar seus filhos em esteiras para escondê-los dos oficiais. Com o tempo, porém, o interesse cresceu e a demanda por vagas escolares começou a superar a oferta.

Além disso, uns poucos africanos permaneciam indo completar sua educação na Europa ou nos Estados Unidos, dentre os quais futuros líderes nacionalistas. Autoridades francesas se envaideciam particularmente de sua disposição em identificar candidatos em potencial, educá-los e torná-los franceses – um suposto sinal de tolerância racial. No Senegal, Leopold Senghor (1906-2001), nascido em uma abastada família de classe média, ingressou em um internato religioso pela primeira vez aos 8 anos, vindo posteriormente a se mudar para uma instituição secular e se apaixonar pela literatura francesa. Ao completar seu *baccalaureate*, conseguiu uma bolsa de estudos que o levou até Paris e, por fim, a entrar na Sorbonne e construir uma carreira como professor universitário na França, isso antes de retornar ao Senegal e se tornar seu primeiro presidente.

Em termos gerais, não houve uma "revolução educacional" africana entre o século XIX e as primeiras décadas do XX; as limitações estruturais e o preconceito racial em quase todas as instituições estatais e religiosas eram profundos, mas para uma crescente minoria as mudanças verdadeiras eram uma realidade palpável. Uma ideia começava a se expandir cada vez mais amplamente: a da educação como oportunidade para o crescimento pessoal, ferramenta para unificar movimentos nacionalistas e instrumento-chave da resistência ao colonialismo.

Os movimentos reformadores: modernização defensiva e os múltiplos caminhos até a modernidade

Os padrões educacionais das regiões independentes variavam imensamente, mas existia um crescente compromisso com o tema, parte de uma orientação progressista mais ampla. A necessidade de melhorias no preparo técnico das elites foi o objetivo mais óbvio, enquanto a educação de massas (exceto no Japão) ocupava um lugar secundário, muito embora iniciativas incipientes estivessem ocorrendo. Ao mesmo tempo, os esforços dos missionários estimulavam inovações por meio de novas parceiras privadas e filantrópicas, especialmente na China e no Império Otomano. Tão comum quanto, muitos estudantes ambiciosos cruzavam fronteiras para adquirir formação superior, muitos dos quais jovens mulheres. Ainda que os historiadores costumassem definir tal movimento como um esforço para ingressar no inevitável e "universal" caminho ocidental até a modernidade, estudos mais recentes têm demonstrado que boa parte dessa mobilização envolveu complexos empréstimos transculturais e uma amálgama de ideais políticos diversos.

A China Imperial Tardia: tratamentos desiguais e o Movimento de Autofortalecimento

Durante o século XIX, fase final da China imperial, houve sérias limitações aos esforços reformistas, inclusive na educação. Esses anos marcaram os estertores da antes poderosa Dinastia Qing (1644-1911), uma vasta sociedade agrária governada no topo por uma elite manchu enquanto o poder em nível local era exercido por poderosos nobres e senhores de terra chineses. O *establishment* intelectual neoconfuciano, outrora vigoroso, havia se estagnado e o sistema de concursos se deteriorou até ser finalmente abolido no começo do século XX. As iniciativas voltadas à formação local e à educação de massas formuladas durante o início da era dos Qing eram subfinanciadas e amiúde negligenciadas em meio à miséria rural e aos débeis esforços reformistas das autoridades centrais.

É impressionante como as potências europeias foram progressivamente bem-sucedidas em forçar concessões à China, usando "tratados desiguais" para obrigar o país a abrir portos comerciais e ceder enclaves territoriais que contavam com direitos de extraterritorialidade para seus cidadãos e mercadores. Tais intrusões trouxeram consigo novas escolas comerciais e técnicas além de instituições missionárias cristãs, as quais recebiam tanto professores quanto alunos chineses e impactaram as potencialidades econômicas e políticas do país.

As humilhações sofridas perante as potências estrangeiras foram causas diretas da grande Rebelião Taiping (1850-1864), durante a qual rebeldes atacaram tanto a dominação "alienígena" manchu quanto a presença europeia. Sob a liderança de Hong Xiuquan (1814-1864) estabeleceu-se uma dinastia rival no sul da

China, o Reino Celestial Taiping, e foram promulgadas reformas radicais, tais como a abolição da propriedade privada, programas de alfabetização em massa voltados para adultos e camponeses, educação primária e secundária gratuitas e, inicialmente, igualdade de gênero. A derrota da rebelião cobrou um alto custo em vidas e destruiu a economia, e embora seus objetivos educacionais tenham fracassado, não deixaram de apontar para a crescente preocupação chinesa com as várias fontes de escolaridade, forçando assim o governo imperial a ensaiar suas próprias reformas.

O chamado Movimento de Autofortalecimento (Ziqiang yundong), ativo durante a década de 1860 até 1895, permaneceu fragmentário e sofreu resistência das autoridades centrais e das elites locais. Sua proclamada intenção de defender "o saber chinês na base e o ocidental no uso" buscava inspiração nos Estados Unidos, na Alemanha e no Japão para formular modelos educacionais úteis, dirigidos em parte pela classe média emergente e por grupos da sociedade civil. As autoridades imperiais, entretanto, permaneceram reativas e hostis a quaisquer reformas que verdadeiramente ameaçassem seu poder; as questões propostas dividiram a alta classe intelectual, apesar da emergência de grandes centros editoriais, surgidos junto com a demanda por alfabetização popular.

Em um aspecto mais positivo, as perdas provocadas pelas guerras finalmente convenceram o governo de que melhorias reais na educação e no ensino técnico eram fundamentais. Professores estrangeiros especializados em idiomas europeus, matemática e ciências foram contratados, e as estruturas educacionais cresceram para além dos portos abertos e dos enclaves. A primeira universidade moderna, Tientsin (atual Universidade Nacional de Peiyang, na cidade de Tianjin), foi estabelecida em 1895 após a derrota militar para o Japão, e seu currículo copiava fielmente os modelos norte-americanos. Três anos depois, a Universidade de Pequim importou o currículo japonês, e em 1911 foi inaugurada a Universidade de Tsinghua (também sediada na capital, Beijing), atualmente a mais importante instituição de ensino superior do país. Tolerados pelo regime central, esses e outros estabelecimentos foram fundados por intelectuais reformistas, que na maior parte das vezes seguiam patentes estrangeiras.

Da década de 1890 em diante, milhares de estudantes chineses seguiram para a Europa, Estados Unidos e Japão, e algumas instituições norte-americanas, como o Wellesley College, empreenderam oportunidades de recrutamento voltadas especificamente para chinesas. Missionários e reformadores norte-americanos também organizaram pequenas faculdades e escolas de medicina em diversas cidades do país, cujos estilos arquitetônicos e currículos à moda ocidental assinalavam o desejo de trazer novas diretrizes culturais. Infelizmente, sentimentos antiasiáticos e limitações à imigração restringiram o ingresso em muitas instituições dos Estados Unidos, encorajando a juventude a buscar na Alemanha e no Japão mais oportunidades e inspirações. Ainda que todas essas iniciativas fossem promissoras, a dinastia permaneceu resistindo a mudanças verdadeiras, até que o velho regime veio a colapsar durante a Revolução Xinhai de 1911, que implantou a república e abriu espaço para as transformações educacionais fundamentais.

O Oriente Médio e o norte da África: "capitulações" otomanas e movimentos reformistas

A transformação educacional ocorrida no Oriente Médio e no norte da África durante o século XIX foi mais longe do que a chinesa, muito embora também possuísse limitações óbvias. Durante a primeira metade do século, a maioria das escolas das mesquitas permanecia sem grandes alterações, com sua ênfase na memorização do Corão e na preparação da elite clerical e administrativa. Em todas as terras sob domínio otomano, contudo, pressões econômicas e militares exercidas pelas potências europeias incentivaram ensaios de reformas, e no campo educacional esses novos esforços surgiram a partir de três direções. Em primeiro lugar, dos reformistas turcos, egípcios, árabes, dentre outros, que estimularam a adoção seletiva das práticas militares, administrativas e educacionais europeias. Segundo, dos grupos minoritários mais antigos que viviam sob o regime dos *millets* (judeus, cristãos gregos ortodoxos e cristãos armênios) que expandiram suas escolas e seminários. E por último, das novas, e agressivas, potências imperialistas europeias que exigiram capitulações e concessões do sultanato e, como na China, estabeleceram escolas e formação técnica nos seus enclaves e à volta deles. Com o tempo, essas estruturas atrairiam estudantes turcos e de outros grupos do império, alguns dos quais viajaram para a Europa e regiões islâmicas da Rússia em busca de formação superior.

Esses movimentos reformistas eventualmente levariam à fragmentação da autoridade central otomana; protonacionalismos emergiram em regiões como Síria, Palestina, Arábia e Egito, e neste último, sob a liderança de Muhammad Ali (1769-1849), introduziram-se, na década de 1830, reformas de tipo europeu nas forças armadas e na formação das elites, além de inícios de industrialização. Especialistas europeus foram trazidos e estudantes egípcios foram enviados para escolas técnicas na França.

Claro, a robusta rede de instituições educacionais islâmicas persistiu, dominada por centros de excelência como a Al Azhar, no Cairo (onde a primeira universidade secular só surgiria em 1908), mas em princípios do século XX o financiamento para essas madraças e mesquitas estava em declínio (ou era, até mesmo, expressamente desencorajado pelas autoridades coloniais ou pelos rivais ocidentais, que geralmente impunham restrições às doações *waqf*[4]). Ainda assim, cada cidade possuía ao menos uma madraça, e Istambul, a capital imperial, mais de uma centena.

Enquanto o Império Otomano lutava contra a falência e a fragmentação regional, foi igualmente obrigado a realizar "capitulações" para as potências europeias, as quais, por sua vez, levaram à expansão das escolas missionárias e faculdades técnicas. Surgiram também diversas universidades "americanas", no Cairo e em Beirute, por exemplo, algumas das quais continuaram a prosperar em pleno século XX. Muitas delas atendiam bons públicos, e seus robustos currículos de artes liberais atraíam também estudantes muçulmanos.

Entre as décadas de 1830 e 1840, os incipientes esforços reformistas centrais voltaram-se majoritariamente para os níveis secundário e universitário, visando acima de tudo a melhoria do exército e da formação técnica. Durante a era do *Tanzimat* ("Reorganização", 1839-1876), o Estado estabeleceu uma rede de novas escolas de língua turca destinadas aos meninos, um novo e importante movimento que passou a gerar significativo contingente de graduados, alguns dos quais viajaram para a Europa para seguir com sua formação. Os currículos básicos incluíam literatura, matemática, história e geografia regionais, preparando assim os alunos para ingressar nas escolas secundárias modeladas segundo o padrão ocidental. Após 1857, foi criado um ministério da educação de estilo europeu, as redes estatais de escolas primárias e secundárias foram expandidas, e em 1869 a educação básica tornou-se compulsória (muito embora a implementação dessa lei tenha claudicado). Mais tarde, o Estado passou a financiar também escolas femininas, e por volta de meados do século abriu centros para a formação de professoras. Em geral, contudo, essas iniciativas eram inconsisten-

---

4. Doação filantrópica inalienável prevista pela lei islâmica para instituições religiosas [N.T.].

tes e a atenção dispensada à educação da grande população árabe (não atendida pelos programas em língua turca) deixava muito a desejar.

No começo do século XX apenas 5% de toda população otomana havia frequentado a escola, e as taxas de literacia atingiam os 15%, mesmo com o número de escolas crescendo rapidamente. Em Istambul, o grosso das instituições destinava-se ao ensino primário, mas havia doze escolas secundárias, cerca de metade delas privada; o restante, estatal. Em finais do século XIX o governo passou a dar maior atenção a um novo sistema universitário, seguindo o modelo francês de estabelecer um punhado de "grandes escolas" que oferecessem4. ormação técnica e especializada – entre elas a atual Universidade de Istambul. Diversas faculdades de medicina (algumas ensinando majoritariamente em francês) e uma de administração foram criadas no decorrer do mesmo período.

Ainda que as iniciativas ocidentais tivessem sua importância, a maior parte dos esforços mais relevantes procedeu de comunidades e educadores otomanos. Como ocorrera com populações muçulmanas na Rússia e na Índia, muito dessa atuação foi inspirada pelo espírito reformador do "modernismo islâmico", que buscava fundir a educação e o direito tradicionais às reformas enquanto mantinha os clérigos em sua tradicional função-chave de professores. Muitas dessas transformações acarretavam numa complexa fusão de práticas islâmicas com o moderno pensamento secular e científico. Por fim, em 1913 um novo e agressivo movimento constitucional dominado pelos turcos reformistas estabeleceu de fato a gratuidade e a obrigatoriedade da educação primária, um esforço ousado cortado pela raiz com o início da I Guerra Mundial, mas que acabou servindo como uma nota promissória para futuras reformas educacionais mais substanciosas que viriam com a república turca.

O Império Russo: industrialização tardia e expansão educacional

A Rússia já possuía considerável experiência com os modelos educacionais do Ocidente, especialmente nos níveis superiores. O peculiar sistema híbrido que emergira durante o século XVIII, moldado pelas lideranças do iluminismo russo, era a um só tempo condicionado e restringido pelas necessidades do regime autocrático. No comecinho do século XIX, o governo criou um novo ministério da educação e esboçou um sistema graduado que ia do ensino primário ao universitário, mas os temores relacionados às influências ocidentais e ao radicalismo revolucionário geraram novas preocupações com as universidades, levando à demissão de muitos professores e à retirada de muitos livros "perigosos" das bibliotecas. A lealdade ao regime imperial recebeu renovado impulso também nas escolas secundárias, muito embora ali ainda predominasse o currículo clássico. As escolas primárias permaneceram como os elos fracos do sistema, e por mais que o regime supervisionasse estritamente a Igreja Ortodoxa, parte significativa da oferta do ensino local e das escolas das vilas permaneceu aos cuidados de paróquias carentes.

Havia infindáveis disputas entre educadores que abraçavam a europeização e a modernização educacional, os partidários do puro obscurantismo ou resistentes à expansão (liderados pela ala mais reacionária da aristocracia e pelos burocratas conservadores) e os defensores da eslavofilia[5] e do populismo rural. Aos momentos em que reformas eram tentadas, seguiam-se outros de reação e estagnação, quando a autocracia não aceitava esforços mais sérios de expansão da educação popular, principalmente se estes pusessem em risco o *status* das classes (*soslovie*) ou a rígida ideologia conservadora oficial. Ainda assim, durante todo esse tempo muitos estudantes foram enviados para o exterior, e estabeleceu-se um fluxo crescente de publicações e novos contatos acadêmicos entre essa diáspora e a *intelligentsia* remanescente.

A era das reformas começou para valer em 1861, com a emancipação dos servos, e somente então a educação tornou-se uma prioridade, dado que o aprimoramento da força de trabalho era fundamental para o sucesso da empreitada modernizadora. Esses anos também testemunharam mudanças legais ambiciosas e o aperfeiçoamento dos governos locais, que foram estimulados a criar escolas públicas primárias abertas a todas as classes (cujos cursos duravam três anos para estudantes camponeses e seis, ou mais, para a juventude urbana). Algumas dessas reformas, porém, foram desmanteladas pela autocracia, enquanto a habilidade dos governos locais e dos recém-criados grupos da sociedade civil em angariar fundos ou expandir as escolas era frequentemente restringida pela repressão e pela censura. Movimentos estudantis radicais dificultaram muito a relação entre o regime e as novas universidades, mesmo quando a industrialização

---

5. Movimento desse período que defendia o desenvolvimento do Império Russo com base em valores e instituições derivados do início da história russa [N.T.].

acelerada deu origem a uma demanda cada vez maior por educação secundária ou profissionalizante e pela formação comercial ou técnica.

Nesse contexto, e apesar da obstrução do regime autocrático e das elites aristocráticas reacionárias, educadores como Konstantin Ushinsky (1823-1871) realizaram importantes trabalhos no desenvolvimento de cartilhas e manuais para as escolas básicas, na incorporação de conceitos de Pestalozzi, Froebel e outros pedagogos centrados na criança e na melhoria da formação docente. Durante um período de exílio na década de 1860, Ushinsky visitou escolas inovadoras europeias e ao voltar para casa trouxe consigo muitas de suas inovações. Nas regiões minoritárias não russas, Nikolai Ilminsky (1822-1891) empreendeu iniciativa semelhante, utilizando sua expertise em linguística e etnografia para estabelecer métodos inovadores no ensino de línguas nativas, no intuito (ao menos em seu caso específico) de expandir a Igreja Ortodoxa Russa e a ideologia oficial. Outros educadores mais progressistas buscaram usar essas ferramentas para fundir a educação islâmica à ciência e à pedagogia modernas.

De fato, a Rússia urbanizou-se e industrializou-se rapidamente durante o século XIX, e tanto o setor escolar quanto o universitário acompanharam esse crescimento, com grandes centros educacionais surgindo na Polônia, no Báltico, na Ucrânia, nas duas capitais (Moscou e São Petersburgo) e nas vastidões do Volga e da Sibéria. Ocorreu também o ingresso das mulheres no ofício docente e a ascensão das instituições voltadas à formação e à especialização femininas: um novo currículo com essa intenção foi estabelecido em 1878, em São Petersburgo, e professores das universidades estatais se voluntarizaram para ensinar gratuitamente. Muitos outros russos, como mulheres que enfrentavam obstáculos em seus próprios lares e judeus, continuaram a buscar liberdade intelectual e educação universitária no exterior. Em que pese todas as limitações do sistema, um robusto setor de ensino e pesquisa começou a emergir.

À medida que o número de instituições continuava a subir, a alfabetização geral também crescia (em 1897 chegava a 30% da população, mas somente a 15% das mulheres), com um progresso particularmente lento nas áreas rurais, nas quais contingentes cada vez mais amplos de jovens camponeses (especialmente homens) migravam para as cidades e os novos centros industriais. O serviço militar obrigatório contribuía para a literacia básica, bem como para a formação técnica. Entre as décadas de 1880 e 1890, contudo, as contrarreformas oficiais e reacionárias trouxeram novas limitações, significando a inserção forçada da conversão religiosa e da "russificação" nos currículos e na administração escolar, novas pressões sobre as minorias étnico-religiosas e censura mais estrita. Em geral, as dotações oficiais à educação decaíram, muitos grupos estudantis foram banidos, minorias como os judeus e muçulmanos tiveram seu acesso ao ensino secundário e universitário restringido e o emprego de outras línguas que não a russa foi desestimulado. Durante o século XIX, é fato que a educação russa tenha se transformado significativamente, muito embora num ritmo muito lento e com grandes limitações impostas pelo regime repressor – mesmo questões fundamentais, como o papel do Estado comparado ao da Igreja, não foram inteiramente solucionadas. E apesar disso tudo, a expansão continuava por meio de novos tipos de instituições comerciais, técnicas e pequenos centros privados, da extensão de sistemas educacionais em quase todas as regiões do império e pela extensiva formação no exterior.

América Latina: legados coloniais e educação nacional

Herdeiras de sistemas educacionais coloniais, no começo do século XIX as recém-independentes nações latino-americanas se esforçaram para manter e expandir tanto as escolas missionárias quanto as estatais, mesmo que a maior parte delas continuasse a ser operada pelo clero católico, sistemas esses que incluíam mais de duas dezenas de universidades. Os novos governos nacionais tiveram de lidar com os choques constantes entre liberais e conservadores a respeito da natureza e da extensão da educação, incluídos aí os currículos e a administração escolar. Os liberais (normalmente influenciados pelos Estados Unidos e a Europa) estavam profundamente comprometidos com a expansão do ensino, ainda que tivessem algumas dúvidas sobre a educação de massas ou a feminina, e defendiam ardorosamente a incompatibilidade entre o progresso científico e a dominação católica. Os conservadores, por seu turno, advogavam a continuidade do controle eclesiástico. Os conflitos resultantes assemelhavam-se àqueles ocorridos em outros lugares, como a França, mas as diferenças foram ainda mais irreconciliáveis.

Os desenvolvimentos educacionais latino-americanos são também o reflexo de um conjunto de hierarquias sociais e raciais complexo, que em muitos casos incluía grandes minorias indígenas ou escravizadas (no Brasil, o regime escravocrata resistiu até 1888). Enquanto os cidadãos de origem europeia mantiveram clara preeminência, as barreiras sociais eram, de alguma forma, mais permeáveis do que as existentes nos Estados Unidos, onde só casualmente o acesso à educação superior se abria para famílias mestiças ricas.

Na esteira das independências, diversos governos assumiram as rédeas da educação durante longos períodos. Na década de 1840, Chile e Uruguai importaram o modelo francês de controle centralizado, com escolas superiores voltadas à criação da elite burocrática. O governo liberal do México lutou para criar um sistema público de educação entre os anos de 1820 e 1830, até mesmo antes do estabelecimento de um ministério específico da área, mas os conservadores conseguiram bloquear sua implementação e financiamento. Escolas de formação de professores, contudo, foram inauguradas por volta de 1850, e em 1867 um novo regime liberal conseguiu estabelecer um rigoroso controle estatal da educação. Sob influência do político e filósofo Gabino Barreda (1818-1881), o governo mexicano organizou um sistema educativo secundário que incluía uma nova escola preparatória voltada a estreitar o abismo que separava a formação primária da profissional. A educação compulsória e o financiamento oficial expandiram-se nas décadas finais do século, sob os auspícios de um governo mais autoritário; a escola primária enfatizava a literacia e algumas virtudes como pontualidade, frugalidade e a abstinência do álcool e do tabaco. Muitos professores, porém, tinham o mínimo de formação docente. Em toda América Latina, poucos estudantes chegavam ao ensino secundário ou ao universitário, reflexo da divisão habitual entre privilégios e recursos das classes média e alta e os interesses e recursos muito mais limitados das massas. Como em diversas outras regiões do mundo, alguns jovens e profissionais completavam suas formações na Europa e nos Estados Unidos – padrão para muitos advogados brasileiros, por exemplo.

Não obstante, o caso mexicano serve para ilustrar um outro dilema bem conhecido, o do copo meio cheio ou meio vazio. Em que pese todas as limitações, por volta de 1910 33% de todos os homens e 27% das mulheres eram alfabetizados, um número relativamente alto para a maioria das regiões fora do Ocidente e do Japão, e uma desigualdade entre gêneros incomumente pequena. Muitas mulheres estavam se tornando professoras, e outras tantas atuariam fortemente em prol dos direitos femininos. A Argentina foi outro caso de relativo sucesso: uma grande iniciativa governamental durante a década de 1870 expandiu escolas e bibliotecas, e em 1884 a educação livre e secular tornou-se obrigatória. As escolas católicas continuaram existindo, mas só podiam atribuir os graus com a anuência do governo, uma fonte de não pouca controvérsia. Ainda assim, em toda região o financiamento educacional permaneceu limitado e com gestão claudicante e localizada, mesmo quando as estruturas de escolas (*escuelas*), colégios (*colegios*), escolas normais (*escuelas normales*) e universidades foram ampliadas.

Tais esforços dispersos assumiram uma nova urgência em finais do século à medida que a urbanização se acelerava, as exportações agrícolas cresciam e quando as elites e a classe média ascendente aperceberam-se das novas razões para fazer avançar a alfabetização e a formação técnica das massas sob os auspícios dos "*Estados Docentes*", programas que abrangiam desenvolvimento sistêmico acelerado, maiores investimentos nas escolas e universidades e iniciativas mais coerentes para impulsionar identidades nacionais e reformas sociais. Em algumas instâncias tudo isso requereu esforços mais amplos de reconhecimento e valorização das heranças indígenas (de modo particularmente notável no Equador e no México), enquanto outras partes permaneceram mais europeizadas. Como nos Estados Unidos e na Europa, essas reformas incluíram também ênfase na consolidação escolar e gestões mais profissionais (a "eficiência social"), maior controle estatal sobre o currículo e a docência e o aumento do número de mulheres que compunham o professorado.

Sem grande estridência, a não ser pelo compromisso duradouro de muitos de seus líderes e intelectuais, e com recursos indubitavelmente limitados, a educação popular em diversas partes da América Latina avançou mais rapidamente que a economia ao longo do século XIX e mais além.

O Japão: um caso especial de modernização defensiva e identidade nacional

Não há dúvida de que, durante o século XIX, o desenvolvimento educacional mais poderoso fora do Ocidente ocorreu no Japão a partir da década de 1860, algo a um só tempo surpreendente e previsível. Surpreendente pelo fato de que o país estivera bastante isolado por mais de duzentos anos (muito embora existisse um tanto de contato intelectual com o Ocidente por meio de tradutores que negociavam com os comerciantes holandeses no Porto de Nagasáki), mas a disposição e a capacidade de estudar e adaptar-se rapidamente a padrões alienígenas era impressionante. E previsível porque desde o início do Período

Moderno o país vinha desenvolvendo capital educacional, de modo que muito embora os novos sistemas significassem mudanças dramáticas, estas aconteciam sobre uma estrutura já firmada – possivelmente mais sólida do que em outras regiões.

As lideranças japonesas foram sacudidas por frotas norte-americanas e inglesas que aportaram no país entre 1853 e 1854 e exigiram, sob ameaça de bombardeio, a abertura do país ao comércio internacional. Seguiram-se então quinze anos de intensos debates e uma quase guerra civil, com grupos defendendo a manutenção das tradições e outros alegando que as reformas eram essenciais. A maioria terminou por aceitar a urgência das transformações para "reverenciar o imperador e expulsar os bárbaros", e por volta dos anos de 1860, alguns desses reformistas começaram a visitar a Europa e os Estados Unidos anotando quais lições seriam úteis a um novo Japão, com especial interesse nos desdobramentos econômicos e militares e nas práticas constitucionais. Ainda que esses observadores não gostassem de muito do que viam, os sistemas educacionais do Ocidente pareceram fazer muito sentido, e quando a nação optou por estabelecer uma agenda reformista, a Era Meiji, ou "Iluminada", iniciada em 1868, eles estavam prontos a prestar seus conselhos.

Um dos visitantes mais atentos chamava-se Fukuzawa Yukichi (1835-1902), que viria a se tornar o pai do moderno currículo nipônico. Embora fosse virtualmente impossível aprender inglês no Japão (ele sabia holandês), participou da primeira delegação oficial aos Estados Unidos em 1859, e quando chegaram à cidade de San Francisco, comprou um dicionário e começou a aprender o idioma. Depois dessa visita (que incluiu idas à Europa), Fukuzawa concluiu que seria vital ao Japão modificar sua cultura confuciana, atribuir maior ênfase às ciências e se dispor a valorizar mais as novas descobertas que superestimar o conhecimento tradicional. Em 1858 ele fundaria em Tóquio uma nova instituição sob essa filosofia, a Universidade Keio-Gijuku (atual Universidade Keio), líder da educação superior privada japonesa, e trabalhou incansavelmente para persuadir seus compatriotas a incorporar elementos importantes da cultura ocidental nas escolas da nação, além de ser um ardente defensor da educação feminina. Esforços similares foram empreendidos por outros participantes das visitas de estudo, como Ito Hirobumi (1841-1909), que embora tenha realizado seus estudos universitários em Londres, escolheu formatar o modelo japonês segundo os padrões prussiano e alemão, marcados pelo intenso envolvimento do governo central.

Em 1871, com o governo já firmemente situado em mãos reformistas, fundou-se o primeiro ministério da educação, e sob o mantra "o ensino estrangeiro deve estar a serviço dos interesses do Japão" enviou-se ao exterior uma delegação para estudar o ensino ocidental. O Estado claramente assumiu a dianteira na articulação da nova abordagem (evitando assim as infindáveis querelas sobre o papel da religião que assolaram a Europa Ocidental) por considerá-la fundamental à produção dos talentos necessários ao grande esforço modernizador. O primeiro resultado foi o Código Educacional de 1872, que projetou um sistema nacional dotado de duzentas e quarenta escolas e uma universidade em cada um dos oito distritos. A educação fundamental tornou-se obrigatória para todos, meninos e meninas, e uma importante determinação afirmava que "aprender não deve mais ser considerado como pertencente às classes altas, mas sim uma herança compartilhada por nobres e aristocratas, fazendeiros e artesãos, homens e mulheres" – país nenhum no mundo havia tentado um programa tão radical e centralizado.

Não é de surpreender que esses planos tenham enfrentado grande hostilidade. Diversas famílias, especialmente no interior, resistiram às novas exigências – em alguns casos violentamente. Muitos se preocupavam em entregar suas crianças a desconhecidos, professores adultos eventualmente severos e disciplinadores, sem contar que a dependência da mão de obra infantil não diminuíra. Encontrar docentes também se provou um desafio, em parte superado pela contratação de mulheres: a primeira escola normal feminina foi fundada em 1875. A produção desses recursos tão necessários era algo mais fácil de falar do que fazer, e em 1900 somente uma fração das escolas e universidades planejadas já estavam de portas abertas. Em 1880, apenas 10% de todos os professores eram efetivamente formados, e até o começo do século XX cobravam-se taxas escolares, outro empecilho para um real impacto popular. Só a partir de 1900 que algo semelhante a um sistema completo estava em funcionamento, e nesse ponto (como ocorrera anteriormente na Europa) mesmo os camponeses passaram a perceber as vantagens de ter os filhos educados nas letras e na matemática, uma realidade que, em certos casos, significava novas oportunidades de trabalho, inclusive para as moças.

Durante esse período gestacional, os japoneses também refinaram suas pretensões com relação à educação moderna, processo esse que ajudou a conquistar maior aceitação pública ao mesmo tempo que também depurava valores educacionais ocidentais mais rigorosos. Durante a primeira onda de entusiasmo, nos anos de 1870, foram importados diversos especialistas educacionais estrangeiros, inclusive um conselheiro norte-americano, David Murray, da Universidade Rutgers. Textos ocidentais eram avidamente traduzidos, e outras práticas da moda foram importadas – em 1879, por exemplo, os castigos corporais nas escolas foram banidos. Tal abordagem, contudo, levantou preocupações nos círculos conservadores – talvez os princípios japoneses estivessem sendo desnecessariamente espezinhados, um receio que o próprio imperador chegou a verbalizar em 1878.

O resultado foi um sincretismo mais heterogêneo. Diversos reformistas foram demitidos (dentre os quais muitos estrangeiros), e em 1881 um *Memorando para os Professores da Educação Elementar* proclamou que estes "deveriam salientar muito especialmente a educação moral aos seus alunos. Lealdade à casa imperial, amor pelo país, devoção filial para com os pais, respeito pelos superiores [...] constituíam a grande vereda da moralidade humana". Até mesmo Fukuzawa teve de deixar claro que as virtudes tradicionais e a cultura nipônica permaneciam vitais, de modo que ele e outros reformadores recuaram um pouco de suas críticas originais ao confucionismo.

De modo geral, esse tipo de tensões também afetava as escolas norte-americanas e europeias, locais onde temores sobre a moralidade pública e a demanda por lealdade nacional também ajudaram a moldar o caráter da educação e os conteúdos curriculares. Os valores japoneses, contudo, envolviam grande ênfase na coesão comunitária e em esforços mais explícitos de refrear a individualidade, distinções essas que não eram meramente retóricas e afetavam a disciplina escolar básica. Em 1885, a proibição dos castigos corporais foi revogada – as escolas acreditavam seriamente na humilhação como meio para manter os estudantes comportados e discriminar resultados escolares considerados ruins. Muitos desses estabelecimentos eram dotados de "quartos da vergonha" onde alunos malcriados eram expostos à desaprovação dos seus pares. Encorajava-se a memorização mecânica (como ocorrera no passado) e os questionamentos independentes eram desestimulados.

Em meados dos anos de 1880, um sistema compósito já era claramente discernível. Os professores priorizavam a formação de caráter sobre o domínio de conteúdos e disciplinas, de modo que as escolas primárias até ministravam conhecimentos básicos, mas focavam na educação moral, que incluía obrigações para com o bem-estar coletivo do Estado e ardente nacionalismo.. Para a maior parte dos estudantes, a educação não era uma oportunidade para a mobilidade social. As mulheres deveriam ser preparadas primordialmente para servir à família (ser "boas esposas e mães sábias") e as aulas que cursavam se voltavam para as habilidades domésticas. Ao mesmo tempo, não havia dúvida de que a educação era um assunto sério, e o ano acadêmico era incomumente longo, mais de 200 dias. E apesar dessas restrições práticas e pedagógicas, a vasta maioria das crianças japonesas estava sendo alfabetizada, um feito notável atingido em poucas décadas. Em que pese a discriminação contra as mulheres, a ênfase na importância da educação feminina e a aplicação da literacia à maternidade representaram, efetivamente, mudanças substanciais.

Concomitantemente, foi criada uma rede de escolas secundárias (que por volta dos anos de 1890 incluiu escolas vocacionais) que destacavam novas habilidades, lidavam com saberes mais avançados e eventualmente produziriam profissionais como engenheiros e contadores, dentre outros. Essa estrutura coexistia com cursos mais elitistas que permaneciam trabalhando temas mais humanísticos, como literatura nacional e filosofia confuciana, e foi precisamente nessa rede que o interesse dos reformadores em modificar o aprendizado confucionista se fez mais presente, exigindo maior atenção aos assuntos técnicos e científicos e a predominância nas considerações práticas – o Código Educacional de 1872 atacara frontalmente a "entrega à poesia e aos argumentos vãos". Havia um sério compromisso com o reconhecimento e a promoção do talento em todos os níveis sociais, muito embora o ministério da educação defendesse que a formação para o "sucesso individual" deveria ser redirecionada para o "interesse nacional". O objetivo era construir um robusto estrato técnico, mas também uma nova classe alta, "homens capazes de dirigir o pensamento das massas [...] um viveiro para aqueles que empunhariam o poder no Japão do futuro". Bandeiras escolares e uniformes característicos, além de doses generosas de virtudes militares e exercícios físicos, marcavam a separação entre os estudantes e instigavam intenso espírito de corporação. Para o deleite dos locais, em 1896 um time de baseball de uma dessas escolas secundárias chegou a derrotar uma equipe visitante, norte-americana, durante um amistoso.

Essa rede incluía um punhado de escolas secundárias femininas: 159 em 1908, enquanto as dedicadas aos garotos chegavam a mais de 300. Nesse ponto, foi possível a algumas mulheres entrar numa faculdade de medicina, e a primeira universidade voltada para elas foi inaugurada em 1901. Ainda assim, até 1937 a Escola Feminina Secundarista de Tóquio continuou enfatizando que "os afazeres domésticos representam [...] a mais importante esfera da vida das japonesas. E assim continuará, amanhã e para todo sempre". Uma mulher bem-sucedida verbalizou assim sua experiência no ensino secundário: pilhas e pilhas de literatura japonesa e a memorização de muitos milhares de ideogramas chineses; caligrafia; geografia e história, nacionais e mundiais; tremenda ênfase na ética e na lealdade e gratidão ao imperador e aos próprios pais, mas nada mais que uma simples espiadinha nas ciências. Empenhadas no "trabalho de memorização" e no aprendizado dos modos deferentes e elaborados de uma mulher respeitável, "jamais chegamos a discutir liberdade pessoal ou pensamento independente".

Por fim, acima do nível secundário, um sistema universitário expandido oferecia oportunidades de formação avançada, uma vez mais com ênfase na expertise técnica aliada ao cultivo moral. Mesmo aqueles professores japoneses que haviam se formado no exterior concordavam que um currículo mais prático era melhor, em contraste como o que percebiam como um excessivo interesse ocidental na filosofia racionalista que costumava promover radicalização e instabilidade políticas indevidas. Como na Europa Ocidental, contudo, o ingresso nas universidades dependia da aprovação em exames rigorosos, e a bem da verdade, como as escolas secundárias cobravam taxas, o que não acontecia no Ocidente, as faculdades estavam virtualmente fora do alcance dos trabalhadores e camponeses. Tampouco a velha aristocracia saía-se muito melhor, de modo que as universidades se enchiam cada vez mais com filhos da classe média que, ambiciosos e contando com apoio parental, reuniam condições para passar nos exames admissionais.

Por volta do início do século XX, cerca de 10% de todos os meninos egressos das escolas primárias buscava continuar sua formação, encaminhando-se, de início, para um ensino médio básico. Seguir além disso já era, em si, algo difícil, pois no secundário superior só havia vagas para cerca de 7% de todos os graduados. Somente metade desse montante (o equivalente a 3% do grupo etário masculino relevante) conseguiria chegar à universidade. E mesmo entre as universidades surgiu uma hierarquia, com Tóquio e Kyoto desfrutando do maior prestígio, especialmente no campo jurídico. Para os poucos que conseguiam o diploma universitário, os altos cargos da administração pública estavam basicamente garantidos, de modo que, contínua e paulatinamente, foi se formando uma nova elite.

À essa altura, o Japão havia montado um sistema tão funcional quanto suas contrapartes ocidentais, com as quais compartilhava notáveis semelhanças, tais como o padrão de sua estrutura avaliativa e os níveis hierárquicos de prestígio. Como não poderia ser diferente, essa estrutura também enfrentava muitas das mesmas tensões: o equilíbrio entre o talento e a estratificação social; a combinação entre técnica e a doutrinação moral e nacionalista; por fim, a interrelação entre, de um lado, a identidade estudantil grupal e o nacionalismo e, de outro, a competição e a ambição. As questões de gênero eram similares: a crença sincera de que as mulheres deveriam, sim, ser educadas, mas de maneira distinta, ao lado de uma limitada abertura para horizontes profissionais mais vastos. A abordagem japonesa era, contudo, notável e deliberadamente específica: a mobilidade social, embora claramente possível, não era enfatizada, favorecendo-se assim a lealdade ao grupo; os valores confucianos e a nova ênfase na lealdade ao Estado e ao imperador, além da tendência a menosprezar boa parte do trabalho nas ciências sociais, produziu um clima muito peculiar que aparecia nos pronunciamentos exaltados, nos sistemas muito práticos de disciplina escolar e modos de instrução e, em certa medida, até mesmo nos estilos de aprendizado.

Conclusão

Os desenvolvimentos educacionais globais durante o século XIX apresentam uma complexa mescla de temas comuns e diferenciações regionais. O desejo de usar a educação para o sucesso pessoal, e mesmo para o progresso social, havia se disseminado. O interesse nas iniciativas ocidentais e os vários níveis de imitação, fusão e competição foram respostas usuais. Não obstante, contextos, recursos e objetivos específicos variaram muito. A preocupação com as potenciais implicações radicais de uma população mais educada foi percebida de diversas formas. As tensões entre a formação técnica e os objetivos educacionais mais amplos (incluído aí o papel da religião) representaram uma outra variável. As limitações impostas pelo imperialismo hão de ser comparadas às configurações de outras regiões, dentre as quais os impressionantes padrões japoneses, que demonstraram ser possível (ainda que desafiador) desenvolver um moderno sistema educacional sem se ocidentalizar por completo.

Leituras adicionais

Sobre as maiores colônias, *Empire, education and indigenous childhoods: Nineteenth-century infant schools in three British colonies* (Ashgate, 2014), organizado por Helen May, Baljit Kaur e Larry Prochner; *History and development of elementary education in India* (Sarup and Sons, 2001), de D. D. Aggarwal; a quarta edição de The *History of Education in Modern India* (Orient Black Swan, 2013), de Suresh Ghosh; e *Subject Lessons: The Western education of colonial India* (Duke University Press, 2007), de Sanjay Seth.

Sobre a África, *History of education in Nigeria* (Allen and Unwin, 1974), de A. B. Falunwa; *Contesting French West Africa: Battles over schools and the colonial order, 1900-1950* (University of Nebraska Press, 2017), de Harry Gamble; *Imperialism, academie and nationalism: Britain and university education for Africans* (Frank Cass, 1997), de Apollos Nwauma. E também *Learning to divide the world: Education at empire's end* (University of Minnesota Press, 1998), de John Willinsky.

Sobre a China e outras regiões, *China's education and the industrialized world: Studies in cultural transfer* (M.E. Sharpe, 1987), de Ruth Hayhoe e Marianne Bastid; *The modernization of public education in the Ottoman Empire, 1839-1908* (Brill, 2001), de Selcuk Sommel; "Education of Women from the Ottoman Empire to Modern Turkey," de Yucel Gelisli, artigo do *Journal for Labour and Social Affairs in Eastern Europe* 7 (2004, p.121-35); *Ottoman educational institutions during the Reform period* (Foundation for Science, Technology and Civilization, 2004), de E. Ihsanoglu; e *Colonizing Egypt* (University of California Press, 1991), de Timothy Mitchell. Sobre a Rússia, *A history of education in modern Russia* (Bloomsbury, 2021) de Wayne Dowler e Michael Melancon. Sobre a América Latina, os trabalhos de Daniel C. Levy, *Higher education and the State in Latin America* (University of Chicago Press, 1986); e Mary Vaughn, *The State, education and social reform in Mexico, 1880-1928* (Northern Illinois University Press, 1986).

Sobre o Japão, *Japan and education* (Macmillan, 1991), de Michael Stevens; *Imitation and innovation: The transfer of Western organizational patterns to Meiji Japan* (Harvard University Press, 1987), de D. Eleanor Westley; *Society, schools and progress in Japan* (Oxford University Press, 1976), de Tetsuya Kobayashi; *Burning and building: Schooling and State formation in Japan, 1750-1890* (Harvard East Asian Monograph, 2004), de Brian Platt; e *Principles, Praxis and the politics of educational reform in Meiji Japan* (University of Hawaii Press, 1995), de Mark Lincicome.

PARTE V

O Período Contemporâneo

Os padrões da História Mundial experimentaram significativas transformações durante a segunda década do século XX, quando tendências definidoras dos anos que se seguiram foram postas em movimento. Interpretar esse Período Contemporâneo apresenta alguns desafios fundamentais, e muitos desdobramentos são tão recentes que apreendê-los em sua perspectiva mais totalizante é particularmente difícil. É, também, um momento marcado por cruciais divisões internas: o tempo das guerras mundiais e da depressão econômica global até os anos de 1940, seguidos dos conflitos planetários e multidimensionais da Guerra Fria, eventos esses que foram concomitantemente impactados pelos processos políticos de descolonização e revolução.

Na política, grande número de eventos marcantes ocorreu no século passado. Grandes revoluções explodiram (México em 1910, China em 1911, Rússia em 1917), regimes longevos foram eliminados e substanciais mudanças sociais aconteceram. Dois tradicionais impérios foram derrubados e substituídos por governos socialistas ou autoproclamados "comunistas": o russo entre 1917 e 1921 e, após décadas de guerra civil, o chinês em 1949. Revoluções aconteceram em muitas outras partes: um grande levante estabeleceu um governo teocrático islâmico no Irã em 1979, e uma maré de revoltas assolou o Oriente Médio entre os anos de 2010 e 2011, a chamada "Primavera Árabe", sem conseguir, porém, pôr fim aos regimes autoritários.

As duas guerras mundiais (1914-1918 e 1939-1945) provocaram imensas perdas de vidas, destruição e envolveram quase todo o mundo (a América Latina em menor escala). A primeira inicialmente envolveu embates entre as mais importantes potências europeias, mas também houve conflitos importantes no Oriente Médio e no Leste Europeu, que desencadearam levantes revolucionários e guerras de classes na Rússia e partes da Eurásia. Seu impacto e efeitos foram agravados pela Grande Depressão iniciada em 1929, que provocou imensa desarticulação econômica em boa parte do mundo e contribuiu para o enfraquecimento final dos impérios europeus e médio-orientais que ainda resistiam. Essa desarticulação e os efeitos da crise econômica ajudam a explicar a ascensão dos movimentos autoritários fascistas em partes da Europa, cujo militarismo e etnonacionalismo levariam, por sua vez, à II Guerra, quando a Alemanha tentou impor uma nova ordem mundial por meio de agressivo expansionismo e conflagração genocida em direção ao leste. Na Ásia e no Pacífico, um violento imperialismo liderado pelo Japão findou em catastrófica derrota perante os Estados Unidos e seus aliados.

Em 1945, os Estados Unidos emergiram como potência dominante global, enquanto a União Soviética, igualmente vencedora, precisou atravessar um período de intensa reconstrução e recuperação após a invasão germânica. A aliança entre as duas nações, celebrada durante o esforço de guerra, desfez-se e levou ao período conhecido como Guerra Fria, um tempo de substanciais investimentos militares e inúmeras "guerras por procuração", sem que jamais se houvesse chegado a uma confrontação direta entre as duas potências. Entrementes, as mais importantes nações europeias, buscando evitar o ressurgimento de suas velhas rivalidades, iniciaram um processo de maior coordenação interna, que eventualmente resultaria na União Europeia. Mais recentemente, após o colapso do "bloco soviético" e o fim da União Soviética (1989-1991), a economia mundial integrou-se ainda mais, e as políticas educacionais foram cada vez mais pensadas a partir de um paradigma compartilhado de globalização neoliberal.

O período iniciado nos anos de 1920 foi igualmente marcado por ondas de descolonização. O fim da I Guerra testemunhou o surgimento de novos países na Europa Central e Oriental, muitos dos quais fraquejaram durante a Grande Depressão que se seguiria. A partir da década de 1940, as demandas nacionalistas por independência combinaram-se à fraqueza europeia e criaram dezenas de novas nações no sul e sudeste da Ásia e na África, uma era encerrada com o fim do regime supremacista branco na África do Sul, em 1994, e o estabelecimento de um governo democrático. O antigo imperialismo ocidental estava acabado, muito embora debates acirrados a respeito do alcance da descolonização e das alegações de neocolonialismo perdurassem.

Em paralelo a esses grandes fatos, e circunstancialmente vinculada a eles, houve uma série de grandes tendências que alteraram importantes padrões da História Mundial, dentre as quais a industrialização global. O controle ocidental desses processos foi sucedido por maior competitividade: a "substituição de importações" permitiu ao Japão e à União Soviética erigir economias industriais no entreguerras, e por volta dos anos de 1960, outras sociedades da Bacia do Pacífico, como Coreia do Sul, Taiwan e Cingapura, juntaram-se ao grupo. As décadas finais do século XX testemunharam rápido crescimento industrial na China, Índia, Brasil México, Turquia e outras regiões, e em começos do século XXI é possível dizer que a maior parte do mundo estava ao menos parcialmente industrializada. Em 2011, pela primeira vez na história, metade da população planetária vivia em cidades.

Graças às revoluções políticas, à urbanização e à industrialização, importantes mudanças sociais presidiram ao virtual desaparecimento de aristocracias importantes, à redução da relevância do campesinato e à ascensão do trabalho urbano e das classes médias em boa parte do mundo. As curvas de desigualdade progressivamente voltaram-se para níveis de renda e educação, em detrimento das tradicionais linhagens, castas ou privilégios legais. As mulheres ganharam mais direitos em quase todo mundo e as taxas de natalidade declinaram, duas tendências a um só tempo provocadas e refletidas pelas transformações na educação feminina. Ao mesmo tempo, em grande parte graças aos avanços na saúde pública, a população mundial continuou a crescer até chegar a mais de sete bilhões.

As duas guerras mundiais, a Guerra Fria e a industrialização geraram uma gradual e significativa mudança na balança de poder global. A Europa Ocidental permaneceu importante, em parte graças à maior unidade, mas sua influência relativa diminuiu. O papel global dos norte-americanos se expandiu, o Japão e a Rússia exigiram espaços maiores, mas a ascensão da China e de outras nações industrializadas no começo do século XXI foi particularmente significativa à medida que o sistema global se tornava mais diverso e genuinamente multipolar.

O século foi igualmente caracterizado pela acelerada globalização, auxiliada por novas tecnologias como os aviões a jato, a televisão via satélite e, por fim, a internet e as mídias digitais. Novas instituições, como a Liga das Nações durante o entreguerras, e a Organização das Nações Unidas (ONU) e suas diversas agências de desenvolvimento após 1945, expandiram as conexões políticas e o auxílio internacional. A coordenação econômica cresceu, em especial no pós-II Guerra, surgiram formas de negócios internacionais como as corporações multinacionais e diversos tipos de organizações em prol dos direitos humanos emergiram. Os contatos culturais se intensificaram, incluídos aí padrões de consumo compartilhados, interesses desportivos e colaborações científicas. A globalização estimulou também algumas formas de nacionalismo e contramovimentos sociais, que eventualmente assumiram a forma de intolerâncias étnicas e fundamentalismos religiosos.

Por fim, as derradeiras décadas do século XX trouxeram consigo níveis jamais vistos de desafios ambientais globais e, de modo hesitante, crescente entendimento das ameaças inter-relacionadas do colapso ambiental e das mudanças climáticas, problemas que estimularam discussões ambiciosas voltadas à descarbonização da economia mundial, ao estímulo de novas tecnologias energéticas e a uma maior coordenação global das políticas climáticas e ambientais.

Os desdobramentos educacionais foram diretamente influenciados por todas essas tendências. As nações recém-criadas precisaram definir suas próprias abordagens pedagógicas e guiar-se em meio aos legados do colonialismo e às necessidades de estruturação nacional. Os diversos conflitos armados e a Guerra Fria desorganizaram maciçamente o campo educacional e levaram a novas urgências – como maior formação científica, técnica e militar, por exemplo. O rápido crescimento populacional representou um imenso desafio ao ensino, muito embora a urbanização generalizada tenha facilitado as demandas pela expansão educacional. A globalização forneceu um modelo para novas formas de colaboração e estimulou um rápido crescimento na mobilidade internacional de professores e estudantes, mas também fez brotar novas tensões nos programas, mormente o equilíbrio entre as orientações nacionais e globais.

O capítulo 13 analisará os desenvolvimentos educacionais ocorridos nos líderes industriais – a Europa Ocidental e os Estados Unidos, bem como a União Soviética e o Japão – enfatizando a divisão crucial entre as décadas do entreguerras e os desdobramentos do pós-1945. Os primeiros decênios do século XX passaram por enormes perturbações militares e econômicas, a educação de massas permaneceu crescendo apesar e a despeito de todas essas convulsões, mas os debates sobre questões relativas às políticas e práticas educacionais se acirraram. Essas disputas opunham os tradicionalistas aos proponentes da "nova educação", que incluía diversas pedagogias "progressistas", ou centradas na criança; a União Soviética, socialista, conseguiu organizar rapidamente seu sistema educacional, enquanto os regimes fascistas produziram suas próprias e distintas abordagens a respeito da formação e da militarização da juventude. Toda essa tensão amainou um pouco após a II Guerra, um período marcado pela expansão educacional em todos os níveis e pelos novos debates inclusivos.

O capítulo 14 se volta para os sistemas educacionais mais recentes ou recém-expandidos ao redor do mundo, como a América Latina e o Oriente Médio em meio aos conflitos dos anos de 1920. A China conviveu com décadas de guerra civil e conflitos com o Japão, mas embarcou numa acelerada mudança educacional após a vitória dos comunistas em 1949. As nações pós-coloniais surgidas na África e na Ásia durante essas décadas também trabalharam fortemente para estabelecer novos sistemas nacionais. Em quase todos os países, os avanços ocorridos no entreguerras foram ofuscados pelas mudanças bem mais substanciais ocorridas pós-1945. É igualmente significativo que da década de 1950 em diante quase todos os sistemas educacionais tenham aderido, de um jeito ou de outro, a alguma forma de impulso compartilhado em prol da "modernização".

Por fim, o capítulo 15 enfoca as questões e inovações educacionais dos últimos trinta anos, tanto nas grandes regiões mundiais quanto em escala global. O expressivo crescimento ocorrido em todos os níveis formativos é um feito notável, auxiliado por movimentos como o *Educação para Todos* da Unesco e o impulso à universalização da educação primária, mesmo nos países mais pobres. Como seria de se esperar, tais crescimentos se fizeram acompanhar por renovadas discussões a respeito dos objetivos da educação e das abordagens curriculares e pedagógicas mais adequadas. Em meio a todas essas realizações, aflorou também uma maior atenção para com os pontos fracos da educação moderna, dentre os quais a crescente alienação dos estudantes e seu bem-estar. Em tudo isso percebe-se um inegável "modelo global" a respeito do que efetivamente constitui a educação, mesmo que as discussões sobre seus valores e propósitos mais profundos continuem.

13

Transformações na Europa e nos Estados Unidos do século XX

Os primeiros anos dos 1900 foram marcados por notável otimismo e pela convicção de que a civilização ocidental guiaria o mundo pelo progresso científico, o qual, com o tempo, levaria os benefícios da educação de massas para todas as pessoas. Armado das novas ferramentas da administração educacional profissionalizada e da "pedagogia científica" e envolto nos impulsos à expansão da alfabetização dos adultos e à educação secundária, esse otimismo contagiou também os círculos educacionais, ainda que as injustas políticas nacionais relativas à igualdade racial e à adequação financeira e a brutal divisão existente entre a maior parte das regiões e o Ocidente imperialista persistissem.

Os primeiros anos do século presenciaram também uma crescente demanda por maior acesso e equidade na oferta educacional, expressa pelos novos partidos de base trabalhista, movimentos sociais reformistas e grupos anticoloniais.

A própria I Guerra Mundial testemunhou exemplos inéditos no uso das escolas (tais como as campanhas contra as instituições de língua alemã nos Estados Unidos) e universidades no engajamento das populações no esforço de guerra. Os financiamentos escolares foram reduzidos, levando à cobrança de mais taxas dos estudantes, e em todas as nações beligerantes as instituições de ensino foram convocadas à inovação tecnológica e à produção bélica; à geração de oficiais, soldados e trabalhadores; e à legitimação do esforço de guerra por meio de propagandas e estímulos renovados à unidade e aos propósitos nacionais. Tragicamente, o conflito estraçalhou também os laços transnacionais que haviam começado a anunciar a emergência de uma comunidade educacional global.

Ao menos naquelas nações onde a opinião pública podia se expressar por meio das urnas eleitorais, ao término do conflito seguiu-se a exigência por serviços sociais mais inclusivos como forma de recompensar aqueles que haviam se dedicado ao esforço de guerra ou às forças militares. Nas colônias, ainda que os movimentos independentistas fossem esmagados, foram elaborados planos ambiciosos para expandir a rede educacional, no intuito de aproximar os territórios dominados de seus respectivos centros metropolitanos.

O fato mais importante do pós-guerra foi, indiscutivelmente, o surgimento da União Soviética, onde o regime comunista entendia as transformações educacionais como algo central à sua visão de uma nova sociedade. Mas também no Ocidente surgiram reflexões que ajudaram a preparar a rápida expansão da rede e das exigências educacionais pós-1945. Todas as sociedades egressas do conflito estabeleceram um renovado compromisso com a educação universal, ainda que seus métodos variassem e, União Soviética à parte, a maioria dos desdobramentos mais relevantes só ocorressem após a II Guerra.

A nova educação nos Estados Unidos: demandas por justiça social e variedades do progressismo

Os legados do movimento pela escola comum surgido no século XIX foram profundos, dentre os quais o crescente e massivo compromisso com a universalização do acesso, mas também a persistência das limitações financeiras locais e das barreiras de classe, raça e gênero. O sistema norte-americano permaneceu intensamente descentralizado, com o governo federal tentando dirigi-lo indiretamente ou intervindo apenas e tão somente em causas específicas, tais como a educação dos ex-escravizados (durante a Guerra Civil e a Reconstrução) e, posteriormente, dos indígenas, neste último caso com resultados geralmente terríveis. Práticas e políticas comuns eram normalmente impulsionadas nos níveis estatais e distritais, ou então construídas por associações profissionais cada vez mais poderosas, como a Associação Nacional de Educação (NEA), fundada em 1857, ou então por importantes sindicatos docentes, como a Federação Americana de Professores (AFT), criada em 1916. Entidades dessa natureza trabalharam para articular padrões regulatórios e normativos e defenderam o reconhecimento da docência como uma profissão de alta categoria.

O enfrentamento das questões de raça e as inovações durante o entreguerras

Com o fim do período de Reconstrução em 1876, os ganhos políticos e educacionais dos negros foram suprimidos, estimulando assim o início da "grande migração" para as cidades recém-industrializadas do norte e do oeste e articulando demandas recorrentes por maior justiça social e racial na educação norte-americana. As exigências que os sistemas estaduais precisaram encarar para fazer frente aos compromissos constitucionais se expandiram em começos do século XX, inclusive quando certos distritos fecharam escolas, despediram professores negros ou estimularam a segregação. Mesmo em diversas cidades do norte e oeste, o custeio escolar, a discriminação habitacional e a concentração da pobreza em cortiços urbanos e áreas rurais com grande concentração de mão de obra desqualificada indicavam a existência de imensas desigualdades na qualidade educacional, tanto em termos de estrutura quanto de oportunidades.

Um intenso debate teve início entre diversos e importantes educadores negros; alguns deles argumentavam que a formação deveria centrar-se em habilidades agrícolas e técnico-vocacionais, ministradas nas chamadas escolas manuais ou industriais, políticas essas normalmente associadas a Booker T. Washington (1856-1917) e a Universidade de Tuskegee, que seriam levadas às novas áreas coloniais norte-americanas, como o Havaí, Porto Rico e as Filipinas, uma discussão que encontrava paralelo em debates semelhantes ocorridos nas colônias europeias, onde se especulava se tais formações práticas ou limitadas deveriam ser oferecidas às subelites coloniais, ainda que tanto seu financiamento quanto oferta permanecessem muito limitados. Contrastando com essas ideias, W. E. B. Du Bois (1868-1963) e outras lideranças negras defendiam acesso mais amplo à educação de elite e profissional, para que "um décimo" da população negra pudesse crescer, conquistar formação acadêmica e conseguisse, então, atuar como líderes e professores dos oprimidos. Argumentos semelhantes foram apresentados por mulheres como Anna Julia Cooper (1858-1964), que trabalhava como professora e liderança educacional da crescente comunidade negra da cidade de Washington.

Em outros círculos educacionais, de 1900 em diante explodiram tensões raciais, ainda que muitos dos primeiros professores militantes sindicais estivessem igualmente comprometidos com as lutas pela igualdade racial e que entidades como a AFT frequentemente colaborassem com grupos como a

NAACP (Associação Nacional para o Progresso de Pessoas de Cor, fundada em 1909) e a Liga das Mulheres Eleitoras (criada em 1920). Todas essas associações defendiam os direitos das crianças, políticas sociais mais inclusivas e humanas e a sindicalização dos professores e trabalhadores da educação. Reformadores como a líder sindical Ella Flagg Young (1845-1918), de Chicago, lutavam também por isonomia salarial, pela contenção dos piores excessos do capitalismo industrial e pelo fim do trabalho infantil. Como na Europa, tais políticas levaram à ênfase crescente na frequência escolar compulsória e despertaram debates tão proveitosos quanto intermináveis sobre as melhores formas de educar esta nova população discente, mais diversa e multicultural.

Esses anos de continuada expansão das novas escolas públicas em distritos escolares urbanos crescentemente centralizados testemunharam também o aumento da atenção dedicada às novas teorias psicológicas relativas às etapas do desenvolvimento infantil. A formação docente ampliou-se velozmente, para muito além das tradicionais escolas normais, transformadas em faculdades estatais ou universidades públicas – ainda que muitos professores continuassem carentes de educação superior até pelo menos depois da II Guerra. Departamentos pedagógicos voltados à pesquisa foram fundados em muitas das grandes universidades (o Teachers College em Colúmbia, o programa educacional e o Laboratório Escolar da Universidade de Chicago), centros esses que lançaram formações em gestão científica ou "profissional" e novos modos de avaliação que facilitavam a identificação e o acompanhamento discente em escolas e sistemas educacionais cada vez maiores. Boa parte da atenção dirigida à "nova educação" do século XIX (influenciada por Locke, Rousseau, Pestalozzi e Froebel) preparou o terreno para discussões mais intensas em torno das novas pedagogias e das abordagens centradas na criança do início do século XX.

Liderados por figuras como o filósofo pragmatista e teórico da democracia John Dewey (1859-1952), os educadores "progressistas" defendiam a necessidade de novos métodos para atrair e educar o público mais diverso das novas escolas norte-americanas, pois uma sociedade verdadeiramente democrática e igualitária só poderia emergir de escolas genuinamente mais participativas e representativas. Havia correntes claramente diversas entre esses proponentes da nova educação, desde os defensores mais radicais dos direitos das crianças até as propostas mais equilibradas de Dewey relativas à devida atuação dos professores como agentes criativos e facilitadores conscientes do aprendizado ativo dos alunos. Essa nova pedagogia buscava focar nos interesses pessoais das crianças e suas personalidades, unindo assim o aprendizado à sociedade na qual se inseriam os educandos por meio de atividades experimentais e práticas. Em certos casos, como nas escolas inovadoras de Gary (Indiana, EUA), o distrito inteiro foi reestruturado segundo os princípios do aprendizado via "trabalho-brincadeira-estudo", com os estudantes aprendendo tanto habilidades manuais e industriais quanto participando de campanhas em prol das reformas sociais.

A reação conservadora contra essas e outras inovações progressistas não demoraria, e é digno de nota que a filosofia de Dewey foi, talvez, mais rapidamente incorporada no início da educação infantil, as classes elementares. Está claro que nas turmas mais avançadas (que eventualmente se tornariam as *middle schools,* ou, mais apropriadamente, as *high schools*) padrões mais tradicionais da segregação etária e do ensino estruturado em matérias e disciplinas persistiram, em parte voltadas à preparação para as universidades e a educação superior. Em muitas das grandes *high schools*, ocasionalmente até mesmo em diferentes partes de um mesmo distrito, estudantes de classe abastada seguiam esse percurso preparatório para o ensino superior, enquanto aos filhos dos imigrantes, das minorias e das classes trabalhadoras eram oferecidas formações técnicas ou industriais. Em várias localidades essa prática frequentemente assumiu a forma de "progressismo administrativo", que usava recentes métodos pseudocientíficos para acompanhar e avaliar escrupulosamente os estudantes com vistas à maior eficiência social.

Claro, uma questão crucial no entreguerras foi a tensão entre o profundo desejo de expansão do acesso à escola e a utilização dessas instituições para promover a "americanização" das grandes ondas imigrantes vindas do sul e oeste europeus e da Ásia Oriental (além da crença igualmente arraigada na inferioridade étnica desses mesmos imigrantes). Os distritos escolares urbanos passaram a empregar testes (especialmente os de aptidão) para separar os alunos em diferentes percursos; um deles, que media o QI (Quociente de Inteligência) havia sido desenvolvido na Europa na virada do século, mas foi particularmente empregado nos Estados Unidos (em contraste com a preferência europeia e soviética por testes de conhecimentos) por supostamente avaliar habilidades ao invés de informações (que poderiam sofrer influência do histórico familiar), parecendo portanto mais democrático. Em verdade, porém, mesmo exames desse tipo privilegiavam certos grupos sociais, razão por que sua extensa utilização na segregação de alunos manteve os privilégios dos brancos de classe média e nascidos nos Estados Unidos, ainda que também permitisse o avanço de indivíduos isolados oriundos de outros grupos. Em 1926, o princípio da testagem de aptidões chegou ao processo de ingresso nas universidades com o advento dos SATs (Scholastic Aptitude Test), que gradualmente se tornaram o critério de admissão para números cada vez maiores de universidades (muito embora seu uso mais ampliado só tenha ocorrido na segunda metade do século).

Houve, por fim, um último grande movimento da política educacional norte-americana desses anos, voltado para "civilizar" a população indígena. Ainda que parcialmente inspirada em impulsos filantrópicos, ou pelo mesmo espírito de reforma social que configurou a educação para os estudantes negros e imigrantes pobres, essa política baseava-se no sentido pessimista de que a "raça índia" era moribunda e fundamentalmente sem interesse ou condições de se adaptar à "civilização moderna" caracterizada pela agricultura, vida urbana e industrialização. A partir dos anos de 1880, e em muitos casos chegando à década de 1920, ou até mais, crianças e jovens indígenas eram sequestrados de suas comunidades e internados em colégios onde eram despojados de suas línguas, práticas religiosas e costumes. Recebendo somente letramento formal e capacitação manual, esperava-se desses estudantes que se tornassem empregados domésticos ou trabalhadores rurais, ainda que de modo curioso algumas dessas instituições também se tornassem viveiros para uma nova identidade comum nativo-americana, forjando alianças que ultrapassaram as antigas barreiras tribais e regionais. Uma importante educadora indígena como Zitkala-Sa, Pássaro Vermelho (Gertrude Simmons Bonnin, 1876-1938), escritora, editora, tradutora, compositora, educadora e ativista política de origem Yankton Dakota, descreveu como sobrevivera ao internato forçado, chegara à universidade e se tornara uma liderança indígena que lutava pelo respeito aos direitos das populações nativas, contribuindo assim para as grandes reformas ocorridas a partir da década de 1930. Alguns autores afirmaram que o real propósito dessa política era, pura e simplesmente, destruir antigas estruturas tribais e roubar as terras das comunidades à medida que assentamentos brancos cresciam inexoravelmente nos ex-territórios e estados do oeste e das planícies. Com o tempo, a rejeição a essas práticas daria origem a um novo movimento pelos direitos indígenas, que buscaria enfrentar os legados divisivos desses colégios internos.

A importância da escolarização

Em meio aos inúmeros debates sobre raça, acesso e diferenciação, dos anos de 1920 em diante um outro grupo de mudanças básicas gradualmente transformou o papel da educação para muitas crianças norte-americanas. Novas legislações federais puseram um ponto-final a todas as formas de trabalho infantil, mesmo nas áreas rurais, facilitando a obrigatoriedade da frequência escolar, não apenas como princípio, mas também na prática – o recurso a fiscais e vigias tornou cada vez mais difícil cabular as aulas. Garantida a assiduidade, levas crescentes de estudantes foram impulsionados a cursar ao menos os primeiros anos do secundário. Ao mesmo tempo, os processos avaliativos foram progressivamente padronizados, de modo que alunos que não conseguiam atingir as notas necessárias eram reprovados.

Mais estudantes começaram a ser expostos a disciplinas e matérias para além da literacia básica, aritmética e lições morais, algo que gerou novos, e não raro árduos, debates sobre quais saberes deveriam ser levados às escolas. O ensino da teoria da evolução nas aulas de biologia do secundário, por exemplo, tornou-se objeto de discórdia: alguns distritos evangélicos não apenas buscaram bani-lo como chegaram a levar professores que o ensinavam às barras da justiça. Novas exigências relativas à higiene foram instauradas, transformando as escolas em centros de saúde pública; e como parte do esforço para "americanizar" as crianças imigrantes, elas passaram a ser questionadas a respeito da frequência de banhos e escovação dos dentes, além de serem examinadas para a detecção de piolhos e outros problemas. O compromisso norte-americano com a oferta de atividades extracurriculares também se expandiu, com maior ênfase nos esportes, mas incluindo também clubes de teatro e música, jornais escolares e assim por diante.

Por fim, no período entreguerras, a educação mista tornou-se mais comum em todos os níveis educacionais, algo que promoveu uma nova cultura de namoros nas *high schools* e nas faculdades. Garotas e garotos continuavam a cursar programas parcialmente distintos: a "economia doméstica", por exemplo, era somente para elas, enquanto muitos clubes e esportes eram exclusivamente masculinos – no geral, as opções disponíveis às meninas eram mais limitadas. Cada vez mais estudantes eram expostos à controversa "educação para o ajuste de vida" (*life adjustment education*), centrada em habilidades quotidianas e na formação para o ingresso no mercado de trabalho, mas em princípio muito menos rigorosa em termos acadêmicos que as abordagens da maioria das demais nações industriais, uma reforma que foi amiúde e erroneamente atribuída ao progressismo deweyaniano.

O Pós-II Guerra

Além da pressão imposta pela Guerra Fria na ênfase nacionalista e triunfalista norte-americana, dois outros desdobramentos se destacaram, em especial a partir dos anos de 1950. Primeiramente, mais uma série de expansão escolar, pois a maior parte dos estudantes passou a terminar o secundário e ingressar nas faculdades. Em segundo lugar, uma mudança dramática (ao menos na letra da lei) no tratamento da questão racial. É igualmente importante observar que os finais do século XX viram uma nova e massiva onda de imigração para os Estados Unidos, oriunda principalmente da América Latina e da Ásia. Ainda que tal fato tenha levantado novas questões de políticas linguísticas, em especial no estímulo aos falantes de espanhol para que adotassem o inglês, a assimilação escolar foi menos atribulada do que fora no começo do século. Alguns grupos (os afro-caribenhos, por exemplo) mostraram-se particularmente dispostos a usar a educação como via de ascensão social para suas crianças.

Mudanças na economia e nas políticas nacionais levaram a uma maior atenção à educação. A partir de 1958 a rivalidade com a União Soviética induziu o governo dos Estados Unidos a oferecer, no âmbito da *Lei Nacional em Defesa da Educação* (NDEA), maior empenho e suporte financeiro às realizações educacionais. A crescente mudança na força de trabalho, da manufatura para os setores de serviços e profissionalizados, deixou a educação ainda mais relevante para as carreiras individuais.

Tais desdobramentos, por sua vez, estimularam, nos anos de 1960, o surgimento de uma grande campanha contra o problema da evasão escolar ("*dropout*") no nível secundário, dado que quase metade da população atendida abandonava as salas de aula antes das últimas séries. Ao final daquela década, a conclusão do secundário, embora ainda longe de ser universal, tornara-se cada vez mais o padrão, uma tendência que provocou um crescimento sem precedentes do ingresso no ensino superior, facilitado pela Lei dos Fuzileiros de 1944 e pela inauguração de centenas de novas universidades e faculdades. Por volta de 1970, ao menos 40% dos egressos das *high schools* ingressavam numa dessas instituições, números esses que continuariam crescendo século XXI adentro. Consequentemente, a preparação para a universidade, as escolhas profissionais e a prática dos exames tornaram-se uma parte cada vez mais importante da vida dos estudantes secundaristas; para alguns deles, descobrir em qual instituição haviam entrado era semelhante à "hora da verdade", o "auge da minha vida até agora".

Em 1945, a Suprema Corte dos Estados Unidos, em decisão unânime sobre o caso *Brown vs. the Board of Education of Topeka* (Kansas), considerou inconstitucionais as leis estaduais que estabeleciam a segregação racial, uma sentença histórica que gerou inúmeras iniciativas em prol da integração nas salas de aula. Muitas cidades organizaram programas de transporte escolar, no intuito de assegurar alguma miscigenação a despeito da segregação habitacional. Os sistemas sulistas foram, obviamente, derrubados, não raro com grande resistência inicial, e as oportunidades e realizações educacionais de estudantes negros receberam renovada atenção em todos os níveis. Com o passar do tempo, porém, esse importante movimento começou a se enfraquecer. A segregação habitacional não sofreu grandes transformações, deixando grande número de instituições compostas só por negros ou só por brancos, especialmente quando os programas de transporte escolar começaram a ser extintos. Ainda que negros egressos das *high schools* participassem do crescente interesse pela educação universitária, seus números eram proporcionalmente inferiores aos dos brancos e eles eram mais propensos a desistir após o ingresso. Trata-se, portanto, de uma questão que exige grande cuidado no século XXI, um momento em que os temas da diversidade, equidade e inclusão estão na ordem do dia.

Tão significativo quanto, esses anos também testemunharam a primeira intervenção continuada do governo federal dos Estados Unidos no financiamento educacional e na justiça social, por intermédio da *Lei da Educação Primária e Secundária* (Esea), surgida simultaneamente às novas grandes iniciativas legais e políticas em prol dos direitos civis e ao voto. Com o tempo, esses elementos educacionais da "guerra contra a pobreza" contribuiriam para a nacionalização parcial das políticas estruturantes e para demandas subsequentes por maior assistência aos pobres, aos estudantes de língua inglesa e aos portadores de deficiências. Ainda que os anos que se seguiram tenham produzido reações sociais e políticas contrárias a essas campanhas pela inclusão e a equidade, transformações estruturais profundas estavam em curso na educação e na sociedade dos Estados Unidos.

A Revolução Russa e o modelo soviético do desenvolvimento educacional

Os precedentes daquilo que viria a ser a educação soviética haviam sido esboçados nas décadas que precederam à Revolução Russa de 1917, como resposta à necessidade de um rápido desenvolvimento socioeconômico, mas o próprio movimento revolucionário, além dos deslocamentos provocados pela guerra, produziu efeitos ainda mais dramáticos. Novos planos incluíram: a expansão do conceito de educação e cultura, uma vasta gama de programas voltados para que adultos, trabalhadores e crianças de todas as idades fossem incluídos; a estruturação de extensos serviços de saúde e bem-estar por meio das instituições educacionais (algo semelhante ao que os reformistas na Europa e nos Estados Unidos propunham); e uma radical revisão da natureza dos currículos e da instrução, no intuito de deixar a educação mais "próxima da vida real" e do trabalho.

Dentre as primeiras medidas tomadas pelas autoridades comunistas após a tomada do poder estavam a extinção de toda educação privada e religiosa e a enfática decisão do propósito partidário-estatal de expandir rapidamente a educação de base secular. As primeiras diretrizes soviéticas eram diretamente inspiradas pela "nova educação" europeia e pela "educação progressiva" norte-americana, mas foram muito mais além dessas influências ocidentais em sua ênfase na inclusão radical e nas políticas de "ação afirmativa" destinadas a populações desfavorecidas, como camponeses e trabalhadores.

De muitas formas, os experimentos educacionais soviéticos da década de 1920 estavam muito adiante do seu próprio tempo. Os educadores buscaram unificar as formações geral e vocacional em um currículo comum para todos, o "politécnico"; experiências relacionadas incluíram programas temáticos e interdisciplinares e aprendizado baseado em projetos. Novos modelos de autogestão discente e docente foram estabelecidos, junto a intensas campanhas para mobilizar diretamente as escolas na produção, na alfabetização de adultos e no trabalho político. A maior parte das avaliações e dos critérios para a promoção foi eliminada e substituída por programas que promoviam os estudantes com base em sua classe de origem e lealdade política.

Parcialmente inspirado por trabalhos similares levados a cabo no México e em outros contextos revolucionários, de início o regime soviético lançou uma imensa campanha em prol da alfabetização de adultos, que incluía a oferta massiva de novas mídias, bibliotecas e atividades extracurriculares para todas as idades. Tais esforços incluíam também o desenvolvimento de linguagens escritas, novos alfabetos e cartilhas para diversos povos indígenas – as "nacionalidades", segundo o jargão da recém-criada União das Repúblicas Socialistas Soviéticas. Quase todos os relatos produzidos nos anos de 1920, soviéticos e ocidentais, eram bastante simpáticos a esses primeiros experimentos, muito embora alguns observadores, como John Dewey, criticassem a rigidez ideológica e a doutrinação política excessivas. Essa educação progressista, em que pese seu utopismo e politização, era um experimento verdadeira e indubitavelmente revolucionário em termos de oferta de educação universal e claramente exerceu significativo impacto no mundo inteiro, forçando os países ocidentais a considerar a expansão de seus próprios sistemas (em parte para refrear alternativas mais radicais). Suas inovações eram também muito bem divulgadas junto aos movimentos anticoloniais (aos quais normalmente serviam como exemplo).

Apesar disso, muitas dessas primeiras iniciativas eram grosseiramente subfinanciadas e perturbadas por políticas partidário-estatais conflitantes, especialmente os esforços destinados a prover oportunidades educacionais para os membros da elite pré-revolucionária (resultando na demissão de muitos professores e acadêmicos). O financiamento educacional era quase sempre residual, significando que os recursos só eram empregados quando outras obrigações orçamentárias eram cumpridas, mesmo quando o regime se esforçava para extinguir ou evitar aportes e serviços privados que visassem compensar a insuficiente provisão estatal. Pior: muitos desses experimentos progressistas pareciam se tornar cada vez mais impopulares, por supostamente minarem a autoridade de pais e professores, enfraquecerem a integridade curricular e o rigor instrucional e se mostrarem incapazes de produzir os técnicos especializados e os trabalhadores qualificados necessários à "construção do socialismo em um único país". Esses educadores também foram acusados de não incutir atitudes "cívico-políticas" adequadas na juventude. Com o advento da ditadura stalinista em finais dos anos de 1920, o desafio tornou-se menos mobilizar e empoderar os cidadãos soviéticos por meio da educação universal e mais disciplinar os sujeitos para uma modernização de cima para baixo dirigida pelo Estado. Seja como for, a nova constituição soviética de 1936 foi a primeira do mundo a trazer uma declaração formal da oferta universal da educação como um direito humano, algo que claramente só viria com o tempo e que foi igualmente marcado por severa repressão política.

Ao longo da década de 1930, embates árduos continuaram a ser travados em torno da política e da prática educacionais, resultando na rejeição total à educação progressista e na estruturação de um modelo novo e profundamente conservador, o stalinista. Esse sistema era caracterizado por procedimentos educacionais altamente tradicionais e por ser inteiramente politizado (em especial nas ciências sociais e na história moderna) e dominado pelas ciências e tecnologias, especialmente o desenvolvimento bélico. Controles burocráticos rígidos foram instituídos, e gestores estatais foram colocados em cada um dos níveis. Os terríveis conflitos entre educadores progressistas e conservadores eram frequentemente ocultados pela fachada oficial do triunfalismo, mas em verdade o padrão de rígido controle estatal sobre a vida intelectual e profissional que emergiu dessas mudanças viria a se provar nocivo à educação soviética como um todo.

Esse modelo educacional stalinista resgatou algumas velhas tradições czaristas: os currículos organizados em disciplinas e matérias tradicionais com métodos pedagógicos e a "didática científica" centrados nos conteúdos e sua reprodução. O sistema estruturava-se sobre um cânone de livros-textos padronizados e exercícios de memorização que incluíam a recitação de *slogans* marxista-leninistas e exames orais. Um objetivo fundamental foi reforçar a autoridade do professor e dos administradores sobre seus alunos e funcionários. Progressivamente, avaliações e critérios rígidos para promoção foram elaborados, bem como punições severas para casos de reprovação, indisciplina ou dissidência. Conforme o espírito do novo nacionalismo russo-soviético, muitos dos programas que procuravam preservar as línguas e culturas das populações nativas e das minorias nacionais foram eliminados, e diversos grupos étnicos foram submetidos à russificação linguística involuntária e à sovietização cultural. No geral, a educação dos anos de 1930 em diante tornou-se cada vez mais rigorosa e hierarquizada, inclusive com a restauração dos antigos uniformes escolares e algumas tentativas de coeducação.

Mas em que pese toda sua rigidez e tradicionalismo pedagógico, as décadas de 1930 e 1940 trouxeram inegáveis sucessos à educação soviética. Construiu-se um sistema abrangente em todos os níveis, e os números de alfabetização e da frequência escolar subiram. Mesmo durante as agruras da II Guerra Mundial, da invasão alemã (1941-1945) e da evacuação em massa de estudantes e universidades em direção ao leste, o sistema se provou resistente o bastante para aguentar o tremendo esforço de guerra. E parece que a virada tradicionalista se mostrou relativamente popular entre as elites, muitos dos professores e educadores de profissão, e até mesmo os pais. Como no Ocidente, não poucas famílias trabalhavam duro para preparar seus filhos para o sucesso escolar, a aprovação nos exames admissionais e o ingresso no ensino superior. O sistema efetivamente produziu grandes contingentes de técnicos especializados e mão de obra qualificada e semiqualificada, ainda que em campos profissionais cada vez mais restritos. Também gerou novos mecanismos acadêmicos para a pesquisa e o desenvolvimento, em especial nos ramos da matemática, das ciências físicas e das tecnologias bélicas. Não obstante, e apesar das alegadas universalidade e unanimidade, tradições culturais e religiosas não oficiais sobreviveram, talvez de modo mais forte entre as minorias nacionais e na *intelligentsia* soviética, em parte graças à persistência dos legados familiares há muito estabelecidos de professore particulares e demais formas educacionais não sancionadas.

Junto aos êxitos e à inegável popularidade do novo sistema conservador, vieram também inúmeros problemas. O custo humano do terror político stalinista foi devastador, e durante seus piores excessos, entre 1936 e 1938, dezenas de milhares de pesquisadores, líderes educacionais e professores foram presos e executados, especialmente aqueles oriundos de minorias. A educação tornou-se crescentemente dogmática, dominada por rígidas ortodoxias oficiais cujos efeitos mais terríveis recaíram sobre as ciências sociais e as humanidades. O sistema tornou-se sobrecarregado, conduzido por interesses burocráticos e com pouco espaço aberto à autonomia profissional ou à inovação pedagógica. Aqueles que haviam viajado ao Ocidente, colaborado com John Dewey ou demais progressistas, foram presos e acusados de sabotagem ou de "utopismo pequeno-burguês".

Além disso, a pesquisa especializada da Academia de Ciências foi separada do ensino universitário, e as instituições educacionais foram divididas entre si pelo paralelismo burocrático, pois cada setor econômico e industrial criou seus próprios sistemas educacionais. Talvez o mais importante, o sistema soviético foi estruturado em especializações vocacionais estreitas que limitavam o desenvolvimento das habilidades laborais e dos talentos necessários à intensa reconstrução pós-guerra. Visto como um todo, e levando-se em consideração seu reconhecimento internacional, entre os anos de 1930 e 1950 o sistema tradicional educacional soviético efetivamente conseguiu organizar uma nova e massificada estrutura, ainda que burocraticamente rígida e intelectualmente dogmática.

Ironicamente, no momento em que os pesquisadores ocidentais e os educadores conservadores elogiavam o rigor curricular e instrucional da educação soviética, em especial quando do lançamento do primeiro satélite artificial da Terra, o Sputnik, em 1957, os próprios educadores soviéticos começaram a repensar, de modo discreto, as inflexibilidades e limites de seu sistema, apresentando reformas que incorporavam ideias tanto mais progressistas quanto mais tradicionais. Por exemplo, uma mudança proposta em finais dos anos de 1950 procurava restaurar os princípios "politécnicos" da formação (só que dessa vez com percursos vocacionais e profissionais mais rigorosos e involuntários) junto à exigência de no mínimo dois anos de vivência no trabalho, a "experiência produtiva", para que os estudantes pudessem ingressar no ensino superior. É digno de nota que tais reformas tenham sido abortadas graças à resistência combinada dos gestores empresariais ou industriais (que não desejavam ser chateados por adolescentes em seus próprios escritórios) e dos pais preocupados com a ascensão social de seus filhos.

É interessante que outras reformas propostas durante o "degelo" pós-Stalin e nas décadas seguintes tenham tentado recuperar algumas das experiências progressistas dos anos de 1910 e 1920, em especial a Psicologia do Desenvolvimento proposta por Lev Vigotski (1896-1934). Seus estudos sobre a cultura e a pedagogia do desenvolvimento, que receberam muita atenção dos especialistas ocidentais a partir da década de 1970, buscavam mapear uma "zona de desenvolvimento proximal" na qual professores muito bem treinados seriam capazes de cultivar e extrair o potencial latente de cada estudante para seu desenvolvimento individual. Em sua formulação inicial, essas ideias continham um impulso revolucionário – qual seja, mesmo os alunos mais carentes ou incapazes poderiam ser ajudados em seu aprendizado. Outros ensaios de reformas nos anos de 1960 e 1970 incluíram maior diferenciação curricular, a introdução de disciplinas eletivas para alguns estudantes e o desenvolvimento de programas voltados para os "dotados e talentosos" nas ciências, esportes e artes. Houve também um relaxamento na russificação linguística, oferecendo-se maior autonomia e flexibilidade às instituições educacionais nas repúblicas não russas.

Tomadas em conjunto, todas essas tentativas reformistas na educação soviética, dos anos de 1950 aos 1980, tiveram o efeito de consolidar e estabilizar o sistema, ao mesmo tempo em que diversificavam e, em muitos casos, enriqueciam as práticas pedagógicas e curriculares. Talvez o mais importante de tudo, por volta da década de 1970 (como nos Estados Unidos na mesma época) o sistema soviético havia, basicamente, atingido a alfabetização universal e a formação secundarista quase universalizada. Tais realizações, contudo, foram infelizmente alcançadas às custas das liberdades individuais e profissionais e da criatividade, flexibilidade e adaptabilidade sistêmicas. É forçoso reconhecer que, a despeito da retórica de universalidade e igualdade social e de gênero, desigualdades severas persistiam, especialmente entre as áreas urbano-industriais e as rurais, e que os níveis educacionais e de alfabetização eram mais débeis em diversas zonas de minorias nacionais, como o sul do Cáucaso e a Ásia Central. Havia também uma excessiva morosidade na introdução de novas tecnologias educacionais, e as barreiras às viagens internacionais e a censura pesada continuaram a limitar as iniciativas por reformas mais abrangentes. E ainda assim, e apesar de todas essas limitações, o sistema educacional soviético foi muito influente junto ao mundo descolonizado, para quem parecia oferecer um caminho acelerado até a modernidade industrial e novas ferramentas de controle político e ideológico. Importante observar que mesmo quando lutava para se reerguer após a II Guerra Mundial, a União Soviética oferecia amplo apoio educacional e pacotes de assistência técnica a nações aliadas e não alinhadas do mundo em desenvolvimento.

Padrões na Europa e em outras sociedades industriais

Muitos dos elementos do moderno sistema educacional europeu estabelecidos durante o século XIX foram simplesmente mantidos no decorrer do Período Contemporâneo, em especial o compromisso com a educação de massas e um sistema avaliativo capaz de identificar possíveis candidatos para uma formação de elite. A relutante Grã-Bretanha estabeleceu esse padrão após a II Guerra, cuja abordagem básica e tensão foram sumarizadas por uma liderança educacional francesa em 1919: "todos devem ser ensinados, mas os melhores precisam ser retirados da multidão e colocados em seu devido lugar, o topo" – uma declaração clássica daquilo que seria chamado de "abordagem meritocrática da educação". Relativamente a essa estrutura, a grande transformação (ocorrida majoritariamente após a II Guerra) foi apenas a expansão do sistema como um todo, em especial suas exigências e oportunidades nos níveis secundário e superior.

Os desdobramentos ocorridos entre as guerras, em contraste, haviam sido relativamente modestos, muito embora as novas nações da Europa Centro-Oriental se esforçassem para criar seus próprios sistemas: a Polônia, por exemplo, introduziu a obrigatoriedade da educação primária em 1919, ainda que lutasse para conseguir-lhe financiamento, construir escolas e obter professores treinados – mudanças bem mais amplas adviriam após a II Guerra, sob o comunismo, quando a demanda universitária assumiu caráter emergencial. Houve, porém, dois outros desenvolvimentos significativos. Novos movimentos em apoio à educação progressista emergiram nos anos de 1920, ecoando iniciativas ocorridas nos Estados Unidos, mas ao mesmo tempo a abordagem educacional fascista buscou conter os objetivos progressistas ao converter a educação em um serviço regimentado voltado a um novo tipo de Estado autoritário e militarizado.

A educação progressista no entreguerras

Muitos desenvolvimentos reviveram o interesse na educação centrada na criança, surgida inicialmente das páginas dos escritores iluministas. Mesmo antes da I Guerra, na Itália, Maria Montessori (1870-1952), primeira italiana a conquistar um diploma de medicina, preocupava-se com a esquálida educação infantil que as crianças recebiam confinadas em colégios ou enclausuradas em penosos cortiços urbanos. Montessori estava convencida de que elas precisavam de mais estímulos e, talvez o mais importante de tudo, que efetivamente toda criança podia ser educada. Após fazer alguns cursos sobre teoria educacional, em 1907 abriu sua primeira escola num prédio de apartamentos em Roma e começou a descrever os resultados de suas observações e experimentos, intitulando sua abordagem como "pedagogia científica" por inspiração de correntes similares existentes nas antropologias norte-americana e europeias.

À medida que se desenvolvia, o método Montessori enfatizava a importância de dar às crianças, especialmente as menores, a oportunidade de seguir seus próprios interesses, acreditando que escolheriam com sabedoria e maximizariam seu desenvolvimento intelectual e psicológico. Abrindo possibilidades para os estágios anteriores ao letramento, a abordagem montessoriana destacava a importância de grandes blocos de tempo nos quais as crianças interagiam com materiais em seu próprio ambiente, ao invés de receber instrução formal, centrada no professor – muito embora a necessidade de supervisão docente e bem-preparada fosse igualmente realçada e as opções oferecidas às crianças se enquadrassem sempre em um conjunto previamente determinado.

Os livros de Montessori foram amplamente traduzidos, e entre as décadas de 1910 e 1920 instituições que seguiam sua filosofia espalharam-se por diversos países, incluindo os Estados Unidos. Nos anos seguintes, porém, críticas variadas impediram seu crescimento, e em sua Itália natal Montessori entrou em choque com Benito Mussolini: ao ver negada sua exigência de que todos os professores jurassem lealdade ao Estado fascista, o ditador fechou suas escolas, e a própria educadora teve de fugir para a Índia, onde deu continuidade ao seu trabalho. Após a II Guerra Mundial, ocorreu um reavivamento da pedagogia montessoriana na Itália e outras partes da Europa, nos Estados Unidos e no sul/sudeste da Ásia, tanto em instituições públicas quanto privadas. Seus métodos, que se tornavam mais diversos dependendo dos contextos nacionais, são mais comumente aplicados à pré-escola e ao ensino fundamental, mas há casos em que foram estendidos até o secundário.

Outro impulso progressista teve lugar em 1921, o movimento da Escola Nova, iniciado na Grã-Bretanha. Beatrice Ensor (1885-1974), que havia inaugurado uma escola progressista numa cidade provincial, foi sua principal inspiração, mas muitas foram as colaborações desse esforço verdadeiramente internacional. Revistas como *New Era* (atualmente *New Era in Education*) e inúmeras conferências internacionais disseminaram as ideias do movimento, que centrou forças na transformação das descobertas de psicólogos como Jean Piaget (1896-1980) em programas educacionais relevantes. Atribuía-se grande ênfase a uma educação que desconhecesse linhas classistas e encorajasse desafios à ordem estabelecida. A harmonia mundial e o entendimento global formavam outra temática-chave, que quase não sobreviveu às tensões dos anos de 1930 e à guerra. No geral, a Escola Nova (descrita por um de seus líderes como um "gesto de revolta contra a tradição mais antiga") fomentava mudanças educacionais dramáticas como preparação para uma nova era de justiça social. Uma proclamação de 1938 descreve seus principais objetivos: "todo indivíduo, qualquer que seja sua nacionalidade, raça, *status* ou religião, deve ser educado sob condições que permitam o desenvolvimento mais pleno e harmônico de sua personalidade e que leve à realização e à concretização de suas responsabilidades perante a comunidade".

O próprio Piaget, um psicólogo suíço, desenvolveu teorias educacionais cuja influência seria ainda mais forte, muito embora seu maior impacto só ocorresse pós-1945. Um educador devotado, ele declarou em 1934 que "somente a educação é capaz de salvar nossas sociedades do possível colapso, seja este violento ou gradual". Sua contribuição específica gira em torno da construção de um entendimento dos vários estágios do desenvolvimento infantil: o que e como as crianças poderiam aprender em cada nível, com progressivas melhorias em sua capacidade de compreensão de conceitos mais abstratos e fundamentos morais. Suas descobertas encorajaram a atenção à pedagogia centrada na criança, baseada naquilo que lhe era possível assimilar a cada estágio desenvolvimental – muito embora seu trabalho tenha sofrido bastantes críticas justamente por causa dessa categorização rígida. Piaget ocupou diversos cargos na educação internacional a partir da década de 1930, e suas ideias contribuíram em larga medida para o recorrente interesse que psicólogos e educadores do mundo inteiro passaram a ter pelas inovações educacionais e na maior atenção às capacidades cognitivas infantis.

Os movimentos fascistas e as reações autoritárias contra a Escola Nova

Opondo-se ao entusiasmo pela educação centrada na criança e à inclusão de classe, a ascensão fascista na Itália, na Alemanha e em outros países trouxe consigo uma visão muitíssimo diferente da criança e do ensino, que rejeitava explicitamente a noção da escola como um campo de experiências libertadoras. Conflitos sobre a educação não representavam um dos temas centrais desses movimentos, que voltavam seus ataques mais exacerbados contra a democracia liberal e glorificavam o Estado militarista; ainda assim, era inescapável que uma distinta abordagem pedagógica emergisse desses grupos.

Na Itália, por exemplo, após a tomada do poder em 1922, Mussolini impôs um programa que ensinasse as crianças a serem criaturas leais ao Estado. Enfatizava-se o catolicismo e, mais importante, as organizações semimilitares para os meninos (as meninas eram preparadas para assumir seu papel maternal). As lições de História evocavam as glórias do Império Romano, enquanto currículos rigidamente padronizados reforçavam a mensagem fascista. Essa abordagem aprofundou a divisão entre uma minoria de estudantes destinada à universidade e uma maioria para quem a ênfase recaía na intensa propaganda, no treinamento em habilidades práticas e nos cursos específicos para as garotas.

Na Alemanha Nazista a partir dos anos de 1930, o impacto de Hitler sobre a educação foi ainda mais sombrio, muito embora também lá emergissem tensões entre a incansável propaganda imposta à maioria dos estudantes e a necessidade de identificar candidatos para a formação científica. A estruturação educativa alemã não sofreu grandes transformações, pois o foco permaneceu nos conteúdos, mas grande número de professores de todos os níveis foram demitidos, incluídos aí todos os judeus, e substituídos por nazistas leais, algo que custou muito caro à qualidade pedagógica. O próprio Hitler odiava seus professores, e sua proposta refletia tanto essas más experiências quanto a filosofia nazista como um todo. A classe dos professores e as escolas normais foram negligenciadas e seus recursos despejados na Juventude Hitlerista e outros grupos paramilitares.

A educação alemã para as massas centrava-se agora na "consciência racial": a biologia tornou-se matéria obrigatória, e os alunos eram cuidadosamente instruídos sobre como distinguir as raças arianas superiores dos tipos inferiores. Eles próprios eram mensurados usando gráficos de características nórdicas e estabeleciam árvores genealógicas para chegar aos seus ancestrais. O ensino de História foi remodelado em doutrinação etnonacionalista, e tudo o que se ensinava era que "raça e sangue eram centrais a tudo o que ocorrera no passado". Além da raça, os jovens alemães deveriam ser ensinados à guerra, à devoção fanática ao Führer e à causa nacional. Matérias escolares normais (incluindo a religião) foram cortadas em favor de mais treinamento físico, e o boxe se tornou compulsório para os garotos das classes mais avançadas. Quando um professor entrava em sala, os estudantes deveriam levantar-se e fazer a saudação nazista – retratos de Hitler estavam presentes em todos os lugares. Os livros didáticos foram inteiramente revisados e saturados com mensagens nazistas: "aprenda a se sacrificar por sua pátria. Sigamos. A Alemanha precisa viver. Sua força está em sua raça". Mesmo que eventualmente um ou outro questionasse essa nova abordagem, queixar-se publicamente era impossível – não raro, estudantes que haviam penado com as antigas matérias sentiram-se aliviados com a mudança. Para limitar ainda mais a oposição ao regime, os jovens eram encorajados a denunciar seus pais, e a Juventude Hitlerista e demais grupos de defesa civil recrutavam muitos estudantes, oferecendo preparação militar adicional para os rapazes e prendas domésticas e maternais para as moças. As oportunidades para que as jovens seguissem ao ensino superior foram drasticamente reduzidas – parte das distinções de gênero alimentadas pelo regime.

Mudanças educacionais similares foram impostas pelo governo belicista japonês: ensinava-se aos meninos que sua missão era se preparar para o serviço militar, em especial para a luta contra os chineses. Um dos aspectos mais característicos desse espírito de brutais doutrinamento e militarização era a disciplina rígida, que incluía forçar alunos recalcitrantes a dar voltas na escola até cair, ou ficar de pé e descalços na neve. A abordagem fascista, ou autoritária, da educação, embora deliberadamente antagônica não apenas ao progressismo, mas a muitas tendências modernas do campo educacional, não se caracterizava como um verdadeiro tradicionalismo, pois buscava utilizar os modernos sistemas educativos (em especial sua capacidade de atingir todas as crianças) para criar um novo tipo de juventude, devotada ao líder, ao Estado e (no caso alemão) à raça. Esses regimes foram, claro, derrotados na II Guerra Mundial, e seu impacto educacional rapidamente revertido, mas os elementos ideológicos de seu modelo (inclusive os papéis tradicionais de gênero e o etnonacionalismo) tornariam a ressurgir em outros estados autoritários. Sua existência nos serve particularmente de alerta, pois conseguiram conquistar apoio em algumas das nações mais educadas do mundo.

Tendências do Pós-guerra: reconstrução, massificação e integração europeia

Durante a II Guerra Mundial, a educação britânica passou por forte turbulência com a evacuação em massa de crianças, que fugiam dos bombardeios alemães, mas logo retornou à rotina habitual (e socialmente desigual) mesmo quando o sistema foi expandido por força da Lei Educacional de 1944. Na Alemanha ocorreram esforços sistemáticos de "desnazificação" e a desmobilização da juventude, mas mudanças curriculares verdadeiras e um relato honesto das atrocidades cometidas durante a guerra ainda demorariam décadas. Um ponto mais positivo, os aspectos técnico-vocacionais do sistema educacional foram reconstituídos e contribuíram para o "milagre" da recuperação econômica do Pós-guerra e para a influente atuação germânica na unificação europeia. Sobre o sistema japonês, é importante observar que, em que pese todos os seus impressionantes avanços anteriores à II Guerra Mundial, ele foi severamente danificado pelo conflito em si e pelos bombardeios norte-americanos massivos que destruíram quase todas as cidades.

Ainda que o conflito tenha prejudicado a educação europeia, não demorou para que a recuperação do Pós-guerra reestabelecesse suas bases, e daí em diante as grandes narrativas do ensino europeu foram, de início, um esforço mais intenso para lidar com as desigualdades sociais e a ênfase continuada na importância de sólidos percursos secundários e universitários, seguidos do dramático crescimento da frequência escolar nos níveis secundário e universitário, ao que os franceses chamaram de *"explosion scolaire"*. Ambas as tendências apontavam para certos aspectos: a demanda pela ampliação contínua dos gastos com a educação, principalmente nos novos estados de bem-estar social (*welfare states*), muito embora as escolas particulares não tenham desaparecido, permanecendo sob supervisão estatal; o papel cada vez mais relevante da educação na economia de alta tecnologia e na determinação do local do indivíduo na estrutural social; por fim, a necessidade premente por professores bem-formados, levando à valorização e à melhoria relativa dos salários da classe docente, algo que permaneceu mais firme na Europa do que nos Estados Unidos.

Novas questões surgiram. Por volta dos anos de 1960, muitas nações europeias, às voltas com a transição demográfica e a carência de mão de obra, tiveram de lidar com altas taxas de imigração vinda das antigas colônias na África, Sul e Sudeste asiáticos, do Oriente Médio e do Caribe, e o sistema educacional de massas ocupou um papel central nessa resposta. O Japão e a Alemanha enfrentaram desafios específicos por terem sido forçados a utilizar o ensino para transformar a cultura política criada no entreguerras e, com sorte, prevenir a ressurgência do fascismo e do militarismo. Por volta do século XXI, outros sistemas (dos países de fala inglesa, por exemplo) começaram a repensar o papel histórico de suas nações, reconhecendo injustiças cometidas no passado e fomentando uma verdadeira descolonização.

As tendências francesas servem como ilustração para o padrão de desenvolvimentos. No entreguerras, muitos legisladores debatiam as barreiras que as pessoas comuns enfrentavam após encerrarem o ensino primário (incluindo o fato de que as instituições secundárias possuíam suas próprias séries primárias, diferenciadas e majoritariamente cursadas pelas classes médias), mas poucas mudanças foram efetivadas, em parte graças às divisões políticas entre socialistas e conservadores. Após a guerra, contudo, o espectro político francês inclinou-se para a esquerda e a preocupação com a situação dos trabalhadores e camponeses instigou a criação de um elaborado sistema de bem-estar.

Concretamente, em 1953 a probabilidade de o filho de uma família de trabalhadores ingressar no ensino secundário era de apenas 10%, ao passo que para uma criança oriunda da classe média as chances eram de 80%, disparidade que uma série de mudanças buscou transformar. A idade legal para o abandono da escola passou para os 15 anos e, em seguida, para 16 (em 1963), garantindo assim a expansão do sistema secundário. Os estudantes continuavam passando por exames avaliativos ao final do ensino primário para determinar seu percurso educacional, mas essas provas passaram a ser combinadas à observação dos professores, produzindo assim avaliações um tanto mais equilibradas. Novos elos foram estabelecidos entre os níveis primário e secundário, e os programas especiais para a classe média foram descontinuados. As opções no nível secundário foram ampliadas para oferecer, além do currículo clássico tradicional, boas formações técnicas. Um novo percurso permitia que os alunos estagiassem durante seus dois últimos anos escolares (basicamente descartando o futuro acadêmico), mas um número cada vez maior desses estudantes permanecia em sala, completava o secundário e seguia para a universidade. Dessa forma, se em 1951 somente 17% do grupo etário completava o secundário, em 1961 esse número havia subido para 47% e continuou crescendo, refletindo a tendência semelhante que ocorria nos Estados Unidos. Por fim, uma crescente minoria de crianças vindas das classes trabalhadoras optava por percursos acadêmicos durante o secundário, um padrão que se repetia em toda a Europa Ocidental.

Não deixa de ser irônico que todo esse processo tenha desembocado, em finais dos anos de 1960, numa grande crise, quando a demanda por formação universitária criara salas de aula superlotadas e pouco contato entre os alunos e seus professores. Entre maio e junho de 1968, as revoltas estudantis ocuparam boa parte de Paris e, em resposta, o governo criou grande número de centros universitários, na capital como em outros lugares, e concedeu mais voz aos alunos nas escolas secundárias e superiores. Em 1975, novas reformas fundiram alguns dos percursos secundaristas e aumentaram ainda mais o papel de orientação dos professores na escolha dos percursos futuros e das opções vocacionais ou acadêmicas. Por volta de 1990, metade de todos os estudantes prestava o "temível" *baccalauréat* e o índice de aprovação chegava aos 70%, outra melhoria significativa. Com universidades largamente bancadas pelo Estado, o número de alunos subiu de 270.000 em 1960 para 1.2 milhão em 1988, quase metade deles formada por mulheres. Tanto o governo da França quanto o povo francês aceitaram que esse tipo de crescimento teria seguimento no futuro.

Na França e em muitos outros lugares questiona-se recorrentemente o custeio do sistema universitário estatal. A tendência geral, especialmente sob governos de esquerda, foi dar apoio governamental aos estudantes universitários, uma decisão que a Alemanha, por exemplo, tomou em 1971. Mas as políticas oscilam, e em finais do século XX a Grã-Bretanha abandonou esse padrão comum e instaurou taxas mais elevadas, em que pese a consternação geral. Não obstante tais divergências, no século XXI os programas educacionais europeus produzem porcentagem mais alta de universitários formados que os Estados Unidos, em parte porque menos estudantes abandonam seus cursos após o terem iniciado, a reversão de um padrão há muito existente.

As diferenças de classe persistiram, a despeito das reais mudanças legislativas e das melhorias apreciáveis na mobilidade educacional. Um estudo britânico de 1967, sob o título de *Affluent Worker*, revelou um problema característico: quando perguntados a respeito do futuro de suas crianças, a resposta dos pais, tanto os de classe média quanto os de trabalhadoras, era semelhante: preferiam profissões como médicos, advogados ou engenheiros. As de classe média, contudo, discutiam questões acadêmicas em casa, compravam livros, enquanto suas contrapartes trabalhadoras, igualmente dedicadas, deixavam questões dessa natureza para os próprios filhos – com resultados alcançados marcadamente diversos. É inegável que a abordagem europeia conseguiu ampliar as oportunidades para um contingente impressionante de crianças de muitos grupos sociais, mas alguns gargalos ainda permanecem, mesmo com o estímulo à formação superior crescendo progressivamente.

Após a derrota da Alemanha e do Japão, as forças de ocupação aliadas se esforçaram para modificar os conteúdos educacionais básicos das duas nações, orientando-os para uma verdadeira democratização. Na zona ocupada pelos norte-americanos na Alemanha, por exemplo, introduziram-se disciplinas de estudos sociais para instilar valores democratizantes, enquanto as forças britânicas se dedicaram a inserir mais ciência política nas universidades germânicas. No Japão, os norte-americanos revisaram os livros didáticos e os materiais usados na formação dos professores e eliminaram todas as referências à "subserviência do indivíduo ao Estado". Foram criadas associações de pais e mestres, inaugurando um novo e relativamente atuante elemento da gestão educacional nipônica. O acesso às escolas secundárias foi ampliado e a educação feminina melhorou em todos os níveis.

Algumas dessas mudanças tiveram continuidade, mas houve retrocessos à medida que os governos alemão e japonês ganharam maior autonomia, na década de 1950. Na Alemanha, contudo, uma nova iniciativa nacional iniciada nos anos de 1970 efetivamente introduziu novos materiais relativos às atrocidades ocorridas durante a II Guerra e às responsabilidades do país (particular no qual o Japão realizou muito menos). Esse currículo chegou até o século XXI, quando então os jovens alemães, em sua maioria, aceitavam inteiramente o passado doloroso de sua nação, reconheciam não serem pessoalmente culpados e se dispunham a garantir que tais monstruosidades jamais se repetissem.

Em anos recentes, também têm havido intensos debates, na Europa e demais sociedades ocidentais, sobre a revisão histórica do colonialismo e do imperialismo, marcada por esforços para reconciliar colonizadores e colonizados ou entender de que maneiras ambos os lados foram fundamentalmente transformados pela experiência da dominação. Australianos e canadenses, por exemplo, receberam novas lições a respeito do tratamento dado às suas respectivas populações indígenas, importantes para encarar os legados dos sequestros de crianças nativas e dos internatos. Os currículos britânicos foram modificados para salientar o grande envolvimento daquele país no tráfico humano e nas economias latifundiárias. Revisões desse tipo não ocorreram sem polêmica, e certos nacionalistas conservadores (alguns dos quais verdadeiros defensores do império) se negavam a rever velhas e triunfalistas narrativas nacionais. Seja como for, em toda Europa, América do Norte e Austrália os jovens têm claramente aceitado melhor essas perspectivas pós-coloniais e multiculturais.

A imigração para a Europa e os debates a respeito das identidades nacionais

A partir dos anos de 1950, pela primeira vez a Europa Ocidental se tornou um destino importante para a imigração global, e a crescente diversidade populacional impactou de modo inevitável a educação. As respostas nacionais variaram. A Alemanha durante muito tempo buscou tratar a maioria dos imigrantes como "trabalhadores visitantes" que não permaneceriam por muito tempo, e questões específicas vivenciadas pelas suas crianças nas escolas receberam pouca atenção. Como resultado, a evasão escolar nesse grupo foi alta, e não mais que 5% chegava ao nível universitário, situação que muito provavelmente pode ser atribuída ao rigoroso sistema germânico de acompanhamento, baseado em resultados avaliativos. Embora contando com uma população imigrante bem menor, a Suécia foi particularmente mais bem-sucedida em termos de *performance* escolar, e 30% da segunda geração de imigrantes chegou à universidade, uma abordagem que buscava maximizar a *performance* educacional independentemente da origem. Os Países Baixos possuíam um sistema de acompanhamento semelhante ao alemão, mas com resultados próximos aos do modelo sueco, pois dotado de maiores oportunidades de mudança entre percursos na eventualidade de alunos com desenvolvimento tardio (os "*late bloomers*") exibirem sinais de desenvolvimento. Mesmo lá, porém, os imigrantes viam-se diante do grande desafio do acesso à educação e enfrentavam barreiras mais duras do que os estudantes nativos, especialmente os de classe média.

A experiência britânica foi ainda mais diversa, talvez porque muitos imigrantes oriundos do Caribe e do sul da Ásia já chegassem dominando o inglês. Esses recém-chegados viam a educação como um caminho para a ascensão social e conseguiram verdadeiramente alcançar níveis de frequência acadêmica mais altos que os dos próprios britânicos nativos. Tensões raciais cresceram em algumas escolas, mas as autoridades do país, como suas contrapartes de outros estados europeus, tornaram-se cada vez mais ativas na repressão a declarações racistas.

Um dos temas fundamentais da moderna história educacional, na Europa e em outras partes do mundo, foi a gradual substituição dos antigos currículos elitistas em favor de temáticas mais modernas e técnicas, um processo que certamente avançou no Pós-guerra. As escolas secundárias se afastaram da exigência das linguagens clássicas e se voltaram para especialidades mais práticas, algo que também ocorreu com os sistemas nacionais de avaliação. Criaram-se novas universidades técnicas e até mesmo escolas de negócios, uma tendência que reflete as necessidades das modernas economias e atende aos interesses de muitos dos estudantes, incluindo aqueles oriundos das classes baixas e trabalhadoras, já que tais formações podem levá-los a ocupações mais bem remuneradas.

Conclusão

A despeito do contramovimento fascista, a educação nas sociedades industriais nos últimos cem anos foi marcada pelo constante crescimento em todos os níveis, pelas importantes mudanças curriculares na direção de assuntos mais modernos e pela dependência cada vez maior (para as nações e os indivíduos) das realizações educacionais. O crescente compromisso com a educação, no Ocidente e também na União Soviética, ajudou a promover a inclusão da educação como um direito fundamental, conforme o artigo 26 da Declaração Universal dos Direitos Humanos de 1948:

> 1. Todo ser humano tem direito à instrução. A instrução será gratuita, pelo menos nos graus elementares e fundamentais. A instrução elementar será obrigatória. A instrução técnico-profissional será acessível a todos, bem como a instrução superior, está baseada no mérito.
> 2. A instrução será orientada no sentido do pleno desenvolvimento da personalidade humana e do fortalecimento do respeito pelos direitos do ser humano e pelas liberdades fundamentais. A instrução promoverá a compreensão, a tolerância e a amizade entre todas as nações e grupos raciais ou religiosos e coadjuvará as atividades das Nações Unidas em prol da manutenção da paz.[6]

Embora tais objetivos não tenham sido inteiramente implementados nem mesmo no Ocidente ou na União Soviética, eles efetivamente refletiam certos princípios amplamente compartilhados, e nas décadas que se seguiram exerceriam grande influência nos esforços educacionais de outras partes do mundo, ao passo que mais e mais regiões conquistavam sua própria voz com o desmantelamento do imperialismo ocidental.

Leituras adicionais

Sobre os Estados Unidos, os livros de William J. Reese, *America's public schools: From the common school to "No child left behind"* (Johns Hopkins University Press, 2005) e de Jonathan Zimmerman, *Whose America? Culture wars in the public schools* (Harvard University Press, 2002).

Sobre a Grande Guerra e o progressismo europeu, *The academic world in the era of the Great War* (Palgrave Macmillan, 2017), de Marie-Eve Chagnon e Tomas Irish; "A new education for a new era: The contribution of the conferences of the new educational fellowship to the disciplinary field of education, 1921-1938" de

---

[6]. Declaração Universal dos Direitos Humanos adotada e proclamada pela Assembleia Geral das Nações Unidas (resolução 217 A III) em 10 de dezembro de 1948. Disponível em https://www.unicef.org/brazil/declaracao-universal-dos-direitos-humanos

Kevin Brehony, publicado na revista *Paedagogica Historica* (2004); e *Montessori: The science behind the genius* (Oxford University Press, 2017), de Angeline Lillard.

Sobre a educação russa e soviética, *A history of education in modern Russia* (Bloomsbury, 2021), de Wayne Dowler, e *Freedom's laboratory: The cold war struggle for the soul of science* (Johns Hopkins University Press, 2018), de Audra J. Wolfe.

Sobre o fascismo, *The 12-year Reich: A social history of Nazi Germany* (Hachette, 1995), de Richard Grunberger; *Nine lives under the nazis* (Barnes and Noble, 2014), de Erich Dressler; *Education in the Third Reich* (State University of New York Press, 1985), de Gilmer Blackburn; *Fascist Thought and totalitarianism in Italy's secondary schools* (Peter Lang, 1994), de George Williams; e *Shaping the new man: Youth training regimes in fascist Italy and nazi Germany* (University of Wisconsin Press, 2015), de Alessio Ponzio.

Ver também *Education and the Great Depression: Lessons from a global history* (Peter Lang, 2006), organizado por E. Thomas Ewing e David Hicks; *Education and the Second World War: Studies in schooling and social change* (Routledge, 1992), de Roy Lowe; e *Pós-guerra: uma história da Europa Desde 1945* (Objetiva, 2008) de Tony Judt.

14

A descolonização e a transformação dos sistemas educacionais nacionais

No século passado, imensas transformações educacionais ocorreram no mundo inteiro, mas muito especialmente após a II Guerra Mundial e a emergência do sistema internacional do Pós-guerra. Em certos casos, como em partes do sul da Ásia e na África, o desenvolvimento durante as últimas décadas experimentou uma aceleração particularmente intensa, e jamais se vira tamanha revolução ou esforços tão persistentes no sentido de orientar e encorajar os avanços educativos. Os padrões globais comuns, em geral vinculados movimentos sociais transnacionais, rivalizavam com problemas e questões mais específicas e localizadas. A progressiva expansão universal da educação primária e dos saberes básicos foi um dos temas fundamentais, e pela primeira vez na história humana a vasta maioria da população mundial sabia ler e escrever. Programas nacionais e ambições individuais inspiraram o crescimento da educação secundária e superior, em geral com grande destaque para a formação técnico-científica, fonte de muitas inovações.

E, no entanto, muitos e antigos problemas persistiam em quase toda parte, ainda que sob novas formas e contextos, e incluíam: como relacionar a instrução básica à formação mais avançada (por meio da diferenciação ou da segmentação dos sistemas); como abrir novas oportunidades educacionais que rompessem os limites sociais das hierarquias culturais estabelecidas (a educação como ferramenta para reconstrução ou transformação social); e com alguma frequência, como equilibrar (ou conter) as demandas crescentes pelo acesso à educação com a manutenção das vantagens especiais e dos privilégios educacionais das elites (a educação como meio de "reprodução" social e cultural). Uma outra questão muito antiga, a diferenciação entre os gêneros, também persistiu, mas nos principais sistemas houve melhora significativa na inclusão. Em quase todas as instâncias, mudanças estruturais duradouras e maiores oportunidades educacionais emergiram de movimentos de massa ou das demandas populares por inclusão e igualdade – ou ao menos pelas respostas dos governos a tais pressões. Em todos os tipos de regimes, e ao longo de todo século, o desejo público pela educação cresceu sem parar.

As variações regionais deixam a análise mais difícil. Alguns países foram capazes de se mover mais rápido e chegar mais longe do que outros, em parte graças às diferenças nos recursos, mas também por causa dos vários níveis de comprometimento governamental. Regimes revolucionários como o México, a Rússia, a China e, em seus próprios termos, a Turquia, experimentaram transformações educacionais bem mais velozes do que os reformistas, como Brasil, Índia ou Irã; mas, seja como for, as mudanças ocorreram em todo lado. Claro, antigas tradições educativas e pedagógicas continuaram deixando sua marca, mesmo nesse contexto transformativo. Durante o Período Contemporâneo, em determinadas regiões outro antigo fator educacional, a religião, continuou instigando debates bem variados (sobre o papel do clero no ensino, por exemplo), criando dificuldades para o interesse geral na melhoria dos componentes científicos nas escolas, ou mesmo resistindo à educação moderna como um todo.

O foco deste capítulo reside, primordialmente, em regiões que na primeira metade do século XX ou ainda não estavam inteiramente industrializadas ou que eram colônias, "mandatos" internacionais ou territórios semicoloniais. Em muitos casos, porém, ao menos em parte graças a sólidos avanços educacionais, transformações socioeconômicas acabaram por estreitar ou mesmo eliminar o abismo que as distanciava das áreas "desenvolvidas" como os Estados Unidos, a Europa ou o Japão. As interações globais e a crescente mobilidade educacional também contribuíram para essas transformações, bem como os esforços das Nações Unidas e demais organizações internacionais. No processo, diversas tendências educacionais (e eventuais problemáticas comuns) tornaram-se mais amplamente compartilhadas do que jamais haviam sido. Começamos o capítulo com uma visão geral do incrível *boom* de reflexões educacionais criativas que emanaram de diversas partes do mundo ao longo do século XX, algumas delas ligadas a mudanças revolucionárias ou a libertações nacionais, enquanto outras beberam de fontes diversas.

Ideias novas e inspiradoras: a "nova educação" e os diálogos transnacionais

Novas e importantes propostas educacionais emergiram de diversas partes do mundo, em especial até a primeira metade do século passado. Muitas buscavam novas maneiras de aproximar a educação das populações camponesas, expandir dramaticamente o acesso à educação e a reconstrução social, ou então procuravam alternativas aos valores e métodos educativos eminentemente ocidentais. Nem todas essas ideias foram bem-sucedidas (algumas eram radicais demais ou sofreram resistência por parte dos educadores já estabelecidos), mas mesmo assim influenciaram o esforço geral em prol do avanço da educação, especialmente em algumas das nações recentemente surgidas do recuo do imperialismo ocidental.

Em termos gerais, muitas delas surgiram a partir de um intenso diálogo transnacional ocorrido entre educadores ocidentais e não ocidentais, às vezes por intermédio do prisma das relações coloniais, às vezes não. Havia debates apaixonados sobre a "nova educação", a "pedagogia científica", as metodologias centradas na criança e o aprendizado experimental; discutia-se intensamente a igualdade racial e o papel do trabalhismo e dos movimentos de massa na realização de verdadeiras mudanças. Muito disso vinculava-se diretamente às críticas cada vez mais incisivas ao colonialismo, à busca de formas não dependentes de desenvolvimento econômico, ou mesmo, em alguns casos, a modelos genuinamente alternativos de cooperação e desenvolvimento de base agrícola que rejeitavam a industrialização como um todo.

Na Índia, por exemplo, Rabindranath Tagore (1861-1941), primeiro não europeu a conquistar um Prêmio Nobel de Literatura, escreveu muito sobre a educação nas artes, buscando o tipo de experiência capaz de realçar a liberdade e a criatividade do indivíduo estudante e produzir crescimento espiritual e contatos mais aprofundados com a natureza. Rejeitando objetivos educacionais mesquinhos e o confinamento nas modernas salas de aula das escolas de tipo europeu, Tagore voltava-se à tradição indiana dos gurus, que aprendiam junto com as crianças e guiavam seu florescimento criativo. Salientava também a importância do desenvolvimento moral e do equilíbrio entre a cultura nacional e a mais ampla fraternidade humana, e que o objetivo da educação seria a combinação do melhor das diversas tradições culturais. Em 1901, fundou uma escola na vila de Santiniketan, na Bengala, e vinte anos depois, na mesma localidade, uma universidade, a Visva Bharati (que receberia o *status* universitário integral em 1951, poucos anos após a independência). Essas duas instituições valorizavam o contexto rural e as aulas ao ar livre, e receberam notável atenção tanto das lideranças nacionalistas indianas quanto de educadores ocidentais. Os alunos não eram presos a currículos estritos, a padrões de progressão ou a quaisquer avaliações acadêmicas: davam seguimento aos seus estudos, especialmente voltados às artes e à filosofia, até que eles e seus professores estivessem satisfeitos.

O líder maior da independência indiana, Mahatma Gandhi (1869-1948), pregava a mensagem relativamente similar de uma educação capaz de oferecer uma alternativa real aos valores e metodologias ocidentais. Embora fosse, ele mesmo, formado na Inglaterra, rejeitava a ênfase na escolarização europeia formal ou na competição individualista como meios do progresso econômico, e igual a Tagore detestava a imitação acrítica do ensino colonial. Ao invés disso, defendia uma educação fundada no rico pluralismo religioso e na diversidade cultural da Índia, destacando a importância da formação do caráter por meio do aprender fazendo e do trabalho cooperativo, reunindo professores e alunos para cuidar tanto da escola quanto das comunidades. Somente uma abordagem dessa natureza, afirmava, poderia revelar o "real valor" da educação e superar a artificialidade do ensino ocidental. Adversário da industrialização, Gandhi advogava um novo sistema educativo nacional, que incluía a instrução nas línguas maternas, em ofícios agrícolas e trabalhos manuais. Em 1937, ele e seus seguidores apresentaram uma proposta em que cada vila possuiria uma escola que ofereceria sete anos de curso, na qual as comunidades teriam a maior participação possível e os estudantes não seriam segregados por religião, casta ou gênero: "a verdadeira liberdade só virá quando nos livrarmos da dominação da educação ocidental [...] A emancipação dessa cultura significaria, para nós, a legítima libertação". Ele entendia o treinamento nas artes manuais como mais uma forma de destruir a dominação da elite e estimular o poder das pessoas comuns, bem como o único caminho para conquistar a independência do colonialismo e reconstruir a genuína autossuficiência econômica. Gandhi resistia à noção do papel dominante do Estado centralizado no campo educacional; antes, defendia que os professores locais deveriam ter a liberdade para desenvolver seus próprios currículos, evitando o constrangimento dos livros didáticos ou dos padrões estabelecidos: "um mestre que desenvolve afinidade com o que ensina torna-se um com ele, aprende mais do que ensina [...] Se ensinar aos seus alunos segundo tal atitude, aprenderá muito mais".

Durante esse período houve também muitas e notáveis educadoras, tanto propondo novas ideias quanto desenvolvendo trabalhos a partir das obras de Dewey, Montessori, Tagore e Gandhi. Rokeya Hossein (1880-1932) foi uma defensora incansável dos direitos educacionais femininos na Índia, pois acreditava que a educação era o esteio central para a independência das mulheres. Fundou sua primeira escola na cidade de Kolkata, primordialmente voltada para meninas muçulmanas, indo de porta em porta para persuadir as famílias a entregar suas filhas; e, apesar de toda oposição que enfrentou, conseguiu manter essa instituição aberta até a morte. Em 1926, organizou a primeira Conferência Educacional Feminina para estimular ainda mais sua campanha em prol de direitos educacionais integrais.

Todas essas tendências diversificadas da primeira metade do século XX foram moldadas (assim como ocorreu nos Estados Unidos e na Europa) pelas duas guerras mundiais, pela Grande Depressão e por processos independentistas cada vez mais acirrados e prolongados. Já os esforços subsequentes (e os igualmente férteis diálogos educacionais transnacionais) foram influenciados pelo sistema mundial pós-1945, bastante orientado pelas agências das Nações Unidas e demais organizações internacionais, nas quais as nações não ocidentais possuíam maior *status* jurídico e direito a voz. Tanto as tendências quanto os debates educacionais dessas décadas foram profundamente marcados pela rivalidade da Guerra Fria (programas soviéticos e norte-americanos disputavam campos de influência entre si) e pela luta para edificar novos sistemas educacionais nacionais após a derrocada do colonialismo. Ainda mais porque no período anterior o rápido aumento da mobilidade internacional docente e discente (bem como o crescimento de associações profissionais e da cooperação educacional transnacionais) afetara todos esses processos.

Por exemplo, um *corpus* de reflexão pedagógica particularmente influente surgiu do trabalho do educador brasileiro Paulo Freire (1921-1997), que advogava um movimento educacional algo semelhante às ideias dos reformadores indianos. Entre suas influências encontravam-se o existencialismo ocidental (e sua ênfase na importância da ação ética individual) e, principalmente, os movimentos radicais das "comunidades de base" e da Teologia da Libertação, oriundos das tradições católicas latino-americanas. Freire entendia o modelo ocidental convencional como uma armadilha, uma "educação bancária" artificial na qual um estudante deveria receber, mecânica e passivamente, os conhecimentos, ao invés de ser livre para criar seu próprio desenvolvimento. Como Gandhi, considerava o processo de ensino como uma aventura compartilhada, na qual os aprendizes (especialmente os mais pobres) deveriam ser cocriadores do saber. Sua longa carreira foi dedicada a levar a educação para camponeses e trabalhadores urbanos, alfabetizando-os ao mesmo tempo em que estimulava seu pensamento crítico: em 1961, no Rio Grande do Norte, promoveu uma campanha que alfabetizou trabalhadores do corte da cana em meros quarenta e cinco dias. Para Freire e seus seguidores, a educação popular deveria dotar os estudantes de ferramentas para combater a opressão, elaborar suas próprias ideias e reconquistar sua humanidade perdida, um processo que começaria nas salas de aula, onde os professores abandonariam a noção de que existe um dado conjunto de fatos a ser conhecido, e a ideia de que eles e o livro didático eram autoridades supremas. Ao invés disso, educadores e educandos deveriam trabalhar juntos por meio do diálogo, identificando os reais problemas da sociedade à sua volta e "coconstruindo" um novo saber e uma nova ordem social por meio da "pedagogia crítica". Seu trabalho mais importante, *Pedagogia do oprimido* foi escrito por volta de 1968 (mas somente publicado no Brasil em 1974), durante o exílio imposto pela ditadura militar, quando então atuava junto à Unesco e ao Conselho Mundial de Igrejas. Amplamente traduzido, exerceu imenso impacto em programas de formação de professores do mundo inteiro, e é o terceiro livro mais citado das ciências sociais. Como Dewey, Freire acreditava que uma sociedade verdadeiramente democrática só poderia surgir de uma escola democrática, onde o diálogo transformacional fosse defendido e estimulado.

Nessa mesma época, o líder tanzaniano Julius Nyerere (1922-1999), inspirado pelo espírito do anticolonialismo e do socialismo africano, tornou-se uma das vozes mais eloquentes em defesa da experimentação educacional. Influenciado por Gandhi, suas ideias políticas e educativas tinham por eixo a cooperação econômica e a autossuficiência (*Ujamaa*, "fraternidade" em swahili), um esforço deliberado para romper com a dominação estrangeira. Ao longo desses anos, discutia-se intensamente se o nacionalismo africano e o Movimento Pan-africanista deveriam se afastar inteiramente do conhecimento técnico e da ciência ocidentais ou empregá-los seletivamente na revitalização das tradições do continente. Ardoroso anti-imperialista, Nyerere apoiava particularmente projetos que beneficiassem a maioria camponesa, mas sem forçá-la a adotar modelos de desenvolvimento econômico ocidentalizante que, em verdade, só favoreciam a elite. Primeiro presidente da Tanzânia independente, ele escreveu muito sobre educação, desenvolvendo programas que encoravam a autonomia e o apoio à cultura verdadeiramente nacional. Inspirado por Gandhi e por outros movimentos de renovação nativistas, almejava um sistema de escolas nas vilas, onde fossem promovidos o respeito à dignidade humana e os valores tradicionais, como a valorização da sabedoria dos mais velhos. A verdadeira educação deveria libertar a gente africana da influência colonial, reduzindo o peso do aprendizado livresco e ressaltando o conhecimento e a sabedoria informais. Como Paulo Freire, Nyerere e outras lideranças africanas defendiam que "o propósito primeiro da educação é a liberdade".

Durante o século XX, da mesma forma que os Estados Unidos e a Europa, o mundo não ocidental foi caracterizado por movimentos cada vez mais ambiciosos em prol da igualdade educacional e por uma extensa gama de novas reflexões sobre sistemas educacionais e métodos pedagógicos. Muito desse novo pensamento surgira dos diálogos transnacionais, novas ideias que fluíam em todas as direções, dos colonizadores aos colonizados, oriente ao ocidente, norte ao sul. Vozes oriundas do sul da Ásia, África e América Latina defenderam conceitos novos e influentes sobre a natureza mesma da educação e o seu propósito, não somente nas diversas nações recém-criadas, mas efetivamente no mundo inteiro.

América Latina: a educação entre a modernização e a libertação

Como já dissemos, durante o século XIX a educação latino-americana focou primordialmente na limitada instrução para a cidadania das recém-criadas entidades políticas nacionais, estruturada para reproduzir o sistema de dominação socioeconômica europeizada que então vigia. No século seguinte, as lideranças políticas tornaram-se cada vez mais ambiciosas, desenvolvendo programas destinados a usar a educação pública como agente modernizador e industrializante de seus países, praticando a "substituição de importações" e reduzindo sua dependência neocolonial, especialmente dos Estados Unidos. Inspirados pelas revoluções mexicana e russa, movimentos radicais liderados por estudantes universitários defendiam o socialismo, o populismo rural e os direitos indígenas, não raro batendo de frente com as formas mais conservadoras ou mesmo francamente autoritárias dos impulsos modernizantes estatais. Dada a sua dependência das importações para os Estados Unidos, a América Latina foi duramente atingida pela Grande Depressão de 1929, fato esse que instigou movimentos em favor da autossuficiência econômica e do rápido desenvolvimento educacional. Parcela significativa do continente também participou ativamente dos diálogos transnacionais a respeito dos métodos progressistas e da "Escola Nova", incubando assim suas próprias variações regionais, nacionais e pedagógicas dessas inovações.

A região como um todo foi galvanizada pela Revolução Mexicana, iniciada em 1910, que estimulou um intenso e renovado compromisso para com a educação de massas, ou "popular". O próprio México já havia introduzido um importante sistema nacional em finais do século XIX, que incluía a educação primária obrigatória em algumas cidades e um perceptível avanço na literacia. Após o início da revolução, entretanto, ocorreram mudanças ainda mais avassaladoras, ao passo que os insurgentes populistas e a opinião liberal exigiam o empoderamento rural, a reforma agrária e uma expansão radical da educação. Dedicou-se, também, maior atenção aos direitos e à cultura dos povos indígenas, e houve esforços para incorporar mais elementos populares e nativos à identidade nacional. O movimento revolucionário pôs um fim ao velho problema do envolvimento da Igreja Católica na educação: em 1917, a nova constituição reservou ao Estado o monopólio da instrução básica. Durante os anos de 1920, o governo investiu pesadamente em programas de alfabetização de adultos (parcialmente inspirados em modelos soviéticos) e também na expansão das escolas primárias, especialmente nas áreas rurais. Uma agência governamental, hoje conhecida como Secretaria da Educação Pública, supervisionava esse novo sistema expandido, muito embora suas iniciativas fossem eventualmente complicadas pela ascensão de um poderoso sindicato docente em finais da década de 1940.

Mais tarde, a educação compulsória no México foi estendida até os quinze anos, incluindo vários anos de instrução primária e mais três na educação média, em que as ciências e a formação técnica foram acrescidas ao currículo básico. Na década de 1960, ocorreu a crescente feminização do ensino, e dos anos de 1970 em diante um maior reconhecimento dos direitos e das línguagens indígenas. Após 1990, reformas sistêmicas adicionais buscaram ampliar o acesso (físico inclusive) para estudantes com necessidades especiais, apoiados por professores especializados; novos recursos foram dirigidos às minorias indígenas (10% da população), em especial para expandir suas oportunidades de formação secundária e universitária. Também os programas pré-escolares receberam maior atenção.

No México do século XXI, ao menos 95% dos jovens em idade estudantil frequentavam as escolas primárias (em meados do século passado, esse número era de 50%), e a alfabetização geral subiu para 95% (contra os 83% em 1980). Não obstante, com apenas 62% ingressando no ensino secundário, dos quais somente 45% concluem o curso, a educação secundária é claramente mais limitada, muito embora aqui também os índices estejam em crescimento contínuo desde finais do século XX. Diversas universidades novas, públicas e privadas, de alta qualidade tiveram crescimento em suas matrículas, mas a preocupação com o abismo entre as conquistas educacionais da população como um todo para além do fundamental ainda persiste.

O Brasil iniciou o século XX com um sistema educacional menos avançado do que o mexicano e com taxas de literacia mais baixas (em torno dos 20%). A partir dos anos de 1930, o regime autoritário, populista e conservador de Getúlio Vargas estimulou a industrialização e a formação técnica e concentrou seus recursos na expansão dos níveis secundário e terciário, necessários para produzir nas elites os imprescindíveis especialistas. A política brasileira (e com ela as políticas educacionais) tem oscilado entre a modernização vinda de cima, mais conservadora e liderada por militares, e formas do trabalhismo, do empoderamento popular e da "educação para a libertação" oriundas da base. Reformadores como Paulo Freire, ansiosos por promover a literacia entre as classes baixas urbanas e rurais, foram considerados subversivos e frequentemente reprimidos ou exilados, ainda que algumas "escolas cidadãs" tenham surgido e, em oposição às simples memorização e obediência, promovessem habilidades básicas e pensamento crítico – programas esses que resistiram nas regiões mais progressistas do país.

A partir dos anos de 1980, projetos educacionais mais amplos começaram a ser desenvolvidos, sob regimes mais próximos da social-democracia. O ingresso no ensino fundamental avançou dos 81% em 1980 para 96% no ano de 2000; os índices dos alunos secundaristas passaram de 50% para 83% e os níveis de alfabetização romperam a marca dos 90%. O final da ditadura e as políticas democratizantes permitiram a implantação das disciplinas de Filosofia e Sociologia no currículo. É certo que estudantes de baixa renda sofrem muito para completar os nove anos de escolaridade obrigatória, em parte por causa do aumento das mensalidades, mas grandes cidades como São Paulo instituíram programas especiais de acompanhamento para alunos em dependência escolar (DPE), ou seja, que não conseguiram atingir a pontuação mínima para a aprovação em uma ou mais disciplinas durante o ano letivo. Fora dos centros urbanos, a partir dos anos de 1980 o Movimento dos Trabalhadores Rurais sem Terra (MST), ainda que primordialmente focado na reforma agrária, tem buscado também promover o acesso popular à educação. Projetos nacionais têm enfatizado a melhoria na formação dos professores. O ingresso da educação superior (constituída por uma grande variedade de instituições públicas e privadas) permanece favorecendo a elite de um país marcado pelas desigualdades, e a demanda por vagas nas universidades supera em muito a oferta. Ainda assim, e sob pressão da justiça e de partidos de esquerda, as escolas secundárias e as universidades brasileiras têm trabalhado para incorporar e manter matriculados mais alunos em situação de desfavorecimento social, especialmente pretos e pardos. Como boa parte da América Latina, o Brasil tem lutado para se orientar em meio a projetos modernizadores mais conservadores e estatizantes e a libertação popular, conseguindo realizar notáveis progressos educacionais sem, contudo, alcançar uma transformação fundamental.

O Oriente Médio: a educação entre a modernização e o tradicionalismo

Ao fim da I Guerra Mundial, embora a Conferência de Paz de Paris (1919) alardeasse o direito à autodeterminação dos povos e das novas nações, algumas populações do Oriente Médio e do norte africano tiveram esse direito negado e permaneceram sob dominação inglesa ou francesa, mantida, ou mesmo expandida, por meio de novos mandatos, ocupações militares e/ou neocolonialismo. Com a fragmentação do antigo Império Otomano, em 1923, os turcos estabeleceram seu governo republicano, mas somente sobre a Anatólia e a região de Istambul. Em toda região, os anos do conflito aceleraram em muito as transformações econômicas e o desenvolvimento educacional, salientando a urgência em conciliar as modernizações nacionais com as instituições e o tradicionalismo cultural islâmicos. Como em outras partes do mundo, embora permanecessem sob o regime neocolonial, as nações médio-orientais se inseriram nos novos diálogos educacionais internacionais, e nesse contexto os desdobramentos ocorridos em dois países, a Turquia e o Irã, são particularmente representativos.

Independentes após o colapso do Império Otomano, líderes nacionalistas turcos instituíram aquilo que já foi chamado de revolução vinda de cima, parcialmente inspirada no modelo soviético de Estado centralizado e unipartidário, um processo de redesenvolvimento nacional para o qual novas instituições educacionais seculares e professores com mentalidades reformistas eram elementos essenciais. Liderança da nova Turquia, Mustafa Kemal Atatürk (1881-1938) estava verdadeiramente convencido de que o analfabetismo e o tradicionalismo da maioria camponesa constituíam dois grandes problemas nacionais, e em vista disso, além de organizar um novo Ministério da Educação (1924) e aumentar o investimento no ensino secundário e universitário para criar uma elite mais ampla e tecnicamente formada, seu regime deu início a um extenso programa voltado à reforma da estrutura educacional básica. As madraças islâmicas foram fechadas e uma nova legislação determinou que "nenhuma escola poderia ser aberta na Turquia sem permissão e autorização" estatais, cabendo ao governo organizar todos os currículos e livros didáticos. A cidadania foi inteiramente redefinida em termos laicos, abandonou-se a escrita em árabe da língua turca e em seu lugar adotou-se o alfabeto latino. O número de escolas e estudantes cresceu continuamente, das 5.000 instituições e 361.000 alunos em 1923 para 59.000 e 16 milhões, respectivamente, em 2001. O número de professores foi de 12.000 para 579.000, reflexo do imenso investimento realizado ao longo das décadas. A instrução compulsória inicialmente durava cinco anos, expandidos para oito durante os anos de 1990 e doze após as reformas instituídas em 2012. A educação feminina passou a receber especial atenção a partir dos anos de 1930.

Durante muitas décadas, uma importante iniciativa empregou uma série de institutos situados em vilas, centros criados para identificar jovens brilhantes nas áreas rurais, homens em sua maioria, e prepará-los para serem professores. Esses programas não se atinham exclusivamente à literacia, mas incluíam também noções de higiene, artes manuais e agricultura, além de uma filosofia radicalmente secular que utilizava essas legiões de novos mestres para modificar as mentalidades rurais. Muitos desses docentes estavam verdadeiramente entusiasmados com suas novas obrigações, e um deles, Mahmut Makal, disse ser "um sujeito de muita sorte" por ter conseguido passar da educação fundamental; e, de fato, sua vida foi marcada pelo magistério e pelas reformas. Apesar do que sugeriam as estatísticas oficiais, a modificação das mentalidades ocorria vagarosamente, e esse projeto sofreu pesada resistência de muitos aldeões que não apreciavam as críticas ao seu modo de vida. Em seu livro de memórias, *Village in Anatolia* (1950), Makal observou: "de início a maioria dos moradores não gostava de mim por eu ser um professor tão 'moderno'", e ele se sentia muito solitário. Seu relato, contudo, atraiu a atenção para a profunda pobreza de muitos camponeses e estimulou reformas mais amplas – mais um, ainda que indireto, sinal dos benefícios da instrução rural. Governos turcos posteriores amenizaram o perfil laicizante do sistema e buscaram compor com o Islã moderado e com políticas democráticas mais variadas.

A despeito dos índices impressionantes de literacia geral e conquistas educacionais, existe ainda muita disputa em torno de elementos-chave da política, educação e identidade nacional turcas. Numa reforma em 2017, o governo conservador-populista islamista determinou que mais atenção fosse dada aos conteúdos religiosos no currículo básico, incluindo a discussão obrigatória da complexa noção de *jihad*, enquanto a abordagem da biologia evolutiva (anátema dos fundamentalistas, sejam os islâmicos do Oriente Médio ou os cristãos dos Estados Unidos) foi retirada. A história turca foi igualmente revisada e a importância dos reformadores dos anos de 1920, reduzida. O governo impôs também um controle mais estrito sobre as universidades, demitindo professores e reprimindo movimentos estudantis. Diante disso tudo, a Turquia representa o caso intrigante de uma verdadeira revolução educacional combinada aos intermináveis debates sobre valores fundamentais.

O Irã, outra grande nação do Oriente Médio, soberana já no início do século XX e desde há muito centro do Islã xiita, teve de lidar também com as tensões existentes entre a modernização educacional de tipo ocidental e o tradicionalismo islâmico. Sua ação reformadora havia se iniciado durante a segunda metade do século XIX, quando a minoria Bahá'í e os missionários educadores ocidentais defenderam a "nova educação" e a formação técnico-militar à moda otomana e algumas incipientes faculdades ocidentalizadas receberam respaldo oficial. Na década de 1920 foi inaugurada uma universidade que seguia o modelo ocidental, destinada a preparar pessoal técnico especializado, e um ministério da educação secularizado passou a concentrar a administração do sistema. Outras instituições especiais formavam graduados em educação, agricultura e administração pública. Todas elas, bem como a maioria das escolas secundaristas, cobravam taxas. A partir de 1923, mulheres começaram a ser admitidas em algumas universidades, mas o acesso mais amplo ao ensino superior só viria na década de 1930 (de início primordialmente nas áreas de letras e educação). O estabelecimento da moderna Universidade de Teerã, em 1934, aumentou ainda mais as oportunidades para a formação universitária, inclusive nos cursos de medicina e engenharia. Especialmente após a II Guerra Mundial, muitos iranianos foram estudar no exterior, alguns (especialmente aqueles que atuavam nos campos técnicos e que estavam a serviço do governo ou do exército) recebendo bolsas governamentais. Entre os anos de 1960 e 1970, foram estabelecidos o projeto *Sepāh-e Dāneš* (Batalhão do Saber) e programas voltados à educação feminina, todos instaurados pelo regime autoritário do xá, alinhado aos Estados Unidos e dedicado à exploração dos recursos naturais, à rápida industrialização e a uma agressiva política oficial de modernização, que desconsiderava a oposição rural e clerical à secularização.

A Revolução Iraniana de 1979 incluía, inicialmente, elementos tanto democráticos quanto islâmicos, mas não demorou para que os islamistas consolidassem seu poder e estabelecessem um governo autoritário e fundamentalista comandado pelos aiatolás (clérigos do Islã xiita) que impôs intensas mudanças ao sistema educacional, embora sem abalar o compromisso nacional com a educação. Todas as instituições educacionais passaram a ser segregadas por sexo, os valores xiitas tradicionais foram incorporados aos currículos e livros didáticos e a lei islâmica e as cerimônias religiosas tornaram-se obrigatórias em todos os níveis.

Os anos de 1990 testemunharam a ampliação do sistema, inclusive o estabelecimento de novas escolas técnicas que trouxeram melhorias perceptíveis para os estudantes. Os cursos eram gratuitos, ou quase, nas escolas secundárias se houvesse alinhamento político e, em alguns casos, um período de serviço para o governo. A educação era, em princípio, gratuita até o ensino médio, muito embora o ingresso nas escolas deixasse, em verdade, a desejar. Os anos finais do ensino escolar não eram obrigatórios e ensinavam aos estudantes uma série de assuntos científicos e técnicos ou as humanidades. Ter em mãos um diploma de conclusão do ensino médio era essencial para o ingresso numa universidade. O entusiasmo pela educação como etapa de uma carreira continuou a crescer, especialmente entre as mulheres: no começo do século XXI, elas formavam 60% do corpo discente iraniano, um desdobramento fascinante em um Estado teocrático e conservador. Nesse momento, o governo investia 5% do Produto Interno Bruto (PIB) na educação, número relativamente elevado e cuja maior parte se destinava aos níveis secundário e universitário. Como resultado, obteve-se, em muitos sentidos, um histórico de expressiva expansão educacional sob direcionamento estatal, no qual o tradicionalismo religioso combinava-se a níveis incomumente altos de comprometimento feminino. Ainda que, nos últimos anos, o regime iraniano esteja enfrentando crescente oposição política doméstica, o alcance do desenvolvimento educacional ao longo do século XX não é desprezável.

Em outras partes do moderno Oriente Médio, o colonialismo foi-se esvaindo após 1945: Israel tornou-se um Estado independente em 1948 e rapidamente embarcou no desenvolvimento de um novo sistema educacional nacional. Marrocos, Argélia, Tunísia, Líbia, Egito, Líbano, Síria, Iraque e os estados do Golfo Pérsico (com exceção do Bahrein e do Catar) chegaram, todos, à independência nos anos de 1960 e promoveram campanhas oficiais em defesa da modernização educacional, em geral por meio da rápida expansão do ensino compulsório e de políticas de bem-estar social, ainda que posteriormente muitos desses regimes tenham se tornado crescentemente autoritários ou vinculados a formas islamistas de nacionalismo. Essas décadas testemunharam a expansão vertiginosa da educação secundária e das formações técnicas, bem como a emergência de grandes universidades públicas e a continuidade da oferta de vagas pelas instituições privadas, majoritariamente ocupadas pelas elites. Talvez mais importante de tudo, ocorreu o acirramento de conflitos cada vez mais complexos entre as várias correntes do pensamento educacional árabe: islamistas fundamentalistas e tradicionalistas *versus* partidários do Islã reformista (*ijtihad*, conciliado com a modernidade, os novos currículos e métodos pedagógicos) e os secularistas mais ferrenhos, que continuavam o trabalho de modernização das escolas públicas e dos sistemas universitários e defendiam a equidade de gênero.

A moderna China: entre o nacionalismo conservador e o comunismo

Após a queda da Dinastia Qing e o estabelecimento da república (1911-1912), a vasta nação permaneceu assolada pela descentralização política, debilidade estatal, violência endêmica dos "senhores da guerra" regionais e o severo constrangimento de sua viabilidade econômica pelos "tratados desiguais" com as potências ocidentais e o Japão. Nesse contexto volátil, tanto o partido nacionalista conservador Kuomintang (KMT) quanto o Comunista (PCC) inspiraram-se no modelo soviético de partido único e efetivamente receberam auxílio militar e educacional de Moscou. Após 1927, os nacionalistas atacaram os comunistas e estabeleceram uma ditadura militar de direita, período no qual a guerra civil e a violência criminal grassaram pelo país; ainda assim, ambos os lados buscaram criar novas redes escolares, instituições de formação partidária e academias técnico-militares nas regiões sob seu controle.

No período do entreguerras havia também inúmeros missionários e iniciativas filantrópico-educacionais ocidentais, que incluíram a instauração de institutos especializados na formação de médicos e enfermeiros. Infelizmente, essas modestas inovações não puderam compensar o colapso geral do sistema estatal ou refrear a fuga de jovens talentos chineses para o exterior. Articularam-se tentativas ambiciosas para combinar "a ética oriental e a ciência ocidental", e John Dewey passou dois anos, entre 1919 e 1921, estudando e ensinando na China, trabalhando com seus colegas locais para sintetizar o progressismo a alguma forma de democracia confuciana ou mais culturalmente coletivista. Mesmo durante a guerra civil, o colapso econômico e os conflitos sino-japoneses, os educadores chineses participaram ativamente nos diálogos transnacionais sobre a "nova educação" e a pedagogia centrada na criança. Lamentavelmente, apesar de todos esses programas-piloto e inovações, o quadro-geral era de fragmentação e subdesenvolvimento educacional.

Sob a liderança de Mao Zedong (1893-1976) os comunistas chegaram ao poder em 1949, após um longo período de lutas revolucionárias. Diferentemente de outras lideranças pós-coloniais, como Gandhi e Nyerere, ele não era reconhecido por suas reflexões educacionais. Muitas das figuras destacadas do PCC haviam sido educadas na Europa, no Japão ou na União Soviética, enquanto Mao era dos poucos que jamais havia estudado no exterior, recebendo sua formação inicial na educação clássica – à qual detestava. Ele teria dito "eu odeio Confúcio desde os 8 anos", embora durante certo tempo tenha cursado a formação para professores. O governo comunista lançou de pronto uma série de grandes iniciativas que visava romper com as tradições educacionais da nação. Com o tempo, adveio uma das maiores expansões educacionais da história recente, ainda que alguns de seus capítulos tenham sido violentos e divisivos.

Movido por um profundo compromisso com a melhora das condições de vida do povo chinês e pela massiva ajuda técnica e educacional soviética, o novo regime trabalhou rapidamente para aumentar os níveis gerais de alfabetização, estagnados durante as décadas precedentes. É possível que não mais que 10% da população soubesse ler, muito embora os números oficiais registrassem o dobro disso. Iniciativas de estilo soviético foram implementadas, como o rápido crescimento das escolas e institutos "politécnicos", e durante mais de uma década a industrialização da economia chinesa os russos enviaram especialistas, sustentaram trocas comerciais subsidiadas e exportaram tecnologia. Todavia, as relações entre os dois países acabariam por se deteriorar, em parte graças ao ressentimento contra o pessoal especializado enviado por Moscou.

Um princípio essencial do maoismo dizia que a vanguarda revolucionária do proletariado (um grupo relativamente reduzido na China dos anos de 1950) deveria se unir ao campesinato revolucionário para transformar a sociedade e construir o socialismo. As campanhas pela alfabetização dos adultos foram lançadas em áreas rurais, e diversos programas foram instituídos para oferecer educação popular após o trabalho, um esforço deliberado para ajudar populações desfavorecidas. Como na União Soviética, o ensino deveria ser abrangente e universal, da primeira infância à vida adulta, ou vitalícia até, embora estivesse saturada de marxismo-leninismo-maoismo, da autoridade absoluta do partido único e da beneficência e sabedoria do líder Mao. No geral, o regime claramente acreditava na importância da educação, tanto para o crescimento individual quanto para o progresso econômico (as lideranças ansiavam por um rápido processo de modernização). Também segundo o modelo russo, o PCC estabeleceu grande número de escolas de liderança, que ministravam competências organizacionais e pureza doutrinária para os quadros e administradores partidários.

Nos níveis mais básicos, não demorou para que os esforços do regime começassem a dar frutos. A literacia avançou, muito embora o problema do característico atraso das zonas rurais persistisse. Avanços rápidos ocorreram na faixa etária escolar já em finais dos anos de 1950, e no começo do século XXI os índices gerais de alfabetização estavam em 84%, subindo para cerca de 97% em 2018 – uma gigantesca mudança. O governo estabeleceu o conhecimento de 1.500 caracteres (na zona rural) e 2.000 (nas urbanas) como padrão básico de literacia, e nesse quesito a lacuna entre os gêneros na faixa etária entre os 15 e os 24 anos foi virtualmente extinta nas últimas décadas. Alguns problemas ainda perduram: uma parcela da geração mais idosa permaneceu iletrada e áreas interiores do oeste chinês e de maioria não han ficaram para trás. Muitas escolas, mais uma vez as mais afastadas dos centros urbanos, dispunham de poucos materiais, e os próprios professores dispunham de nada além da formação mínima. Mas os progressos eram inegáveis, especialmente a substancial eliminação da lacuna entre os gêneros na educação básica. De modo geral, é possível que no presente século seja atingido o objetivo de oferecer ao menos nove anos de educação primária e secundária para toda a população, enquanto programas específicos melhoraram significativamente a literacia entre adultos. As escolas são gratuitas até meados do secundário, muito embora cobranças variadas ainda continuem forçando os alunos mais pobres a deixar os estudos antes de completar o ciclo escolar.

O governo também agiu para expandir a formação técnica secundária e a educação superior, seguindo políticas inspiradas na União Soviética que haviam sido iniciadas em 1952. As lideranças chinesas adotaram o modelo stalinista de construção de universidades técnicas especializadas, fortemente conectadas a cada um dos ramos da economia planificada. Em centros urbanos como Nanjing, muitas delas surgiram a partir de instituições pré-revolucionárias e tornaram-se centros de tecnologia, formação de professores, belas-artes e assim por diante – em Beijing, a Universidade Tsinghua, fundada no começo do século passado com financiamento norte-americano, foi transformada em centro de excelência na área da engenharia. Ainda que essas entidades eventualmente rejeitassem o modelo soviético e buscassem reconsolidar seus currículos acadêmicos como instituições abrangentes e ocidentalizadas, no decorrer de todas essas transformações cada uma delas permaneceu monitorada por representantes do Partido Comunista e por aparatos administrativos mais convencionais.

Muito embora o sistema oficial de concursos tivesse colapsado décadas antes, em 1952 o regime estabeleceu um novo exame final do secundário, o *gaokao*, que servia para qualificar os estudantes ao ingresso nas universidades. Essa prova, com forte ênfase nas habilidades técnicas e na lealdade partidária, destinava-se a avaliar habilidades e conhecimentos em todos os assuntos curriculares e fora desenvolvida para encaminhar seus participantes para os cursos superiores. Nos anos de 1960, contudo, esse novo sistema começou a ser fortemente criticado, pois era comprovadamente mais difícil para candidatos de origem camponesa ou trabalhadora – um clássico dilema educacional moderno que reverberava muito especialmente no PCC, dado seu compromisso com a igualdade social. Após a fracassada industrialização relâmpago do "Grande Salto Adiante" (1958-1962), as tensões políticas reacenderam e passou-se a questionar se o partido estava verdadeiramente cumprindo suas promessas revolucionárias.

Ao menos em parte como resultado desse momento, Mao liderou uma enorme experiência de radical mudança educacional, a autoproclamada Revolução Cultural (1966-1976), que visava eliminar privilégios e preconceitos de classe na educação e quaisquer vestígios ainda existentes da veneração confuciana pela cultura tradicional e o elitismo educacional. Em 1966, a política oficial abandonou a qualidade e do rigor educacionais e voltou-se para a oferta de alguma educação para o maior número possível de pessoas, de modo que o ciclo obrigatório, que até então durava seis anos, foi reduzido para cinco, liberando docentes e recursos para alcançar mais estudantes. Jovens comunistas e a "Guarda Vermelha" foram exortados a rejeitar a autoridade dos anciãos e dos seus próprios mestres caso estes demonstrassem pensamentos "velhos", a se unir às massas nas campanhas pelo letramento dos adultos e a elevar e "purificar" a consciência revolucionária.

Em seu momento possivelmente mais destrutivo, a Revolução Cultural alvejou o ensino superior e a noção de classes educacionais privilegiadas. As universidades foram atacadas, e muitas permaneceram fechadas durante anos – à medida que Mao e sua facção estimulavam os jovens a questionar as autoridades, os estudantes simplesmente abandonavam suas salas de aula e se entregavam à violência revolucionária e às campanhas políticas. Na "Campanha de Envio ao Campo", 10 milhões de alunos e professores urbanos foram forçados a deixar as cidades, um movimento destinado a erradicar diferenças de classe e criar uma nova devoção ao trabalho manual. Pressionada, a Tsinghua permaneceu fechada durante sete anos, enquanto outras ou cerraram as portas ou pararam de receber novos estudantes. Nesse mesmo espírito de erradicação das diferenças, o gaokao foi encerrado e substituído por um programa no qual jovens oriundos das classes trabalhadoras e camponesas eram imediatamente enviados à universidade. Na década de 1970, com o caos se agigantando, exigiu-se do exército e da elite partidária movimentos para restaurar a estabilidade, e o próprio Mao Zedong percebeu que algumas das suas campanhas haviam ido longe demais. Decidiu-se, então, pelo retorno às operações universitárias mais convencionais, mas por muitos anos ainda estudantes continuaram sendo escolhidos com base nas recomendações de comitês revolucionários, e não por suas credenciais acadêmicas. Somente em 1977, um ano após a morte do "Grande Timoneiro", foram restaurados os exames formais, o ingresso regular e os programas acadêmicos.

Terminada a Revolução Cultural, a China retomou seus esforços em prol da qualidade da educação e sua expansão, com especial cuidado para com a formação da expertise necessária para aquilo que se tornaria um período de rápido crescimento industrial. Na década de 1980, a nova liderança chinesa declarou a "abertura" para o Ocidente e para os conhecimentos internacionais, encorajando estudantes a se formarem no estrangeiro. Em 1986, um novo curso escolar de nove anos foi estipulado (seis anos de educação fundamental, três de secundária), cujo acesso universal foi garantido por princípio. O financiamento das universidades cresceu maciçamente, as matrículas aumentaram, muitas instituições foram reconhecidas como grandes centros acadêmicos e buscaram parcerias com suas contrapartes estrangeiras. Em 2005, o governo se comprometeu a garantir vagas nas universidades para 15% do grupo etário pertinente – índice inferior ao de outros países industrializados, mas indubitavelmente grande, ainda mais dado o tamanho da China (como contraponto, em 1970 menos de 1% desse mesmo grupo populacional tinha acesso aos bancos universitários). Grandes subsídios estatais mantinham a cobrança de taxas num nível baixo, e a partir de 1999 permitiu-se o surgimento de instituições privadas para atender à crescente demanda por vagas. Ao passo que a China se abria para o exterior a pressão para aprender inglês também aumentava, e no início do século XXI havia mais chineses do que norte-americanos usando o idioma.

Sob o Ministério da Educação, o sistema *gaokao* de avaliação foi não apenas reiniciado, mas padronizado, e em 2006 9.5 milhões de estudantes prestavam o exame a cada ano. O processo era massacrante: os candidatos suportavam nove horas de prova durante dois ou três dias e respondiam questões sobre a língua chinesa, matemática e idiomas estrangeiros, além de uma optativa dentre as diversas disciplinas de ciências e humanidades. Com o tempo, as taxas de aprovação cresceram marcadamente, dos 4% em 1977 aos 90% em 2020, mas o exame permanece distribuindo estudantes entre universidades e institutos tecnológicos superiores de variados prestígio e qualidade, ou seja, a pressão não é tanto em ser aprovado, mas sim em conseguir entrar em uma das instituições mais importantes. Muitos candidatos expressam frustação não apenas pelo estresse envolvido no processo como um todo, mas também pela ênfase na memorização de detalhes. E ainda que diversas universidades tenham introduzido programas acadêmicos mais equilibrados, o destaque para a formação de especialistas em tecnologia permanece em alta, e o governo exige expansões periódicas, não raro às custas da qualidade. Assim, nas primeiras décadas do século XXI, a China formava quase 1 milhão de engenheiros a cada ano, mas observadores internacionais acreditam que apenas um décimo desse total recebeu instrução completa na engenharia ou em ciência da computação, enquanto o restante obteve conhecimentos técnicos de nível inferior. Não obstante, não há dúvida que o país se tornou uma potência tecnológica, em grande parte graças ao rápido crescimento das matrículas e aos grandes investimentos em instituições educacionais.

A importância de ter acesso à educação superior produziu esforços crescentes na suplementação da escolaridade básica com professores particulares. Como em outras nações da Ásia Oriental, os estudantes dedicam muito tempo aos deveres de casa e aos tutores privados, a tal ponto que os custos para famílias ambiciosas cresceram demasiadamente, muito embora nos últimos anos o governo, ansioso por encorajar o aumento nas taxas de natalidade, tenha tentado limitar esse sistema de educação em casa.

Por fim, mesmo com todas essas grandes transformações e apreciáveis avanços na educação, certas intrigantes características, oriundas de padrões bem mais antigos, ainda prevalecem. A hierarquia educacional, por exemplo: à parte o período da Revolução Cultural, espera-se dos estudantes que tenham deferência por seus mestres e professores e não os questionem. A despeito dos esforços recentes em prol do aprendizado ativo e de maior debate, a memorização permanece a norma: além de ler, os estudantes estão sempre recebendo palestras. Também o regime disciplinar relembra, em certos aspectos, o passado: usa-se ainda de punições corporais, e em 2019 uma pesquisa mostrou que 52% dos pais preocupavam-se porque seus filhos não estariam sendo suficientemente disciplinados pelos professores. Humilhações e punições coletivas são igualmente comuns, muito embora a aceitação daquelas inclua também esforços para "reintegrar" os estudantes após o cumprimento do período disciplinar. Muito disso ecoa fases mais ancestrais da história educacional chinesa, mesmo que o progresso notavelmente acelerado das últimas décadas tenha transformado o sistema educacional da China em um dos maiores do mundo.

Educação nas sociedades pós-coloniais: sistema internacional e desenvolvimentos nacionais

À medida que um número crescente de nações no Oriente Médio, África e Ásia livrava-se da dominação colonial direta, os novos governos independentes quase que invariavelmente estabeleceram novos ministérios da educação e projetaram compromissos com a expansão educacional em todos os níveis. Em muitos casos, foram forçados a organizá-los a partir de sistemas mais limitados herdados dos regimes coloniais, de modo que diversas instituições particulares ou religiosas foram incorporadas e estatizadas.

Esses países recém-independentes também se beneficiaram largamente do estabelecimento das Nações Unidas em 1945, o coração de um sistema internacional fortalecido (que a Liga das Nações não havia conseguido ser). Um dos primeiros e mais importantes feitos da organização foi a aprovação da Declaração Internacional dos Direitos Humanos, em 1948, um processo que contou com a liderança de Eleanor Roosevelt, ativista e ex-primeira-dama norte-americana, a participação de educadores e militantes dos direitos infantis de várias partes do mundo, e que pela primeira vez na história estabeleceu o direito fundamental à educação para todas as crianças, independentemente de etnia, gênero, classe ou necessidades especiais. A ONU buscou promover o desenvolvimento educacional por meio de todas as suas agências, tais como a Unicef (Fundo das Nações Unidas para a Infância) e a Unesco (Organização das Nações Unidas para a Educação, a Ciência e a Cultura) que disponibilizavam financiamento e orientação à expansão dos programas de alfabetização e de melhoria instrucional, especialmente no campo das ciências. Já em 1948, a Unesco exigia de todos os membros que oferecessem educação primária gratuita e obrigatória para todos, e em que pese todos os conflitos relacionados à descolonização e à Guerra Fria, ela e outras instituições mostraram ser mecanismos essenciais à promoção da cooperação internacional e ao diálogo educacional. O Bureau Internacional de Educação (BIE) de Jean Piaget, por exemplo, foi absorvido pela Unesco, enquanto outros instrumentos foram criados, tais como o Instituto Internacional de Planejamento Educacional (Iipe), em 1963. Ao passo que o número de novos países independentes crescia e estes ocupavam assentos na assembleia das Nações Unidas, surgiram conflitos abertos com as grandes potências que dominavam o Conselho de Segurança, algo que veio a enfraquecer severamente a Unesco nos anos subsequentes.

Concomitantemente, essas mesmas grandes potência estabeleceram suas próprias agências bilaterais voltadas ao auxílio internacional e aos mecanismos de desenvolvimento, tais como a Agência dos Estados Unidos para o Desenvolvimento Internacional, a Usaid (1961), que investiu pesadamente em trocas educacionais, na formação de professores, na construção de escolas e no desenvolvimento curricular. Ao longo das décadas do Pós-guerra, a União Soviética e os Estados Unidos competiram agressivamente por meio de tais programas, enquanto os países europeus buscaram consolidar as relações educacionais com suas antigas colônias por intermédio da oferta de ajuda, parcerias universitárias e sistemas avaliativos. Outras organizações multilaterais, como o Banco Mundial (uma ex-agência das Nações Unidas) ofereceram amplos financiamentos para a instrução e a formação técnica. Estados árabes como o Catar, ricos em petrodólares, estabeleceram também suas próprias e influentes fundações educacionais. Todos esses programas, das assistências bilaterais à Assistência para o Desenvolvimento Externo (ODA), focavam majoritariamente na disseminação da educação formal de tipo ocidental, no espírito da "modernização" e objetivando o desenvolvimento econômico.

As relações com os antigos sistemas coloniais eram, como não podia deixar de ser, complexas: tornar-se independente nem sempre significava começar um sistema educacional do zero, e algumas das esperanças mais dramáticas em termos de modelos educativos não europeus não chegaram a se concretizar. Era comum que o ensino, especialmente o superior, continuasse a empregar idiomas coloniais, em geral o inglês ou o francês. Além disso, muitos estudantes permaneceram viajando para países desenvolvidos em busca de formação universitária avançada, muito embora também tenha existido bastante mobilidade em direção às instituições do bloco soviético durante a Guerra Fria e, posteriormente, para a China, Cingapura e demais países da Ásia Oriental. Diversos sistemas educacionais africanos permaneceram utilizando editoras e sistemas avaliativos britânicos ou franceses, e dependiam das ex-metrópoles tanto na avaliação quanto na homologação dos diplomas.

Ao mesmo tempo, novos sistemas nacionais operavam para promover um sentido de história e identidade nacionais e, usualmente, incorporar um pouco dos conteúdos e valores da educação tradicional: muitos países da África, por exemplo, procuraram fomentar sentimentos de solidariedade coletiva e ajuda mútua (a filosofia *Ubuntu*). Em 1986, o governo indiano ordenou a inclusão da ioga e de outros conteúdos culturais tradicionais no currículo secundarista. Em vários países islâmicos, as escolas estatais incluíram cursos obrigatórios de religião muçulmana (que seguiam até o ensino superior), e em muitos as instituições privadas ou religiosas, como as madraças, continuaram funcionando em paralelo ao sistema oficial, com graus variados de reconhecimento e certificação legais. No Paquistão, por exemplo, em pleno século XXI, entre 12.000 e 40.000

madraças atuam simultaneamente ao carente e subfinanciado sistema estatal, e não raro representam a única opção educativa verdadeiramente acessível para as famílias pobres, em que pese as queixas relativas à limitação, à ênfase na memorização e (eventualmente) ao extremismo ideológico dos seus cursos. Numa perspectiva mais ampla, à medida que o entusiasmo inicial do Pós-guerra se erodia ou estagnava, muitas nações buscaram incorporar mais elementos religiosos e tradicionais ou étnico-nacionalistas, um esforço para amplificar a legitimidade e a eficácia de seus novos sistemas educacionais.

Em basicamente toda parte, os sistemas nacionais apresentavam, até certo ponto, três qualidades fundamentais: responsabilidade governamental na coerência das políticas educacionais e no controle da qualidade por meio de licenciaturas; compromisso com a expansão da literacia e da numeracia em todos os níveis; grande destaque à formação técnico-profissional, parte de um desejo mais profundo (dos governos, das famílias e dos próprios estudantes) de usar a formação educacional como base para o crescimento econômico e a ascensão social. Em muitos casos, o tema mais urgente era, pura e simplesmente, como liberar recursos bastantes para fazer frente às sinceras ambições das lideranças e de seus povos, e não questões relativas às tradições nacionais ou eventuais vínculos com padrões globais.

Ainda assim, embora o reconhecimento pelos imensos avanços educacionais, atestados pelas estatísticas de matrículas e literacia, seja incontornável, há que se reconhecer também as salas superlotadas, a frequente carência de materiais básicos como livros didáticos (isso sem falar nos instrumentos tecnológicos contemporâneos) e a formação apressada e deficiente de muitos professores. A superlotação é causa de estresse em muitos sistemas (o tamanho físico das salas na África verdadeiramente aumentou nas últimas décadas do século XX) e reflete a combinação da vontade de acesso à escola aos recursos limitados e ao crescimento populacional. Em certos lugares, a disciplina permaneceu severa, e punições corporais são algo comum. Em diversas regiões, notavelmente na América Latina e no Sudeste Asiático, o baixo investimento governamental nos sistemas e as altas taxas de absenteísmo docente estimularam novas iniciativas privadas à medida que o interesse na educação suplantava os limites dos recursos estatais. Em muitos países de baixa renda, estudantes interessados não conseguem nem sequer entrar nas escolas por falta de espaço. Algumas dessas limitações eram resultado direto da falência do Estado ou da corrupção educacional. E ainda assim é forçoso reconhecer que, em muitos casos, tais inadequações sistêmicas provêm das exigências de austeridade orçamentária emanadas do exterior (a "crise da dívida") e da pressão ocidental pela privatização da educação e pelo "*cost shifting*". Muito disso representa também a sombra persistente do neocolonialismo, aliada aos efeitos de conflitos violentos, rivalidades étnicas e deslocamentos populacionais forçados.

Índia: educação entre modernização e nacionalismos rivais

A constituição indiana e o desenvolvimento educacional preliminar pós-1947 buscaram equilibrar várias correntes educacionais, mantendo elementos oriundos do colonialismo que contribuíam para a unidade nacional e a modernização, conservando e desenvolvendo as escolas das vilas e a educação vernacular e, ao mesmo tempo, estimulando o crescimento das tradições alternativas religiosas e regionais, como as gandhianas e muçulmanas. A nação estabeleceu um sério compromisso com a educação básica e o governo assumiu a responsabilidade central, mas ainda assim, durante as primeiras décadas, a ênfase ocidentalizante na modernização secular e na instrução técnica foi dominante (como também o era nos modelos britânico e soviético). De início, as iniciativas educacionais ficaram a cargo dos estados indianos, obrigação que em 1976 passou a ser compartilhada com o governo central, no intuito de diminuir as desigualdades entre as diversas unidades e entre os estratos sociais daquele imenso país.

O sistema indiano produziu notáveis resultados na literacia: em 1981 os índices gerais chegavam a 41%, com 53% entre os homens e 29% entre as mulheres; já os números de 2011 eram, respectivamente, 73%, 81% e 65%. Em 2009 foi aprovada a Lei do Direito Infantil à Liberdade e à Educação Compulsória, que reduziu custos, buscou limitar o trabalho infantil e pôr um fim à discriminação por casta ou classe social. Em 2012, segundo dados oficiais, 96% de todas as crianças das zonas rurais estavam matriculadas, um feito notável para uma nação ainda predominantemente rural. A Índia tem trabalhado duramente para incrementar o acesso das crianças pobres à merenda escolar e demais serviços sociais, bem como melhorar a qualidade e a consistência da formação docente. Esse mesmo programa tem envidado esforços para limitar a mercantilização educacional (manifesta na expansão da presença das editoras ocidentais e redes escolares estrangeiras) como parte de um propósito mais amplo de redução da dependência pós-colonial.

Reflexo de desafios históricos vitais, diversas questões políticas relevantes têm exigido particular atenção. A língua é uma delas: algumas escolas secundárias e diversas universidades têm ao menos algumas aulas em inglês, mas o reconhecimento da importância dos idiomas vernaculares e da necessidade de se evitar a imposição linguística tem crescido. Em 2020, uma declaração de princípios oficial salientou a relevância da flexibilização e da utilização das linguagens regionais. Da mesma forma, as castas e a persistente discriminação de fundo étnico-religioso têm colocado desafios adicionais: após a independência, o regime de castas foi oficialmente abolido e há esforços para reparar iniquidades e instaurar uma educação básica universal que desconsidere origens sociais e a reserva de uma percentagem significativa de vagas nas universidades (até 50%, eventualmente até mais) para estudantes oriundos de grupos historicamente inferiorizados. Os resultados têm sido substanciais e muitos egressos passaram a ter maior acesso a posições mais bem qualificadas nos negócios e na máquina governamental. Tais políticas afirmativas, contudo, geraram reações das elites e demais grupos estabelecidos. Da mesma forma, tem havido constantes tensões entre a tradição gandhiana da tolerância étnica e do pluralismo religioso e o avanço dos "nacionalismos rivais" de fundamentalistas hindus e muçulmanos, que não raro se manifestam por meio da violência intercomunitária e da competitividade educacional.

A atenção aos ganhos na educação básica não tem sido, porém, inteiramente conciliada com melhorias nos níveis mais avançados. As matrículas na educação secundária e na superior também cresceram, mas numa velocidade menor do que a das escolas primárias, e a gratuidade só é garantida até os 14 anos. Logo, apenas 40% dos jovens indianos frequenta o ensino secundário, e uma vez mais, mesmo nesse recorte os baixos salários dos professores e o absenteísmo docente constituem grandes problemas. Muitas famílias de classe média ainda optam por enviar seus filhos a colégios privados ou internacionais. O governo aplica testes anuais aos diversos níveis, e uma boa parte do currículo e do ensino secundaristas está voltada à preparação para tais exames. No caso da formação superior, o estabelecimento de diversos institutos avançados de tecnologia e administração representou um grande passo adiante, bem como a expansão das universidades estatais, a implementação de diversificadas e criativas formas de educação à distância (EAD) ou por correspondência. No geral, a Índia possui o terceiro maior ensino superior do mundo (atrás apenas da China e dos Estados Unidos) e tem enfatizado continuamente a relevância da instrução técnico-profissional. A qualidade dessas instituições, no entanto, permanece desigual, e a carência de vagas tem levado a uma significativa fuga de talentos para o exterior. Em resumo, a educação indiana desde a independência constitui mais um notável capítulo do desenvolvimento global, e educadores do sul da Ásia há muito tomam parte em frutíferos diálogos transnacionais a respeito do tradicionalismo educacional, direitos humanos e igualdade e inovação pedagógica.

África: a educação entre o colonialismo e o desenvolvimento nacional

Durante a primeira metade do século XX, a África foi duramente afetada pelas guerras mundiais e pelos estertores do colonialismo europeu, e a dependência econômica das metrópoles significou que o impacto da Grande Depressão e do colapso do comércio internacional foi pesadamente sentido. As potências dominantes ensaiaram uma fase mais "benigna" de "colonialismo desenvolvimentista" na década de 1920, mas muitos dos planos de avanço educacional não saíram do papel e foram contestados por correntes emergentes do pensamento anticolonial, manifestações variadas do nacionalismo e pelos movimentos pan-islâmicos. Algumas escolas das vilas foram expandidas, e com um corpo docente crescentemente local ensinavam geografia regional, artes manuais e cultura africana. Em instituições mais avançadas, as aulas eram ministradas em inglês ou outros idiomas europeus, e as autoridades coloniais reprimiam iniciativas que entendessem como desafios à sua dominação. A educação colonial no continente foi sempre prejudicada pela necessidade de se autofinanciar e pelo racismo que permeava as escolas e os colégios, onde muitas oportunidades eram reservadas para os colonos brancos ou para as pequenas populações "de cor" (em geral imigrantes asiáticos), enquanto a vasta maioria dos africanos negros tinha limitado acesso à escolarização. Pesquisas mais recentes, contudo, têm argumentado que mesmo sob as condições mais opressivas, os africanos procuraram criar, e reapropriar, possibilidades de obtenção da literacia e da educação moderna, usando-as em prol de seus próprios objetivos, fossem estes pessoais ou protonacionais.

Havia diversos padrões regionais: colônias do povoamento como a África do Sul, o Quênia e a Rodésia (atual Zimbábue); um punhado de pequenas nações independentes (inicialmente estruturadas por ex-escravizados) como a Libéria e a Serra Leoa; ex-colônias francesas (onde ocorria a estratégia da assimilação educacional das elites nativas); subdesenvolvidas colônias portuguesas e belgas; e as ex-colônias britânicas. Após longas e terríveis lutas, nos anos de 1970 a maior parte do continente estava independente, muito embora a África do Sul só abandonasse a política de supremacia branca em 1994. Ainda que tivessem de lidar com severas restrições de recursos, muitos desses países recém-criados lançaram-se em planos ambiciosos de modernização educacional.

Nas ex-colônias francesas, a educação fora mais fortemente vinculada a instituições e padrões metropolitanos, e não é de se estranhar que, quando aqueles laços foram cortados, grandes dificuldades sucederam. Em um tom mais positivo, as autoridades francesas costumavam orgulhar-se de sua disposição em identificar talentos locais promissores e oferecê-los uma formação que os tornaria cidadãos franceses – como no Senegal, onde o primeiro presidente, Leopold Senghor, havia tido essa educação e acreditava que a mais premente necessidade educacional de seu país era formar (em francês) burocratas e técnicos especializados para o novo governo nacional, ao invés de se dedicar às carências do ensino das massas. O novo governo ombreou as tradições locais aos valores ocidentais e criou escolas rurais, mas as barreiras linguísticas mantiveram boa parte dos senegaleses longe dos bancos escolares. Outros continuaram a frequentar escolas islâmicas. Os poucos recursos disponíveis, contudo, impediram maiores progressos na formação técnico-científica, resultando que a educação ocidentalizada permaneceu restrita às elites.

A situação começou a mudar nos anos de 1980, quando um novo presidente se comprometeu com um sistema educacional "nacional e senegalês no caráter, democrático e popular na orientação, secular na inspiração e sensível às realidades socioculturais". Na década seguinte, com o auxílio da Unesco e de financiadores internacionais, a pressão por uma educação mais inclusiva foi ainda mais longe: o movimento Educação para Todos (EFA) das Nações Unidas inspirou uma nação que ainda não conseguira alcançar as zonas rurais, onde vivia a maioria de sua população (apenas 38% dessas crianças frequentavam as escolas). Novas iniciativas dirigiram-se à melhoria dos índices de literacia básica (nos idiomas nativos, com o francês recuando até certo ponto) e ao fortalecimento do ensino secundário. Houve, de fato, progresso no *front* da alfabetização: as taxas subiram dos 26% em 1990 para 52% em 2017, mas a carência de professores bem-formados levou à deterioração da educação secundária, menos a formação geral e mais a técnico-profissionalizante. Quanto ao nível universitário, a primeira instituição pública foi inaugurada em 1957, e a ela seguiram-se muitas outras até o século XXI. No contexto das ex-colônias francesas, a situação do Senegal é exemplar: todas continuam a lidar com questões como a especialização, as linguagens da instrução e a dependência de investidores e financiadores internacionais.

As condições também variaram bastante nas ex-colônias britânicas, muito embora em certos casos desenvolvimentos coloniais tardios tenham preparado o caminho para expansões significativas pós-independências. Por exemplo, sem desprezar os antecedentes educacionais nativos e islâmicos, na década de 1920 e sob os dominadores estrangeiros a Nigéria começou a organizar um sistema público composto por cerca de 59 escolas elementares (além de instituições religiosas) e uma universidade incipiente, instaurada em 1948. Esforços mais sistemáticos foram iniciados com a independência, em 1960, e o estabelecimento do Ministério Federal da Educação, mas no geral o desenvolvimento foi comprometido pela instabilidade política e pelas acentuadas diferenças regionais e religiosas. Um programa de Educação Primária Universal (UPE) foi iniciado em 1976 (posteriormente modificado) e propunha um ciclo de nove anos, dos quais seis de educação primária e o restante de secundária. A instrução era ministrada em diversas linguagens regionais, mas também incluía inglês, matemática, estudos cristãos e islâmicos, economia agrícola e doméstica – estas últimas destinadas ao aprendizado prático. Programas especiais voltavam-se à formação de adultos e das populações imigrantes, enquanto outros promoveram também a educação feminina. Um nível secundário criado *a posteriori* ensinava ciências, negócios e ciência da computação. A cobrança de taxas permaneceu baixa graças aos subsídios estatais, mas ainda assim havia custos, e muito embora fosse exigido dos professores o Certificado Nacional em Educação e o grau de bacharel, muitos não os tinham, criando assim o problema deveras conhecido da profissionalização desigual. Como resultado, em que pese o sucesso de muitos egressos dos cursos secundaristas, surgiu um sistema paralelo de escolas secundárias privadas (além das instituições islâmicas, ao norte) para onde famílias mais endinheiradas podem enviar suas crianças – e, ao fazê-lo, enfraquecem as estruturas públicas.

A Nigéria também estabeleceu um sistema avaliativo nacional (o Certificado Geral de Exame Educacional) para os graduandos do ensino secundário, conduzido pelo Conselho Examinador da África Ocidental (Waec): os estudantes são avaliados em sete de nove assuntos possíveis, sendo inglês e matemática pontos obrigatórios. Os resultados determinam a elegibilidade para a entrada no ensino superior, um sistema que tem se expandido gradual e seguramente desde os anos de 1960 e que hoje inclui 153 universidades e escolas técnicas de nível superior, das quais pouco menos da metade é estatal. O governo também é responsável por fiscalizar as instituições privadas.

Os resultados da evolução educacional nigeriana têm sido conflitantes. As escolas secundárias e as universidades formam graduados de alta qualificação, e sua expansão reflete a intensa demanda pública por maiores oportunidades instrucionais. Não obstante, as dificuldades no financiamento têm sido endêmicas, e os programas voltados à literacia e à formação vocacional sofrem com limitações orçamentárias. Uma rede mais informal de institutos educacionais suplementa as iniciativas oficiais, mas ainda que os programas de alfabetização estejam sempre sob restrições fiscais, os progressos são perceptíveis: dos 50% registrados no ano 2000, em duas décadas chegou-se a 62% (por volta de 78% da população adulta). Diversos educadores nigerianos expressam sua preocupação com a persistente dependência dos modelos psicológicos e educacionais do Ocidente, os quais nem sempre representam as soluções mais apropriadas ou culturalmente relevantes.

Há que se reconhecer que muitos países africanos sofreram com exigências de austeridade fiscal impostas externamente durante a crise da dívida dos anos de 1970 e 1980: programas de ajuste estrutural (PAEs) e organizações como o Fundo Monetário Internacional (FMI) constantemente impunham cortes nos investimentos educacionais e nos salários dos professores, e era comum que demandassem a "recuperação de custos" por meio da imposição de mensalidades escolares, medidas de estímulo à privatização educacional e à mercantilização desses serviços e a abertura dos "mercados" educacionais domésticos aos investidores estrangeiros, muitas vezes oriundos das antigas metrópoles. Ou seja, a situação africana permanece complexa e profundamente impactada tanto pela pobreza quanto pela dependência.

Distinções regionais e desafios duradouros

Em meio a todas essas mudanças e desafios, as diferenças regionais permaneceram profundamente relevantes ao longo de todo o século XX, embora muitas lacunas tenham efetivamente diminuído com o passar do tempo. Desigualdades fundamentais incluem: índices de literacia; percentagem de crianças matriculadas nas escolas primárias e de evasão escolar; indicadores de acesso e sucesso nos níveis secundário, especializados e superior.

As razões para tais divergências podem ser agrupadas em três categorias. Diferenças no ímpeto político e na capacidade estatal. A relativa disponibilidade de recursos financeiros domésticos e internacionais (que incluem o auxílio internacional e os vínculos com comunidades diaspóricas). Por fim, alguns curiosos fatores relativos aos legados históricos e aos incentivos à transformação sistêmica.

A primeira das três categorias baseia-se nos diferentes graus de intensidade gerados pelos líderes políticos e pelos movimentos populares. Regimes mais abertamente revolucionários como o mexicano, o russo, o turco e o chinês entenderam, todos, a educação como um componente-chave para os seus planos de mudança sistêmica e rápida modernização, movendo-se, portanto, mais aceleradamente do que outros exemplos de movimentos independentistas. Seus resultados permanecem perceptíveis em áreas como as variações nacionais nos índices de alfabetização e matrícula escolar.

O segundo fator é, talvez, o mais fundamental: as desigualdades sempre constantes como reflexo da disparidade no acesso aos recursos entre as diversas regiões, em que pese a equalização ocorrida no contexto de novos programas de auxílio internacional durante os anos de 1990. Trata-se de um desafio essencial: no início do presente século, os gastos *per capita* das nações em desenvolvimento e de baixa renda na educação eram significativamente menores do que o dos países de renda média ou desenvolvidos, significando, quiçá fatalmente, que estados pobres e com taxas de natalidade mais elevadas ostentavam percentagens inferiores de financiamento educacional. Tais contrastes eram obviamente impactados pela enorme migração laboral e pela "fuga de cérebros", profissionais formados que abandonam seus países de origem em busca de melhores salários. Grandes desequilíbrios não apresentam sinal de redução: a quantidade de crianças que jamais vai à escola, ou que só o faz esporadicamente; a formação docente e a proporção de professor por aluno em todos os níveis;

o tamanho e a sofisticação das instituições educacionais mais avançadas. Discrepâncias dessa natureza traduziram-se em diferenças regionais gritantes nas taxas de alfabetização: a África, o sul da Ásia e regiões rurais e montanhosas de todos os países estão sempre mais atrás das zonas urbanizadas e costeiras.

Algumas regiões exibem, também, tensões educacionais muito específicas e que agregam a tais disparidades. O trabalho infantil resistiu mais longamente no Sul e Sudeste asiáticos do que no resto do mundo – os números de crianças trabalhadoras efetivamente aumentaram no começo do século XXI, algo que investe diretamente contra a frequência escolar e ecoa valores familiares bem-arraigados, e não somente questões econômicas ou de exploração: Kailish Satyarthi, um incansável batalhador indiano em favor da educação e contra o trabalho infantil, certa vez perguntou a um sapateiro que trabalhava com seu filho na frente de uma escola por que ele não permitia que o menino fosse para a sala de aula. Sua resposta foi inflexível: "rapaz, meu pai era sapateiro, meu avô também, e ninguém jamais me fez uma pergunta dessas. Todos nós nascemos para trabalhar, e meu filho também".

Tradições religiosas e culturais há muito estabelecidas também são parte do cenário, especialmente quando são desafiadas por governos (e jovens professores) de mentalidade reformista e secular. Com o passar das gerações, ou a pressão governamental, essa forma de oposição religiosa pode se abrandar, principalmente quando mudanças nos currículos abrem mais espaço para temáticas devocionais.

A igualdade de gênero pode ser um tema bastante espinhoso, embora muitos sistemas, como o do Irã pós-revolução, tentassem acomodá-la ao plano educacional. De forma geral, no Oriente Médio e na África as meninas tinham menor acesso à educação do que os meninos, refletindo assim preferências parentais e, eventualmente, também governamentais. Em certas partes do Oriente Médio e do sul da Ásia, onde o compromisso com a segregação feminina está bem sedimentado, os ressentimentos podem se manifestar em ataques físicos a alunas indo para a escola, algo que muitas estudantes indianas afirmavam temer em pleno século XXI. No Paquistão e no Afeganistão tais agressões eram particularmente comuns, e neste último tanto antes quanto depois da invasão norte-americana o regime dos Talibãs buscou banir completamente a educação feminina ou restringi-la aos níveis mais irrisórios. Trata-se, obviamente, de um caso particularmente refratário à mudança, mas ocorrências de mesmo tipo, só que mais modestas, acontecem também em sistemas mais desenvolvidos, onde barreiras de gênero mais sutis ainda persistem. Claramente, os níveis de crescimento populacional e desenvolvimento econômico não são os únicos fatores que explicam as diferenças regionais.

Num tom mais positivo, e quando se analisa a situação global como um todo, boa parte das objeções e resistências às mudanças educacionais foi vencida, ou ao menos significativamente reduzida, pelos múltiplos incentivos à transformação educacional, que incluem novas vozes em defesa da inovação e das reformas oriundas de lugares como o Brasil, a Índia e o continente africano. A demanda pela expansão e mudança dos sistemas provém, igualmente, de movimentos sociais de base ou de campanhas promovidas pela sociedade civil global ou pela justiça de transição em prol dos direitos e da igualdade educacionais. Mudanças sistêmicas, contudo, também resultam da ação de incontáveis, e raramente celebrados, educadores, famílias e estudantes, alguns dos quais se esforçaram para superar obstáculos consideráveis.

As ações de pais e professores são importantíssimas. Ao ser entrevistada por um antropólogo nos anos de 1970, uma mulher zapoteca do México expressou, em termos bem práticos, a relevância do acesso à educação de qualidade: "por aqui somos muito atrasados, não sabemos de nada [...] e o problema é que não sabemos como ganhar dinheiro" – e continuou narrando o quanto tentava (apesar da oposição do próprio marido) garantir que seus filhos fossem mais longe nos estudos do que ela mesma havia conseguido. Uma outra mãe mexicana acrescentou: "não quero que minhas crianças cresçam como eu, sem educação. Quero que elas vão à escola e aprendam muitas coisas. [...] Quero que saibam por elas mesmas. Que sejam independentes e orgulhosas de si mesmas". Muitas entrevistadas afirmaram usar métodos contraceptivos (mais uma vez contrariamente à posição dos maridos e de lideranças religiosas) para que pudessem manter todos os filhos na escola. Além disso, em muitos lugares (particularmente na Ásia Oriental), dada a fenomenal importância atribuída às provas de ingresso nas universidades, os pais dedicam enorme quantidade de tempo não só à conferência das tarefas escolares de suas crianças, mas também para acompanhá-las a aulas particulares. Em verdade, estudos transculturais têm demonstrado que, basicamente no mundo inteiro, a maior parte dos pais e mães auxilia seus filhos em idade escolar para que estes se matriculem e permaneçam estudando.

As próprias meninas podem desempenhar um papel muito especial ao insistirem na educação, superando os temores às objeções e à violência. Uma das personalidades mais conhecidas do século XXI, Malala Yousafzai (ganhadora do Prêmio Nobel da Paz de 2014), é sobrevivente de um brutal e quase fatal ataque ocorrido no Paquistão, planejado para desestimular mulheres a frequentar a escola, e se tornou uma defensora apaixonada dos direitos femininos à educação: "é nosso direito básico [...] o próprio Islã nos concede esse direito. [...] Deus quer que tenhamos conhecimento [...] Não quero ser considerada como 'a menina que foi atacada pelo Talibã', mas sim como 'a menina que lutou pela educação'. É esta a causa à qual pretendo dedicar minha vida".

O ponto crucial é: muitas pessoas comuns, homens e mulheres, adultos e crianças, lutaram pela própria educação e pelos esforços no sentido de expandir as oportunidades alheias. Algumas delas, bem-sucedidas em suas próprias formações escolares, devotariam parte de suas carreiras a ajudar os outros, como um professor norte-americano cuja educação fundamental realizou-se na escola de uma vila indiana e que destinava alguns meses do ano, e parte de sua renda, para uma escola ampliada que havia fundado em sua cidade natal. Gente desse tipo, presente literalmente em todas as partes do mundo, mais os reformadores educacionais célebres e demais lideranças políticas, desempenharam um papel vital na transição da infância do trabalho para a do estudo, em especial durante o século passado.

Conclusão

Em boa parte do mundo, a educação do início do século XXI era um exemplo clássico do dilema do copo meio cheio e meio vazio. A Unesco, tendo em vista as esperançosas metas educacionais propostas numa conferência em 2015, assumiu tons mais pessimistas ao observar que, por exemplo, as projeções indicam que por volta de 2030 ainda existiriam cerca de 225 milhões de crianças fora das salas de aula, menos do que os 262 milhões (18%) contabilizados em 2017, mas ainda assim um número muito alto. É fundamental destacar as diversas barreiras que continuam a afetar a educação global e a conservar as perturbadoras desigualdades regionais. Além disso, muitas das mais ambiciosas reformas educacionais, que favoreciam experiências educativas profundamente transformativas, não se tornaram realidade, mesmo em países onde a vasta maioria das crianças já estava na escola.

E ainda assim, é de fundamental importância reconhecer as extraordinárias mudanças ocorridas a partir do começo do século XX, que expandiram conquistas e oportunidades em literalmente todos os países, com exceção daqueles marcados pelos conflitos armados ou outras crises. Tensões permanentes no equilíbrio entre a educação de massas e a de elite (um problema global) não devem mascarar o fato de que em ambas houve melhorias. Iniquidades históricas foram substancialmente reduzidas, a mais óbvia a desigualdade de gênero, mas também outras, como a questão do antigo sistema indiano das castas. A maioria das nações teve oportunidade de balancear práticas ocidentais/globais a padrões regionais – embora tal operação seja, ela também, um trabalho ainda em curso.

Leituras adicionais

Sobre as novas teorias educacionais, os três volumes de *Thinkers on education* (Unesco, 1994), organizados por Mikhail Skatkin *et alii*. Sobre as correntes globais, *Connecting histories of education: Transnational and cross-cultural exchanges in (post) colonial education* (Berghahn, 2014), organizado por Bernita Baghi, Eckhardt Fuchs e Kate Rousmaniere; e *The national case study: An empirical investigation of twenty-one educational systems* (Wiley, 1976) de A. Harry Passow *et alii*.

Sobre a América Latina, *Organizing dissent: Unions, the State, and the democratic teachers movement in Mexico* (Pennsylvania State University Press, 1996), de Maria Cook; *Cultural politics in revolution: Peasants, teachers and schools in Mexico, 1930-1940* (Northern Illinois University Press, 1982), de Mary Kay Vaughan; *Race, politics and education in Brazil* (Springer, 2016), organizada por Ollie Johnson e Rosana Heringer; *Paulo Freire and the Cold War politics of literacy* (University of North Carolina Press, 2010), de Andrew J. Kirdenkall. E, claro, a obra fundamental de Paulo Freire, *Pedagogia do oprimido* (Paz & Terra, 2021).

Dentre os estudos sobre a educação no Oriente Médio, *A history of turkish education* (Turkish Education Association, 1998), de Bozkurt Guvenc. Sobre a China, *Education, culture and identity in twentieth-century China* (University of Michigan Press, 2001), organizado por Glen Peterson, Ruth Hayhoe e Yongling Lu; *John Dewey in China: To teach and to learn* (Suny, 2007), de

Jessica Ching-Sze Wang; *Education and reform in China* (Routledge, 2007), organizado por Emily Hannum e Albert Par; *Education in China since 1976* (McFarland, 2003), de Xiufang Wang; e *Education in post-Mao China* (Prager, 1993), de Jing Lin. E *Eu sou Malala: A história da garota que defendeu o direito à educação e foi baleada pelo Talibã* (Companhia das Letras, 2013), de Malala Yousafzai e Christina Lamb.

Por fim, sobre a África, *Western education and political domination in Africa: A study in critical and dialogical pedagogy* (Bergin and Garvey, 1999), de M. Bassey; *Whose education for all? Recolonization of the African mind* (Falmer Press, 2000), de B. Brock-Utne; e *The African experience with higher education* (Association of African Universities, 1996), de J. F. A. Ajayi *et alii*.

15

Padrões e tensões recentes

Em finais do século XX, muitas nações haviam estabelecido sistemas educacionais notavelmente semelhantes entre si, ao menos em termos mais gerais. Todos eles foram, em maior ou menor grau, confirmados pelos desenvolvimentos das primeiras duas décadas do século seguinte, dentre os quais a expansão crescente da importância da própria educação. Não obstante, novas questões e críticas surgiram, introduzindo assim debates e outros conflitos ao panorama educacional.

Por volta dos anos de 1980, seja no Ocidente capitalista, no leste socialista ou nos países "não alinhados" do mundo em desenvolvimento, quase todos os países compartilhavam uma perspectiva geral de modernização educacional, em que pese divergências significativas nos valores e ênfases. Houve, efetivamente, movimentos dissidentes (radicais e variadas formas de "desescolarização" e *homeschooling* propostas por gente como John Holt e Ivan Illich; as contraculturas em alguns países ocidentais; a Revolução Cultural chinesa, violentamente igualitarista), além de tradicionalismos culturais e fundamentalismos religiosos que, vez por outra, rejeitavam o moderno consenso educacional. Ainda assim, quase todas as nações modernas continuaram adotando paradigmas semelhantes (uma verdadeira cultura mundial) sobre como a maioria das escolas e universidades deveria se organizar e operar. Uma "gramática da escolarização" de notável consistência prevaleceu mundo afora, ainda que parte dos seus elementos tivesse origem em convenções ocidentais e no colonialismo europeu. Essas normas e práticas crescentemente internacionalizadas se espalharam por imitação, imposição, mas também voluntariamente, por intermédio da mobilidade global cada vez mais facilitada de professores, estudantes e funcionários.

Essas normas e práticas generalizaram-se também por meio de mecanismos complexos de programas bilaterais de auxílio, trocas educacionais e assistência internacional. Normas compartilhadas foram crescentemente moldadas via uma cultura comum de competição internacional, na qual as nações disputavam entre si não apenas no campo econômico, mas também nos resultados educacionais. A aceitação definitiva da equidade e da inclusão também se tornou regra geral: todos os grupos sociais são dignos do acesso à instrução, não importando sua etnicidade, classe ou gênero. Certas nações rejeitaram alguns desses elementos e permaneceram a aplicar políticas de exclusão, etnonacionalistas ou de segregação de gênero, mas limitações dessa natureza passaram a ser cada vez mais estigmatizadas ou entendidas como vestígios arcaizantes. Dentre as práticas fundamentais no âmbito desse novo consenso global, temos currículos apropriados às faixas etárias e ao desenvolvimento, culturas escolares e instrucionais centradas na criança, e o ideal dos professores como mentores e facilitadores da participação discente e do aprendizado ativo.

Tomado em conjunto, esse consenso contemporâneo constitui, em verdade, algo novo na História Mundial, talvez a primeira forma de filosofia e pedagogia educacional mundialmente compartilhada. Mas a chegada a um tal consenso durante as últimas décadas tem sido algo extremamente desafiador, que a crise do século XXI veio fragilizar.

Novas tendências: crescimentos educacionais ulteriores

Uma importante tendência deste novo século envolveu, simplesmente, a expansão do alcance da educação a segmentos mais abrangentes da infância e, até mesmo, da juventude, à medida que governos, famílias e estudantes compreenderam a crescente importância de uma boa formação para o crescimento econômico e o sucesso profissional. Por volta de 2019, nos países mais ricos, minorias significativas já completavam quatro anos de curso superior (ou até mais): os números falam de mais da metade do grupo etário relevante na Coreia do Sul, entre 40% e 50% na maioria dos países europeus e 36% nos Estados Unidos, enquanto a China e o México se aproximam dos 20%. Esse compromisso com a educação superior não tem precedentes e foi estimulado em diversas partes pela expansão adicional de *junior colleges* (instituições educacionais pós-secundárias), *community colleges* (faculdades que ofereçam cursos superiores mais curtos e com grau inferior ao de bacharel) e diversos tipos de cursos técnico-profissionalizantes. Para cada vez mais pessoas, completar a formação secundária já não é mais suficiente – e, assim, boa parte delas chega a passar um quarto de suas vidas na escola. Mais e mais famílias têm decidido que seus filhos devem ter mais educação do que os próprios pais conseguiram ter, de modo que o fenômeno dos estudantes universitários de "primeira geração" se tornou algo comum em diversos países.

Mas essa expansão também levantou questões, inclusive relativas aos custos. E o que fazer daquelas pessoas que não estudaram ou não pretendem estudar numa faculdade? Em muitos lugares, disparidades nos níveis educacionais têm ampliado abismos culturais e, além disso, para todos aqueles que efetivamente anseiam por uma formação superior, a expansão encorajou uma crescente competição para entrar numa instituição que esteja entre as "mais bem ranqueadas".

Graças à importância crescente da educação, um outro movimento buscou oferecer experiência escolar para crianças bem pequenas, dos 3 aos 4 anos, os programas de pré-jardim de infância ("*Pre-kindergarten*"). Seu surgimento recente se baseia em diversos fatos: pesquisas demonstram que crianças expostas mais cedo à escola saíram-se melhor em suas carreiras; alguns reformistas esperam que essa educação inicial seja capaz de oferecer oportunidades compensatórias para filhos de famílias carentes; e o crescente envolvimento das mães no mercado de trabalho demandou a criação de novas formas de assistência à primeira infância. Nos Estados Unidos foi lançado em 1965 o programa *Head Start*, dedicado a ajudar as famílias mais necessitadas, parte de um projeto maior de bem-estar social. Outros países agiram mais rapidamente: no começo deste século, quase todas as crianças japonesas com 2 anos de idade já frequentavam escolas, enquanto a maioria das nações europeias e o México ultrapassaram os Estados Unidos, uma lista encabeçada pela Suécia, que estabeleceu a proporção de um professor para cada seis crianças (nos Estados Unidos, nos lugares em que tal programa é oferecido, a proporção é de um para quinze).

Um último e significativo impulso, e que mais uma vez reflete o objetivo do aumento do acesso à educação, diz respeito à provisão de ensino para estudantes com necessidades especiais, geralmente integrando-os (sempre que possível) em classes ordinárias, algo que nos Estados Unidos teve início nos anos de 1990, quando novas instalações físicas e tutoria especializada passaram a ser exigidas em todos os níveis educacionais.

Essa expansão alimentou muitos dos debates mais importantes a respeito dos sistemas educacionais, desde os custos de manutenção ao acesso com qualidade. As tendências gerais, contudo, estavam bem-estabelecidas: a virada do século XX para o XXI viu um novo crescimento no papel da educação, e com ele a demanda por mais professores formados.

Novas crises

Na contramão dos padrões mais disseminados, durante esse período algumas regiões vivenciaram reveses no campo educacional, ou mesmo resistência explícita à educação moderna. Conflitos armados e guerras civis em diversos países (Iêmen, Síria, Afeganistão e nações africanas) impossibilitaram o acesso às escolas. Campos de refugiados abrigam quantidades desproporcionais de mulheres e crianças fugidos da violência, e conquanto haja notáveis esforços educativos, nesses espaços o ensino é algo, quando muito, esporádico.

Alguns movimentos contestaram frontalmente a educação. Grupos extremistas como o autodenominado Estado Islâmico do Iraque e da Síria, o *Daesh*[7], opunham-se à instrução, especialmente a feminina, e resistências similares surgiram em partes do Afeganistão. No século XXI, um novo movimento conhecido como Boko Haram (nome que pode ser traduzido por "a educação ocidental é pecado") ganhou força em diversas áreas da África Ocidental movido por uma série de objetivos islamistas, dos quais os ataques às escolas eram parte fundamental. Diversos países (o norte da Nigéria, por exemplo) sofrem incursões periódicas, estudantes são sequestrados, e as alunas são forçadas a se casar. Um tal desenvolvimento é atípico e geograficamente restrito, mas serve para exemplificar a possibilidade sempre presente de profundas contestações à própria educação.

Novas críticas

Em nível internacional, o desdobramento mais importante, e de certa forma mais controverso, tomou forma a partir de finais do século XX, uma nova forma de debate a respeito dos propósitos e estruturas educacionais estimulada pelas

---

7. Também conhecido por *ISIS* [N.T.].

tensões e pelos custos relacionados à expansão educacional, mas também como reflexo de um espectro mais amplo de eventos ocorridos no cenário mundial, marcado por desafios como o crescimento econômico mais lento, o aumento do preço da energia em diversas partes do mundo e o fim da Guerra Fria, que pôs em xeque o consenso estabelecido no Pós-guerra sobre a ideia do moderno Estado de Bem-estar Social e dos programas de modernização educacional estabelecidos de cima para baixo. Havia também um sentimento incômodo de que os esforços reformistas estavam estagnados ou não tinham conseguido alcançar o padrão de equidade social e inclusão que se esperava – seja porque as preferências das elites e as barreiras ao acesso e à inclusão fossem mais resistentes do que se pensava, que as reações culturais ou políticas reforçaram antigas estruturas (como o retorno da segregação racial nos Estados Unidos), ou ainda porque as realidades da efetiva implementação da transformação educacional sistêmica eram demasiadamente desafiadoras. Na década de 1980, todas essas tendências díspares convergiram em um novo paradigma político, que passou a ser conhecido como a "reforma da educação" (*education reform*) ou educação neoliberal (termo surgido posteriormente).

Os princípios fundantes dessa abordagem eram, a um só tempo, ideológicos e práticos, decorrentes de uma visão clara e amiúde doutrinária sobre como o mundo deveria funcionar: o capitalismo de livre-mercado e o espírito de competição e meritocracia deveriam moldar todas as políticas sociais, e talvez muito especialmente as educacionais. Essa proposta resguardava os interesses elitistas e já estabelecidos, mas também prometia novos e extensos caminhos de expansão educacional e mobilidade social – desde que estas reivindicações fossem canalizadas via mercados educacionais. Os princípios desse ideário começaram a surgir por volta das décadas de 1960 e 1970, muito particularmente no Banco Mundial e na Organização para a Cooperação e o Desenvolvimento Econômico (Ocde), fundada em 1963 como uma entidade composta pelas nações ocidentais mais importantes e o Japão. Posteriormente, tais ideias seriam adotadas como princípios da Organização Mundial do Comércio (OMC, 1995), cujas funções seriam fortalecer os princípios do mercado e os interesses econômicos privados (em especial aqueles das crescentes corporações multinacionais) e tolher os supostos "excessos" da democracia popular e das políticas trabalhistas.

A dimensão educacional dessas novas políticas foi igualmente percebida como uma resposta às demandas populares e ao radicalismo dos movimentos estudantis dos anos de 1960 e elaborada para fortalecer abordagens economicistas e o papel da educação como geradora de mão de obra e capital humano – e não raro atacando os gastos governamentais. Os estados foram instados a controlar as finanças educacionais e a suplementar a educação pública com sistemas de mercado, capazes de serem geridos ou fiscalizados por mecanismos como testes, auditorias, avaliações e *rankings*. Usualmente, as burocracias e ministérios nacionais da educação foram enfraquecidos ou tiveram sua atuação reduzida em nome da eficiência e da austeridade. A adoção das práticas "neoliberais" e a entrega do poder decisório a forças de mercado impessoais impeliram os países a se distanciar das reivindicações populares por inclusão social e equidade educacional. Enfaticamente, a responsabilidade pelo acesso à educação (ou a garantia de financiamento para proporcionar serviços educativos de alta qualidade) foi parcial ou completamente repassada às famílias e aos estudantes, algo que eventualmente levou a níveis de endividamento educacional jamais vistos.

Exemplos dessa nova abordagem surgiram em diversos lugares. Escolas e faculdades com fins lucrativos se expandiram nos Estados Unidos e em outros países e passaram a competir com a rede oficial. Muitos políticos norte-americanos apoiaram com entusiasmo as escolas *charter*, instituições públicas administradas pela iniciativa privada que atraem algumas famílias e drenam recursos do sistema estatal. Diversos países árabes, Cingapura e a Coreia do Sul estimularam o estabelecimento de universidades internacionais (usualmente ocidentais) que contavam com suporte, e controle, estatal. Uma legião de instituições de ensino superior, algumas com fins lucrativos e credenciais bastante assimétricas, suplementou o sistema universitário sul-coreano, embora este último permanecesse o mais respeitado. Organizações desse tipo proliferaram na Ásia Oriental, na Índia e, até certo ponto, também nos Estados Unidos.

Os princípios fundamentais dessa nova abordagem surgida na década de 1980, que muitos norte-americanos conheciam simplesmente por "*education reform*", eram relativamente consistentes, e embora tenham encontrado mais eco uns poucos países (Austrália, Estados Unidos, Grã-Bretanha), em outros não foram tão bem-sucedidos. Norte-americanos e britânicos defenderam agressivamente essas novas políticas a partir da década de 1980 e acabaram por dominar as organizações internacionais comandadas pelo Ocidente, como o Banco Mundial, o Fundo Monetário Internacional e a Organização Mundial do

Comércio. Em termos nacionais, contudo, a China, o Canadá e a maioria dos países europeus continentais rejeitaram a proposta neoliberal e permaneceram confiando inteiramente em seus sistemas públicos.

As críticas ao "velho" modelo do Pós-guerra eram incisivas: os estados-nação haviam assumido enormes responsabilidades na oferta educacional sem que pudessem custeá-las, implementar a necessária expansão sistêmica ou manter os tradicionais padrões de qualidade. Em nome da prioridade à "excelência" em detrimento de tentativas mal-ajambradas de alcançar "equidade" social e racial, currículos mais rigorosos e convencionais deveriam ser restaurados e novos modelos de avaliação e responsabilização (*accountability*) por meio de exames regulares impostos para fortalecer os padrões de conteúdo e os princípios da meritocracia. Acusava-se as escolas, faculdades e universidades públicas de se alhearem da realidade e resistirem às exigências do mercado por transformações mais rápidas na formação de mão de obra. Da mesma forma, dizia-se que tais instituições estavam sendo retardadas pelos interesses particulares dos sindicatos de professores e funcionários e por proteções obsoletas aos servidores públicos. Empunhando a bandeira da "destruição criativa", afirmava-se que essas estruturas atrasadas deveriam abrir espaço à "inovação" – palavra que passou a constar dentre as mais populares do glossário educacional.

Exigiu-se de todos os sistemas que adotassem mais opções educacionais, um objetivo fundamentado em diversas razões. Um dos argumentos ressaltava a importância de fazer escolhas no âmbito da formação como uma questão de pluralismo cultural e liberdade religiosa – Estado algum deveria ter o direito de impor uniformidade secular ou frequência compulsória a populações diversas. Defendia-se a relevância da liberdade de escolha para que os sistemas verdadeiramente incorporassem os princípios de mercado e as escolas e faculdades públicas fossem forçadas a competir com eventuais concorrentes privados (alguns dos quais com fins lucrativos). "Escolher" promoveria a competição, a qual, por sua vez, obrigaria todas as instituições, públicas e privadas, à melhoria da qualidade educacional e da avaliação dos seus alunos – vistos agora menos como "cidadãos" e mais como "consumidores". Os princípios operativos desse novo movimento reformador eram a escolha e a privatização, descentralização, comercialização dos serviços educacionais, diversificação e alinhamento às leis de mercado, para que a educação respondesse às demandas da economia capitalista global que emergiam com velocidade. Em especial após a queda da Cortina de Ferro e a desintegração da União Soviética (1989-1991), e com a aparente adesão definitiva da China à mercantilização (o ensino privado foi autorizado em 1999), esse novo paradigma pareceu dominar as políticas educacionais no mundo inteiro, ainda que seus efeitos variassem de região para região.

Essas novas políticas (referidas, no linguajar triunfalista dos anos de 1990, como parte do "Consenso de Washington", o modelo de "democracia de mercado" patrocinado pelos Estados Unidos) representavam, na realidade, uma mistura complexa de velhas e novas abordagens. As privatizações foram promovidas em quase toda parte, mas sua capacidade efetiva de transformar os sistemas foi limitada, pois muitos pais e estudantes, mesmo nos países mais desenvolvidos, continuaram a preferir a educação pública, apoiada por subsídios e enraizada nas comunidades locais. Em certos casos, privatizações e sistemas de *voucher* conseguiram expandir as opções, muito embora o impacto direto na qualidade acadêmica tenha permanecido duvidoso. Em algumas circunstâncias, parece que as tentativas ou as privatizações parciais só tiveram o efeito de encorajar o desinvestimento e a fuga dos estudantes dos sistemas públicos. A descentralização dos sistemas educacionais e do poder decisório possui raízes controversas: tratou-se, em parte, de uma opção tradicionalista ou conservadora, que visava reforçar políticas e preferências educacionais locais ou regionais; em outros casos, contudo, mostrou-se um esforço mais progressista para empoderar líderes escolares e professores locais, às vezes em verdadeira parceria as comunidades e as famílias. A comercialização dos serviços educacionais destinava-se a trazer os incentivos e a eficiência dos mercados para superar as práticas ultrapassadas e mexer com o setor inteiro – mais uma vez, porém, os resultados não foram conclusivos. Em certo sentido, a diversificação dos programas efetivamente funcionou – ou no mínimo exerceu um efeito dramático na expansão do acesso e dos serviços educacionais em diversas partes do mundo (talvez mais notavelmente na América Latina e na Ásia Oriental), mas ainda assim seu efeito sobre a qualidade acadêmica é aparentemente ambíguo ou desuniforme. É fato que em diversos países pobres, pressionados a reduzir gastos públicos e a abrir seus mercados educacionais como condição para receber empréstimos internacionais, os resultados foram claramente negativos, pois desaceleraram a expansão educacional e aumentaram a quantidade de alunos por classe.

De fato, após os orçamentos brutalmente austeros dos anos de 1980 e a crescente crise nos sistemas educacionais que se lhe seguiu na década seguinte, a partir dos anos de 2000 as políticas globais foram recalibradas e realinhadas segundo as propostas dos programas Educação para Todos (EFA), da Unesco, e Educação Primária Universal (UPE). Tal fato representou uma reaproximação parcial entre as abordagens mais neoliberais do Banco Mundial e dos maiores investidores ocidentais com as concepções mais amplas de desenvolvimento humano defendidas pela ONU e suas agências. Nesse contexto, a comunidade internacional continuou a prestar muita atenção aos fracassos educacionais de inúmeras nações de baixa renda (principalmente na África e na Ásia) onde o acesso massivo ao ensino continuava problemático, as distinções regionais e de gênero, preocupantes, e (ao menos em algumas regiões) os níveis de formação técnica nos níveis secundário e superior permaneciam claudicantes. Conquanto a *Convenção internacional sobre os direitos da criança* da ONU tenha sido assinada por quase todas as nações, à exceção dos Estados Unidos, as garantias que assegurava, como o acesso à educação básica para todos, permaneceram desrespeitadas. Num tom mais otimista, esses direitos educacionais globais foram reafirmados em 2015 nos *Objetivos de Desenvolvimento Sustentável* (ODS) das Nações Unidas que estabeleceu metas ambiciosas para o ano de 2030.

Debates sobre o ensino e os currículos

A importância e os custos crescentes da educação inevitavelmente produziram discussões intensas sobre a qualificação de escolas e professores, algumas das quais, embora refletindo críticas do *establishment* educacional, tiveram repercussão mais abrangente. O desenvolvimento de metodologias de avaliação e responsabilização se multiplicou. Mudanças vertiginosas na tecnologia educacional, em especial por meio do uso de computadores e sistemas de gestão de aprendizagem (além das modificações curriculares que as acompanhavam), complexificaram tais debates, principalmente porque esses recursos eram caros e a opção por favorecê-los poderia aumentar ainda mais a distância entre estudantes ricos e pobres.

Nos Estados Unidos, por exemplo, o sistema educacional descentralizado combinou-se às preocupações relativas à qualidade docente e ao poder dos sindicatos de professores para produzir diversas inovações no campo avaliativo. Muitos estados adotaram testes padronizados, administrados nos diversos níveis para determinar as respostas dos estudantes em áreas-chave como a leitura, a escrita e a matemática, além de outras disciplinas. Essas avaliações poderiam até ser usadas para medir o conhecimento dos discentes, mas seu propósito mais significativo era avaliar a *performance* dos professores e das escolas. Esse movimento acabou levando, em 2002, à lei federal "Nenhuma Criança Deixada para Trás" (*No Child Left Behind*, NCLB), que exigia exames regulares das escolas e professores para que pudessem ter acesso a financiamentos do tesouro federal. Sob esse sistema, instituições reprovadas poderiam passar por reestruturações ou mesmo ser fechadas. Em termos nacionais, as exigências do NCLB tornaram-se crescentemente impopulares, de modo que a responsabilidade foi devolvida aos estados em 2015. Os professores haviam sido forçados a dedicar tanto tempo para treinar seus alunos, especialmente nos conhecimentos básicos, que a própria experiência educativa se deteriorou, desmoralizando os docentes. Temáticas fora dos campos mais básicos foram negligenciadas. Esse fracasso deixou em aberto a questão da responsabilização, de modo que a confiança nas escolas e nos professores norte-americanos é um debate que segue irresolvido.

Discussões semelhantes voltaram-se para os currículos: O que os estudantes do século XXI precisam saber? Quais assuntos deveriam ser financiados pelos contribuintes? Era claramente necessário abrir espaço para a alfabetização digital, ainda que muitos dos alunos adquirissem tais habilidades por conta própria. Nas economias de alta informatização ocorreu, nos níveis secundário e superior, uma ênfase crescente nos assuntos técnicos e científicos, conhecidos em conjunto como STEM, acrônimo da língua inglesa para "*science, technology, engineering* e *mathematics*"[8]. Concomitantemente, certas disciplinas, como a Literatura (em oposição à literacia) e a História tiveram sua importância reduzida. Em muitos sistemas, os "estudos clássicos" desapareceram quase inteiramente, enquanto nos Estados Unidos os idiomas estrangeiros (que jamais haviam sido um forte daquele país) continuaram a declinar. Na Grã-Bretanha, muitas universidades, pressionadas pelos cortes nos financiamentos públicos, reduziram graduações fora das áreas dos STEM. Algo semelhante teve lugar na Dinamarca, enquanto a Austrália propôs cobranças mais altas para os estudantes de humanidades do que para seus colegas das ciências, no intuito de desestimular o interesse naquelas especialidades. É igualmente revelador que a educação cívica,

---

8. Ou seja, "ciência, tecnologia, engenharia e matemática". No Brasil, às vezes utiliza-se a sigla CTEM [N.T.].

um motivo de orgulho para a maioria dos sistemas educacionais da maioria dos países democráticos, também pareça estar perdendo importância.

Trata-se, naturalmente, de mais uma área em que temas antigos da história da educação começavam a tomar novas formas. Se o latim e o grego haviam sido virtualmente eliminados do currículo, não seria o caso da literatura e da filosofia seguirem o mesmo caminho? Ou será que a educação estava tomando um rumo essencialmente novo, na direção de um pragmatismo inculto que deixaria os estudantes despreparados para enfrentar muitas das questões políticas e culturais que encontrariam na vida adulta?

Debates curriculares desse gênero poderiam seguir um caminho explicitamente político em países onde a polarização cresceu ao longo do século XXI. A Austrália, por exemplo, introduziu novos programas para salientar os maus-tratos impostos à população aborígine e a história mundial, além de dar maior ênfase às linguagens asiáticas do que às europeias. Ao mesmo tempo, nesse país e em outros, os conservadores protestaram contra essas mudanças e em defesa de abordagens mais positivas do passado nacional. À medida que a preocupação com o racismo crescia (uma clara relação com as questões do acesso ao ensino), iniciaram-se grandes discussões a respeito de como a escravidão e a discriminação deveriam ser abordadas. Nos Estados Unidos, à medida que a questão curricular era cada vez mais politizada, membros de comitês educacionais que defendiam um ensino de História mais inclusivo passaram a ser frequentemente ameaçados. Em 2022, em meio a uma atmosfera de crescente partidarismo, as disputas já se estendiam das questões raciais às discussões sobre orientação sexual, muitos livros foram banidos das bibliotecas escolares e alguns professores sofreram ataques. Enquanto isso, países autoritários como a China e a Rússia também mudavam seus currículos por razões políticas, estimulando a exaltação à autoridade estatal e promovendo o nacionalismo e o militarismo.

Por fim, qual a natureza mesma do ensino? Também aqui surgiram sinalizações diversas. Discussões acaloradas sobre possíveis inovações se multiplicaram, às vezes como parte da resistência contra pressões que perigavam confinar a educação à preparação para exames avaliativos. Muitos entusiastas defendiam que os novos sistemas de entrega educacional poderiam livrar os alunos dos livros didáticos e dos limites inflexíveis das salas de aula e permitir aos professores se tornarem, primordialmente, facilitadores de discussões, guias da investigação criativa. No nível universitário, por exemplo, um importante movimento propunha afastar os docentes dos tradicionais métodos expositivos: a participação dos estudantes era a chave (em especial se a atribuição de notas também perdesse importância). No século XXI, a maior parte das universidades nos países desenvolvidos dispunham de salas *high--tech* pensadas para promover a interação e reduzir o papel (e às vezes a presença física) do professor como figura de autoridade. Se tal forma de inovação seria factível em níveis educacionais precedentes, ou mesmo economicamente viáveis em grande escala, são questões importantes que permanecem à espera de respostas futuras. Algumas das expectativas mais dramáticas relacionadas às inovações tecnológicas ainda não se concretizaram.

A alienação e o estresse estudantis

Ao passo que a educação se tornava um elemento cada vez mais difundido e essencial da vida infantil, em especial à medida que cada vez menos crianças podiam permanecer fora do sistema, novas e preocupantes tensões psicológicas afloraram, um outro aspecto que tem merecido grande atenção durante o século XXI.

Já na década de 1920 pesquisadores identificaram o problema que viria a ser conhecido como *transtorno do déficit de atenção/hiperatividade* (Tdah), no qual as crianças eram simplesmente incapazes de prestar atenção durante aulas em ambientes formais ou estruturados, um problema que não havia sido anteriormente identificado, quando as exigências educacionais eram mais débeis. Essa realidade levantaria controvérsias sobre como, ou quando, oferecer (ou receitar) medicações para essas crianças, ou sobre que tipo de estudantes estavam recebendo esse diagnóstico. No Japão atual, milhares de crianças sofrem de um mal chamado *hikikomari*, ou a impossibilidade de sair de casa e funcionar normalmente nas escolas. Em outros países do Leste Asiático, onde a maior parte das crianças passa muitas horas do dia fazendo deveres de casa e normalmente têm aulas particulares de preparação para os exames avaliativos, os sinais de estresse incluem o crescimento da automutilação. Um crítico na Coreia do Sul, ao presenciar a pressão exercida sobre os estudantes para ingressar nas melhores universidades e a alta na taxa de suicídios, passou a atacar o sistema como um todo, rotulando-o como uma forma de abuso infantil.

Os índices de suicídio e automutilação entre jovens também subiram nos Estados Unidos no começo do século XXI. Não é possível apontar as questões educacionais como únicas causas, mas não há dúvida que problemas como *bullying*, tensões relativas à identidade sexual e gênero, o crescimento alarmante dos tiroteios nas escolas e as medidas de segurança subsequentes, bem como as ansiedades ligadas ao ingresso numa boa universidade, contribuíram para esse fenômeno social profundamente perturbador. Tudo isso claramente compõe o cenário global mais amplo da alienação e do estresse estudantis.

Instituições educacionais do mundo inteiro buscaram conter tais problemas, na maior parte das vezes aumentando seus quadros de orientação psicológica. Outras tantas adotaram novos programas de saúde mental, voltados ao atendimento socioassistencial e o apoio à saúde mental, que podem incluir zooterapia e *comfort foods*[9]. Na Índia, o governo de Nova Délhi lançou uma série de "aulas de felicidade" para crianças de 11 anos, destinadas a desviar a atenção da pressão pelas realizações acadêmicas. Um aluno da sétima série escreveu: "devemos trabalhar com alegria. Quando trabalhamos tristes, nosso trabalho não sai bem". Uma grande rede de universidades privadas no México tornou obrigatório um curso de "bem-estar" para os estudantes dos primeiros anos, buscando promover a formação de caráter e a atenção plena (*mindfulness*), mais uma intrigante adição às políticas educacionais contemporâneas, muito embora ainda não seja possível se ter certeza de que tais esforços serão capazes de reverter os casos de ansiedade estudantil – isso antes mesmo que a pandemia de 2020-2021 criasse todo um novo conjunto de angústias psicológicas e educacionais.

A ansiedade estudantil, aliada às preocupações expressas por pais ambiciosos, exigiu maior atenção aos tradicionais sistemas avaliativos de provas e notas. Nos Estados Unidos e outros países, a partir da década de 1960 as médias acadêmicas experimentaram um crescimento notável, seja nas escolas secundárias ou nas universidades, um fenômeno amplamente conhecido como "inflação de notas" (*grade inflation*): ansiando pelo sucesso, pais e estudantes têm pressionado cada vez mais os professores, os quais, no geral, buscam atender sua clientela. Preocupações crescentes com a autoestima dos alunos demandaram novos critérios para a distribuição de recompensas – escolas na Califórnia, por exemplo, apontaram nada menos que dezesseis oradores para cada turma do secundário. Em diversos países, os educadores têm se preocupado com os exames para ingresso nas universidades, cujos aspectos discriminatórios privilegiam claramente candidatos oriundos da classe média. Vem

---

9. "Comida afetiva", cuja ingestão visa produzir alívio emocional [N.T.].

crescendo nos Estados Unidos um movimento para eliminar esses testes como critério para o ingresso nas instituições de ensino superior mais prestigiadas. Questões relativas à ansiedade e à equidade (geralmente contestadas por defensores da "qualidade" educacional) muito provavelmente continuarão a alimentar debates.

Conclusão

Em boa parte do mundo, os novos debates e questões da virada do nosso século não conferiram um novo eixo aos elementos básicos da educação. Sistemas públicos e com supervisão estatal continuam preponderantes; os compromissos (ou aspirações) com a educação de massas persistem; alguma forma de avaliações e atribuição de notas continua desempenhando um papel vital no acesso a instituições após os níveis mais básicos. As noções de que a infância é um período majoritariamente dedicado à educação e que os países possuem responsabilidades educacionais básicas não sofreram nenhum abalo. Está igualmente claro, contudo, que a diversidade de novos debates e procedimentos, além de novas preocupações relativas ao impacto educacional nas próprias crianças, continua a produzir disputas e inovações.

Leituras adicionais

The Oxford handbook of the history of education (Oxford University Press, 2019), organizado por John L. Rury e Eileen H. Tamura; *The schooled society: The transformation of global culture* (Stanford University Press, 2014), de David P. Baker; *Global education reform: How privatization and public investment influence education outcomes* (Routledge, 2016), organizado por Frank Adamson, Bjorn Astrand e Linda Darling-Hammond; e a segunda edição de *Comparative and International Education: Issues for Teachers* (Canadian Scholars Press, 2017), organizado por Kathy Bickmore *et alii*.

Conclusão

Inúmeras questões decisivas têm caracterizado a história da educação desde o surgimento inicial da escolarização como uma das necessidades das civilizações agrícolas da Antiguidade. As respostas educacionais a essas questões prementes mudaram muito com o passar do tempo, refletindo o impacto de novos movimentos religiosos ou sociais, ou, posteriormente, as demandas inéditas das sociedades e estados industriais – e, ainda assim, aqueles temas comuns permaneceram fundamentais. Pela mesma razão, nossa habilidade de avaliar muitos dos desafios educacionais da atualidade pode ser claramente melhorada por meio da compreensão de como eles emergiram a partir das tradições e legados pretéritos.

Desde os tempos mais antigos, por exemplo, as sociedades têm lidado com a questão de montar oportunidades educacionais especiais ou exclusivas para suas elites, não raro em estreita associação com a atuação em estruturas estatais e/ou religiosas. Todas as sociedades refletiram sobre se, e por que, tais percursos deveriam ser largamente reservados para as classes superiores já estabelecidas, ou se poderia haver abertura para os talentos individuais. Muitas das tradições regionais se debruçaram sobre o problema – a resposta confuciana habitual, por exemplo, não seguiu padrões estabelecidos na Índia ou no Oriente Médio. Em tempos modernos, o apoio europeu à educação mais elitista ou exclusiva variou de país para país e foi igualmente moldado pelos diversos regimes políticos. Nos Estados Unidos, os padrões de inclusão e exclusão educacional oscilaram ao sabor de períodos mais democráticos ou conservadores, mesmo que a tendência geral tenha sido, ao longo do tempo (e como em quase todas as sociedades modernas), de maior integração e acesso. E não surpreende que, em todas as sociedades, membros dos grupos privilegiados tenham se esforçado tanto para assegurar opções educacionais exclusivamente para si.

Especialmente nos dois últimos séculos, o exclusivismo da formação de elite tem sido ameaçado pelas muitas demandas em prol da oferta da educação básica para grupos cada vez mais amplos, ainda que nesse caso as questões não fossem exatamente inéditas. Líderes religiosos e movimentos de massa há muito têm exigido maior acesso à literacia e à numeracia, e assim também o fizeram diversos empregadores e seus trabalhadores. Descobrir como equilibrar os diferentes níveis educacionais e destinar recursos a cada setor permanece um desafio.

Graças a relações sociais patriarcais profundamente estabelecidas nas primeiras civilizações agrícolas, a questão do gênero tem dificultado as decisões a respeito do acesso educacional em todos os níveis – uma outra área em que tradições regionais arraigadas continuam persistindo. Esse problema tem se mostrado significativamente menos saliente em décadas recentes, em especial nas inúmeras sociedades em que o quantitativo de mulheres educadas supera o de homens, mas está longe de não mais existir. Esta pode ser, de fato, uma das mudanças educativas mais revolucionárias de todos os tempos: o impacto do pensamento feminista e o impulso contínuo em direção à igualdade de gênero.

Da mesma forma, a história da educação sempre foi moldada por uma diversidade de atores e grupos de interesse. Chega a ser óbvio citar instituições religiosas ou governos como agentes decisórios, e claramente as relações entre esses setores institucionais continuam a impactar a educação em nossos dias. Mas educar sempre envolveu também as famílias, seja como provedores vitais de saberes e acompanhamento, ou fontes de entusiasmo e resistência às práticas educacionais emanadas de cima, uma outra tensão que tem se tornado bastante visível nos debates recentes sobre a gestão educacional. Obviamente, os indivíduos educandos também merecem atenção: gente como os viajantes ambiciosos que se aventuraram até os centros de ensino avançado no Oriente Médio, Leste Asiático ou na Europa; as crianças e jovens escravizados nas Américas que conseguiram aprender a ler e escrever mesmo submetidos ao cativeiro e às torturas; ou os árabes, africanos, indianos e muitos outros colonizados que, embora seguindo para escolas na Inglaterra, França ou Rússia, mantiveram-se fiéis às suas culturas de origem. Efetivamente, o encontro desses estudantes com a retórica ocidental sobre os direitos naturais e liberdade (contrastada com a hipocrisia da dominação imperial e do racismo científico) produziu muito do impulso emancipatório da moderna educação.

Por fim, o papel dos professores merece atenção, e ainda que copiosa historiografia já tenha sido escrita a esse respeito, mais pesquisas são certamente necessárias, talvez especialmente sobre o tema das conexões transculturais na formação da moderna profissão docente. Acadêmicos e professores particularmente talentosos têm ajudado a definir a educação em todas as sociedades – seja durante a Era de Ouro do Islã, na Prússia do século XVIII, ou nas muitas "novas escolas" do século XX. Ainda que alguns professores sofram com formação insuficiente ou responsabilidades assoberbantes, milhões de outros abraçaram a educação como um direito humano fundamental e trabalharam incansavelmente para tornar realidade esse ideal.

A educação também tem dependido da evolução (não raro dramaticamente conflitante) das teorias e ideias sobre seus propósitos, o funcionamento ideal dos sistemas educacionais e de como os jovens deveriam aprender. Cada uma das grandes sociedades produziu importantes pensadores e inovadores desse campo, do Período Clássico ao presente. Suas ideias às vezes permaneceram hipotéticas, teóricas; não obstante, mesmo as utopias educacionais se provaram inspiradoras. O entusiasmo pelo potencial criativo dos alunos tem sido amiúde eclipsado por outras pressões, quiçá mais utilitaristas, que afetam a educação, mas até mesmo nesse particular temos visto a emergência de um amplo consenso global à volta do ensino centrado na criança e das abordagens holísticas, e há, certamente, potencial para desenvolvimentos futuros.

A questão da matéria da educação (ou currículo, em termos modernos) tem sido um outro tópico tão formativo quanto urgente, ao menos a partir do momento em que as escolas puderam ir mais além do que simplesmente inculcar habilidades de leitura e escrita. Esforços continuados para defini-la em termos de formação do caráter (incluindo, obviamente, a educação religiosa) tem existido em contínua tensão com o interesse nas aptidões mais diretamente utilitárias na administração, comércio e tecnologia. Em tempos modernos, a expansão massiva do conhecimento técnico-científico tem complicado bastante essa questão e, no geral, afastado os currículos de certas tradições e temáticas há muito associadas aos valores e ao desenvolvimento moral. Debates frutíferos continuam abordando todos esses problemas, e o interesse hodierno na utilização deliberada da educação para promover identidades nacionais e cidadania só acrescenta à dificuldade na definição de ênfases curriculares apropriadas.

Por fim, as questões relativas às metodologias de ensino e aprendizado representam mais um tema importante e recorrente. Desde o nascedouro a educação formal enfatizava a memorização, essencial para o domínio dos primeiros, e incrivelmente complexos, sistemas de escrita e possivelmente inevitável em períodos nos quais os materiais educacionais eram escassos. O papel destacado das lideranças religiosas e, mais tarde, das autoridades políticas nacionais na educação também tem estimulado a memorização, ao menos implicitamente, de modo que dos sistemas confucianos até os tempos modernos o interesse na avaliação educacional tem operado para chegar a esse fim. Os sistemas disciplinares dos institutos educativos normalmente apoiam o papel da autoridade na educação, mas é também verdade que estudantes e professores com frequência tentam se libertar da função de meros súditos passivos ou recipientes das informações oriundas das esferas mais elevadas, e têm ajudado, nos mais diversos contextos históricos, a fazer de suas instituições viveiros de inovações e criatividade (e eventualmente de insubmissão, dissimulada ou confessadamente). É auspicioso e inevitável perceber que lutas assim não cessarão.

Dinâmicas históricas das transformações educacionais: entre o poder e a resistência

No âmbito do contexto global, duas tensões têm se mostrado presentes ao longo de toda a história da educação. A primeira delas, a interação entre tradições regionais e os contatos transculturais, um tema familiar à História Mundial no geral. Em muitas sociedades pós-clássicas, a educação serviu como ponte para transportar os legados espirituais, intelectuais e protocientíficos da Era Clássica, mesmo quando civilizações asiáticas, islâmicas, europeias, africanas e outras desenvolviam e aprofundavam suas correntes educacionais. E mesmo até o início da Era Moderna, quando a maioria das tradições parecia ter atingido a estabilidade, os contínuos encontros transculturais, bem como as trocas, empréstimos e combinações de ideias e práticas educacionais, não perderam a relevância e, oportunamente, geraram esforços determinados para proteger antigas formas de aprendizado contra mudanças que entendiam como ameaçadoras. A partir de finais do século XIX, a interação entre as influências mundiais e os padrões regionais têm se tornado cada vez mais complexas e dinâmicas.

A segunda tensão diz respeito à relação entre as iniciativas das lideranças e as demandas educacionais das sociedades de modo mais amplo, isso já nos tempos antigos, quando reis e autoridades religiosas agiam para definir as agendas fundamentais. Essa dinâmica continuou existindo ao longo de todos os períodos subsequentes: de um lado, os esforços continuados, e em geral criativos, dos governantes e das elites para moldar a educação de modo a efetivar seus próprios poder e interesses; do outro, as recorrentes demandas vindas da base (ou do exterior) para compartilhar ou repensar a educação e a natureza do conhecimento. Nos séculos XVII e XVIII, os governantes buscavam inculcar lealdades religiosas, identidades protonacionais e produtividade econômica, mesmo quando alguns dos seus súditos contestavam as ortodoxias consagradas e buscavam traçar seus próprios caminhos até a prosperidade. É possível que o ponto de fricção mais intenso tenha sido a instituição da escravidão, que opunha os senhores de escravos, que puniam severamente qualquer um que ousasse buscar literacia ou educação formal, à resistência dos próprios escravizados (em segredo, e não raro sob grande perigo) e dos libertos que exigiam acesso imediato àqueles conhecimentos. Em tal momento histórico fez-se clara como o dia a conexão urgente entre educação, emancipação, transformação social e autorrealização.

A mesma dinâmica continuou século XIX adentro, quando estados-nação, trabalhadores e poderosos interesses industriais buscaram utilizar a instrução como ferramenta de controle social e instrumento do ensino da cidadania e habilidades laborais, enquanto as demandas populares permaneceram pressionando por algo mais abrangente. Essa tensão ganhou ainda mais volume quando da expansão colonial, ao passo que as autoridades europeias solapavam instituições educacionais mais antigas ou rivais no interior de seus novos impérios e promoviam escolas missionárias ou concessionárias. Também aqui as reivindicações estudantis e populares dos colonizados permaneceram desafiando essas barreiras. De modo similar, ao longo de todo o século XX, os países e suas elites procuraram direcionar a modernização controlando ou diferenciando o acesso à formação, enquanto as lutas populares, que incluíram a grande onda da educação feminina ocorrida em basicamente todos os cantos do planeta, não paravam de confrontar as limitações impostas por tais estruturas.

Oportunidades para pesquisas avançadas e o diálogo transnacional

Essas tensões centrais, relativas aos contatos e à mobilização popular, também abrem oportunidades para o desenvolvimento de pesquisas e análises.

Aquilo que os historiadores eventualmente definem como a questão do "Ocidente e o resto" não está nada sedimentada na história da educação. Está claro que muitas sociedades regionais desenvolveram sistemas e tradições educacionais impressionantes, antes e durante os tempos modernos. A Europa Ocidental foi somente um dentre muitos centros, e após o Período Pós-clássico não era nada mais do que um retardatário educacional, mas nos primeiros séculos da Era Moderna, com a industrialização e o imperialismo, as mudanças avassaladoras que produziu na educação e no pensamento educacional e o impacto global de sua influência se expandiram. Não há dúvida de que, por volta do século XIX, a educação ocidental havia se tornado uma força dominante global, com impactos construtivos e destrutivos: embora algumas populações nativas tenham sido literalmente exterminadas, as grandes regiões do planeta não foram meras receptoras das influências ocidentais. Elas possuíam tradições culturais e educacionais próprias, inovações que nada tinham a ver com aquilo que os líderes ocidentais faziam ou receitavam. Como observamos, outras inovações surgiram dos elaborados diálogos transnacionais, intensificados durante a Era Moderna. Guiando-se pelas recentes e vibrantes pesquisas a respeito das dimensões transnacionais da história educacional, o presente livro enfatizou a relevância de uma abordagem verdadeiramente global da história da educação, algo mais comum no passado, em especial nos programas de formação de professores. Claro, o futuro reserva novos *insights* e reavaliações, e à medida que mais regiões do mundo repensarem e reivindicarem suas próprias histórias educacionais iremos aprendendo cada vez mais sobre o papel dessas iniciativas locais.

O segundo campo de oportunidades (independente de origens) diz respeito a mais trabalhos sobre o complexo equilíbrio entre os vários atores e interesses na história da educação. Novamente, este livro buscou ao menos sugerir algumas das questões envolvidas. A atenção da historiografia tem recaído inevitavelmente sobre teóricos da educação e lideranças políticas e religiosas, e não há dúvida de que as ações desses personagens foram essenciais à formação da educação formal, desde seu início mais tenro até o tempo presente. As tensões surgidas em meio a essas elites (por exemplo, os conflitos aparentemente insolúveis entre Estado e Igreja) deram forma a algumas das arestas mais agudas da história educacional. E, ainda assim, vimos também que muita educação e aculturação ocorreram informalmente nos estudos em família ou em pequenas escolas locais, comerciais ou comunitárias. Essa rica e multifacetada narrativa não é tão bem conhecida, talvez mais especialmente por aqueles historicamente excluídos pelo poder estatal e pelos interesses da elite educacional. E muito embora a educação tenha, sempre, envolvido os estudantes e a juventude, nós simplesmente não sabemos quase nada sobre sua história quotidiana (exceções extraordinárias e individuais à parte) e há grande trabalho histórico e etnográfico esperando para ser feito. É possível refletir, por exemplo, sobre os problemas da alienação e da ansiedade estudantis atuais, mas estes não são, certamente, fenômenos inteiramente recentes, de modo que, ao entendermos melhor como os desafios eram enfrentados no passado, é possível melhorar a compreensão de nossas próprias questões.

O futuro e a centralidade da educação em meio à crise global

Ao passo que nos aproximamos do primeiro quartel do século XXI, diversas crises globais demandam nossa atenção, muitas das quais se impõem diretamente sobre o campo educativo. É inevitável que as escolas venham a lidar com as taxas de natalidade declinantes e as mudanças entre os grupos etários de muitas sociedades. As mudanças ambientais certamente exigirão novos ajustes, alguns para além do ensino de ciências. A imigração, outro problema inadiável, sempre afetou a educação nos tempos modernos, e as escolas continuarão desempenhando um papel fundamental nas adaptações culturais e no tratamento aos refugiados. Novas ameaças à paz produzirão questionamentos igualmente novos sobre como temas globais são ministrados e como pressões nacionalistas mesquinhas devem ser gerenciadas nas salas de aula. Também é possível que os educadores venham a contar com agências educacionais e conexões internacionais para lidar com muitas dessas questões.

Este livro foi finalizado em meio à pandemia da Covid-19, que teve início em 2020 e continuava ativa em 2022. Não sabemos o quão severamente, ou por quanto tempo, ela afetará a educação no futuro. O último evento comparável, a Gripe Espanhola de 1918-1919, embora com índices de mortalidade entre os jovens bem maiores, parece ter deixado impressionantemente poucos impactos de longa duração – nos Estados Unidos o costume de se ter um único copo de vidro para servir uma classe inteira foi abandonado em definitivo.

Qualquer que seja o futuro, a Covid nos serviu como uma lembrança brutal do quão absolutamente essencial, e frágil, a educação se tornou na vida moderna. A pandemia desestruturou os sistemas educativos em toda parte, deixando autoridades e cidadãos tentando descobrir a melhor forma de evitar o contágio. Em seu auge, no ano de 2020, 1,6 bilhão de estudantes estava fora da escola. A quarentena e as rupturas que provocou afetaram as vidas muito além das escolas e universidades: as famílias lutaram para cuidar das crianças enquanto as salas de aula estavam fechadas; em partes da África e do sul da Ásia, números crescentes de crianças tiveram de abandonar a educação para entrar no mercado de trabalho ou se casar, pois suas famílias simplesmente não podiam mais sustentá-las. Em sociedades mais ricas, os educadores se esforçaram para utilizar as modernas tecnologias e dar aulas online, mas não demorou para que descobrissem que a maioria dos jovens alunos precisa verdadeiramente estar em uma sala de aula organizada para aprender e cultivar as habilidades sociais que as escolas vêm, há muito, promovendo. A maior parte das sociedades asiáticas e europeias tentou manter as salas abertas, ou reabri-las o mais rapidamente possível, mas descobriram que mesmo as interrupções temporárias resultavam em perdas no aprendizado. Os Estados Unidos, especialmente cautelosos com relação às operações escolares (e engolfados em virulentos debates), devem ter sofrido ainda mais. Em toda parte, os estudantes das famílias pobres, com menos tradição escolar e menor acesso à tecnologia, sofreram as perdas mais agudas no aprendizado – o velho problema do acesso desigual, agora numa forma renovada. Lideranças educacionais, pais e alunos se perguntavam quais seriam os efeitos de longo prazo, num momento da história humana em que indivíduos e sociedades inteiras dependem tão pesadamente do acesso e do sucesso educacionais. Mais do que tudo, a pandemia e demais crises globais iluminaram, como nunca, o porquê de a educação inclusiva e holística ser tão importante – e por que o diálogo e a cooperação em favor da educação de alta qualidade e igualitária para todos devem continuar.

Leituras adicionais

Sobre os movimentos populares, *The struggle for democracy in education: Lessons from social realities* (Routledge, 2018), de Michael W. Apple, com Luis Gandin, Shuning Liu, Assaf Meshulam e Eleni Schirmer. Sobre as respostas à imigração e aos deslocamentos populacionais, *Humanitarianism and mass migration: Confronting the world crisis* (University of California Press, 2019), organizado por Marcelo M. Suarez-Orozco. Por fim, sobre a Covid, *Primary and secondary education during Covid-19: Disruptions to educational opportunity during a pandemic* (Springer, 2021), organizado por Fernando M. Reimers.

Conecte-se conosco:

f facebook.com/editoravozes

 @editoravozes

 @editora_vozes

▶ youtube.com/editoravozes

🗪 +55 24 2233-9033

www.vozes.com.br

Conheça nossas lojas:
www.livrariavozes.com.br

Belo Horizonte – Brasília – Campinas – Cuiabá – Curitiba
Fortaleza – Juiz de Fora – Petrópolis – Recife – São Paulo

  Vozes de Bolso

EDITORA VOZES LTDA.
Rua Frei Luís, 100 – Centro – Cep 25689-900 – Petrópolis, RJ
Tel.: (24) 2233-9000 – E-mail: vendas@vozes.com.br